educamos·sm

Caro aluno, seja bem-vindo à sua plataforma do conhecimento!

A partir de agora, você tem à sua disposição uma plataforma que reúne, em um só lugar, recursos educacionais digitais que complementam os livros impressos e são desenvolvidos especialmente para auxiliar você em seus estudos. Veja como é fácil e rápido acessar os recursos deste projeto.

1. Faça a ativação dos códigos dos seus livros.

Se você NÃO tiver cadastro na plataforma:

- Para acessar os recursos digitais, você precisa estar cadastrado na plataforma educamos.sm. Em seu computador, acesse o endereço <br.educamos.sm>.
- No canto superior direito, clique em "**Primeiro acesso? Clique aqui**". Para iniciar o cadastro, insira o código indicado abaixo.
- Depois de incluir todos os códigos, clique em "**Registrar-se**" e, em seguida, preencha o formulário para concluir esta etapa.

Se você JÁ fez cadastro na plataforma:

- Em seu computador, acesse a plataforma e faça o *login* no canto superior direito.
- Em seguida, você visualizará os livros que já estão ativados em seu perfil. Clique no botão "**Adicionar livro**" e insira o código abaixo.

Este é o seu código de ativação! → **DPC9C-CDJBR-A4SFP**

CB060760

2. Acesse os recursos.

Usando um computador

Acesse o endereço <br.educamos.sm> e faça o *login* no canto superior direito. Nessa página, você visualizará todos os seus livros cadastrados. Para acessar o livro desejado, basta clicar na sua capa.

Usando um dispositivo móvel

Instale o aplicativo **educamos.sm**, que está disponível gratuitamente na loja de aplicativos do dispositivo. Utilize o mesmo *login* e a mesma senha da plataforma para acessar o aplicativo.

Importante! Não se esqueça de sempre cadastrar seus livros da SM em seu perfil. Assim, você garante a visualização dos seus conteúdos, seja no computador, seja no dispositivo móvel. Em caso de dúvida, entre em contato com nosso canal de atendimento pelo **telefone 0800 72 54876** ou pelo *e-mail* **atendimento@grupo-sm.com**.

BRA215300_1065

Geração Alpha Língua Portuguesa 7º Ano - Ensino Fundamental: Anos Finais - Livro Digital do Aluno - 5ª Edição 2024

LÍNGUA PORTUGUESA

GERAÇÃO ALPHA

7

CIBELE LOPRESTI COSTA

Bacharela em Letras, Mestra em Literatura e Crítica Literária pela Pontifícia Universidade Católica de São Paulo (PUC-SP).
Doutora em Letras pela Faculdade de Filosofia, Letras e Ciências Humanas (FFLCH) da Universidade de São Paulo (USP).
Professora de Língua Portuguesa e Literatura na rede particular.

EVERALDO NOGUEIRA

Bacharel e licenciado em Letras pela Universidade de Guarulhos (UNG).
Especialista em Língua Portuguesa pelo Instituto Alberto Mesquita de Camargo da Universidade São Judas Tadeu (USJT).
Mestre e Doutor em Língua Portuguesa pela PUC-SP.
Professor e coordenador de Língua Portuguesa na rede particular.

GRETA MARCHETTI

Bacharela e licenciada em Letras pela FFLCH-USP.
Mestra em Educação pela Faculdade de Educação (FE) da USP.
Doutora em Linguística Aplicada e Estudos da Linguagem pela PUC-SP.
Professora e coordenadora de Língua Portuguesa na rede particular.

São Paulo, 5ª edição, 2023

sm

Geração Alpha Língua Portuguesa 7
© SM Educação
Todos os direitos reservados

Direção editorial André Monteiro
Gerência editorial Lia Monguilhott Bezerra
Edição executiva Isadora Pileggi Perassollo
Colaboração técnico-pedagógica: Cristiane Imperador, Millyane M. Moura Moreira, Priscila Piquera Azevedo
Edição: Beatriz Rezende, Cláudia Letícia Vendrame Santos, Cristiano Oliveira da Conceição, Ieda Rodrigues, Laís Nóbile, Lígia Maria Marques, Raphaela Comisso, Raquel Lais Vitoriano, Rosemeire Carbonari, Tatiane Brugnerotto Convelsan
Suporte editorial: Camila Alves Batista, Fernanda de Araújo Fortunato

Coordenação de preparação e revisão Cláudia Rodrigues do Espírito Santo
Preparação: Andréa Vidal, Iris Gonçalves
Revisão: Daniela Uemura, Janaína T. Silva, Márcio Medrado
Apoio de equipe: Lívia Taioque

Coordenação de *design* Gilciane Munhoz
Design: Lissa Sakajiri, Paula Maestro, Camila N. Ueki
Ilustrações que acompanham o projeto: Laura Nunes

Coordenação de arte Vitor Trevelin
Edição de arte: Fabiane Eugenio, Renné Ramos
Assistência de arte: Selma Barbosa Celestino
Assistência de produção: Júlia Stacciarini Teixeira

Coordenação de iconografia Josiane Laurentino
Pesquisa iconográfica: Bianca Fanelli, Ana Stein
Tratamento de imagem: Marcelo Casaro

Capa Megalo | identidade, comunicação e design
Ilustração da capa: Thiago Limón

Projeto gráfico Megalo | identidade, comunicação e design; Lissa Sakajiri, Paula Maestro, Camila N. Ueki

Editoração eletrônica Arbore Comunicação
Pré-impressão Américo Jesus
Fabricação Alexander Maeda
Impressão Gráfica Santa Marta

Dados Internacionais de Catalogação na Publicação (CIP)
(Câmara Brasileira do Livro, SP, Brasil)

Costa, Cibele Lopresti
 Geração alpha língua portuguesa, 7 /
Cibele Lopresti Costa, Everaldo Nogueira, Greta
Marchetti. -- 5. ed. -- São Paulo : Edições SM, 2023.

 ISBN 978-85-418-3108-6 (aluno)
 ISBN 978-85-418-3109-3 (professor)

 1. Língua portuguesa (Ensino fundamental) I. Nogueira, Everaldo. II. Marchetti, Greta. III. Título.

23-154473 CDD-372.6

Índices para catálogo sistemático:
1. Língua portuguesa : Ensino fundamental 372.6

Cibele Maria Dias - Bibliotecária - CRB-8/9427

5ª edição, 2023
1 Impressão, Setembro 2023

SM Educação
Avenida Paulista, 1842 – 18º andar, cj. 185, 186 e 187 – Condomínio Cetenco Plaza
Bela Vista 01310-945 São Paulo SP Brasil
Tel. 11 2111-7400
atendimento@grupo-sm.com
www.grupo-sm.com/br

APRESENTAÇÃO

OLÁ, ESTUDANTE!

Ser jovem no século XXI significa estar em contato constante com múltiplas linguagens, uma imensa quantidade de informações e inúmeras ferramentas tecnológicas. Isso ocorre em um cenário mundial de grandes desafios sociais, econômicos e ambientais.

Diante dessa realidade, esta coleção foi cuidadosamente pensada para ajudar você a enfrentar esses desafios com autonomia e espírito crítico.

Atendendo a esse propósito, os textos, as imagens e as atividades nela reunidos oferecem oportunidades para que você reflita sobre o que aprende, expresse suas ideias e desenvolva habilidades de comunicação nas mais diversas situações de interação em sociedade.

Vinculados aos conhecimentos próprios da área de Linguagens, também são explorados aspectos dos Objetivos de Desenvolvimento Sustentável (ODS), estabelecidos pela Organização das Nações Unidas (ONU). Com isso, esperamos contribuir para que você compartilhe dos conhecimentos construídos em Língua Portuguesa e os utilize para fazer escolhas responsáveis e transformadoras em sua vida.

Desejamos também que esta coleção contribua para que você se torne um cidadão atuante na sociedade do século XXI e seja capaz de questionar a realidade em que vive, buscando respostas e soluções para os desafios presentes e os que estão por vir.

Equipe editorial

CONHEÇA SEU LIVRO

Abertura de unidade

Nesta unidade, eu vou...
Nessa trilha, você conhece os objetivos de aprendizagem da unidade. Eles estão organizados por capítulos e seções e podem ser utilizados como um guia para seus estudos.

Uma imagem busca instigar sua curiosidade e motivar você ao estudo da unidade.

Primeiras ideias
As questões desse boxe incentivam você a contar o que sabe sobre os conteúdos da unidade e a levantar hipóteses sobre eles.

Leitura da imagem
As questões propostas orientam a leitura da imagem e permitem estabelecer relações entre o que é mostrado e o que você conhece sobre o assunto.

Cidadania global
Nesse boxe, você começa a refletir sobre um dos Objetivos de Desenvolvimento Sustentável (ODS). Ao percorrer a unidade, você terá contato com outras informações que ampliarão seu conhecimento sobre o ODS.

Capítulos

Abertura de capítulo
As unidades são compostas de dois ou três capítulos. Cada capítulo traz um texto de leitura do gênero que você vai estudar. O boxe *O que vem a seguir* apresenta algumas informações sobre o texto e propõe o levantamento de hipóteses antes da leitura.

Glossário
Apresenta definições de palavras e expressões que talvez você não conheça.

4

Texto em estudo

Nessa seção, você desenvolve habilidades de leitura e explora as características dos gêneros estudados, a linguagem e o contexto de produção de cada um deles.

Saber ser

O selo *Saber ser* indica momentos oportunos para o desenvolvimento de competências socioemocionais: tomada de decisão responsável, autogestão, autoconsciência, consciência social e habilidades de relacionamento.

Uma coisa puxa outra

Essa seção permite que você estabeleça diálogo entre textos, ampliando suas possibilidades de leitura.

Boxe Cidadania global

Traz informações e questões relacionadas ao aspecto do ODS apresentado na abertura da unidade, para que você reflita e amplie seu conhecimento sobre o assunto.

A língua na real

Nessa seção, você amplia os conhecimentos sobre a língua portuguesa por meio de diferentes situações de uso.

Língua em estudo

Nessa seção, você reflete e constrói seu conhecimento sobre o funcionamento e a estrutura da língua portuguesa de maneira contextualizada.

Boxe Relacionando

Relaciona os conteúdos da seção *Língua em estudo* ao gênero textual visto no capítulo.

Atividades

As atividades dessa seção ajudam você a desenvolver diferentes habilidades.

Boxe Anote aí

Traz, de maneira sistematizada, os conceitos abordados na seção.

5

Agora é com você!

Nessa seção, você vai produzir um texto do gênero estudado no capítulo, percorrendo todas as etapas necessárias para sua elaboração.

Escrita em pauta

Essa seção oferece atividades para você ampliar e colocar em prática o que sabe sobre ortografia, acentuação e pontuação.

Boxe Para explorar

Oferece sugestões de livros, *sites*, filmes e lugares para visitação relacionados ao assunto em estudo.

Boxe Etc. e tal

Apresenta informações e curiosidades relacionadas à língua portuguesa.

Boxe de ampliação

Traz informações que complementam e ampliam o assunto abordado.

Fechamento de unidade

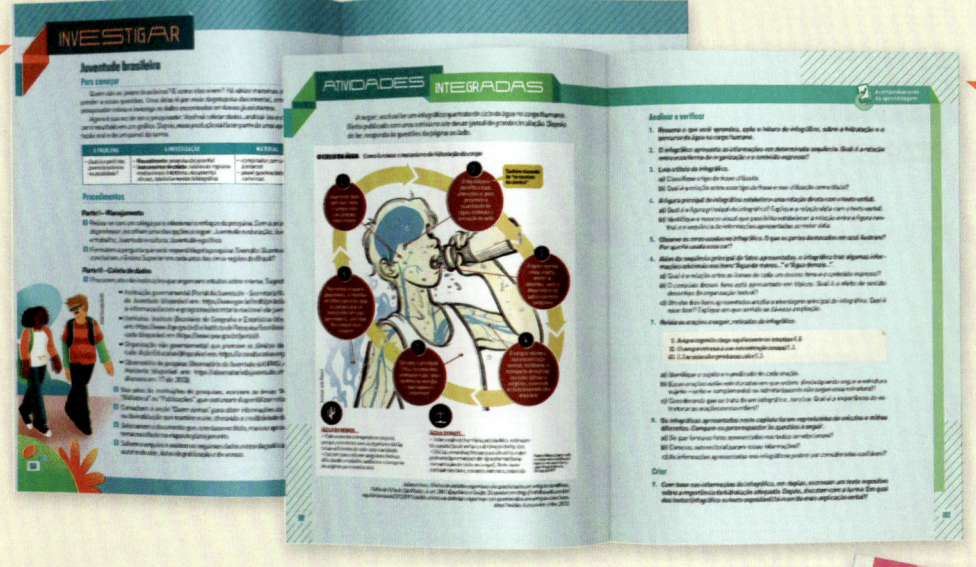

Atividades integradas

As atividades dessa seção integram os conteúdos abordados na unidade, para que você possa avaliar seus conhecimentos, e também auxiliam no desenvolvimento de habilidades e competências.

Investigar

Em dois momentos do livro, você e seus colegas vão entrar em contato com algumas metodologias de pesquisa e diferentes modos de coleta de dados. Também vão desenvolver diferentes formas de comunicação para compartilhar os resultados de suas investigações.

Cidadania global

Essa seção fecha o trabalho com o ODS e está organizada em duas partes. Em *Retomando o tema*, você vai retomar as discussões realizadas ao longo da unidade e terá a oportunidade de ampliar as reflexões feitas. Em *Geração da mudança*, você será convidado a realizar uma proposta de intervenção que busque contribuir para o desenvolvimento do ODS trabalhado na unidade.

No final do livro você também vai encontrar:

Interação
Essa seção propõe um projeto coletivo, que resultará em um produto destinado à comunidade escolar, incentivando o trabalho em equipe.

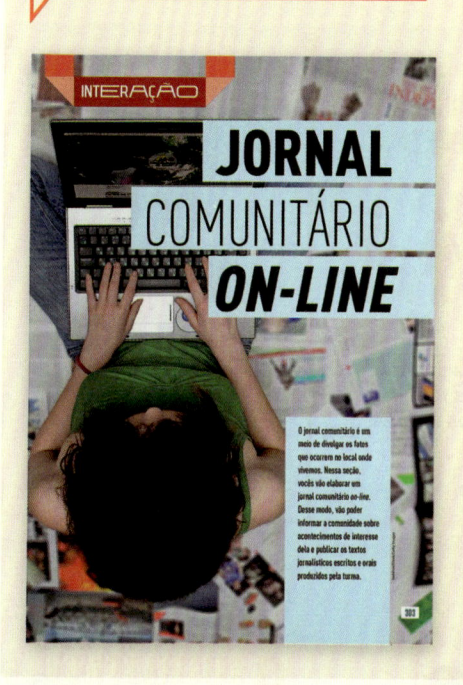

Prepare-se!
Seção composta de dois blocos de questões com formato semelhante ao de provas e exames oficiais, como Enem, Saeb e Pisa, para você verificar seus conhecimentos.

GERAÇÃO ALPHA DIGITAL

O livro digital oferece uma série de recursos para interação e aprendizagem. No livro impresso, eles são marcados com os ícones descritos a seguir.

Atividades interativas
Esse ícone indica que, no livro digital, você encontrará atividades interativas que compõem um ciclo avaliativo ao longo da unidade. No início dela, você poderá verificar seus conhecimentos prévios. Em algumas seções, você encontrará conjuntos de atividades para realizar o acompanhamento da sua aprendizagem e, ao final da unidade, terá a oportunidade de realizar uma autoavaliação.

- Conhecimentos prévios
- Autoavaliação
- Acompanhamento da aprendizagem

Recursos digitais
Esse ícone indica que, no livro digital, você encontrará galerias de imagens, áudios, animações, vídeos, entre outros recursos. Quando ele aparecer na página do livro impresso, acesse o recurso e faça a atividade proposta.

O QUE SÃO OS OBJETIVOS DE DESENVOLVIMENTO SUSTENTÁVEL

Em 2015, representantes dos Estados-membros da Organização das Nações Unidas (ONU) se reuniram durante a Cúpula das Nações Unidas sobre o Desenvolvimento Sustentável e adotaram uma agenda socioambiental mundial composta de 17 Objetivos de Desenvolvimento Sustentável (ODS).

Os ODS constituem desafios e metas para erradicar a pobreza, diminuir as desigualdades sociais e proteger o meio ambiente, incorporando uma ampla variedade de tópicos das áreas econômica, social e ambiental. Trata-se de temas humanitários atrelados à sustentabilidade que devem nortear políticas públicas nacionais e internacionais até o ano de 2030.

Nesta coleção, você trabalhará com diferentes aspectos dos ODS e perceberá que, juntos e também como indivíduos, todos podemos contribuir para que esses objetivos sejam alcançados. Conheça aqui cada um dos 17 objetivos e suas metas gerais.

1 ERRADICAÇÃO DA POBREZA 
Erradicar a pobreza em todas as formas e em todos os lugares

2 FOME ZERO E AGRICULTURA SUSTENTÁVEL 
Erradicar a fome, alcançar a segurança alimentar, melhorar a nutrição e promover a agricultura sustentável

11 CIDADES E COMUNIDADES SUSTENTÁVEIS 
Tornar as cidades e comunidades mais inclusivas, seguras, resilientes e sustentáveis

10 REDUÇÃO DAS DESIGUALDADES 
Reduzir as desigualdades no interior dos países e entre países

9 INDÚSTRIA, INOVAÇÃO E INFRAESTRUTURA
Construir infraestruturas resilientes, promover a industrialização inclusiva e sustentável e fomentar a inovação 

12 CONSUMO E PRODUÇÃO RESPONSÁVEIS 
Garantir padrões de consumo e de produção sustentáveis

13 AÇÃO CONTRA A MUDANÇA GLOBAL DO CLIMA 
Adotar medidas urgentes para combater as alterações climáticas e os seus impactos

14 VIDA NA ÁGUA
Conservar e usar de forma sustentável os oceanos, mares e os recursos marinhos para o desenvolvimento sustentável

3 SAÚDE E BEM-ESTAR

Garantir o acesso à saúde de qualidade e promover o bem-estar para todos, em todas as idades

4 EDUCAÇÃO DE QUALIDADE

Garantir o acesso à educação inclusiva, de qualidade e equitativa, e promover oportunidades de aprendizagem ao longo da vida para todos

5 IGUALDADE DE GÊNERO

Alcançar a igualdade de gênero e empoderar todas as mulheres e meninas

8 TRABALHO DECENTE E CRESCIMENTO ECONÔMICO

Promover o crescimento econômico inclusivo e sustentável, o emprego pleno e produtivo e o trabalho digno para todos

7 ENERGIA LIMPA E ACESSÍVEL

Garantir o acesso a fontes de energia fiáveis, sustentáveis e modernas para todos

6 ÁGUA POTÁVEL E SANEAMENTO

Garantir a disponibilidade e a gestão sustentável da água potável e do saneamento para todos

15 VIDA TERRESTRE

Proteger, restaurar e promover o uso sustentável dos ecossistemas terrestres, gerir de forma sustentável as florestas, combater a desertificação, travar e reverter a degradação dos solos e travar a perda da biodiversidade

16 PAZ, JUSTIÇA E INSTITUIÇÕES EFICAZES

Promover sociedades pacíficas e inclusivas para o desenvolvimento sustentável, proporcionar o acesso à justiça para todos e construir instituições eficazes, responsáveis e inclusivas a todos os níveis

17 PARCERIAS E MEIOS DE IMPLEMENTAÇÃO

Reforçar os meios de implementação e revitalizar a parceria global para o desenvolvimento sustentável

NAÇÕES UNIDAS BRASIL. Objetivos de Desenvolvimento Sustentável. Disponível em: https://brasil.un.org/pt-br/sdgs. Acesso em: 2 maio 2023.

SUMÁRIO

UNIDADE 1

CONTO E TEXTO DRAMÁTICO 13

1. O olhar do narrador 16
Texto "A orelha de Van Gogh", de Moacyr Scliar 16
Texto em estudo 18
Uma coisa puxa outra | Autorretrato 21
Língua em estudo Palavras que acompanham o substantivo e palavras substantivadas 22
Atividades 24
A língua na real Os modificadores do substantivo e a ampliação do sentido 25
Agora é com você! Escrita de conto 26

2. Portas da imaginação 28
Texto "A porta aberta", de Saki (Hector Hugh Munro) 28
Texto em estudo 31
Língua em estudo Preposição 34
Atividades 36
A língua na real A posição dos determinantes e modificadores do substantivo 37
Escrita em pauta Emprego do *x* e do *ch* 38

3. Do papel ao palco 40
Texto "A moratória", de Jorge Andrade 40
Texto em estudo 43
Agora é com você! Escrita de texto dramático 46

▲ Atividades integradas | "Bilhete com foguetão", de Ondjaki 48
▲ Cidadania global 50

UNIDADE 2

MITO E LENDA 51

1. Universo mitológico 54
Texto "O peixe com chifres", de Lúcia Fabrini de Almeida 54
Texto em estudo 56
Uma coisa puxa outra | Outra cena de dilúvio 59
Língua em estudo Revisão: Pronomes pessoais, de tratamento e demonstrativos 60
Atividades 62
A língua na real Os pronomes e a coesão 63
Agora é com você! Reescrita de mito 64

2. Imaginário popular 66
Texto "A lenda do Xingu e do Amazonas", de Silvana Salerno 66
Texto em estudo 68
Língua em estudo Pronomes possessivos, indefinidos, interrogativos e relativos 70
Atividades 72
A língua na real Os pronomes e a ambiguidade 74
Escrita em pauta Os ditongos abertos *ei*, *eu*, *oi* 76
Agora é com você! Contação de lenda 78

▲ Atividades integradas | "O maior dos dilúvios", de Lucy Coats 80
▲ Cidadania global 82

UNIDADE 3

CRÔNICA ... 83

1. Realidade como matéria-prima ... 86
- **Texto** "Homem no mar", Rubem Braga ... 86
- **Texto em estudo** ... 88
- **Uma coisa puxa outra** | O olhar do fotógrafo ... 90
- **Língua em estudo** Revisão: Verbo ... 92
- **Atividades** ... 95
- **A língua na real** Os diferentes sentidos do presente do indicativo ... 96
- **Agora é com você!** Escrita de crônica ... 98

2. Cenas do cotidiano ... 100
- **Texto** "Mexeriqueira em flor", Antonio Prata ... 100
- **Texto em estudo** ... 102
- **Língua em estudo** Advérbio ... 104
- **Atividades** ... 105
- **A língua na real** O advérbio e a expressão de opinião ... 106
- **Escrita em pauta** Emprego do s, z e x ... 108
- **Agora é com você!** Escrita de crônica ... 110

▲ **Atividades integradas** | "O homem desperdiçado", de Carlos Heitor Cony ... 112

▲ **Cidadania global** ... 114

UNIDADE 4

REPORTAGEM ... 115

1. Em pauta: a reportagem ... 118
- **Texto** "Pra onde vamos?", Ana Pinho (*Gama*) ... 118
- **Texto em estudo** ... 122
- **Uma coisa puxa outra** | Mobilidade urbana e artes visuais ... 126
- **Língua em estudo** O verbo e sua estrutura ... 128
- **Atividades** ... 132
- **A língua na real** Os verbos de elocução e a expressão dos sentimentos ... 134
- **Agora é com você!** Escrita de reportagem ... 136

2. Investigações de fôlego ... 138
- **Texto** "Uma escola na floresta", de Martina Medina (*Joca*) ... 138
- **Texto em estudo** ... 142
- **Língua em estudo** Palavras primitivas e palavras derivadas ... 146
- **Atividades** ... 147
- **A língua na real** Prefixos que expressam negação ... 148
- **Escrita em pauta** Grafia de alguns verbos irregulares ... 150
- **Agora é com você!** Como fazer uma reportagem em áudio? ... 152

▲ **Investigar** | Juventude brasileira ... 156

▲ **Atividades integradas** | "Ter menos, compartilhar mais" (*Revista E*) ... 158

▲ **Cidadania global** ... 160

UNIDADE 5

TEXTO EXPOSITIVO E INFOGRÁFICO ... 161

1. Informação exposta e ampliada ... 164
- **Texto** "Banho de história", de Eduardo Bueno ... 164
- **Texto em estudo** ... 166
- **Uma coisa puxa outra** | Recursos interativos em verbetes ... 168
- **Língua em estudo** | Frase, oração e período ... 170
- **Atividades** ... 172
- **A língua na real** O uso de frases nominais na construção de títulos ... 174
- **Agora é com você!** Exposição oral ... 176

2. Informação: palavras e imagens ... 180
- **Texto** "Água", de Jon Richards e Ed Simkins ... 180
- **Texto em estudo** ... 182
- **Língua em estudo** Morfologia e sintaxe; sujeito e predicado ... 184
- **Atividades** ... 186
- **A língua na real** Recursos de coesão ... 187
- **Escrita em pauta** Mau ou mal; a gente ou agente ... 188
- **Agora é com você!** Elaboração de infográfico ... 190

▲ **Atividades integradas** | "O ciclo da água", de Juliane Vines ... 192

▲ **Cidadania global** ... 194

UNIDADE 6

POEMA NARRATIVO E CORDEL ... 195

1. Era uma vez um poema ... 198
- **Texto** "Eros e Psique", de Fernando Pessoa ... 198
- **Texto em estudo** ... 200
- **Uma coisa puxa outra** | Releituras do mito ... 202
- **Língua em estudo** Sujeito simples, composto e desinencial ... 204
- **Atividades** ... 206
- **A língua na real** Marcadores temporais no poema narrativo ... 208
- **Agora é com você!** Escrita de poema narrativo ... 210

2. Versos no varal ... 212
- **Texto** "O boi-zebu e as formigas", de Patativa do Assaré ... 212
- **Texto em estudo** ... 215
- **Língua em estudo** Sujeito indeterminado e oração sem sujeito ... 218
- **Atividades** ... 220
- **A língua na real** Ortografia e efeito expressivo ... 221
- **Escrita em pauta** Emprego de c, ç, s e ss ... 222
- **Agora é com você!** Escrita e declamação de cordel ... 224

▲ **Atividades integradas** | "Doença", de Mia Couto ... 228

▲ **Cidadania global** ... 230

UNIDADE 7

CARTA DO LEITOR E CARTA DE RECLAMAÇÃO 231

1. A voz do leitor 234
- Texto Carta do leitor (*Superinteressante*) 234
- Texto em estudo 235
- Uma coisa puxa outra | A carta aberta 238
- Língua em estudo Transitividade verbal 240
- Atividades 242
- A língua na real A transitividade e o contexto 243
- Agora é com você! Escrita de carta do leitor 244

2. Atitude cidadã 246
- Texto Carta de reclamação (site ReclameAqui) 246
- Texto em estudo 248
- Língua em estudo Objeto direto e objeto indireto 252
- Atividades 254
- A língua na real Os objetos e o contexto 255
- Escrita em pauta *Mas* e *mais*; *há* e *a*; *afim* e *a fim de* 256
- Agora é com você! Escrita de carta de reclamação 258

▲ Investigar | Serviços públicos 260
▲ Atividades integradas | Cartas de leitores (*Folha de S.Paulo* e *Superinteressante*) 262
▲ Cidadania global 264

UNIDADE 8

ARTIGO DE OPINIÃO 265

1. Opinião de especialista 268
- Texto "Celular na escola: proibir ou mediar?", de Mariana Ochs 268
- Texto em estudo 270
- Uma coisa puxa outra | Quem faz sua cabeça? 273
- Língua em estudo Predicado verbal e predicado nominal 274
- Atividades 275
- A língua na real O verbo significativo e a sequência de ações 276
- Agora é com você! Escrita de artigo de opinião 278

2. Crítica à realidade 280
- Texto "Combate à mudanças climáticas deveria ser prioridade de todos", de Karina Lima 280
- Texto em estudo 282
- Língua em estudo Verbo de ligação e predicativo do sujeito 284
- Atividades 286
- A língua na real Predicado nominal na construção de descrições e definições 288
- Escrita em pauta Emprego de *sc*, *sç* e *xc* 290
- Agora é com você! Escrita de artigo de opinião 292

▲ Atividades integradas | "Jovens na crise climática", de Rhenan Cauê 294
▲ Cidadania global 296

INTERAÇÃO
- Clube de leitura 297
- Jornal comunitário *on-line* 303

PREPARE-SE! 309

BIBLIOGRAFIA COMENTADA 327

CRÉDITOS OBRIGATÓRIOS 328

CONTO E TEXTO DRAMÁTICO

UNIDADE 1

PRIMEIRAS IDEIAS

1. Você costuma ler contos? Se sim, qual é seu preferido?
2. Você já assistiu a uma peça de teatro? Imagina como é escrita a história que será encenada, posteriormente, no palco?
3. Como você explicaria a expressão *determinantes do substantivo*?
4. Qual é a diferença entre as seguintes frases: "Vou viajar antes de você." e "Vou viajar depois de você."? Explique.

Conhecimentos prévios

Nesta unidade, eu vou...

CAPÍTULO 1 — O olhar do narrador

- Ler e interpretar conto, reconhecendo os elementos e a estrutura de textos narrativos.
- Refletir sobre como administrar o estresse diante de dificuldades do dia a dia.
- Analisar, em textos literários, referências a outras manifestações artísticas.
- Retomar o conceito, a classificação e a flexão do substantivo; verificar o papel de determinantes e modificadores dos substantivos.
- Escrever um conto e compartilhá-lo em roda de leitura.

CAPÍTULO 2 — Portas da imaginação

- Ler e interpretar conto, conhecendo os tipos de foco narrativo e a importância deles para o enredo.
- Refletir sobre como acolher as pessoas que vêm de fora.
- Reconhecer a diferença entre preposição e locução prepositiva; diferenciar combinação e contração de preposições.
- Praticar o uso de *x* ou *ch* em diversos vocábulos.

CAPÍTULO 3 — Do papel ao palco

- Ler e interpretar um texto dramático, reconhecendo suas características.
- Refletir sobre a importância de valorizar o trabalho realizado em casa, especialmente pelas mulheres.
- Escrever um texto dramático e compartilhá-lo em leitura expressiva.

CIDADANIA GLOBAL

- Buscar informações sobre direitos trabalhistas e verificar se eles são garantidos em estabelecimentos do bairro.
- Produzir e distribuir folhetos de conscientização sobre os direitos dos trabalhadores para ajudar a promover o respeito a eles.

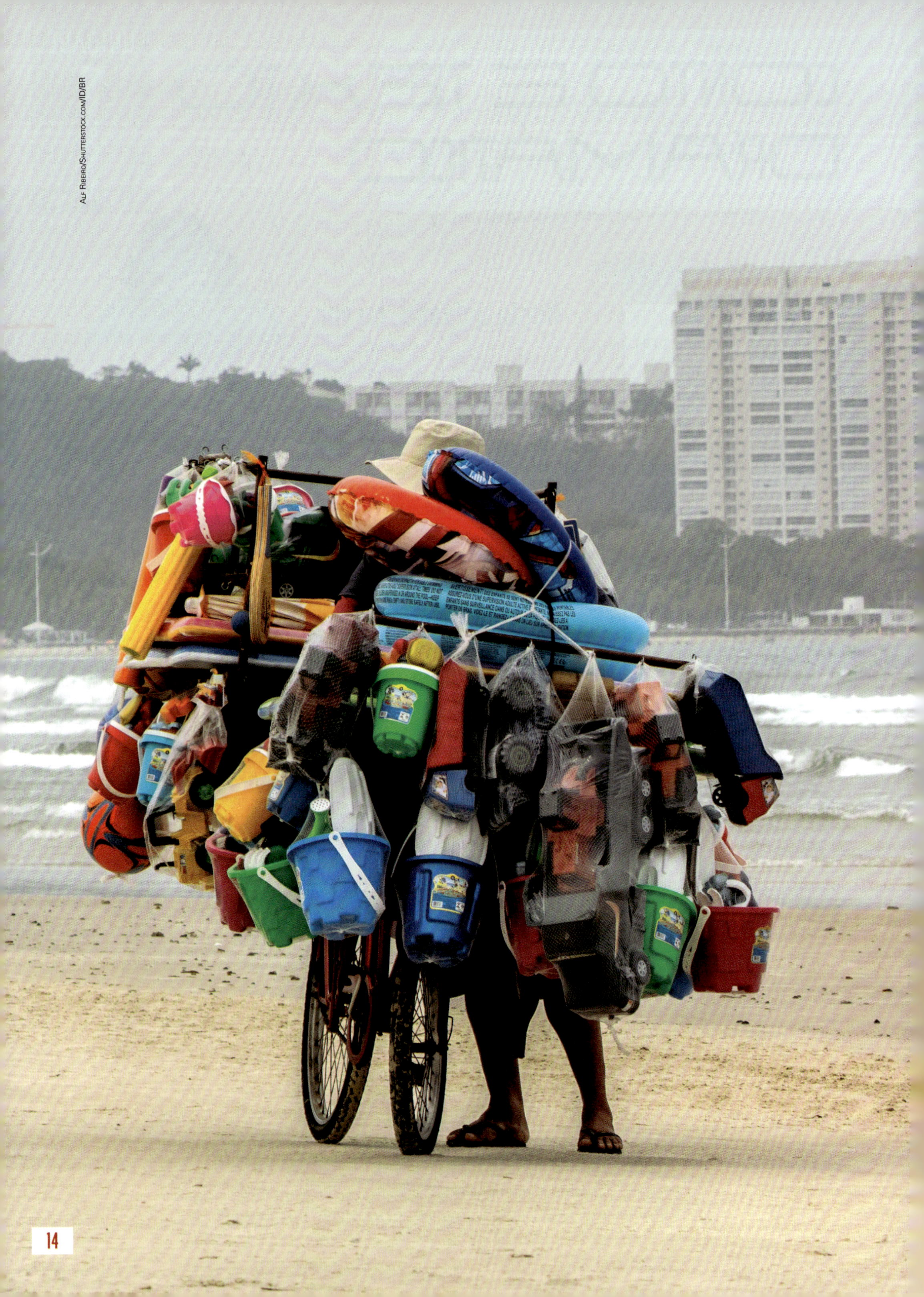

Alf Ribeiro/Shutterstock.com/ID/BR

LEITURA DA IMAGEM

1. Que trabalho a pessoa retratada na imagem está exercendo? Você já presenciou uma cena como essa? Comente.
2. Como são as condições de trabalho de uma pessoa como a da foto?
3. Em sua opinião, o que leva uma pessoa a exercer o tipo de trabalho retratado na imagem?

CIDADANIA GLOBAL

8 TRABALHO DECENTE E CRESCIMENTO ECONÔMICO

Para o crescimento econômico de um país, é preciso que as pessoas tenham acesso a renda adequada e trabalho formal, com seus direitos trabalhistas respeitados e garantidos, em um ambiente seguro e protegido.

- É possível afirmar que a pessoa retratada na imagem tem condições de trabalho conforme descrito no parágrafo anterior? Por quê?

Acesse o recurso digital que traz informações sobre o trabalho informal. Em seguida, responda: Qual é a crítica presente no recurso? Discuta com os colegas.

Trabalhador informal na praia da Enseada, no Guarujá (SP). Foto de 2021.

CAPÍTULO 1
O OLHAR DO NARRADOR

O QUE VEM A SEGUIR

Escrito por Moacyr Scliar, o conto que você vai ler agora trata, com humor melancólico, de uma situação difícil vivenciada por pai e filho. Leia o título, que menciona um importante pintor holandês do século XIX. Depois, converse com os colegas a respeito da questão: Por que será que o título do conto faz referência à orelha desse pintor?

TEXTO

A orelha de Van Gogh

Estávamos, como de costume, à beira da ruína. Meu pai, dono de um pequeno armazém, devia a um de seus fornecedores importante quantia. E não tinha como pagar.

Mas, se lhe faltava dinheiro, sobrava-lhe imaginação... Era um homem culto, inteligente, além de alegre. Não concluíra os estudos; o destino o confinara no modesto estabelecimento de secos e molhados, onde ele, entre paios e linguiças, resistia bravamente aos embates da existência. Os fregueses gostavam dele, entre outras razões porque vendia fiado e não cobrava nunca. Com os fornecedores, porém, a situação era diferente. Esses enérgicos senhores queriam seu dinheiro. O homem a quem meu pai devia, no momento, era conhecido como um credor particularmente implacável.

Outro se desesperaria. Outro pensaria em fugir [...]. Não meu pai. Otimista como sempre, estava certo de que daria um jeito. Esse homem deve ter seu ponto fraco, dizia, e por aí o pegamos. Perguntando daqui e dali, descobriu algo promissor. O credor, que na aparência era um homem rude e insensível, tinha uma paixão secreta por Van Gogh. Sua casa estava cheia de reproduções das obras do grande pintor. E tinha assistido pelo menos uma meia dúzia de vezes ao filme de Kirk Douglas sobre a trágica vida do artista.

Meu pai retirou na biblioteca um livro sobre Van Gogh e passou o fim de semana mergulhado na leitura. Ao cair da tarde de domingo, a porta de seu quarto se abriu e ele surgiu, triunfante:

— Achei!

Levou-me para um canto — eu, aos doze anos, era seu confidente e cúmplice — e sussurrou, os olhos brilhando:

— A orelha de Van Gogh. A orelha nos salvará.

O que é que vocês estão cochichando aí, perguntou minha mãe, que tinha escassa tolerância para com o que chamava de maluquices do marido. Nada, nada, respondeu meu pai, e para mim, baixinho, depois te explico.

Depois me explicou. O caso era que o Van Gogh, num acesso de loucura, cortara a orelha e a enviara à sua amada. A partir disso meu pai

tinha elaborado um plano: procuraria o credor e diria que recebera como herança de seu bisavô, amante da mulher por quem Van Gogh se apaixonara, a orelha mumificada do pintor. Ofereceria tal relíquia em troca do perdão da dívida e de um crédito adicional.

— Que dizes?

Minha mãe tinha razão: ele vivia em um outro mundo, um mundo de ilusões. Contudo, o fato de a ideia ser absurda não me parecia o maior problema; afinal, a nossa situação era tão difícil que qualquer coisa deveria ser tentada. A questão, contudo, era outra:

— E a orelha?

— A orelha? — olhou-me espantado, como se aquilo não lhe tivesse ocorrido. Sim, eu disse, a orelha do Van Gogh, onde é que se arranja essa coisa. Ah, ele disse, quanto a isso não há problema, a gente consegue uma no necrotério. O servente é meu amigo, faz tudo por mim.

No dia seguinte, saiu cedo. Voltou ao meio-dia, radiante, trazendo consigo um embrulho que desenrolou cuidadosamente. Era um frasco com formol, contendo uma coisa escura, de formato indefinido. A orelha de Van Gogh, anunciou, triunfante.

E quem diria que não era? Mas, por via das dúvidas, ele colocou no vidro um rótulo: Van Gogh – orelha.

À tarde, fomos à casa do credor. Esperei fora, enquanto meu pai entrava. Cinco minutos depois voltou, desconcertado, furioso mesmo: o homem não apenas recusara a proposta, como arrebatara o frasco de meu pai e o jogara pela janela.

— Falta de respeito!

Tive de concordar, embora tal desfecho me parecesse até certo ponto inevitável. Fomos caminhando pela rua tranquila, meu pai resmungando sempre: falta de respeito, falta de respeito. De repente parou, olhou-me fixo:

— Era a direita ou a esquerda?

— O quê? — perguntei, sem entender.

— A orelha que o Van Gogh cortou. Era a direita ou a esquerda?

— Não sei — eu disse, já irritado com aquela história. — Foi você quem leu o livro. Você é quem deve saber.

— Mas não sei — disse ele, desconsolado. — Confesso que não sei.

Ficamos um instante em silêncio. Uma dúvida me assaltou naquele momento, uma dúvida que eu não ousava formular, porque sabia que a resposta poderia ser o fim da minha infância. Mas:

— E a do vidro? — perguntei. — Era a direita ou a esquerda?

Mirou-me, aparvalhado.

— Sabe que não sei? — murmurou numa voz fraca, rouca. — Não sei.

E prosseguimos, rumo à nossa casa. Se a gente olhar bem uma orelha — qualquer orelha, seja ela de Van Gogh ou não — verá que seu desenho se assemelha ao de um labirinto. Nesse labirinto eu estava perdido. E nunca mais sairia dele.

Moacyr Scliar. A orelha de Van Gogh. Em: *Histórias para (quase) todos os gostos*. 5. ed. Porto Alegre: L&PM, 2015. p. 57-60.

estabelecimento de secos e molhados: tipo de armazém onde se vendem alimentos sólidos e líquidos.

formol: solução utilizada para conservar o corpo e partes do corpo de cadáveres.

Kirk Douglas: ator estadunidense (1916-2020). Ele interpretou Van Gogh no filme *Sede de viver*, sobre a vida do pintor, lançado em 1956.

necrotério: local onde os cadáveres ficam antes da identificação ou da autópsia.

vender fiado: vender a crédito, com a confiança de que o comprador vai pagar a dívida.

MÉDICO ESCRITOR

O gaúcho Moacyr Scliar (1937-2011), além de ter sido importante contista, escreveu romances e crônicas para o público adulto e infantojuvenil. Escritor e médico, Scliar conquistou três prêmios Jabuti nas categorias romance e contos, crônicas e novelas.

▶ **Moacyr Scliar em Porto Alegre (RS), foto de 2007.**

TEXTO EM ESTUDO

PARA ENTENDER O TEXTO

1. Após a leitura do conto, retome as hipóteses formuladas no boxe *O que vem a seguir*. O que você e os colegas imaginaram antes da leitura se confirmou?

2. Quem é o autor do conto "A orelha de Van Gogh"?

3. Quem é o narrador do conto, isto é, quem conta a história?

ANOTE AÍ!

O **autor** é quem cria e escreve as narrativas. O **narrador** é a voz adotada pelo autor para contar os acontecimentos em uma história. O autor é uma pessoa real, enquanto o narrador existe apenas na história contada, podendo ou não participar dos acontecimentos narrados.

4. O narrador do conto que você leu participa dos acontecimentos? Justifique.

5. Copie o quadro a seguir no caderno e complete-o, descrevendo algumas características das personagens.

Personagem	Características
pai	
mãe	
credor	

6. Conhecemos as personagens do conto por meio das impressões do narrador sobre elas. E, quanto ao narrador, que características de sua personalidade você pode perceber? Justifique sua resposta.

7. Releia este trecho:

> Mas, se lhe faltava dinheiro, sobrava-lhe imaginação... Era um homem culto, inteligente, além de alegre. Não concluíra os estudos; o destino o confinara no modesto estabelecimento de secos e molhados, onde ele, entre paios e linguiças, resistia bravamente aos embates da existência.

a) O que você compreende da expressão *embates da existência*?

b) Nesse trecho, o narrador parece opor duas formas de viver. Quais são essas formas de viver que estão em oposição?

8. Sobre o espaço e o tempo desse conto, responda às questões a seguir.

a) Em que espaços se desenvolvem as ações narradas no conto?

b) Procure determinar em que período de tempo se deram essas ações.

9. No conto lido, há um conflito presente desde o primeiro parágrafo, e é em torno dele que se desenvolve a narrativa. Qual é esse conflito?

ANOTE AÍ!

No gênero conto, o **enredo** tende a se organizar em torno de um **único conflito**, ou seja, de uma única oposição entre personagens ou forças. Esse conflito pode ocorrer, por exemplo, entre duas ou mais personagens, entre o protagonista e o antagonista, entre o protagonista e as forças externas, etc. Nesse gênero, o enredo desenvolve-se em um único **espaço** ou em poucos espaços, e o **tempo** de duração da história é geralmente curto.

10. Sobre o conflito, responda às questões.

a) Que solução o pai encontra para resolvê-lo?

b) O pai teve sucesso em seu plano? Por quê?

c) Em sua opinião, por que isso aconteceu?

11. Ao longo da história, conhecemos alguns sentimentos que o narrador experimenta em relação ao pai e à forma que ele encontra para resolver a dívida com o credor. Esses sentimentos sofrem alguma mudança durante a narrativa? Explique.

12. Releia este trecho:

> Ficamos um instante em silêncio. Uma dúvida me assaltou naquele momento, uma dúvida que eu não ousava formular, porque sabia que a resposta poderia ser o fim da minha infância. Mas:
> — E a do vidro? — perguntei. — Era a direita ou a esquerda?

a) Qual é o significado da palavra *assaltou* nesse trecho?

b) Por que há repetição da palavra *dúvida* nessa passagem?

c) Em sua opinião, por que o narrador diz que a resposta do pai à sua dúvida poderia significar o fim de sua infância?

13. Releia o último parágrafo do conto:

> E prosseguimos, rumo à nossa casa. Se a gente olhar bem uma orelha — qualquer orelha, seja ela de Van Gogh ou não — verá que seu desenho se assemelha ao de um labirinto. Nesse labirinto eu estava perdido. E nunca mais sairia dele.

a) A história se passa em que época da vida do narrador?

b) O narrador conta a história no momento em que ela acontece ou em momento posterior aos acontecimentos?

14. Ainda sobre o último parágrafo, faça o que se pede a seguir.

a) A quem o narrador se refere ao usar a expressão *a gente*?

b) Explique, com suas palavras, a menção ao labirinto apresentada pelo narrador da história.

ANOTE AÍ!

O **conflito** cria uma situação de tensão que domina toda a narrativa e prende a atenção do leitor até o **desfecho**, a etapa final do enredo. É importante que o desfecho **cause impacto** e/ou **surpresa** no leitor e/ou provoque uma **reflexão**.

15. SABER SER No conto lido, as personagens estão passando por um momento difícil em sua vida financeira. O pai tem dívidas com credores, mas encara seus problemas com otimismo e criatividade.

a) Problemas financeiros podem gerar conflitos. O que você faria para administrar o estresse diante de uma situação como essa?

b) Além de manter o otimismo, que atitudes você tomaria para enfrentar uma dificuldade financeira?

PARA EXPLORAR

7 contos crus, de Ricardo Gómez. São Paulo: SM, 2019. Os contos dessa coletânea convidam o leitor a refletir sobre a realidade com enredos perturbadores. Em uma das histórias, uma professora ensina os estudantes no meio de um combate. Em outra, temos um garoto que perdeu o avô.

O CONTEXTO DE PRODUÇÃO

16. O conto "A orelha de Van Gogh", após sua primeira publicação, fez parte também de uma coletânea de contos do autor Moacyr Scliar intitulada *A orelha de Van Gogh*, a qual venceu o prêmio Casa de Las Américas, em Cuba.

- Muitos consideram a obra de Scliar universal, ou seja, acreditam que suas histórias são capazes de gerar identificação em leitores do mundo todo. O conto que você leu pode ser considerado universal? Por quê?

A LINGUAGEM DO TEXTO

17. Releia o trecho a seguir.

> Meu pai retirou na biblioteca um livro sobre Van Gogh [...]. Ao cair da tarde de domingo, a porta de seu quarto se abriu e ele surgiu, triunfante:
> — Achei!
> Levou-me para um canto — eu, aos doze anos, era seu confidente e cúmplice — e sussurrou, os olhos brilhando:
> — A orelha de Van Gogh. A orelha nos salvará.

- De que personagem são as falas desse trecho? Que recurso gráfico foi utilizado para indicar essas falas?

ANOTE AÍ!

O discurso das personagens pode apresentar-se de forma direta ou indireta.

No discurso **direto**, em geral, utilizam-se sinais como aspas ou travessão; ambos indicam as falas das personagens, podendo vir seguidos por **verbos de elocução**, como falar, dizer, perguntar, questionar, sussurrar, etc. Por exemplo: — *O que vocês estão cochichando? — perguntou a mãe.* Já no **discurso indireto**, as falas da personagem são reproduzidas pelo narrador, como em: *A mãe perguntou o que eles estavam cochichando.*

18. Releia agora este outro trecho:

> O homem a quem meu pai devia, no momento, era conhecido como um credor particularmente implacável.
> Outro se desesperaria. Outro pensaria em fugir [...]. Não meu pai. Otimista como sempre, estava certo de que daria um jeito. Esse homem deve ter seu ponto fraco, dizia, e por aí o pegamos. [...] O credor, que na aparência era um homem rude e insensível, tinha uma paixão secreta por Van Gogh. Sua casa estava cheia de reproduções das obras do grande pintor.

a) Na última frase, que termo indica a quem pertence a casa? Explique.
b) Nessa mesma frase, há um substantivo que retoma a figura de Van Gogh. Qual é esse termo? Por que esse substantivo foi utilizado?

ANOTE AÍ!

Os **pronomes** e os **substantivos** podem retomar partes do texto, permitindo ao leitor **recuperar** o que foi dito anteriormente.

PARA EXPLORAR

Museu de Arte de São Paulo
Se sua escola fica próxima à cidade de São Paulo, não deixe de visitar o Museu de Arte de São Paulo (Masp), que abriga em seu acervo algumas obras de Vincent van Gogh.

***Peixe grande e suas histórias maravilhosas.* Direção: Tim Burton. EUA, 2003 (125 min).**
Esse filme mostra a relação entre pai e filho. Ed Bloom adora contar histórias. Já o filho Will não gosta muito dessa capacidade inventiva do pai nem acredita em suas narrativas. Mas quando Ed fica doente, Will volta para a casa do pai e tenta restabelecer os laços familiares, buscando compreender o que é verdade nos casos contados por Ed.

UMA COISA PUXA OUTRA

Autorretrato

Você já viu autorretratos de pintores ou de fotógrafos? Nos autorretratos, os artistas criam imagens de si mesmos, expressando, muitas vezes, seus sentimentos. Vários pintores tornaram-se mestres desse gênero de pintura. Van Gogh, que retratou a si mesmo em diversas ocasiões, é um deles.

1. Observe um autorretrato de Van Gogh e responda às questões.

▲ Vincent van Gogh. *Autorretrato com a orelha cortada*, 1889. Óleo sobre tela, 60 cm × 49 cm. Instituto de Arte Courtauld, Londres.

VINCENT VAN GOGH

O holandês Vincent van Gogh (1853-1890), hoje reconhecido por pintar algumas das mais importantes obras da história da arte, só obteve reconhecimento após a morte. Em vida, vendeu poucos quadros e passou por dificuldades financeiras, além de ter enfrentado problemas de saúde mental.

O episódio relativo à orelha cortada mencionado no conto realmente aconteceu: durante sua estada na cidade francesa de Arles, em dezembro de 1888, Van Gogh se desentendeu com o também pintor Paul Gauguin (1848-1903), com quem dividia uma casa. Após a briga, transtornado, Van Gogh cortou parte da orelha esquerda e a entregou a uma mulher que morava na cidade.

a) Descreva a imagem, considerando:
- as cores utilizadas e os tons predominantes na pintura;
- a posição em que o pintor retrata a si mesmo;
- a expressão do rosto do pintor.

b) Que sentimentos, sensações ou reflexões essa pintura provoca em você? Justifique sua resposta.

c) Esse autorretrato possui uma relação com o conto de Moacyr Scliar. Explique por quê.

LÍNGUA EM ESTUDO

PALAVRAS QUE ACOMPANHAM O SUBSTANTIVO E PALAVRAS SUBSTANTIVADAS

REVISÃO: SUBSTANTIVO

1. Releia o início do conto "A orelha de Van Gogh" e responda às questões.

> Estávamos, como de costume, à beira da ruína. Meu pai, dono de um pequeno armazém, devia a um de seus fornecedores importante quantia. E não tinha como pagar.
>
> Mas, se lhe faltava **dinheiro**, sobrava-lhe **imaginação**... [...]

a) A palavra *dinheiro* nomeia algo concreto ou abstrato?
b) E a palavra *imaginação*, nomeia algo concreto ou abstrato?
c) De que maneira a diferença entre essas palavras permite a caracterização do pai?
d) A que classe gramatical essas palavras pertencem?

ANOTE AÍ!

Substantivos são palavras usadas para **nomear** os seres em geral e também as sensações, as ações e os sentimentos.

Os substantivos podem ser classificados em **comuns** ou **próprios**, **concretos** ou **abstratos**, **simples** ou **compostos**, **primitivos** ou **derivados** e **coletivos**. Os substantivos também podem variar em **gênero**, **número** e **grau**. Veja.

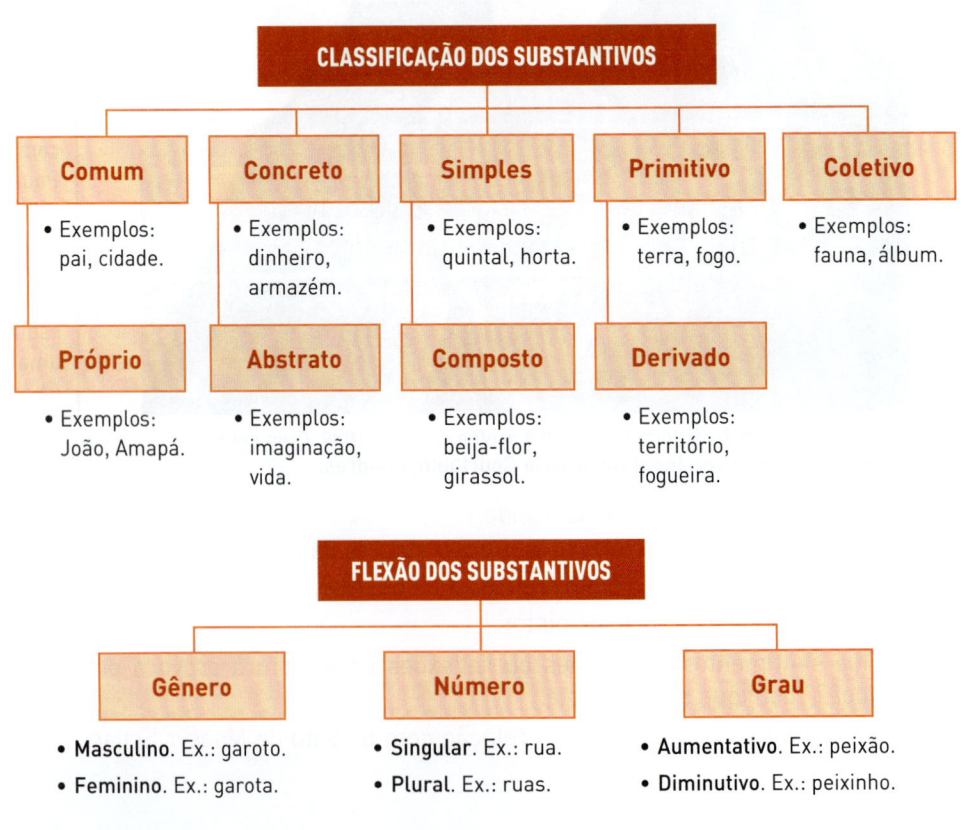

CLASSIFICAÇÃO DOS SUBSTANTIVOS

- **Comum**
  - Exemplos: pai, cidade.
- **Próprio**
  - Exemplos: João, Amapá.
- **Concreto**
  - Exemplos: dinheiro, armazém.
- **Abstrato**
  - Exemplos: imaginação, vida.
- **Simples**
  - Exemplos: quintal, horta.
- **Composto**
  - Exemplos: beija-flor, girassol.
- **Primitivo**
  - Exemplos: terra, fogo.
- **Derivado**
  - Exemplos: território, fogueira.
- **Coletivo**
  - Exemplos: fauna, álbum.

FLEXÃO DOS SUBSTANTIVOS

- **Gênero**
  - Masculino. Ex.: garoto.
  - Feminino. Ex.: garota.
- **Número**
  - Singular. Ex.: rua.
  - Plural. Ex.: ruas.
- **Grau**
  - Aumentativo. Ex.: peixão.
  - Diminutivo. Ex.: peixinho.

PALAVRAS QUE ACOMPANHAM O SUBSTANTIVO

Determinantes e modificadores

2. Leia o título a seguir e responda às questões.

> Aprenda três receitas fáceis e rápidas para o Réveillon

Folha Web. *Folha BV*, 30 dez. 2022. Disponível em: https://folhabv.com.br/noticia/VARIEDADES/Culinaria/Aprenda-tres-receitas-faceis-e-rapidas-para-o-Reveillon-/93863. Acesso em: 12 abr. 2023.

a) Que palavras acompanham o substantivo *receitas*?
b) A que classe gramatical essas palavras pertencem?
c) Qual é a função dessas palavras que acompanham o substantivo?

ANOTE AÍ!

Palavras que dão maior precisão ao substantivo, como os numerais, são chamadas de **determinantes**. Aquelas que o caracterizam, como os adjetivos, são os **modificadores**.

Leia a seguir exemplos de palavras que podem desempenhar o papel de determinantes e de modificadores do substantivo.

DETERMINANTES DO SUBSTANTIVO

- a bicicleta → **ARTIGO DEFINIDO**
- uma bicicleta → **ARTIGO INDEFINIDO**
- primeira bicicleta → **NUMERAL**
- sua bicicleta → **PRONOME POSSESSIVO**

MODIFICADORES DO SUBSTANTIVO

- altura ideal → **ADJETIVO**
- anel de prata → **LOCUÇÃO ADJETIVA**

ANOTE AÍ!

Artigos, **numerais** e **pronomes** podem desempenhar a função de **determinantes** do substantivo. **Adjetivos** e **locuções adjetivas** exercem o papel de **modificadores**.

PALAVRAS SUBSTANTIVADAS

Observe ao lado o título do livro do arquiteto brasileiro Chicô Gouvêa: *O olhar*. Geralmente, reconhecemos a palavra *olhar* como um verbo no infinitivo. Mas, no título, por vir precedida do artigo definido *o*, a palavra *olhar* funciona como **substantivo**, indicando como o arquiteto vê o mundo e expressa essa visão em sua obra.

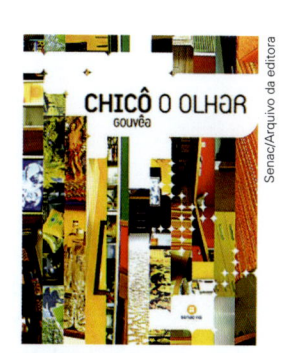

▲ Capa do livro *O olhar*, de Chicô Gouvêa. Rio de Janeiro: Senac, 2006.

ANOTE AÍ!

Palavras de outras classes gramaticais, como **verbos**, **adjetivos** e **numerais**, podem funcionar como **substantivos**, dependendo do contexto em que são empregadas. A esse fenômeno dá-se o nome de **substantivação**. Para fazer a substantivação de uma palavra, coloca-se antes dela um **artigo definido** ou **indefinido**.

Veja estes exemplos:

- *verbo substantivado*: O jantar de gala acontece esta noite.
- *adjetivo substantivado*: O azul do céu me fascina.
- *numeral substantivado*: O três estava legível na placa.

ATIVIDADES — Acompanhamento da aprendizagem

Retomar e compreender

1. Leia este poema de Mario Quintana.

> **Esperança**
>
> Lá bem no alto do décimo segundo andar do Ano
> Vive uma louca chamada Esperança
> E ela pensa que quando todas as sirenas
> Todas as buzinas
> Todos os reco-recos tocarem
> Atira-se
> E
> — ó delicioso voo!
> Ela será encontrada miraculosamente incólume na calçada,
> Outra vez criança...
> E em torno dela indagará o povo:
> — Como é teu nome, meninazinha de olhos verdes?
> E ela lhes dirá
> (É preciso dizer-lhes tudo de novo!)
> E lhes dirá bem devagarinho, para que não esqueçam:
> — O meu nome é ES-PE-RAN-ÇA...
>
> Mario Quintana. *Nova antologia poética*. 12. ed. São Paulo: Globo, 2007.

a) O que a descida da esperança representa no poema?
b) Em que gênero e grau está o substantivo *meninazinha*? O que esse grau indica no poema?
c) Transcreva do poema um substantivo composto e um coletivo.

2. Leia o trecho deste poema e responda às questões propostas.

> **Leve, breve, suave**
>
> Leve, breve, suave,
> Um canto de ave
> Sobe no ar com que principia
> O dia.
> Escuto, e passou...
> Parece que foi só porque escutei
> Que parou.
> [...]
>
> Fernando Pessoa. Leve, breve, suave. Disponível em: http://arquivopessoa.net/textos/209. Acesso em: 12 abr. 2023.

a) Como o canto é caracterizado no poema?
b) Que palavra e expressão acompanham o substantivo *canto* no segundo verso?
c) Que papel essa palavra e essa expressão desempenham junto ao substantivo? Justifique.
d) Como a palavra e a expressão podem ser classificadas?
e) No poema, qual é a classe gramatical da palavra *ave*?

Aplicar

3. Copie no caderno a alternativa em que o termo destacado desempenha a função de substantivo. Justifique sua resposta.

a) Aquele homem era muito **estudioso**.
b) Os **estudiosos** reuniram-se para discutir o tema do encontro.

A LÍNGUA NA REAL

OS MODIFICADORES DO SUBSTANTIVO E A AMPLIAÇÃO DO SENTIDO

1. Releia este trecho do conto "A orelha de Van Gogh" e responda às questões.

> Mas, se lhe faltava dinheiro, sobrava-lhe imaginação... Era um homem culto, inteligente, além de alegre. Não concluíra os estudos; o destino o confinara no modesto estabelecimento de secos e molhados, onde ele, entre paios e linguiças, resistia bravamente aos embates da existência. Os fregueses gostavam dele, entre outras razões porque vendia fiado e não cobrava nunca. Com os fornecedores, porém, a situação era diferente. Esses enérgicos senhores queriam seu dinheiro. O homem a quem meu pai devia, no momento, era conhecido como um credor particularmente implacável.

a) No início do trecho, três termos relacionam-se à palavra *homem*, exercendo função semelhante. Quais são eles e que função exercem no texto?

b) Qual é o substantivo usado para se referir ao local onde o homem trabalhava? Que palavras e expressão modificam o sentido desse lugar?

c) A quem a expressão *enérgicos senhores*, ao final do trecho, refere-se?

d) Qual palavra amplia o sentido de *credor* no texto? O uso dessa palavra reforça ou se opõe ao propósito da palavra *enérgicos*? Explique.

2. Leia o texto a seguir e responda às questões.

> **Vingadores: Guerra Infinita ganha novo teaser; assista**
>
> *Vingadores: Guerra Infinita* ganhou novas imagens em um *teaser* exibido pela primeira vez no intervalo do Super Bowl, a final do futebol americano, na noite deste domingo (04).
>
> No *teaser* de apenas 30 segundos, vemos o time dos Vingadores muito mais completo e pronto para confrontar Thanos, além de, claro, cenas de ação.
>
> Entre os heróis que se unem aos Vingadores neste novo filme, estão o Homem-Aranha, os Guardiões da Galáxia, Homem-Formiga, Pantera Negra e Doutor Estranho.
>
> *Vingadores: Guerra Infinita* chega aos cinemas brasileiros em 25 de abril.
>
> Natalie Rosa. *Canaltech*. Disponível em: https://canaltech.com.br/cinema/vingadores-guerra-infinita-ganha-novo-teaser-assista-107724/. Acesso em:12 abr. 2023.

teaser: vídeo curto que é utilizado para atrair a curiosidade do público para o lançamento de um novo produto, filme, videoclipe, serviço, etc.

a) Que palavra modifica o sentido de *guerra* no título do texto? Com base nela, o que podemos inferir da guerra que ocorrerá no filme?

b) No segundo parágrafo, há duas palavras que ampliam o sentido da expressão *o time dos Vingadores*. Que palavras são essas? Explique.

ANOTE AÍ!

A função dos substantivos é **nomear**, a dos adjetivos é **especificar** o que é nomeado. Além de ser um modificador do substantivo, o adjetivo assume um movimento de **restringir** ou de **ampliar** o sentido dos substantivos.

Acesse o recurso digital para revisar o uso dos adjetivos como modificadores dos substantivos. Em seguida, responda: Os adjetivos ou locuções adjetivas concordam com o substantivo que modificam? Dê exemplos presentes no recurso para comprovar sua resposta.

25

AGORA É COM VOCÊ!

ESCRITA DE CONTO

Proposta

Em "A orelha de Van Gogh", o narrador conta uma história da qual participa. Agora é sua vez de escrever um conto no qual o narrador seja também personagem. Na sua versão, no entanto, o narrador-personagem deverá ser o credor implacável, e não o filho do dono do armazém. Desse modo, o leitor conhecerá os fatos narrados pelo olhar dessa personagem, ou seja, de outra perspectiva. Quando os contos de todos estiverem concluídos, você e os colegas lerão seus textos em uma roda de leitura.

GÊNERO	PÚBLICO	OBJETIVO	CIRCULAÇÃO
Conto	Colegas da turma	Narrar uma história evidenciando o olhar de uma personagem do conto "A orelha de Van Gogh"	Roda de leitura em sala de aula

Planejamento e elaboração de texto

1 Ao ler o conto novamente, você ficou curioso para saber o que realmente ocorreu no encontro entre o pai do narrador e o credor? A ideia é que seu conto narre justamente esse encontro que, em "A orelha de Van Gogh", ficou desconhecido. O desafio é imaginar o que se passou com as personagens no encontro e depois dele, sob o ponto de vista do credor. As questões a seguir podem ajudá-lo nessa tarefa.

- O que pode ter ocorrido enquanto o pai esteve na casa do credor?
- Como o pai foi recebido e apresentou sua proposta?
- Qual terá sido a reação do credor diante do oferecimento da orelha como pagamento da dívida? Que sentimentos e pensamentos essa oferta provocou nessa personagem?
- Em qual momento o credor percebeu que tudo era um plano do pai?
- Havia mais alguém na casa do credor? Essa personagem participou da conversa ou da sequência dos acontecimentos?

2 Organize o que você imaginou em uma sequência narrativa coerente dentro da estrutura característica do gênero conto. Copie o quadro no caderno e preencha-o, listando os fatos mais importantes da história a ser escrita por você.

SITUAÇÃO INICIAL	
CONFLITO	
CLÍMAX	
DESFECHO	

3 No conto de Moacyr Scliar, a conversa entre o pai e o credor tem como desfecho o arremesso da falsa orelha de Van Gogh através da janela. Seu conto não precisa coincidir com esse desenlace. Você pode contar ao leitor, por exemplo, o que aconteceu depois disso.

4. Além de planejar os fatos e possíveis diálogos, defina o perfil do credor.
   - O credor terá um nome?
   - Quais serão suas características físicas e emocionais?
   - Por que ele será considerado "implacável"?
   - Como ele narrará esse conflito?
   - Na narração, prevalecerá um tom emotivo ou um tom mais distanciado?

5. Escreva seu conto, observando as indicações temporais e as descrições das passagens, que precisam ser econômicas, resumidas e breves. Lembre-se de que o foco narrativo será em primeira pessoa, ou seja, o credor quem irá contar a história.

LINGUAGEM DO SEU TEXTO

1. Na narrativa do conto "A orelha de Van Gogh", quais palavras foram escolhidas para caracterizar o pai do narrador?
2. Identifique no conto duas palavras que foram usadas para classificar o armazém do pai, criando uma extensão entre o perfil do homem e o lugar no qual trabalhava.

No conto de Moacyr Scliar, os adjetivos foram essenciais na construção do perfil das personagens. Ao escrever seu texto, procure prestar atenção à função dos adjetivos como modificadores dos substantivos.

6. Durante a elaboração do conto, fique atento à pontuação, visto que ela é fundamental para organizar e dar ritmo ao texto. O ponto-final, o ponto de exclamação e o ponto de interrogação, por exemplo, ajudam a delimitar e a expressar sentidos e emoções; já os dois-pontos, as aspas e o travessão podem ser usados para sinalizar as falas das personagens.

Avaliação e reescrita do texto

1. Releia e avalie o conto produzido por você, considerando as questões a seguir.

ELEMENTOS DO CONTO
O credor é o narrador e personagem da história?
O leitor consegue compreender bem o perfil do credor?
O conto se organiza em torno de um conflito?
O texto mantém a harmonia entre suas partes internas sem se tornar repetitivo?
O título escolhido é tão impactante quanto o conto?
Os diálogos e as descrições são econômicos?
O conto mantém o interesse do leitor até o desfecho?

2. Agora, forme dupla com um colega e troquem os textos. Com base nos critérios acima, você avaliará o conto dele e vice-versa. De forma respeitosa, dê sugestões para o texto de seu colega. Ele fará o mesmo com seu texto. Nesse momento, aproveitem também para verificar a pontuação do conto do colega, auxiliando-o a realizar adequações quando for preciso.

3. Agora, reescreva seu conto, fazendo as alterações necessárias.

Circulação

1. No dia combinado, cada estudante lerá, em uma roda de leitura, o conto finalizado. Antes dessa atividade, leia seu texto em voz alta, gravando sua leitura com o celular, se possível. Isso vai ajudá-lo a identificar o que pode ser melhorado. Assim, você estará preparado para envolver os ouvintes.

CAPÍTULO 2
PORTAS DA IMAGINAÇÃO

O QUE VEM A SEGUIR

O conto que você vai ler agora foi escrito pelo britânico Saki (1870-1916). Considerado um mestre nesse gênero literário, suas narrativas são, muitas vezes, dotadas de tom macabro e desfechos surpreendentes. Em "A porta aberta", não é diferente. Ele narra a história de Framton Nuttel, um homem que viaja a um retiro rural para passar por um "tratamento de nervos". No entanto, ao chegar a seu destino, depara-se com pessoas de hábitos estranhos. Como você imagina que ele será recebido pelos moradores desse lugar?

TEXTO

A porta aberta

abstinência: ato de privar-se de algo.

lodaçal: local em que há muito lodo.

narceja: ave silvestre.

spaniel: raça de cães de caça.

— Minha tia já vai descer, sr. Nuttel — disse uma mocinha de quinze anos muito senhora de si. — Enquanto isso, o senhor pode ir me aguentando.

Framton Nuttel se esforçou por dizer algo adequado, algo que lisonjeasse devidamente a sobrinha ali presente, sem também desconsiderar a tia, que estava por vir. No íntimo, duvidava mais do que nunca que aquelas visitas formais a uma sucessão de perfeitos estranhos fossem contribuir de fato para o tratamento de nervos a que ele supostamente estava se submetendo.

— Eu sei como vai ser — dissera sua irmã, quando ele se preparava para aquele retiro rural. — Você vai se enterrar por lá e não falará com nenhuma alma viva. Seus nervos ficarão num estado ainda mais lastimável. Por isso, vou lhe dar cartas de apresentação a todas as pessoas que conheço por lá. Algumas delas, pelo que me lembro, eram bastante agradáveis.

Framton se perguntava se a sra. Sappleton, a dama a quem ia entregar uma das cartas de apresentação, estava no grupo das agradáveis.

— O senhor conhece muita gente aqui das redondezas? — perguntou a sobrinha, quando julgou que já tinham ficado tempo bastante em silêncio.

— Quase ninguém — disse Framton. — Minha irmã passou um tempo aqui, sabe, na casa paroquial, uns quatro anos atrás, e me deu cartas de apresentação para algumas das pessoas daqui.

Fez a última afirmação num tom de nítido pesar.

— Então o senhor não sabe praticamente nada sobre minha tia? — prosseguiu a mocinha, autoconfiante.

— Só o nome e o endereço — admitiu o visitante. Ele estava imaginando se a sra. Sappleton era casada ou viúva. Alguma coisa indefinível no ambiente da sala parecia sugerir uma habitação masculina.

— A grande tragédia dela aconteceu há apenas três anos — explicou a criança —, isso deve ter sido depois da estada de sua irmã.

— Tragédia? — perguntou Framton. Naquele tranquilo recanto campestre as tragédias pareciam, de algum modo, fora do lugar.

— O senhor deve estar curioso para saber por que mantemos essa porta aberta numa tarde de outubro — disse a sobrinha, apontando uma ampla porta que se abria sobre um gramado.

— Está bem quente para a época do ano — disse Framton —, mas essa porta tem algo que ver com a tragédia?

— Por essa porta, faz hoje três anos, o marido e os dois irmãos mais novos dela saíram para a caçada do dia. Nunca voltaram. Ao atravessar o pântano para chegar a seu local favorito de caçar narcejas, todos os três foram engolidos por um lodaçal traiçoeiro. Foi por causa daquele verão horrível e úmido, sabe, e lugares que eram seguros em outros anos desapareceram subitamente sem aviso. Os corpos nunca foram encontrados. Essa foi a parte mais horrível de tudo.

Aqui, a voz da menina perdeu o tom autoconfiante e se tornou trêmula, humana.

— A pobre tia sempre acha que eles vão voltar algum dia, eles e o pequeno *spaniel* castanho que se perdeu com eles, e que vão entrar por essa porta, como costumavam fazer. É por isso que a porta é mantida aberta toda tarde até cair a noite. Pobre tia querida, ela me contou várias vezes como eles saíram, o marido com a capa de chuva branca nos ombros, e Ronnie, o irmão mais novo, cantarolando "Bertie, por que você pula?", como sempre fazia para caçoar dela, porque ela dizia que aquilo lhe dava nos nervos. O senhor sabe, às vezes, em tardes calmas e tranquilas como esta, tenho quase a horripilante sensação de que todos eles vão entrar por aquela porta...

Ela se deteve, com um leve tremor. Foi um alívio para Framton quando a tia irrompeu sala adentro com um redemoinho de desculpas por ter se demorado.

— Tomara que Vera tenha distraído o senhor — disse ela.

— Ela foi muito interessante — afirmou Framton.

— Espero que o senhor não se incomode com a porta aberta — observou a sra. Sappleton com vivacidade. — Meu marido e meus irmãos estão voltando para casa direto da caçada e sempre entram por ali. Saíram atrás das narcejas no brejo hoje, de modo que vão fazer uma bela bagunça nos meus pobres tapetes. Bem do jeito de vocês, homens, não é?

Ela emendou, alegremente, acerca da caça e da escassez de aves, e sobre as perspectivas do inverno quanto a patos. Para Framton aquilo era simplesmente horrível. Fez um esforço desesperado, apenas parcialmente bem-sucedido, para desviar a conversa para um assunto menos macabro. Estava consciente de que sua anfitriã lhe dava apenas um fragmento de sua atenção, e os olhos dela estavam constantemente espreitando, por trás dele, a porta aberta e o gramado além. Sem dúvida, foi uma infeliz coincidência ele ter de fazer sua visita naquele trágico aniversário.

— Os médicos concordaram em me receitar repouso absoluto, ausência de excitação mental e abstinência de qualquer coisa semelhante a exercício violento — anunciou Framton, valendo-se da bem conhecida suposição de que os perfeitos estranhos e os

crepúsculo: entardecer.

iminente: que está a ponto de acontecer.

mortiço: que está apagado, sem brilho.

recém-conhecidos são ávidos por saber o menor detalhe das dores e enfermidades das pessoas, sua causa e tratamento. — No que diz respeito à dieta, não concordam tanto assim — continuou.

— Não? — disse a sra. Sappleton, numa voz que só substituiu um bocejo no último instante. Então, ela subitamente se iluminou em atenção alerta... mas não para o que Framton estava dizendo. — Lá vêm eles finalmente! — exclamou ela. — Bem na hora do chá, e parece que estão cobertos de lama até os olhos!

Framton teve um ligeiro arrepio e se virou na direção da sobrinha com um olhar que pretendia expressar solidária compreensão. A menina mirava fixamente a porta aberta com olhos estupefatos de horror. Num choque gelado de medo inominável, Framton deu meia-volta em seu assento e olhou na mesma direção.

Na luz mortiça do crepúsculo, três figuras atravessavam o gramado rumo à porta. Todas carregavam armas nos braços, e uma delas trazia o fardo adicional de uma capa branca jogada sobre os ombros. Um *spaniel* castanho e fatigado não saía de junto de seus calcanhares. Sem fazer ruído, aproximaram-se da casa e, então, uma voz jovem e rouca cantarolou de dentro do anoitecer: "E então, Bertie, por que você pula?".

Framton agarrou ferozmente sua bengala e seu chapéu; a porta de entrada, o cascalho do jardim e o portão da frente foram etapas imperceptíveis em sua fuga desabalada. Um ciclista que passava pela rua teve de se afundar na cerca viva para evitar uma colisão iminente.

— Cá estamos, querida — disse o portador da capa de chuva branca, entrando pela porta —, cheios de lama, mas quase toda seca. Quem era aquele que disparou para fora assim que aparecemos?

— Um homem esquisitíssimo, um tal sr. Nuttel — respondeu a sra. Sappleton. — Só sabia falar da própria doença e saiu em disparada sem uma palavra de adeus ou de desculpas quando vocês chegaram. Alguém poderia até pensar que ele viu um fantasma.

— Quero crer que foi o *spaniel* — disse a sobrinha, calmamente. — Ele me contou que tem horror a cães. Uma vez foi perseguido dentro de um cemitério, em algum lugar às margens do Ganges, por um bando de vira-latas, e teve de passar a noite numa cova recém-cavada, com os bichos rosnando, latindo e babando bem acima dele. É o bastante para acabar com os nervos de alguém.

O romance improvisado era a especialidade dela.

Saki (Hector Hugh Munro). A porta aberta. Tradução de Marcos Bagno. Em: Ana Maria Machado (org.). *Leituras de escritor*. São Paulo: SM, 2009. p. 77-81.

CONTISTA INVENTIVO

▲ Saki, pseudônimo de Hector Hugh Munro.

Saki, pseudônimo de Hector Hugh Munro, nasceu na Birmânia (atual Myanmar), em 1870, e estudou na Inglaterra, onde trabalhou como jornalista. Boa parte de seus contos foi publicada pela primeira vez no jornal, depois, reunida em livros.

A sátira à sociedade inglesa do início do século XX é a principal marca de seus contos. Embora seja considerado um mestre desse gênero, também escreveu peças teatrais, romances e ensaios. No Brasil, alguns de seus contos estão reunidos na coletânea *Um gato indiscreto e outros contos* (Hedra, 2009).

O escritor morreu na França, em combate em 1916, durante a Primeira Guerra Mundial (1914-1918).

TEXTO EM ESTUDO

PARA ENTENDER O TEXTO

1. A recepção das moradoras ao sr. Nuttel foi aquela que você havia imaginado antes da leitura do conto? Comente.

2. No início do conto, sabemos da viagem que Framton Nuttel faz para um retiro rural e da visita à sra. Sappleton.
   a) O que leva o sr. Nuttel a fazer essa viagem?
   b) Por que ele vai visitar a sra. Sappleton?
   c) Como ele fica sabendo desse local?
   d) Como o sr. Nuttel se sente ao chegar à casa da sra. Sappleton? Identifique no texto um trecho que comprove sua resposta.

3. Em que espaço a história acontece?

4. Em que período de tempo ocorrem as ações narradas?

5. Releia o início do conto:

   > — Minha tia já vai descer, sr. Nuttel — disse uma mocinha de quinze anos muito senhora de si. — Enquanto isso, o senhor pode ir me aguentando.

   a) Qual é o significado da expressão *senhora de si*?
   b) O que essa expressão antecipa sobre a personalidade da personagem Vera e que o leitor percebe ao longo do conto?
   c) No segundo parágrafo do conto, identifique três expressões que revelam ao leitor que o sr. Nuttel tem uma personalidade oposta à de Vera.

6. Sobre as personagens do conto, responda às questões.
   a) Quais são as principais personagens desse conto? Descreva-as.
   b) No início da narrativa, Vera parece ser uma garota acolhedora. Essa impressão sobre a personagem se mantém ao final da leitura? Explique.

7. No caderno, indique as alternativas **verdadeiras (V)** e as **falsas (F)** a respeito do conto.
   a) A sra. Sappleton nega a morte do marido e dos irmãos; por isso, a porta da casa fica o tempo todo aberta.
   b) Ela deixa a porta aberta, pois os familiares vão retornar de uma caçada.
   c) O sr. Nuttel decide viajar para o campo para cuidar da saúde, mas não gosta das pessoas que o recebem no local.
   d) O sr. Nuttel vai viver na zona rural para fugir de uma perseguição de um bando de vira-latas que prejudica os nervos dele.

8. Em geral, nos contos, há um momento em que a tensão da narrativa alcança seu topo. Que trecho corresponde a esse momento no conto lido? Explique.

> **ANOTE AÍ!**
>
> No conto, o conflito torna-se cada vez mais tenso, até atingir seu auge. É o que chamamos de **clímax**, ou seja, o momento em que o **interesse** e a expectativa do leitor pelo que acontecerá em seguida se elevam ao máximo, anunciando o desfecho.

9. De acordo com Vera, o que houve com a família de sua tia? A história contada por ela ao sr. Nuttel se confirma no desfecho? Justifique.

10. No conto, a expressão *porta aberta* tem diferentes significados. No caderno, relacione as afirmativas aos nomes, de acordo com o que essa expressão significa para cada personagem.

   I. A porta aberta é o local por onde os familiares da sra. Sappleton, já mortos, podem passar a qualquer momento.

   II. A porta aberta permite avistar a família que volta da caça.

   III. A porta aberta inspira a criação de uma história inusitada.

   a) Vera
   b) Sra. Sappleton
   c) Sr. Nuttel

O FOCO NARRATIVO

11. Qual é o foco narrativo desse conto? Justifique com trechos do texto.

12. Quais são as características do narrador dessa história?

13. Releia o trecho a seguir e responda à questão.

> Framton se perguntava se a sra. Sappleton, a dama a quem ia entregar uma das cartas de apresentação, estava no grupo das agradáveis.
> — O senhor conhece muita gente aqui das redondezas? — perguntou a sobrinha, quando julgou que já tinham ficado tempo bastante em silêncio.
> — Quase ninguém — disse Framton. — Minha irmã passou um tempo aqui, sabe, na casa paroquial, uns quatro anos atrás, e me deu cartas de apresentação para algumas das pessoas daqui.

- Reescreva o trecho acima como se o narrador fosse o sr. Nuttel.

ANOTE AÍ!

A escolha do **foco narrativo** determina o tipo de narrador, isto é, a voz que contará a história. Existem dois tipos de foco narrativo:

Em **primeira pessoa**: quando a narrativa é contada pela voz de um narrador que participa da história, um **narrador-personagem**.

Em **terceira pessoa**: quando a história é contada pela voz de um narrador que não participa dos acontecimentos. Ele pode se mostrar como um **narrador onisciente**, quando revela aos leitores as ações, os sentimentos e os pensamentos das personagens, ou como um **narrador observador**, quando não participa dos acontecimentos e adota uma perspectiva mais neutra e que parece imparcial.

14. Como podemos classificar o narrador do conto "A porta aberta": onisciente ou observador? Justifique sua resposta com trechos do conto.

15. No conto, há duas narrativas. A principal, da visita do sr. Nuttel, e a secundária, do caso inventado por Vera. Sobre essa narrativa secundária, indique a alternativa correta.

   a) É uma narrativa objetiva e impessoal, em terceira pessoa, que expressa uma visão neutra do episódio.

   b) É uma narrativa mais subjetiva, em primeira pessoa, que expressa o que seria um pavor da personagem diante do episódio.

LEITURA DE ANA MARIA MACHADO

Embora muitos textos da obra do britânico Saki ainda sejam inéditos em nosso país, aqueles que chegaram até aqui acabaram influenciando alguns escritores brasileiros, como a renomada autora de livros infantojuvenis Ana Maria Machado. Lido ainda na adolescência, o conto "A porta aberta" ficou gravado em sua memória: "É uma história simples, mas muito bem contada, com elegância e ironia. E com a economia de meios que deve caracterizar o estilo de um bom contista".

16. Releia um trecho do conto "A orelha de Van Gogh", do capítulo 1.

> Meu pai retirou na biblioteca um livro sobre Van Gogh e passou o fim de semana mergulhado na leitura. Ao cair da tarde de domingo, a porta de seu quarto se abriu e ele surgiu, triunfante:
> — Achei!
> Levou-me para um canto — eu, aos doze anos, era seu confidente e cúmplice — e sussurrou, os olhos brilhando:
> — A orelha de Van Gogh. A orelha nos salvará.
> [...]
> Minha mãe tinha razão: ele vivia em um outro mundo, um mundo de ilusões. Contudo, o fato de a ideia ser absurda não me parecia o maior problema; afinal, a nossa situação era tão difícil que qualquer coisa deveria ser tentada. [...]

a) Reescreva, no caderno, o último parágrafo do trecho acima com foco narrativo em terceira pessoa. Depois comente esse processo de reescrita.

b) Compare o texto original com o reescrito por você. Que mudanças gramaticais você identificou? Dê exemplos.

17. **SABER SER** No conto, o sr. Nuttel é recebido por Vera. Na história, a irmã do sr. Nuttel acredita que a acolhida dele em um ambiente familiar lhe faria muito bem.

a) O que você acha do modo como o sr. Nuttel é recebido por Vera? Você gostaria de ser recebido assim em um lugar que não conhece?

b) No local onde você vive há migrantes, ou seja, pessoas que vieram de outras cidades, estados ou países? Como é a acolhida a essas pessoas? Converse com os colegas.

Acesse o recurso digital sobre o Museu da Imigração. Em seguida, responda: Qual é a importância de um museu como esse para a preservação da história e da cultura do povo brasileiro?

O CONTEXTO DE PRODUÇÃO

18. "A porta aberta" é um conto publicado em 1914, período em que os estudos sobre doenças mentais não eram tão discutidos entre as pessoas. Na época, eram conhecidas como "doenças dos nervos", e, para as pessoas da considerada alta sociedade, parte do tratamento consistia em passar um tempo no campo para viver com tranquilidade.

- Sabendo que Saki era um escritor que criticava a sociedade de sua época, qual é a crítica feita pelo autor nesse conto em relação ao tratamento da doença de Nuttel?

A LINGUAGEM DO TEXTO

19. No conto lido, emprega-se o discurso direto. Qual é a relação entre a reprodução das falas das personagens e a criação de suspense na narrativa?

COMPARAÇÃO ENTRE OS TEXTOS

20. Qual é a importância da escolha do foco narrativo para o desenvolvimento do conflito e para o desfecho dos contos lidos nos capítulos 1 e 2? Justifique sua resposta.

21. Em sua opinião, dentre os dois contos lidos, que narrativa teve o desfecho mais surpreendente? Por quê?

PARA EXPLORAR

As viagens de Marco Polo, adaptado por Ana Maria Machado. São Paulo: Scipione, 2006.

Quando escritos, por volta de 1300, os relatos de viagem de Marco Polo foram encarados como fantasiosos. Depois de séculos, suas observações se tornaram referências para a Geografia e a História modernas. Na obra adaptada por Ana Maria Machado, é narrada a visita do desbravador veneziano à China do século XIII.

LÍNGUA EM ESTUDO

PREPOSIÇÃO

1. Releia o trecho do conto "A porta aberta" e responda às questões.

> Framton teve um ligeiro arrepio e se virou **na** direção **da** sobrinha **com** um olhar que pretendia expressar solidária compreensão. A menina mirava fixamente a porta aberta **com** olhos estupefatos **de** horror. **Num** choque gelado **de** medo inominável, Framton deu meia-volta **em** seu assento e olhou **na** mesma direção.

a) Qual é a função das palavras destacadas na passagem? Copie no caderno a alternativa correta.

   I. Especificar o substantivo que vem após essas palavras na frase.
   II. Unir termos, estabelecendo uma relação de sentido entre eles.

b) Essas palavras podem ser excluídas sem prejudicar o sentido do texto? Explique sua resposta.

Os termos destacados no trecho acima exercem uma função específica e pertencem à classe de palavras das preposições.

ANOTE AÍ!

Preposição é a palavra invariável que liga outras duas palavras, estabelecendo uma relação de sentido entre elas. As preposições podem indicar posse, matéria, causa, finalidade, etc.

Locução prepositiva é um grupo de palavras com valor de preposição. Exemplos: *além de*, *por meio de*, *em cima de*, *em vez de*, *a fim de*, *antes de*, etc.

Ainda no trecho destacado na atividade **1**, observe as palavras *num* e *na*. Nelas, a preposição *em* vem acompanhada do artigo indefinido *um*, no primeiro caso (*em* + *um*), e do artigo definido *a*, no segundo (*em* + *a*).

ANOTE AÍ!

As preposições podem sofrer **combinação** ou **contração** com outras palavras.
- **Combinação:** ocorre quando a preposição, ao unir-se a outras palavras, não sofre modificação. Exemplos: "Fui *ao* mercado hoje." (preposição *a* + artigo *o*); "*Aonde* você foi ontem à tarde?" (preposição *a* + advérbio *onde*).
- **Contração:** ocorre quando a preposição, ao unir-se a outras palavras, sofre modificação. Exemplos: "Ele vendeu a casa *no* ano passado." (preposição *em* + artigo *o*); "Gostei *daquele* museu que visitamos ontem." (preposição *de* + pronome *aquele*).

2. Observe estas preposições.

com	em	de

- É possível dizer qual é o sentido dessas preposições quando estão fora de um contexto? Justifique sua resposta.

As preposições não expressam sentido completo quando estão isoladas. Só é possível saber qual é o sentido de uma preposição no contexto em que ela aparece, isto é, na relação que ela estabelece entre as palavras dentro da frase em determinada situação.

3. Observe a tira e responda às questões.

Johnny Hart. A. C. *Jornal da Tarde*, São Paulo, 10 jun. 2003.

a) O que a mulher quis dizer no primeiro quadrinho?
b) O que o vendedor entendeu? Justifique sua resposta.
c) Qual é a preposição que aparece na fala da mulher?
d) Por que ocorreu esse ruído na comunicação entre as personagens da tira?
e) Como esse ruído poderia ter sido evitado?

Observe, no quadro a seguir, algumas relações de sentido que as preposições podem estabelecer entre as palavras.

RELAÇÃO DE SENTIDO	EXEMPLO
Causa	Ele ganhou o prêmio **por** merecimento.
Companhia	Viajei **com** a minha família.
Destino	Os políticos foram **para** Brasília.
Instrumento	Cortou o papel **com** a tesoura.
Lugar	Vou ficar **em** casa.
Matéria	Meu pai comprou um anel **de** ouro.
Meio	Fui **de** trem.
Modo	Tratou os avós **com** muito carinho.
Movimento	Ele caminhou **até** o carro.
Oposição	Votaram **contra** o projeto.
Origem	Somos **do** Rio Grande do Norte.
Tempo	Os comentários serão feitos **após** o jogo.

Como você pôde observar no quadro, a mesma preposição pode estabelecer diferentes relações de sentido. A preposição *de*, por exemplo, pode estabelecer relações de matéria, de meio e de origem. Lembre-se de que a preposição *do* é a contração da preposição *de* + o artigo definido *o*.

4. Associe o tipo de relação de sentido à preposição destacada nas expressões retiradas do trecho da atividade 1.

    I. "e se virou na direção *da* sobrinha"   a) lugar
    II. "Framton deu meia-volta *em* seu assento"   b) modo
    III. "mirava fixamente a porta aberta *com* olhos estupefatos"   c) movimento

ATIVIDADES

Acompanhamento da aprendizagem

Retomar e compreender

1. Leia a tira.

Bill Watterson. *Calvin e Haroldo*: tem alguma coisa babando embaixo da cama. 2. ed. São Paulo: Conrad, 2010.

   a) Em "história *de* ficção científica" e "É *sobre* como máquinas tomam o controle *dos* humanos", que relações de sentido as preposições em destaque estabelecem entre as palavras?

   b) No último quadrinho, que sentido o pronome *meu* acrescenta ao substantivo *show*? Explique.

   c) Nesse último quadro, como Calvin contradiz sua concordância com Haroldo? Explique.

2. Leia a tira.

Adão Iturrusgarai. *Folha de S.Paulo*, São Paulo, 31 maio 2003.

   a) A palavra *inglês* é empregada com o mesmo sentido nos dois últimos quadrinhos? Por quê?

   b) Que relação a preposição *sem* estabelece entre os termos *inglês* e *legendas*?

   c) As moças afirmam que não se dão bem com "inglês sem legendas". A que tipo de problema cada uma delas se refere?

Aplicar

3. Leia os provérbios e, no caderno, complete-os com a preposição adequada.

   a) ★ discussão nasce a luz.
   b) ★ algodão velho não se faz bom pano.
   c) ★ grão ★ grão a galinha enche o papo.
   d) Ri melhor quem ri ★ último.
   e) ★ fatos não há argumentos.

4. Releia os provérbios da atividade anterior e responda:

   a) Como você entende esses provérbios?
   b) Que relação de sentido foi estabelecida pelas preposições nos provérbios?
   c) Cite outros dois provérbios que tenham preposição e apresente aos colegas a relação de sentido estabelecida por ela.

A LÍNGUA NA REAL

A POSIÇÃO DOS DETERMINANTES E MODIFICADORES DO SUBSTANTIVO

1. Leia a tira.

Dik Browne. *O melhor de Hagar, o Horrível*. Porto Alegre: L&PM, 2006. v. 1. p. 16.

a) Qual foi o engano cometido por Hagar?
b) Qual pode ter sido a consequência desse engano?
c) No segundo quadrinho, haveria diferença de sentido se Eddie dissesse *gordos homens* em vez de *homens gordos*? Explique sua resposta.
d) E na fala de Hagar? Haveria diferença de sentido se ele usasse a expressão *homens grandes* em vez de *grandes homens*? Justifique.

2. Leia o texto a seguir e responda às questões.

> **Arqueologia do cotidiano**
>
> Arqueólogo é quem traz à tona o que está enterrado [...].
>
> No cotidiano, a repetição infindável de certos atos e fatos afasta a nossa atenção e nos torna insensíveis a eles.
>
> Nem vou enumerar todas as coisas que fazemos sem que registremos nem um pensamento sequer a respeito delas. Criamos rituais e tiques para desviar a atenção, para não acompanhar nossos atos. Como se diz: passamos boa parte da vida no automático. [...]

Anna Veronica Mautner. Arqueologia do cotidiano. *Folha de S.Paulo*, São Paulo, 13 set. 2001. Disponível em: http://www1.folha.uol.com.br/fsp/equilibrio/eq1309201101.htm. Acesso em: 13 abr. 2023.

a) No segundo parágrafo do texto, se escrevêssemos "a repetição infindável de atos e fatos certos", haveria alteração de sentido? Justifique.
b) Há diferença na classificação gramatical da palavra *certos* se a colocarmos antes ou depois das palavras *atos* e *fatos*? Explique.
c) No terceiro parágrafo, o sentido mudaria se estivesse escrito "Como se diz: passamos parte boa da vida no automático"? Explique.
d) Reescreva a primeira frase do terceiro parágrafo colocando o pronome *todas* após o substantivo *coisas*. Nesse caso, haveria alteração no sentido da frase? Comente.

> **ANOTE AÍ!**
>
> A **posição** em que aparece o **modificador** ou o **determinante** – antes ou depois do substantivo – pode **modificar o sentido** da característica ou da qualidade que cada um deles pode atribuir ao substantivo.

ESCRITA EM PAUTA

EMPREGO DO X E DO CH

PARA EXPLORAR

Cantigas de roda, Palavra Cantada. Independente, 2015.
Nesse DVD, são apresentados dez clipes de cantigas escolhidas pela dupla Sandra Peres e Paulo Tatit, com o objetivo de divulgar o rico repertório do cancioneiro tradicional da cultura popular brasileira.

1. As cantigas populares fazem parte da cultura oral de vários povos. Além das repetições, elas utilizam vários recursos sonoros que facilitam a memorização da letra. Leia um trecho da cantiga "Fui no Tororó" e responda às questões.

Fui no Tororó

Fui no Tororó
Beber água, não achei.
Achei linda morena,
Que no Tororó deixei.

Aproveita, minha gente,
Que uma noite não é nada.
Quem não dormir agora
Dormirá de madrugada.

Domínio público.

a) Na primeira estrofe da cantiga, há algumas palavras que rimam entre si. Identifique-as e copie-as no caderno.
b) Que sons se repetem nessas palavras?
c) Nessas palavras, que consoantes representam um mesmo som?

Na língua portuguesa, diferentes letras podem representar sons semelhantes. Nas palavras *achei* e *deixei*, por exemplo, o mesmo som foi representado tanto pelo dígrafo *ch* como pela letra *x*. No momento da escrita, a representação desse som pode causar algumas dúvidas. Para saber qual das letras empregar, veja uma regra geral sobre o uso de *x* e *ch* quando representam esse som.

PALAVRAS DERIVADAS
Palavras que pertencem à mesma família são grafadas com a mesma letra:
pei**x**e → pei**x**aria, pei**x**inho, pei**x**ada
ca**ch**orro → ca**ch**orrice, ca**ch**orrinho, ca**ch**orrada

No quadro a seguir, leia com atenção algumas regras que podem ser úteis no momento da escrita.

X OU CH?	
Utiliza-se *x*	Utiliza-se *ch*
▪ Em palavras de origem tupi, árabe e africana. Ex.: *abacaxi* (tupi), *enxaqueca* (árabe), *Caxambu* (africana). ▪ Depois de ditongo. Ex.: *frouxo, peixe, feixe*. ▪ Depois de *me-* inicial. Ex.: *mexerica, México* (exceção: *mecha* e derivados). ▪ Depois de *en-* inicial. Ex.: *enxada, enxurrada, enxoval, enxofre, enxugar* (exceções: *enchouriçar, enchova, encher, encharcar*).	▪ Em algumas palavras de origem estrangeira. Ex.: *chapéu* (francês), *salsicha* (italiano), *sanduíche* (inglês). ▪ No verbo *encher* e seus derivados. Ex.: *preencher, enchente, enchimento*.

2. Copie as palavras no caderno, substituindo as estrelas com *x* ou *ch*. Depois, justifique suas escolhas.

a) afrou★ar
b) en★ergar
c) en★er
d) capi★aba
e) en★arcar
f) a★é
g) almo★arifado
h) me★erico
i) ★alé
j) amei★a
k) en★ame
l) me★er
m) ★apéu
n) trou★a
o) me★icano
p) cai★a
q) me★erica
r) ★arme
s) ★efe
t) en★ame

3. Leia as alternativas a seguir e copie no caderno aquela em que todas as palavras estão grafadas corretamente.

a) xícara, baixo, chato
b) rocho, trecho, mexer
c) lixo, fechar, enchergar
d) chingar, puxar, chamar

4. Um pintor de placas teve dúvidas sobre o uso das letras *x* e *ch*. Então, ele decidiu deixar algumas lacunas nas palavras. No caderno, complete as palavras da placa com *x* ou *ch*, de modo que fiquem corretamente grafadas.

> **ESTE É O RIO DO ABACA★I. EM CASO DE EN★ENTE, CUIDADO COM A EN★URRADA. NÃO ENTRE NA ÁGUA. ME★A-SE RAPIDAMENTE, RECOLHA SEUS OBJETOS, PROCURE UM LUGAR E ESPERE A ★UVA PASSAR.**

ETC. E TAL

Palavra pra mais de metro

Você sabe qual é a maior palavra da língua portuguesa? Se você pensou em *paralelepípedo*, não acertou. A maior palavra do português tem 46 letras. Registrada pela primeira vez em 2001, pelo dicionário Houaiss, *pneumoultramicroscopicossilicovulcanoconiótico* passou a ocupar o título de campeã. A inclusão do termo deu a *anticonstitucionalissimamente*, antigo vencedor, o segundo lugar no pódio, com 29 letras. O terceiro lugar ficou com *oftalmotorrinolaringologista*, com 28 letras. Mas qual seria o significado da primeira colocada na lista de palavras enormes? *Pneumoultramicroscopicossilicovulcanoconiótico* é um adjetivo usado para se referir às pessoas que sofrem de doença pulmonar causada pela inalação de cinzas vulcânicas, também chamada de pneumoconiose. Mais fácil usar esse último termo, não é mesmo?

CAPÍTULO 3
DO PAPEL AO PALCO

O QUE VEM A SEGUIR

O texto que você vai ler é de Jorge de Andrade, um dos autores brasileiros mais representativos do gênero dramático. A história narra a decadência de uma família que, obrigada a sair das terras cultivadas por seus antepassados, precisa ir morar na cidade enquanto espera pela possibilidade de reaver a propriedade. Em sua opinião, como o pai e a filha vão reagir diante dessa situação? Após realizar uma leitura silenciosa do texto, que tal fazer uma leitura expressiva, dramatizada com os colegas?

TEXTO

A moratória

Personagens: Joaquim, Helena, Lucília, Marcelo, Olímpio, Elvira

PRIMEIRO ATO

CENÁRIO – Dois planos dividem o palco mais ou menos em diagonal.

Primeiro plano ou *plano da direita*: Sala modestamente mobiliada. Na parede lateral direita, duas portas: a do fundo, quarto de Marcelo; a do primeiro plano, cozinha. Ao fundo da sala, corredor que liga às outras dependências da casa.

À esquerda, mesa comprida de refeições e de costura; junto a ela, em primeiro plano, máquina de costura. Encostado à parede lateral direita, entre as duas portas, banco comprido, sem pintura. Na mesma parede, bem em cima do banco, dois quadros: Coração de Jesus e Coração de Maria. Acima dos quadros, relógio grande de parede. No corte da parede imaginária que divide os dois planos, preso à parede como se fosse um enfeite, um galho seco de jabuticabeira.

Segundo plano ou *plano da esquerda*: Elevado, mais ou menos uns trinta ou quarenta centímetros acima do piso do palco. Sala espaçosa de uma antiga e tradicional fazenda de café. À esquerda-baixa, porta do quarto de Joaquim; à esquerda-alta, porta em arco que liga a sala com a entrada principal da casa e as outras dependências. Na parede do fundo, à direita, porta do quarto de Marcelo; à esquerda, porta do quarto de Lucília. Bem no centro da parede do fundo, o mesmo relógio do *primeiro plano*. Na parede, entre a porta do quarto de Joaquim e a porta em arco, os mesmos quadros do *primeiro plano*.

Observação: As salas são iluminadas, normalmente, como se fossem uma única, não podendo haver jogo de luz, além daquele previsto no texto. A diminuição da luz no *plano da direita* ou *primeiro plano*, na cena final da peça, embora determinada pelo texto, não precisa ser rigorosamente seguida.

Ação – No *segundo plano* ou *plano da esquerda*, a ação se passa em uma fazenda de café em 1929; no *primeiro plano* ou *plano da direita*, mais ou menos três anos depois, numa pequena cidade nas proximidades da mesma fazenda.

CENA – Ao abrir-se o pano, somente o *primeiro plano* está iluminado. Lucília acaba de cortar um vestido, senta-se à máquina e começa a costurar; suas pernas movimentam-se com incrível rapidez. Joaquim, ligeiramente curvado, aparece à porta da cozinha com uma cafeteira na mão.

PRIMEIRO PLANO

JOAQUIM: Lucília! (*Sai*)

(*Pausa. Lucília continua costurando. Joaquim aparece novamente*)

JOAQUIM: Lucília!

LUCÍLIA: (*Sem parar de costurar*) Senhor.

JOAQUIM: Venha tomar o café.

LUCÍLIA: Agora não posso.

JOAQUIM: O café esfria.

LUCÍLIA: Meu serviço está atrasado.

JOAQUIM: Ora, minha filha, cada coisa em sua hora.

LUCÍLIA: Para quem tem muito tempo.

JOAQUIM: Não é preciso se matar assim. Tudo tem um limite.

LUCÍLIA: Sou obrigada a trabalhar como uma... (*Contém-se*)

JOAQUIM: Você já amanhece irritada!

LUCÍLIA: Desculpe, papai.

JOAQUIM: Venha.

LUCÍLIA: (*Acalmando-se*) O senhor pode trazer para mim?

(*Joaquim entra na cozinha e logo aparece com uma xícara de leite*).

JOAQUIM: Olhe aqui, beba.

LUCÍLIA: Não suporto este leite.

JOAQUIM: Não comece, Lucília.

LUCÍLIA: (*Pausa*) Foi ao médico?

JOAQUIM: Fui. Só para fazer a sua vontade.

LUCÍLIA: Que disse ele?

JOAQUIM: Nada. Que poderia dizer?

LUCÍLIA: O senhor anda se queixando do braço.

JOAQUIM: Deve ser de rachar lenha.

LUCÍLIA: Não deu nenhum remédio?

JOAQUIM: Tenho saúde de ferro. Pensa que sou igual a esses mocinhos de hoje?

LUCÍLIA: Estou perguntando, papai, se não receitou algum remédio.

JOAQUIM: Se tivesse receitado, eu teria dito.

LUCÍLIA: O senhor acha que comprar remédio é jogar dinheiro fora.

JOAQUIM: E é mesmo.

LUCÍLIA: Tenho dinheiro. Se o senhor precisar, é só falar.

JOAQUIM: (*Impaciente*) Já disse que não receitou.

LUCÍLIA: Melhor, então.

JOAQUIM: O médico disse que ainda tenho cem anos de vida.

LUCÍLIA: Não gosto de gente exagerada.

JOAQUIM: Está muito certo. Nunca senti nada.

LUCÍLIA: (*Voltando à costura*) Hoje, tudo está atrasado.

JOAQUIM: Não se afobe, minha filha.

LUCÍLIA: E que faço do meu serviço?

JOAQUIM: Que importância tem? Você não é obrigada a costurar. Até prefiro que...

LUCÍLIA: (*Corta*) Ora, papai! (*Pausa. Lucília olha para Joaquim e disfarça*) Tia Elvira vem experimentar o vestido e ainda tenho que acabar o da Mafalda.

JOAQUIM: Por que é que sua tia precisa de tantos vestidos?

LUCÍLIA: Ela vai a uma festa amanhã.

JOAQUIM: (*Joaquim sai levando a xícara*) É um despropósito fazer um vestido para cada festa.

LUCÍLIA: Assim gasta um pouco do dinheiro que tem.

JOAQUIM: (*Voz*) Não é a festa do Coronel Bernardino?

LUCÍLIA: É.

JOAQUIM: (*Voz*) Você não vai?

LUCÍLIA: Não.

JOAQUIM: (*Voz*) Por que não? Recebemos convite.

LUCÍLIA: Não quero.

JOAQUIM: (*Pausa. Reaparecendo*) Não sei por que, depois que viemos para a cidade, você se afastou de tudo e de todos.

LUCÍLIA: Convidaram por amabilidade, apenas.

JOAQUIM: Convidaram porque você é minha filha. É uma obrigação.

LUCÍLIA: Conheço essa gente.

JOAQUIM: Você precisa se divertir também.

LUCÍLIA: Preciso, mas não posso.

JOAQUIM: (*Violento*) Pode! Pode!

LUCÍLIA: Não se exalte, papai.

JOAQUIM: Eu digo que pode!

LUCÍLIA: Está certo, sou eu que não quero.

JOAQUIM: (*Pausa*) Sei o que você sente. Eu também me sinto assim.

LUCÍLIA: É apenas por causa do meu trabalho, nada mais.

nulidade: invalidação de um ato jurídico por ter sido feito sem amparo legal.

retesado: esticado; que ficou com postura ereta.

JOAQUIM: Há de chegar o dia em que vai poder ir a todas as festas novamente. E de cabeça erguida.

LUCÍLIA: Ainda estou de cabeça erguida. Posso perfeitamente recusar um convite. (*Pausa. Os dois se entreolham ligeiramente*) Não vou porque fico cansada.

JOAQUIM: Eu sei. Eu sinto o que é. (*Pausa*) De cabeça erguida! Prometo isso a você.

LUCÍLIA: Não faço questão nenhuma.

JOAQUIM: Eu faço.

LUCÍLIA: Está bem. Não se toca mais nesse assunto.

(*Pausa*)

JOAQUIM: Com a nulidade do processo, vou recuperar a fazenda. Darei a você tudo que desejar.

LUCÍLIA: Não vamos falar nisto.

JOAQUIM: Por que não? Eu quero falar.

LUCÍLIA: É bom esperar primeiro a decisão do Tribunal.

JOAQUIM: (*Impaciente*) O mal de vocês é não ter esperança. Essa é que é a verdade.

LUCÍLIA: E o mal do senhor é ter demais.

JOAQUIM: Esperança nunca é demais.

LUCÍLIA: Não gosto de me iludir. E depois, se recuperarmos a fazenda, vamos ter que trabalhar muito para pagá-la.

JOAQUIM: Pois, trabalha-se.

LUCÍLIA: Só depois disto, poderemos pensar em recompensa... e outras coisas. Até lá preciso costurar e com calma.

JOAQUIM: É exatamente o que não suporto.

LUCÍLIA: O quê?

JOAQUIM: Ver você costurando para esta gente. Gente que não merecia nem limpar nossos sapatos!

LUCÍLIA: Não reparo neles. Não sei quem são, nem me interessa. Trabalho, apenas. (*Por um momento fica retesada*) Por enquanto não há outro caminho.

JOAQUIM: Gentinha! Só têm dinheiro...

LUCÍLIA: (*Seca*) É o que não temos mais.

JOAQUIM: (*Pausa*) Quando meus antepassados vieram para aqui, ainda não existia nada. Nem gente desta espécie. (*Pausa*) Era um sertão virgem! (*Sorri*) A única maneira de se ganhar dinheiro era fazer queijos. Imagine, Lucília, enchiam de queijos um carro de bois e iam vender na cidade mais próxima, a quase duzentos quilômetros! Na volta traziam sal, roupas, ferramentas, tudo que era preciso na fazenda. Foram eles que, mais tarde, cederam as terras para se fundar esta cidade. (*Pausa*) Quando eu penso que agora...

LUCÍLIA: (*Corta, áspera*) Papai! Já pedi ao senhor para não falar mais nisto. O que não tem remédio, remediado está.

(*Pausa. Joaquim fica sem saber o que fazer. Atrapalha-se quando tenta arrumar os figurinos que estão em cima da mesa*)

Jorge Andrade. *A moratória*. Rio de Janeiro: Agir, 1987. p. 18-33.

DRAMATURGO PREMIADO

Jorge Andrade (1922-1984) foi um dos mais expressivos dramaturgos da literatura brasileira. Sua extensa e premiada obra, além de abordar o panorama da sociedade rural no Brasil e sua transição para o meio urbano – como no texto dramático *A moratória* –, tratou de temas contemporâneos ligados à vida nas grandes cidades. Também foi autor de telenovelas.

◀ Jorge Andrade, em foto de 1978.

TEXTO EM ESTUDO

PARA ENTENDER O TEXTO

1. Após a leitura do texto, retome as hipóteses levantadas no boxe *O que vem a seguir*. O que você e seus colegas imaginaram antes da leitura se confirmou?

2. O texto lido é um trecho da peça *A moratória*. No caderno, com suas palavras, resuma o que acontece nesse trecho.

3. Com base na leitura desse fragmento de *A moratória*, é possível deduzir o grande conflito dessa história. Qual é ele?

4. Como o texto lido foi organizado? Levando isso em consideração, para você, qual é a finalidade de um texto dramático?

5. No texto dramático, como se nota, há indicações entre parênteses e/ou em itálico que são chamadas de **rubricas**.
   a) Qual é o objetivo dessas indicações?
   b) Por que elas são escritas de maneira diferente do restante do texto?
   c) Quando o texto dramático é encenado, as rubricas são enunciadas? Explique.

ANOTE AÍ!

O **texto dramático** não tem narrador, pois a história é contada pelas próprias personagens em cena. No texto escrito, o tom das falas, as expressões e até mesmo a postura que os atores devem assumir durante a encenação são indicados por meio das **rubricas**, grafadas geralmente em itálico e entre parênteses.

6. No trecho lido, há indicações do cenário da história. A seguir, observe a imagem do cenário da peça *A moratória* na primeira vez em que foi encenada, em 1955.

   a) O autor divide o cenário em dois planos. Que espaço cada plano retrata?
   b) Por que, ao escrever a história em um texto dramático, o autor descreve também o cenário?
   c) Por que a máquina de costura de Lucília fica em primeiro plano na cena?
   d) Na peça *A moratória*, o cenário auxilia o espectador a saber quando os acontecimentos representados ocorrem. Como isso é possível? Em que momento do trecho lido esse recurso fica evidente?

7. No início do texto, há a indicação das personagens que compõem a história.
   a) No fragmento lido, aparecem todas as personagens da peça?
   b) Como é possível identificar e diferenciar as falas das personagens?
   c) Como Lucília reage diante da situação da família?
   d) Lucília tem esperança de conseguir a fazenda de volta? Comente.
   e) E qual é a atitude de Joaquim? Ele tem esperança de reaver sua fazenda?
   f) Você já vivenciou ou presenciou alguma situação em que precisou reconhecer suas emoções e a de pessoas próximas a você diante de um problema? De que modo foi possível lidar com a situação?

8. Releia o trecho no qual Joaquim e Lucília conversam sobre a festa do coronel Bernardino e responda às questões.
   a) Leia o significado da palavra *coronel* no dicionário. Que significado essa palavra assume no texto?
   b) O que o uso dessa palavra demonstra sobre a época em que se passa a história? Comente.
   c) Por que Joaquim diz ser obrigação convidarem Lucília por ela ser filha dele?

ANOTE AÍ!
O texto dramático é escrito para ser encenado. Por isso, seus elementos, como **personagens**, **rubricas**, **cenário** e **iluminação**, ajudam a atribuir significado à peça teatral.

O CONTEXTO DE PRODUÇÃO

9. O texto lido foi um dos primeiros escritos por Jorge Andrade, no ano de 1954. Um aspecto dessa peça e que também está presente em quase todas as criações do dramaturgo é a memória. Segundo ele, não é possível compreender o presente ou prever o futuro sem pensar no passado.
   a) O primeiro ato de *A moratória* se passa em que época? Justifique.
   b) A peça *A moratória* retrata a época na qual foi escrita? Explique.
   c) Jorge Andrade foi filho de fazendeiros e teve uma vivência no campo. Para você, é possível que a história de vida dele tenha auxiliado na escrita dessa peça?

10. Formado pela Escola de Arte Dramática, em São Paulo, Jorge Andrade decidiu aplicar em sua obra o projeto que conheceu na universidade: o da formação de um dramaturgo que utilizasse "cores locais" em seus textos, representando o Brasil e a história de seu país nos palcos.
    a) No cenário descrito no texto, percebe-se que ocorreu um problema que teve como consequência a perda da fazenda da família de Lucília. Em 1929, um acontecimento histórico conhecido por Crise de 1929 produziu efeitos em nosso país. Em dupla, levante informações sobre esse tema, de modo a explicar como ele se relaciona com as informações presentes no texto.
    b) Você já leu alguma peça que retratasse parte da história do Brasil ou assistiu a uma peça desse tipo? Comente.

ANOTE AÍ!
Na leitura de um texto ficcional, é importante atentar para dois contextos: o da história narrada e o de produção. O contexto da história narrada é importante para a compreensão da linguagem, das expressões e de alguns fatos e acontecimentos que permeiam a história, tornando-se parte importante da interpretação. Com o **contexto de produção**, compreendemos as condições de produção desse texto, conhecendo, por exemplo, a motivação para escrevê-lo e também características que se repetem na obra do autor.

A LINGUAGEM DO TEXTO

11. Releia o trecho a seguir.

> JOAQUIM: Não é preciso se matar assim. Tudo tem um limite.
> LUCÍLIA: Sou obrigada a trabalhar como uma... (*Contém-se*)
> JOAQUIM: Você já amanhece irritada!

- O registro empregado no texto é mais formal ou informal? Lucília não terminar sua frase indica algo sobre o registro empregado por ela na cena?

12. Joaquim era um homem rico e poderoso que perdeu o que tinha. Considerando essa questão, releia o trecho a seguir.

> JOAQUIM: Há de chegar o dia em que vai poder ir a todas as festas novamente. E de cabeça erguida.
> LUCÍLIA: Ainda estou de cabeça erguida. Posso perfeitamente recusar um convite. (*Pausa. Os dois se entreolham ligeiramente*) Não vou porque fico cansada.
> JOAQUIM: Eu sei. Eu sinto o que é. (*Pausa*) De cabeça erguida! Prometo isso a você.

- O que significa a expressão *de cabeça erguida*? Joaquim se convence quando Lucília diz que está de cabeça erguida? Justifique.

13. Releia o trecho a seguir.

> JOAQUIM: É exatamente o que não suporto.
> LUCÍLIA: O quê?
> JOAQUIM: Ver você costurando para esta gente. Gente que não merecia nem limpar nossos sapatos!
> LUCÍLIA: Não reparo neles. Não sei quem são, nem me interessa. Trabalho, apenas. (*Por um momento fica retesada*) Por enquanto não há outro caminho.
> JOAQUIM: Gentinha! Só têm dinheiro...
> LUCÍLIA: (*Seca*) É o que não temos mais.

- O que Joaquim quis dizer ao afirmar que eles "só têm dinheiro"? Comente.

ANOTE AÍ!

O **registro** usado nos textos dramáticos, às vezes, pode ser mais **informal**, e o texto pode ter marcas da **oralidade** para aproximar o texto escrito ao diálogo que será encenado.

CIDADANIA GLOBAL

VALORIZAÇÃO DO TRABALHO

Em *A moratória*, Lucília trabalha em casa como costureira. O trabalho é tanto que ela não consegue sequer parar para tomar café, e se sente muito cansada.

1. Para você, o trabalho feito em casa, especialmente por mulheres, é valorizado socialmente? Explique.
2. O que você acha que pode ser feito para que esse tipo de trabalho seja mais valorizado na sociedade?

Acesse o recurso digital para conhecer sobre uma campanha governamental relacionada ao trabalho doméstico e responda: Qual é o objetivo dessa campanha?

AGORA É COM VOCÊ!

ESCRITA DE TEXTO DRAMÁTICO

Proposta

Você leu o primeiro ato de *A moratória*, no qual identificou elementos que caracterizam o texto dramático, que apresenta personagens, cenário, rubricas e iluminação. Você também viu que, nesse gênero, a história é, normalmente, apresentada por meio da interação entre as personagens.

Agora, você vai transformar em texto dramático um dos contos lidos nos capítulos 1 e 2 desta unidade. Depois de escrito o texto, sua turma reservará um dia para a leitura expressiva das produções realizadas por vocês. Nesse dia, será lançado o livro *Do conto ao drama*, uma coletânea com os textos dramáticos da turma.

GÊNERO	PÚBLICO	OBJETIVO	CIRCULAÇÃO
Texto dramático	Estudantes do 7º ano	Transformar um conto em texto dramático, atendendo às características do novo gênero	Coletânea de textos dramáticos, roda de leitura expressiva e biblioteca da escola

Planejamento e elaboração de texto

1. Para dar início à proposta, reúnam-se em grupos com quatro integrantes.

2. Releiam os contos dos capítulos 1 e 2 para escolher aquele que será transformado em um texto dramático.

3. Retomem as atividades da seção *Texto em estudo* para relembrar as características e os elementos do texto dramático.

4. Releiam o trecho de *A moratória*, observem seu começo e anotem a estrutura do texto no caderno.

5. Escrevam, um embaixo do outro, os nomes das personagens do conto escolhido. Se preferirem, façam uma breve descrição de cada uma, com particularidades físicas e psicológicas. Isso vai auxiliar na leitura expressiva do texto posteriormente, permitindo que as características das personagens fiquem mais evidentes.

6. Não se esqueçam de utilizar rubricas (entre parênteses e em itálico, caso digitem o texto).

7. Descrevam o cenário da história, utilizando a criatividade para retratar espaços e marcar tempos diferentes, assim como fez Jorge Andrade.

8. Descrevam também como deve ser a iluminação, que, muitas vezes, complementa as ações, criando uma ambientação para as cenas.

9. Procurem escrever a peça somente com as falas e expressões das personagens, tornando o texto mais dinâmico. Em algumas peças teatrais, uma personagem se dirige diretamente ao público para contar a própria história ou a história de outra. Tal recurso, no entanto, deve ser bem planejado.

LINGUAGEM DO SEU TEXTO

1. Em *A moratória*, foram utilizadas marcas próprias de textos orais, como o uso de reticências para demonstrar hesitação. Por que isso ocorreu?

2. Em seu texto dramático, qual registro será mais adequado: formal ou informal? Explique com base no conto que o grupo escolheu.

Na produção, escolha o registro mais adequado para a caracterização das personagens. O propósito do texto dramático é ser encenado, por isso pode haver marcas de oralidade.

10 Ao longo do texto, explicitem, por meio de rubricas, como as ações e falas devem ser encenadas, ou seja, como os atores devem atuar e se expressar, as pausas, os sentimentos, os gestos, as saídas e entradas de personagens, etc.

11 Escrevam as falas atendendo à mesma estrutura utilizada em *A moratória*:

NOME DA PERSONAGEM: (*rubrica, se houver*) Fala da personagem.

12 Façam, no caderno, uma primeira versão do texto dramático. Fiquem atentos à pontuação empregada, pois ela será útil durante a leitura expressiva do texto dramático na roda de leitura.

Avaliação e reescrita do texto

1 Digitem o texto e imprimam uma cópia, para que todos possam lê-lo.

2 Façam a avaliação do texto produzido respondendo às perguntas a seguir.

ELEMENTOS DO TEXTO DRAMÁTICO
Há, no início do texto, uma lista com os nomes das personagens?
Ainda no início do texto, há descrições do cenário e da iluminação da peça?
As falas que eram do narrador do conto foram readaptadas para a peça?
Ao longo do texto, há rubricas com as descrições dos modos de ação?
É possível entender a história após ela ter sido transformada em texto dramático?
O(s) registro(s) utilizado(s) no texto é(são) adequado(s) às personagens?
Foram utilizadas marcas de oralidade nas falas das personagens?

3 Reúnam-se para analisar os apontamentos de cada integrante do grupo.

4 Digitem o texto final para que ele componha o livro *Do conto ao drama*.

Circulação

1 Após digitarem o texto, com o auxílio do professor, montem o livro *Do conto ao drama*. Vocês podem encaderná-lo com espiral ou com barbantes. Façam uma capa e um texto de apresentação explicando o conteúdo da obra. Ao final, o livro poderá ser doado à biblioteca da escola.

2 Em um dia combinado com o professor, cada grupo fará uma leitura expressiva dos textos para os colegas. É importante ler cada texto diversas vezes para se familiarizar com ele, a fim de que a apresentação seja mais satisfatória para os espectadores. No dia da roda de leitura, levem em consideração o timbre, o tom de voz, as pausas, as hesitações e a entonação para garantir mais expressividade. Caso queiram, a leitura expressiva pode ser enriquecida com a utilização de adereços para ajudar a compor a cena e o cenário.

ATIVIDADES INTEGRADAS

Você vai ler o conto "Bilhete com foguetão", do escritor angolano Ondjaki.

Bilhete com foguetão

com um beijinho para a Petra

Foi no tempo da terceira série.

Quando a Petra entrou na sala já deviam ser umas 3h da tarde. Lembro-me disso porque sabíamos mais ou menos as horas pelo modo como as sombras invadiam a sala de aulas.

A Petra tinha o tom de pele escuro, bem bronzeado, e vinha com umas roupas bem bonitas que se fosse a minha mãe não me deixava vestir assim num dia normal de aulas. Uma mochila toda colorida como quase ninguém tinha naquela época. Então eu acho que tudo aconteceu em poucos minutos, assim muito de repente.

Já não conseguia prestar atenção à aula e a Marisa, que sentava na carteira ao lado, reparou que eu estava toda a hora a olhar. A delegada de turma também viu. E a Petra também.

[...] Fiquei todo intervalo na sala, na minha carteira, a rasgar as folhas onde eu tentava escrever um bilhete para a Petra.

Depois do intervalo todos voltaram com respiração depressada e o suor do corpo a molhar as roupas, alegres também porque a camarada professora Berta disse que ainda ia demorar. Deu ordens à delegada para sentar todo mundo e apontar numa lista o nome dos indisciplinados.

Primeiro houve aquele silêncio assim de cinco minutos que todos têm medo de ficar na lista e ninguém quase se mexe. Depois começaram a desenhar, jogar batalha-naval e tentar pedir com licença à delegada para falar com alguém. O meu bilhete estava pronto, dobrado, mas eu não sabia se devia ou não dar o bilhete à Petra.

A Marisa olhava para mim como quem perguntava alguma coisa. E essa resposta que ela queria com palavras ou um olhar, eu também não tinha para mim. Mesmo sem ter ido jogar futebol, eu suava na testa e nas mãos.

Fiz sinal à delegada que queria falar com ela, mas ela disse que não. A Marisa disse-me então que ela podia ir.

— Entrego a quem?

— À Petra.

A Marisa nem esperou eu ter acabado bem de decidir, tirou-me o bilhete da mão e foi a correr. O meu olhar acompanhou a Marisa na corrida em direção à Petra. De repente me deu uma tristeza enorme quando a vi passar além da Petra e entregar o papel já meio aberto à delegada de turma.

A delegada mandou todos fazerem um silêncio que eu não conseguia engolir na minha garganta dura. Era o meu fim. Como é que eu ia enfrentar os rapazes depois daquele bilhete para a Petra a dizer que ela tinha "um estojo bonito com cores de Carnaval da Vitória e a mochila também, pele tipo *mousse* de chocolate e uns olhos que, de longe, pareciam duas borboletas quietas e brilhantes"?

Cruzei os braços na carteira, escondi a cabeça, fechei os olhos, e pelos risos eu ia entendendo o que se passava ali. Quando ela acabou de ler, houve um silêncio e eu sabia que a delegada devia estar a olhar para o desenho. Como eu não sabia desenhar quase nada, tinha feito um pequeno foguetão desajeitado porque achei que fazer flores também já era de mais. A delegada riu uma gargalhada só dela, bem alto. A Marisa quis saber o que era. Ela amarrotou o bilhete e guardou no estojo.

— Ele desenhou um "fojetão".

— Um "fojetão"?!

Aí eu confirmei na minha cabeça que aquela menina não podia ser nossa delegada: ela não sabia ler o "gue", e eu tinha a certeza absoluta de ter escrito "foguetão". A camarada professora Berta entrou e eu estremeci, pensei que fossem me queixar do bilhete, mas nada, todos estavam parados, como borboletas!, isso mesmo, borboletas quietas.

Continua

No fim da tarde, a Petra foi logo embora sem falar com ninguém, e os rapazes da minha turma foram bem simpáticos, ninguém me estigou e até o Filomeno, que era tão calado, deu-me uma pancada leve nas costas que eu entendi tudo sem ele ter dito nada com a boca.

Cheguei a casa muito confuso e um pouco triste, mas já não queria falar mais do bilhete.

— Correu bem o dia? — a minha mãe me deu um beijinho.

— Sim[,] foi bom — tirei a mochila das costas. — Mãe, "foguetão" não é com "gue", como na palavra "guerra"?

— Claro que sim, filho.

Olhei devagar para ela. Fiquei a sorrir. A minha mãe também tem uns olhos assim enormes bem bonitos de olhar.

Ondjaki. Bilhete com foguetão. Em: *Os da minha rua*. Rio de Janeiro: Língua Geral, 2007. p. 85-88.

de mais: demais (variante do português angolano).

delegado: representante.

estigar: ridicularizar de forma bem-humorada.

Analisar e verificar

1. Em que tempo e espaço se passa a história vivida pelo protagonista?

2. Qual é o foco narrativo do conto? Justifique com trechos do texto.

3. Resuma cada um dos elementos do conto: situação inicial, conflito, clímax e desfecho.

4. Após o clímax, o protagonista muda sua visão a respeito da delegada da turma. Que acontecimento marca essa mudança?

5. Releia esta frase do conto: "A delegada mandou todos fazerem um silêncio que eu não conseguia engolir na minha garganta dura".
   a) Identifique a preposição presente nesse trecho.
   b) Que relação de sentido essa preposição estabelece entre as palavras que liga?
   c) Que termos ou expressões ajudam a determinar e modificar o sentido do substantivo *garganta*? A que classe gramatical eles pertencem?
   d) De que forma a expressão *na minha garganta dura* contribui para intensificar a atmosfera de tensão nesse trecho da narrativa?

6. Releia esta frase do conto: "Ela amarrotou o bilhete e guardou no estojo".
   a) Identifique a preposição presente nesse trecho.
   b) Qual é o sentido que a preposição estabelece entre as palavras que liga?

Criar

7. Observe a imagem ao lado. Que tal descobrir outros locais importantes de Angola? Elabore um painel com cinco fotos para apresentar esse país africano onde nasceu o escritor Ondjaki. Você pode buscar na internet, destacando algum aspecto importante do país.

Mausoléu Agostinho Neto, em formato de foguete. Luanda, Angola, 2015.

8. O que teria acontecido se Marisa tivesse entregado o bilhete a Petra? Se Petra tivesse falado com o protagonista antes de ir embora, o que teria dito? Crie um final diferente para o conto e escreva-o.

CIDADANIA GLOBAL

UNIDADE 1

8 TRABALHO DECENTE E CRESCIMENTO ECONÔMICO

Retomando o tema

Ao longo desta unidade, você e os colegas refletiram sobre a importância de propiciar condições para o trabalho decente e a relevância disso para a promoção de um crescimento econômico inclusivo. Agora, vocês vão buscar informações sobre os direitos trabalhistas no Brasil e divulgar, na região onde moram, maneiras de promover ambientes de trabalho seguros e protegidos para todos.

Em grupos de até quatro integrantes, observem, busquem informações e respondam às questões a seguir.

1. Quais foram as principais conquistas de direitos trabalhistas no Brasil no último século?
2. Na região em que vocês vivem, há casos em que os direitos dos trabalhadores não são respeitados? Se sim, explicitem.
3. Para você, o que pode ser feito para que o trabalho decente seja garantido a todas as pessoas?

Geração da mudança

Após o levantamento inicial de informações, cada grupo deve apresentar à turma as conclusões a que chegaram a respeito da importância dos direitos dos trabalhadores. Para isso, sigam os passos:

- Escolham um ambiente de trabalho para fazer uma avaliação em relação à segurança e à proteção dos funcionários e pensem em sugestões do que pode ser feito para melhorar tais condições nesse estabelecimento.
- Em seguida, planejem e produzam um folheto para divulgar os direitos dos trabalhadores e as sugestões de ações para melhoria das condições de trabalho em estabelecimentos da região.

Esses folhetos podem ser impressos e distribuídos para funcionários e gestores na própria escola e em estabelecimentos da região, a fim de ampliar o conhecimento sobre os direitos dos trabalhadores e de contribuir para a promoção de ambientes de trabalho mais seguros e protegidos para todos.

Autoavaliação

Estela Carregalo/ID/BR

MITO E LENDA

UNIDADE 2

PRIMEIRAS IDEIAS

1. Conte aos colegas quais lendas ou mitos você já ouviu ou leu.
2. Em sua opinião, o que significa a expressão "isso é um mito"?
3. E quanto à expressão "virar uma lenda"? Em que contextos ela poderia ser empregada?
4. Que palavras você utilizaria para evitar a repetição excessiva de um termo em uma narrativa? Converse com os colegas sobre isso.

Conhecimentos prévios

Nesta unidade, eu vou...

CAPÍTULO 1 — Universo mitológico

- Ler e interpretar um mito, identificando as principais características do gênero.
- Compartilhar emoções e sentimentos relacionados a situações desafiadoras ou que geram medo.
- Analisar uma xilogravura e estabelecer relações temáticas entre ela e o mito estudado.
- Identificar e analisar o papel dos pronomes pessoais, de tratamento e demonstrativos na referenciação dos textos.
- Planejar e realizar a reescrita de um mito.

CAPÍTULO 2 — Imaginário popular

- Ler e interpretar uma lenda, identificando as principais características do gênero.
- Refletir sobre a importância de rios e nascentes e o papel das comunidades indígenas em sua preservação.
- Identificar e analisar o uso de pronomes possessivos, indefinidos, interrogativos e relativos.
- Conhecer e aplicar as regras de acentuação dos ditongos abertos *ei*, *eu* e *oi*.
- Contar uma lenda oralmente.

CIDADANIA GLOBAL

- Refletir sobre possíveis ações de cuidado com rios e nascentes.
- Mapear as nascentes e os rios no bairro ou município e organizar uma mostra fotográfica para conscientizar a comunidade escolar sobre a importância da preservação desses recursos naturais.

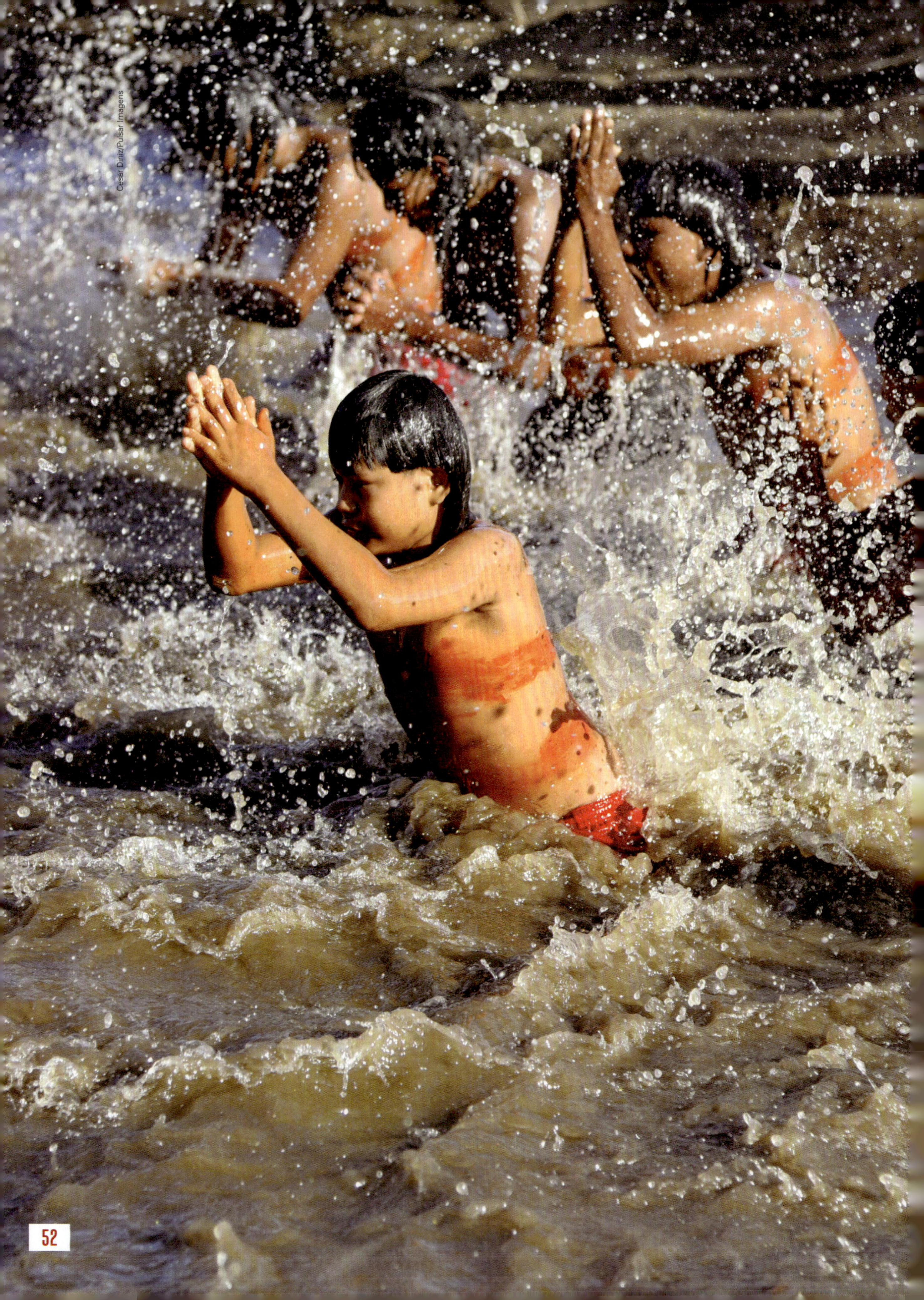
César Diniz/Pulsar Imagens

LEITURA DA IMAGEM

1. Onde os jovens indígenas estão e o que estão fazendo?
2. Para você, o espaço onde a ação acontece passa a ideia de transformação? Por quê?
3. Você já tomou banho de rio? Em caso afirmativo, que sensações as águas do rio provocaram em você?

CIDADANIA GLOBAL

14 VIDA NA ÁGUA

Nesta imagem, vemos que os jovens indígenas estão exercendo uma prática cultural e aproveitando a abundância que a natureza provê, sem prejudicá-la. Infelizmente, práticas como essas são cada vez mais escassas, devido à contaminação dos rios e à falta de políticas públicas para garantir o direito dos povos indígenas à terra onde habitam.

- Em sua opinião, quais ações humanas provocam a poluição de rios? E quais são os impactos dessa poluição para as comunidades indígenas e para o restante da população?

A preservação dos rios é fundamental para a manutenção das comunidades indígenas, que vivem integradas à natureza. Acesse o recurso digital, observe as imagens e indique de que forma os usos das águas foram realizados por essas comunidades.

Indígenas da etnia Xavante em ritual de passagem para a vida adulta. Aldeia do Baixão, Campinápolis, Mato Grosso. Foto de 2022.

CAPÍTULO 1
UNIVERSO MITOLÓGICO

O QUE VEM A SEGUIR

Cabeça de elefante, homem-pássaro e peixe com chifres são deuses da mitologia indiana. Você conhece algum deles? Os mitos hindus, surgidos há milênios, foram e são transmitidos oralmente de geração a geração. O texto que você vai ler apresenta o mito do peixe com chifres. Antes de ler, pense sobre um possível papel desse deus no mito. Depois, leia o texto e descubra.

TEXTO

O peixe com chifres

Aquele que não parava de crescer

Há muitos anos, havia um rei, filho do Sol, que se chamava Manu, e que possuía inúmeras qualidades. Por ser um asceta e desejar levar a vida afastado do mundo e em meditação, Manu entregou o reino a seu filho e, recolhendo-se num lugar solitário no Himalaia, atingiu o mais alto grau na prática de ioga.

Passou assim um milhão de anos, até que um dia recebeu a visita de Brahma, que, satisfeito com seu ascetismo rigoroso, concedeu-lhe a escolha de um dom.

— Escolha o que quiser — disse-lhe o deus criador — e seu pedido será realizado.

O rei saudou a divindade e respondeu:

— Há apenas um dom supremo que desejo obter: deixa-me ser o protetor de todos os seres, animados e inanimados, quando acontecer a destruição.

A alma de todas as criaturas vivas concordou. Então, enviada pelos deuses, uma chuva de flores caiu do céu.

Um dia, quando Manu preparava o ritual dos antepassados, um pequeno peixe brilhante veio parar em suas mãos, com a água usada na cerimônia. O rei, vendo aquele peixinho tão frágil quanto belo, foi tomado de compaixão e resolveu cuidar dele, colocando-o numa vasilha cheia d'água.

Apenas um dia e uma noite se passaram e o peixe já havia crescido meio metro. Nesse momento, começou a gritar: "Salva-me, salva-me!", e Manu o jogou dentro de um pote.

Ao fim de uma só noite, ele aumentou de tamanho, medindo agora mais de um metro. E novamente se pôs a gritar em desespero:

— Salva-me, salva-me! Vim aqui em busca de refúgio.

O rei jogou-o dentro de um poço e, quando ele já não cabia mais ali, o jeito foi atirá-lo num grande lago. Mas aquela criatura aquática não parava de crescer. Media já mil metros e continuava a gritar desesperadamente:

— Salva-me, salva-me, ó melhor dos reis!

Então Manu o arremessou no rio Ganges e, como ainda crescesse, lançou-o no oceano. Quando o peixe ocupou todo o mar, o rei, Senhor da Terra, ficou com medo e perguntou:

— Afinal quem é você? O senhor dos demônios? Ou o Divino Benfeitor? De quem é esse corpo desmedido? Eu o reconheci na sua forma de peixe, ó Iluminado dos Cabelos Longos, mas você está me esgotando completamente. Presto-lhe homenagens, Senhor do Mundo.

Matsya, o deus-peixe

Então o deus Vishnu, que tinha tomado a forma do peixe, disse:

— Muito bem, muito bem! Você me reconheceu corretamente e cumpriu seu voto sem nenhum erro. Dentro em pouco, a terra, com suas montanhas, árvores, casas e animais, será submersa pelas águas. Este barco foi construído em conjunto pelos deuses, de modo a proteger os viventes: os que nasceram do suor, do ovo, da água e aquelas criaturas que trocam de pele. Coloque todos no barco e salve-os, pois eles não têm um protetor. E quando o barco for golpeado pelos ventos que sopram do fim dos tempos, amarre-o ao meu chifre, ó rei, Senhor dos Reis, Senhor da Terra. Ao fim da destruição, você será Prajapati, o grande sábio de todo o universo animado e inanimado. Assim, no início da idade de ouro, isto é, quando todos pertencerem a uma única casta, adorarem a um único deus e tiverem um único livro sagrado, você será o rei, firme e sábio, adorado até pelos deuses.

O dilúvio

Nesse momento, Manu perguntou a Vishnu:

— Senhor, quantos anos vai durar a destruição? Como protegerei as criaturas e como poderei ir para o seu lado novamente?

O peixe respondeu:

— A partir de hoje haverá uma seca que durará cem anos. A comida será pouca e a desgraça[,] farta. Sete raios terríveis destruirão as poucas criaturas que sobrarem e sete vezes sete raios farão chover carvões em brasa. Chamas venenosas sairão da boca da égua submarina, até então fechada. Grande Sábio, o fogo sairá também do terceiro olho de Bhava, esse que é uma das forças da natureza, e queimará o universo. Quando a terra for reduzida às cinzas, o céu será aquecido pelo vapor. Então o universo, com seus deuses e constelações, será totalmente destruído. Redemoinho, Rugido-Aterrorizante, Caçamba, Feroz, Grou, Relâmpago-Bandeira e Sangue-Vermelho, as sete nuvens do apocalipse, nascidas do suor de Agni, deus do fogo, inundarão a terra. Os mares serão agitados e os três universos formarão um único oceano. É chegada a hora de tomar este barco, colocar nele as essências e as sementes de todas as criaturas vivas e, prendendo a corda que lhe ensinei, amarrar o barco ao meu chifre. Assim você será protegido pela minha suprema majestade. Restará apenas você, pois até os deuses serão queimados. A Lua e o Sol, Brahma e eu, com os quatro Protetores do mundo, o rio Sagrado Narmada, o Grande Sábio Markandeya, Bhava, os livros sagrados *Vedas*, os *Puranas*, que contam antigas histórias, e as ciências auxiliares, todos ficarão ao seu lado, enquanto durar a destruição. No começo da nova criação, recitarei-lhe o *Vedas*, ó Senhor da Terra, fulminador dos inimigos.

E então Vishnu desapareceu.

Quando chegou o dilúvio, como tinha sido dito pela boca do Divino Benfeitor, Vishnu apareceu sob forma de um peixe com chifres e uma serpente em forma de corda se aproximou de Manu. O sábio rei juntou todas as criaturas e colocou-as no barco.

[...]

Quando tudo terminou, aproximou-se de Vishnu, ajoelhou-se a seus pés, e adorou-o.

Lúcia Fabrini de Almeida. O peixe com chifres. Em: *O cabeça de elefante e outras histórias da mitologia indiana*. São Paulo: Cosac Naify, 2001. p. 59-65.

asceta: indivíduo correto, virtuoso, dedicado às práticas espirituais.

casta: grupo social fechado, de caráter hereditário. Em um sistema de castas, não há mobilidade entre os grupos sociais.

ioga: conjunto de exercícios de postura e respiração com base na filosofia indiana.

TEXTO EM ESTUDO

PARA ENTENDER O TEXTO

1. Após a leitura do mito, converse com os colegas sobre estas questões.
   a) O que você pensou sobre o papel do peixe com chifres na narrativa foi confirmado ou não após a leitura do mito? Explique.
   b) Qual é o papel do peixe com chifres nesse mito?
   c) Você já ouviu ou leu uma narrativa parecida com a do mito apresentado?

2. No início do mito "O peixe com chifres", a personagem Manu é retratada como um ser dotado de inúmeras qualidades.
   a) Quem concedeu um dom ao rei Manu? Que dom ele escolheu?
   b) Quais são os dois momentos em que Manu cumpre seu voto?
   c) As atitudes de Manu ao longo de toda a narrativa revelam uma preocupação individual ou com o bem comum? Explique.

3. Os heróis das histórias mitológicas demonstram sentimentos elevados, qualidades morais que indicam sua proximidade com o mundo dos deuses. Copie no caderno uma passagem do texto que comprove esse aspecto em Manu.

4. No caderno, indique se a afirmação sobre o mito é **verdadeira (V)** ou **falsa (F)**.
   I. Brahma transforma-se em peixe para destruir a Terra.
   II. Brahma é chamado de "a alma de todas as criaturas vivas".
   III. Manu concede o dom da proteção dos animais a Vishnu.
   IV. Vishnu é o peixe com chifres.

5. O mito que você leu é dividido em três partes. Copie o quadro a seguir no caderno e faça uma síntese dos principais acontecimentos de cada parte.

Parte	Principais acontecimentos
I. "Aquele que não parava de crescer"	
II. "Matsya, o deus-peixe"	
III. "O dilúvio"	

> Acesse o recurso digital e responda: O que as imagens retratam? Com base nelas, reflita sobre a diversidade cultural da humanidade.

ANOTE AÍ!

Os **mitos** são narrativas que explicam o surgimento do Universo, da humanidade, de determinado comportamento humano ou dos fenômenos da natureza. Datados de **tempos remotos**, eles revelam traços da cultura dos povos que os criaram. Nos episódios mitológicos, há sempre a presença de **seres sobrenaturais**, como deuses e semideuses, que podem encarnar as forças da natureza ou características da condição humana.

6. O mito faz referência a lugares específicos, como o Himalaia e o rio Ganges, e também referências mais vagas, como lago e oceano. O que esses espaços têm em comum? Comente sua resposta.

7. O mito do peixe com chifres nos conta sobre um dilúvio que destruiu a Terra.
   a) É possível determinar com exatidão em que época as situações narradas no mito ocorreram? Por quê?
   b) Quanto tempo dura a história narrada nesse mito? Justifique sua resposta.

GANGES, UM RIO SAGRADO

Com 2 500 km de extensão, o rio Ganges é considerado um lugar de purificação das almas pelos praticantes do hinduísmo. Além da importância na tradição religiosa da Índia, suas águas são usadas para irrigar o solo, propiciando o cultivo de alimentos e a criação de animais.

8. Relacione as expressões temporais aos episódios descritos no mito.
   a) Período de seca que antecedeu o dilúvio.
   b) Período que Manu passou no Himalaia antes da visita de Brahma.
   c) Período próspero em que a Terra viverá em equilíbrio.

   I. Um milhão de anos   II. Idade de ouro   III. Cem anos

ANOTE AÍ!

No mito, os **espaços** em que a narrativa se desenvolve costumam ter dimensões sobre-humanas e, por vezes, caráter sagrado. O **tempo mítico** refere-se a um passado remoto, às origens do mundo ou do Universo. Geralmente, os fatos narrados nos mitos são separados por um grande intervalo de tempo e não correspondem ao tempo comum. A **imprecisão do tempo** está expressa também na sentença inicial do mito lido: "Há muitos anos".

9. **SABER SER** Releia o trecho de "O peixe com chifres" e responda às questões.

   > Então Manu o arremessou no rio Ganges e, como ainda crescesse, lançou-o no oceano. Quando o peixe ocupou todo o mar, o rei, Senhor da Terra, ficou com medo e perguntou: [...]

   a) Diante da falta de controle da situação, o Senhor da Terra sentiu medo. Você já viveu algo semelhante que tenha lhe provocado medo?
   b) Você tem alguma estratégia para controlar esse sentimento?
   c) O que essas personagens nos ensinam sobre como lidar com os sentimentos?

O CONTEXTO DE PRODUÇÃO

10. Leia este trecho da introdução do livro *O cabeça de elefante*.

    > A mitologia faz parte da vida dos indianos. Desde pequenas, as crianças ouvem a narração dos mitos de seu país. Essas histórias permanecem vivas em cerimônias religiosas, festivais, danças e canções folclóricas, assim como na música e na dança clássicas indianas. [...]
    >
    > São mitos criados por uma cultura que começou cerca de 2500 a.C., no vale dos rios Indo e Ganges, e se espalhou por todo o subcontinente. [...]
    >
    > A mitologia indiana teve origem nos livros sagrados: os *Vedas*. Estes celebravam as forças da natureza, vistas como deuses: a Terra, o Sol, as águas, o vento, o raio, o fogo, os animais e as plantas. O mundo da natureza e dos homens eram tidos como inseparáveis, e o universo inteiro era sagrado.
    >
    > Com o passar do tempo, surgiram novos deuses e novos mitos. Os deuses principais são: Brahma, o criador; Shiva, o destruidor; e Vishnu, o preservador. [...]
    >
    > Os dois grandes poemas épicos *Mahabharata* e *Ramayana* são um verdadeiro tesouro da mitologia indiana. Os mitos são encontrados no enorme conjunto de livros denominado Puranas, as chamadas "histórias antigas".
    >
    > A mitologia indiana procura nos dizer que o universo é ilimitadamente variado, que todas as coisas se passam ao mesmo tempo, e, portanto, tudo pode acontecer. [...]

    Lúcia Fabrini de Almeida. Introdução. Em: *O cabeça de elefante e outras histórias da mitologia indiana*. São Paulo: Cosac Naify, 2001. p. 7-9.

    a) Como as histórias da mitologia indiana sobreviveram ao longo do tempo? Qual é a importância dos mitos para a cultura indiana na atualidade?
    b) Relacione a ideia mítica da união entre o mundo da natureza e o dos homens apresentada em "Peixe com chifres".

ANOTE AÍ!

Os mitos originaram-se da **tradição oral**: eram contados de geração a geração. Tal prática garantiu que, muito tempo depois, eles pudessem ser **registrados por escrito**.

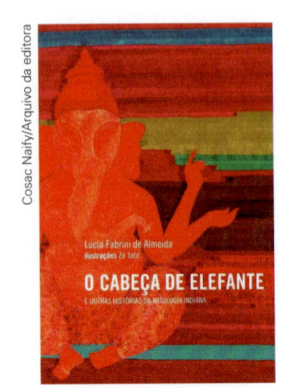

11. Observe, ao lado, a capa do livro *O cabeça de elefante*.
   a) Descreva brevemente os elementos da capa.
   b) A personagem da capa é uma divindade indiana chamada Ganesha. Que característica comum há entre Ganesha e Vishnu?
   c) Em sua opinião, por que os mitos continuam a ser lidos na atualidade?

▲ Capa do livro *O cabeça de elefante e outras histórias da mitologia indiana*, de Lúcia Fabrini de Almeida. São Paulo: Cosac Naify, 2001.

A LINGUAGEM DO TEXTO

12. Releia o primeiro parágrafo de "O peixe com chifres" e responda às questões.
   a) Em que tempo está a forma verbal *havia*, na primeira sentença?
   b) Que ideia esse tempo expressa em relação aos fatos narrados?

13. Releia esta passagem da profecia do deus Vishnu.

> — A partir de hoje haverá uma seca que durará cem anos. [...] sete vezes sete raios farão chover carvões em brasa. Chamas venenosas sairão da boca da égua submarina, até então fechada. Grande Sábio, o fogo sairá também do terceiro olho de Bhava, esse que é uma das forças da natureza, e queimará o universo. Quando a terra for reduzida às cinzas, o céu será aquecido pelo vapor.

- Quais palavras reforçam a imagem de que o mundo será destruído pelo fogo?

14. Leia a seguir o significado da palavra *epíteto* e responda às questões.

> 1 palavra ou expressão que se associa a um nome ou pronome para qualificá-lo
> 2 qualificação elogiosa ou injuriosa dada a alguém; alcunha, qualificativo

Houaiss eletrônico: dicionário da língua portuguesa. Rio de Janeiro: Objetiva, 2009. CD-ROM.

- No mito, um dos epítetos usados para se referir a Manu é "Senhor da Terra". Que outros epítetos são utilizados para se referir a ele? Que epítetos se atribuem a Vishnu? Por que as duas personagens recebem esses epítetos?

15. Observe a seguir as falas das personagens Manu e Vishnu.

> I. Há apenas um dom supremo que desejo obter: deixa-me ser o protetor de todos os seres, animados e inanimados, quando acontecer a destruição.
> II. Salva-me, salva-me, ó melhor dos reis!

   a) O registro utilizado nessas falas é próximo do que você utiliza no dia a dia?
   b) Que efeito o emprego desse registro provoca no leitor?

ANOTE AÍ!

Nas narrativas míticas, o registro costuma ser mais **formal**, com **tom grandioso** e com o uso de **epítetos**. Dessa forma, ele contribui para a caracterização das personagens mitológicas (heróis, deuses e semideuses).

UMA COISA PUXA OUTRA

Outra cena de dilúvio

No texto que você leu, Manu, com a ajuda do deus Vishnu, salvou de um dilúvio todas as criaturas vivas da Terra. Em outras culturas, é comum encontrarmos histórias de catástrofes em que o mundo é destruído para depois ser recriado. Há registros de mitos sobre o dilúvio em diversas partes do mundo, como no Peru, na Sérvia e na China.

1. A xilogravura a seguir retrata um episódio relacionado a uma narrativa sobre um dilúvio. Observe-a e, em seguida, responda às questões.

Hartmann Schedel. *A construção da arca de Noé*, 1493. Xilogravura da *Crônica de Nuremberg*. Biblioteca Mazarine, Paris (França).

a) Descreva brevemente o tipo de transporte retratado na xilogravura.
b) O que as personagens mostradas na imagem estão fazendo?
c) No topo da imagem, há uma pomba com uma folha no bico. Em sua opinião, o que ela simboliza nesse contexto?

2. Agora, leia um resumo sobre o episódio retratado na xilogravura.

Noé e o Dilúvio

[...] Insatisfeito com a maldade da humanidade, Deus decidiu destruir o mundo, mas avisou o piedoso Noé da inundação e lhe disse para construir uma arca e levar a bordo um casal de cada criatura viva. Depois que a arca ancorou no monte Ararat, Deus enviou o arco-íris como símbolo do seu compromisso de nunca mais destruir as criaturas que havia criado.

Neil Philip. *Mitos e lendas em detalhes*. São Paulo: Publifolha, 2010. p. 7.

a) Que parte da narrativa sobre o dilúvio a xilogravura retrata?
b) Que semelhança há entre Noé e Manu?
c) Converse com um colega sobre sentimentos e lições que esses dois mitos sobre o dilúvio transmitem aos leitores.

LÍNGUA EM ESTUDO

REVISÃO: PRONOMES PESSOAIS, DE TRATAMENTO E DEMONSTRATIVOS

1. Leia os trechos a seguir, comparando-os.

   > O rei jogou-o dentro de um poço e, quando ele já não cabia mais ali, o jeito foi atirá-lo num grande lago.

   > O rei jogou o peixe dentro de um poço e, quando o peixe já não cabia mais ali, o jeito foi atirar o peixe num grande lago.

   - O segundo trecho é uma reescrita do primeiro. Em qual deles a leitura flui mais? Qual é a estratégia para deixar um texto mais fluido que o outro?

PRONOMES PESSOAIS

2. Releia mais este trecho do mito "O peixe com chifres".

   > Apenas um dia e uma noite se passaram e o peixe já havia crescido meio metro. Nesse momento, começou a gritar: "Salva-me, salva-me!", e Manu o jogou dentro de um pote.

   - Quem grita pedindo socorro? Indique o termo que retoma a palavra *peixe* nesse trecho.

   ANOTE AÍ!
   > Os **pronomes** são palavras que substituem ou acompanham nomes, **evitando repetições** desnecessárias no texto. Os pronomes **indicam os participantes** do ato comunicativo: "*Eu* vou à biblioteca agora.". Os pronomes podem **remeter a algo** que já foi ou ainda será mencionado: "Você sabe o que *isso* causou?".

   Os pronomes pessoais classificam-se em: do caso reto e do caso oblíquo. O pronome *ele* é do caso reto (quem pratica a ação verbal) e refere-se à terceira pessoa do discurso. Dependendo da função que desempenha, pode também assumir a forma oblíqua *o* (quem é alvo da ação verbal).

   ANOTE AÍ!
   > Os pronomes que substituem diretamente os nomes e informam as pessoas do discurso são chamados de **pronomes pessoais do caso reto**: singular – *eu, tu, ele/ela*; plural – *nós, vós, eles/elas*; e **pronomes pessoais do caso oblíquo**: singular – *me, mim, comigo, te, ti, contigo, o, a, lhe, se, si, consigo*; plural – *nos, conosco, vos, convosco, os, as, lhes, se, si, consigo*.

3. Leia o trecho a seguir e responda à questão.

   > — [...] De quem é esse corpo desmedido? Eu o reconheci na sua forma de peixe [...].

   - Qual é o pronome do caso reto que aparece no trecho acima? Esse pronome refere-se a qual pessoa do discurso?

PESSOAS DO DISCURSO

Os pronomes pessoais são palavras que representam as três pessoas do discurso, indicando-as apenas, sem nomeá-las. A primeira pessoa é aquela que fala; a segunda, com quem se fala; a terceira, de quem se fala.

Os pronomes pessoais do caso oblíquo *me*, *te*, *nos*, *vos*, *se*, *si* e *consigo* são chamados também de **pronomes reflexivos** quando a ação verbal reflete sobre quem a pratica. Veja alguns exemplos.

> A deusa **se** penteou ao acordar.

> Os indianos não trouxeram os livros **consigo**.

As formas reflexivas, chamadas de **pronomes reflexivos recíprocos**, nas pessoas do plural, indicam ação verbal mútua entre dois ou mais indivíduos.

> Meu filho e eu **nos** abraçamos.

ANOTE AÍ!

Os **pronomes reflexivos** indicam que a ação verbal se reflete em quem a realiza. Os **pronomes reflexivos recíprocos** indicam que duas ou mais pessoas trocam ação verbal.

PRONOMES DE TRATAMENTO

4. Compare a fala original e sua versão reescrita e responda às questões.

> — Muito bem, muito bem! Você me reconheceu corretamente e cumpriu seu voto sem nenhum erro.

> — Muito bem, muito bem! O senhor me reconheceu corretamente e cumpriu seu voto sem nenhum erro.

- Qual dos trechos é mais formal? Em que situações usamos *senhor(a)*? Por quê?

ANOTE AÍ!

Os **pronomes de tratamento** referem-se às pessoas com as quais se fala ou a quem se faz referência no ato da comunicação: *senhor*, *senhora*, *você*, etc. Esses pronomes marcam o **grau de formalidade** entre interlocutores.

PRONOMES DEMONSTRATIVOS

5. Releia um trecho da fala do deus Vishnu a Manu.

> — [...] Dentro em pouco, a terra, com suas montanhas, árvores, casas e animais, será submersa pelas águas. Este barco foi construído em conjunto pelos deuses, de modo a proteger os viventes: os que nasceram do suor, do ovo, da água e aquelas criaturas que trocam de pele.

- Por meio da palavra *este*, podemos supor onde estava o barco em relação a Vishnu? Onde estaria o barco, se Vishnu usasse o pronome *aquele*?

ANOTE AÍ!

Pronomes demonstrativos são aqueles que se referem à posição, no tempo ou no espaço, dos seres ou objetos de que se fala, em relação aos interlocutores no discurso.

ATIVIDADES
Acompanhamento da aprendizagem

Retomar e compreender

1. Leia o miniconto a seguir.

   — Morreu de quê?
   — Gastou-se.

   Eugênia Menezes. Sem título. Em: Marcelino Freire (org.). *Os cem menores contos brasileiros do século*. São Paulo: Ateliê, 2004. p. 63.

   a) Em que espaço você imagina que ocorreu esse diálogo? Justifique sua resposta.
   b) Ao unir-se ao pronome *se*, que sentido passa a ter o verbo *gastar*?
   c) Como se classifica o pronome *se* nesse miniconto?
   d) O pronome *se* permite deduzir qual informação a respeito do sujeito morto? Justifique.

2. Leia a tira a seguir.

   Bill Watterson. *O Estado de S. Paulo*, Caderno 2, São Paulo, p. C4, 12 out. 2016.

   a) Explique a relação entre o ocorrido e a segunda fala da mãe de Calvin.
   b) Identifique um pronome de tratamento usado nos diálogos. Em relação a esse pronome, como é o tratamento dado ao interlocutor? Explique.
   c) Identifique um pronome do caso reto usado nos diálogos. Esse pronome refere-se a qual pessoa do discurso?
   d) Por que Calvin e sua mãe dizem "este" em vez de "esse"?

Aplicar

3. Copie o trecho a seguir no caderno, preenchendo as lacunas corretamente.

   Pandora

   Mitologia grega

   Ao ver Pandora, Epimeteu esqueceu-★(se, me, lhe) [de] que Prometeu havia-★(se, me, lhe) recomendado muitas vezes para não aceitar presentes de Zeus; e aceitou-★(a, o, me) de braços abertos.

   Certo dia, Pandora viu uma ânfora muito bem lacrada, e assim que ★(se, nos, lhes) aproximou dela Epimeteu alertou-★(a, os, me) para ★(se, nos, lhes) afastar, pois Prometeu ★(se, me, lhe) recomendara que jamais ★(a, lhe, nos) abrisse, caso contrário, os espíritos do mal recairiam sobre eles.

   Mas, apesar daquelas palavras, a curiosidade da mulher de barro aumentava; não mais resistindo, esperou que o marido saísse de casa e correu para abrir o jarro proibido.

   Ana Rosa Abreu e outros. *Alfabetização*: contos tradicionais, fábulas, lendas e mitos. Brasília: Fundescola/MEC, 2000. p. 125. Disponível em: http://www.dominiopublico.gov.br/download/texto/me000589.pdf. Acesso em: 7 abr. 2023.

A LÍNGUA NA REAL

OS PRONOMES E A COESÃO

1. Leia o início da crônica "Ela", de Luis Fernando Verissimo.

> Ainda me lembro do dia em que ela chegou lá em casa. Tão pequenininha! Foi uma festa. Botamos ela num quartinho dos fundos. Nosso filho — naquele tempo só tínhamos o mais velho — ficou maravilhado com ela. Era um custo tirá-lo da frente dela para ir dormir.
>
> Combinamos que ele só poderia ir para o quarto dos fundos depois de fazer todas as lições.
>
> — Certo, certo.
>
> — Eu não ligava muito para ela. Só para ver um futebol ou política. Naquele tempo, tinha política. Minha mulher também não via muito. Um programa humorístico, de vez em quando. *Noites Cariocas*... Lembra de *Noites Cariocas*?
>
> — Lembro vagamente. O senhor vai querer mais alguma coisa? [...]

Luis Fernando Verissimo. *O nariz & outras crônicas*. 11. ed. São Paulo: Ática, 2003. p. 26.

a) O narrador não informa precisamente quem é "Ela", mas dá algumas pistas. Quais são as pistas apresentadas, nesse trecho, sobre quem chegou à casa?
b) Qual é a palavra que se repete para se referir a quem chegou?
c) Que efeito a repetição dessa palavra traz para o texto?
d) Levante uma hipótese sobre quem seria *ela*, motivo das mudanças que ocorreram no cotidiano da família. Justifique sua resposta com elementos do texto.
e) Reescreva o texto no caderno, substituindo a palavra repetida pela hipótese que você levantou no item anterior.
f) Copie do texto as palavras que substituem o substantivo *filho*.
g) Classifique as palavras que você copiou no item anterior.

2. Leia este outro trecho da mesma crônica.

> — [...] Decidi que para as transmissões da Copa do Mundo ela deveria ser maior, bem maior. E colorida. Foi a minha ruína. Perdemos a Copa, mas ela continua lá, no meio da sala. Gigantesca. É o móvel mais importante da casa. Minha mulher mudou a decoração da sala para combinar com ela. Antigamente ela ficava na copa para acompanhar o jantar. Agora todos jantam na sala para acompanhá-la.

Luis Fernando Verissimo. *O nariz & outras crônicas*. 11. ed. São Paulo: Ática, 2003. p. 27-28.

a) Nesse trecho aparecem outras informações que permitem identificar a que se refere o narrador. Que informações são essas?
b) Mantendo o sentido do texto, reescreva o parágrafo substituindo a palavra repetida por outra que identifique o objeto de que o narrador fala.

ANOTE AÍ!

Um dos recursos muito usados para evitar a repetição de palavras em um texto é substituí-las por **sinônimos** e **pronomes**.

Em textos literários, a repetição dos pronomes pode ser usada **intencionalmente**, como uma forma de criar, por exemplo, **suspense** ou **humor**.

AGORA É COM VOCÊ!

REESCRITA DE MITO

Proposta

Neste capítulo, você conheceu um episódio da mitologia indiana. O narrador, que tudo sabe e tudo vê, conta-nos em detalhes as ações que ocorreram e caracteriza o tempo e o espaço de forma clara e bem sequenciada. Agora é sua vez de reescrever um mito. Vale descobrir novas histórias e entrar em contato com mitos de outras culturas, como a grega, as indígenas e as africanas. Após ler os textos e selecionar um deles, você vai elaborar sua versão do mito. Essa versão vai integrar uma antologia de mitos que circulará pela comunidade escolar. Com a publicação, os leitores terão acesso à diversidade cultural do universo mítico.

GÊNERO	PÚBLICO	OBJETIVO	CIRCULAÇÃO
Mito	Comunidade escolar	Reescrever um mito atentando para a construção espacial e temporal da narrativa	Biblioteca da escola ou do bairro

Planejamento e elaboração do texto

1 A primeira etapa da produção consiste em fazer um levantamento de mitos. Você pode, por exemplo, consultar antologias disponíveis na biblioteca, sem definição prévia de origem. Veja, a seguir, algumas sugestões de obras.

- Betty Mindlin. *O primeiro homem e outros mitos dos índios brasileiros*. 2. ed. São Paulo: Cosac Naify, 2001.
- Gary Jeffrey. *Mitos africanos*. São Paulo: Scipione, 2011.
- Lucy Coats. *O menino que caiu do céu*: 50 mitos gregos. São Paulo: Companhia das Letras, 2009.

2 Após a seleção dos livros, leia alguns mitos e selecione para reescrita aquele que mais chamou sua atenção. Importante: na hora da escolha, não se esqueça de observar as características do gênero em estudo.

3 Reflita sobre os seguintes tópicos a respeito do mito selecionado:

- O mito apresenta uma explicação sobre qual fenômeno?
- Em que espaço(s) ocorrem as ações?
- Quais elementos da natureza colaboram para caracterizar o(s) espaço(s)?
- Como você descreveria o tempo vivido nesse mito?
- Quais são as características das personagens dessa narrativa?
- Qual é o tipo de narrador desse mito?

4 Estruture sua história com base nas etapas a seguir.

- **Situação inicial:** apresentam-se as personagens, o tempo e o espaço.
- **Desenvolvimento:** uma complicação surge e desenrola-se. Nesse momento, a história atinge seu clímax.
- **Situação final:** a história é resolvida e chega ao fim.

5. Após organizar a estrutura de seu texto, escreva o primeiro parágrafo.
   - Use adequadamente as expressões temporais para situar o tempo remoto da história. Estabeleça a sequência dos fatos de maneira que a narrativa fique coerente e coesa.
   - Use sinônimos e pronomes para evitar repetições inadequadas de palavras.
6. Se houver diálogos, defina a forma como devem aparecer no texto.
7. Faça a primeira versão do mito. A linguagem deve ser adequada ao gênero, ao público e ao suporte. Lembre-se de dar um título à narrativa.

LINGUAGEM DO SEU TEXTO

1. Você já sabe que os mitos são narrativas datadas de tempos remotos. Você se lembra dos lugares citados em "O peixe com chifres"?
2. A presença de diálogos é uma estratégia para aproximar o leitor da história. Qual é o registro mais adequado para esse gênero?

Agora, ao escrever o texto, não se esqueça de usar expressões que situem o leitor no tempo e no espaço. Evite repetições de nomes, procurando substituí-los por pronomes, garantindo, assim, a coesão de seu texto.

PARA EXPLORAR

Rádio USP
No *site* da rádio, estão disponíveis programas sobre mitos clássicos e também programas de outros temas vinculados ao universo mitológico.
Disponível em: https://jornal.usp.br/radio/. Acesso em: 7 abr. 2023.

Avaliação e reescrita do texto

1. Feita a primeira versão do texto, reúna-se com um colega. Avalie o texto dele com base no quadro a seguir.

ELEMENTOS DO MITO
O texto apresenta uma explicação para a origem do Universo, do mundo, da humanidade ou de um fenômeno da natureza?
As ações ocorrem em um espaço caracterizado como sagrado? Os acontecimentos estão situados em um tempo remoto?
As personagens realizam feitos grandiosos? O mito permite ao leitor refletir sobre os sentimentos e comportamentos humanos?

2. Com base nas contribuições dos colegas, reescreva o que for necessário e, no dia combinado com o professor, entregue a versão final.

Circulação

1. Você e os colegas farão um livro com todos os mitos produzidos pela turma. Ele será doado à biblioteca da escola ou do bairro para que outros estudantes leiam as histórias reescritas por vocês.

2. Para produzir a antologia de mitos da turma, sigam as orientações abaixo.
   - Escrevam a versão final em folhas de papel A4.
   - Cada estudante deve ilustrar seu texto.
   - Façam um texto coletivo para explicar o que são os mitos. Esse texto será o prefácio da antologia.
   - Produzam um sumário com o título de cada texto.
   - Elaborem uma capa para o livro e criem um título para a antologia.
   - Juntem todas as partes e utilizem algum método de encadernação (colagem, costura, grampeamento) para finalizar a montagem do livro.

CAPÍTULO 2
IMAGINÁRIO POPULAR

O QUE VEM A SEGUIR

A história que você vai ler é uma lenda contada pelos Juruna, um povo indígena do Centro-Oeste e do Norte do Brasil. As lendas revelam a maneira pela qual determinadas sociedades entendem e explicam o mundo, em especial os fenômenos da natureza. Nessa lenda, você vai conhecer a origem dos rios Xingu e Amazonas, que atravessam uma área que abrange uma espetacular variedade de fauna e flora, com espécies ainda hoje não catalogadas. Antes da leitura, imagine de que forma os antepassados dos indígenas jurunas explicaram a criação desses rios.

TEXTO

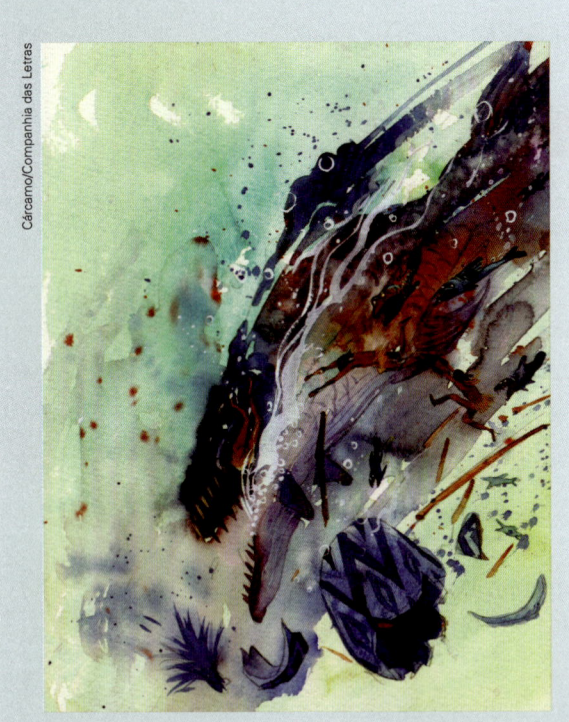

A lenda do Xingu e do Amazonas

Antigamente, tudo era seco.

Os índios jurunas moravam na floresta, onde não havia rio nem água para beber. A dona da água era a juriti. Toda água que existia estava com ela, guardada em três grandes tambores.

Uma tarde, os filhos da mulher do pajé, que estavam com sede, foram pedir água para a juriti, que cantava no alto do açaizeiro.

— Juriti! Estamos com muita sede! Dê um pouco de água para bebermos!

Mas ela não deu. Os índios voltaram acabrunhados para casa; não aguentavam mais a sede e começaram a chorar.

Cinaã, a mãe dos meninos, perguntou por que estavam chorando e eles contaram o que tinha acontecido. Ela disse que não deviam mais procurar a juriti porque era perigoso.

— Dentro dos tambores de água há muitos peixes que podem atacar vocês — disse a mãe para os meninos.

Mas os garotos não deram atenção a ela. Estavam com tanta sede que voltaram a procurar a juriti. Pegaram um pau e quebraram os tambores. Imediatamente, a água começou a escorrer lá de dentro, e junto com a água vieram os peixes.

A juriti ficou muito brava. Os meninos saíram correndo. Deram um pulo bem grande para fugir dos peixes, mas o maior de todos comeu

acabrunhado: que está abatido, cansado.

Itajiba, um dos meninos. O peixão engoliu a cabeça e o corpo do garoto, mas as pernas ficaram para fora da boca.

Os outros dois irmãos correram mais rápido ainda. E a água que seguia atrás deles ia formando rios e cachoeiras. O peixão seguia os meninos, levando muita água com ele. Essa água toda formou o rio Xingu.

Os dois índios continuaram a fugir do peixão para o norte, até dar no estado do Amazonas. Lá chegando, conseguiram agarrar as pernas de Itajiba, que ainda estavam para fora da boca do peixão. Cortaram as pernas do irmão, assopraram o sangue que escorreu e, por mágica, o corpo do garoto se refez: Itajiba nasceu de novo.

Então, os três juntos sopraram toda aquela água e formaram um rio muito largo e comprido: o Amazonas.

Depois disso, voltaram juntos para casa e contaram para toda a aldeia que tinham quebrado os tambores. A partir desse dia todos tiveram água para sempre.

(Inspirada em "A origem dos rios", lenda coletada por Herbert Baldus em *Estórias e lendas dos índios*.)

Silvana Salerno. *Qual é o seu Norte?* São Paulo: Companhia das Letrinhas, 2012. p. 41.

SILVANA SALERNO: CONTANDO E RECONTANDO HISTÓRIAS NOVAS

Silvana Salerno é escritora, editora e jornalista. Ela tem mais de trinta livros publicados para crianças, adolescentes e jovens, sendo que muitas dessas obras foram premiadas dentro e fora do Brasil. *Qual é o seu Norte?*, por exemplo, do qual foi retirado o texto que você leu, recebeu o selo Altamente Recomendável da Fundação Nacional do Livro Infantil e Juvenil. Nesse livro, a autora reúne textos diversos sobre o folclore e outras informações sobre a Região Norte do Brasil, que ela recolheu e pesquisou em diversas fontes.

▲ Silvana Salerno em São Paulo. Foto de 2020.

▲ Capa do livro *Qual é o seu Norte?*, em que foi publicado o texto que você leu. São Paulo: Companhia das Letrinhas, 2012.

A CULTURA INDÍGENA NOS LIVROS

Assim como os mitos, as lendas foram e são transmitidas oralmente de geração a geração. Com o propósito de preservar essa rica tradição, muitos pesquisadores dedicaram-se a registrar essas narrativas. Um deles foi o antropólogo alemão Herbert Baldus (1899-1970). Nos anos 1920, ele visitou e estudou diferentes comunidades indígenas brasileiras, divulgando suas pesquisas sobre a pluralidade cultural desses povos. Ainda compilou e selecionou diversas narrativas indígenas, que foram publicadas nos anos 1960. Muitos outros estudiosos ajudaram a preservar essas lendas, além de escritores e pesquisadores indígenas, como Daniel Munduruku (1964-), que também registram as histórias de seus antepassados.

TEXTO EM ESTUDO

PARA ENTENDER O TEXTO

1. O que você imaginou sobre a criação dos rios Xingu e Amazonas se confirmou após a leitura da lenda?

2. No caderno, copie a alternativa correta a respeito da lenda sobre a origem dos rios Xingu e Amazonas.
    I. A origem dos rios Xingu e Amazonas é explicada por meio de fatos científicos.
    II. A origem dos rios Xingu e Amazonas é explicada tanto por fatos históricos quanto por fatos imaginários.
    III. A origem dos rios Xingu e Amazonas é explicada por meio de fatos jornalísticos.

3. Em que tempo e espaço ocorre o fato narrado?
4. Qual é a motivação para a ação inicial das personagens na história?
5. Que punição os meninos sofreram ao desobedecer a mãe e as leis da natureza?
6. Como o desfecho se relaciona com o início da lenda?
7. Qual é o foco narrativo da lenda que você leu?

ANOTE AÍ!

As **lendas** narram acontecimentos que ocorreram em um tempo remoto e em um espaço marcado pela natureza. Nelas, fatos históricos podem se misturar com fatos imaginários. Em geral, as lendas são **narradas em terceira pessoa** para representar a voz de toda a comunidade, daqueles que herdaram as tradições de seus antepassados.

O CONTEXTO DE PRODUÇÃO

8. Leia o texto a seguir.

> **O papel das lendas e mitos na cultura indígena**
>
> [...]
>
> À noite, as crianças sentam ao redor de uma fogueira e ouvem as histórias contadas pelos mais velhos. As lendas [indígenas] são divertidas e temperadas de muita imaginação – índios que falam com animais, estrelas que caem na Terra, guerreiros que vão para o céu. [...]
>
> Vale lembrar que os índios não possuem registros escritos e, em geral, são os mitos e as lendas de cada tribo que repassam a cultura desse povo ao longo dos anos. Como são contadas de geração a geração, certamente essas histórias se transformaram com o tempo. [...] a partir dessas lendas podemos imaginar como viviam os índios há cerca de 4 mil anos.

Maria Ganem. *Ciência Hoje das Crianças*. Disponível em: http://chc.org.br/o-papel-das-lendas-e-mitos-na-cultura-indigena/. Acesso em: 30 mar. 2023.

a) O trecho do artigo lido comenta a existência de lendas nas quais estrelas caem na Terra e indígenas falam com animais. Cite uma passagem da lenda do Xingu e do Amazonas em que essa característica aparece.

b) De acordo com o artigo acima, de que modo as narrativas indígenas conseguiram chegar até o nosso tempo?

c) Você conhece outras narrativas indígenas? Se sim, quais?

RIO AMAZONAS

Localizado na América do Sul, o Amazonas é considerado o maior rio do planeta em extensão e volume de água. Ele nasce na cordilheira dos Andes, no sul do Peru, e atravessa os estados do Amazonas e do Pará até chegar à sua foz, no oceano Atlântico.

A LINGUAGEM DO TEXTO

9. Releia o seguinte fragmento da lenda:

> Os outros dois irmãos correram mais rápido. E a água que seguia atrás deles ia formando rios e cachoeiras. O peixão seguia os meninos, levando muita água com ele. Essa água toda formou o rio Xingu.

- Observe, nesse trecho, a repetição de *água*. Procure estabelecer uma relação entre essa repetição e o fato de a lenda ter origem na tradição oral.

ANOTE AÍ!

As **lendas** são narrativas contadas na **tradição oral** para transmitir algum ensinamento ou explicar algum fato. Elas revelam muito sobre os povos que as criaram; por isso, é importante valorizar seu registro escrito, para que essas narrativas não se percam no passado e também sejam um **meio de transmissão** para as gerações futuras.

COMPARAÇÃO ENTRE OS TEXTOS

10. Copie no caderno o quadro a seguir e complete-o com os elementos centrais do mito e da lenda, narrativas lidas respectivamente nos capítulos 1 e 2.

	"O peixe com chifres"	"A lenda do Xingu e do Amazonas"
Personagens principais		
Tempo		
Espaço		

11. De acordo com a função social dos gêneros estudados, qual das alternativas a seguir se relaciona aos mitos e qual se relaciona às lendas?

   I. São narrativas contadas por meio da tradição oral para transmitir algum ensinamento, revelando aspectos da cultura dos povos que as criaram.

   II. São narrativas que cumprem a função de explicar o surgimento do mundo, os fenômenos naturais, os sentimentos e comportamentos humanos, além de serem o fundamento para rituais religiosos e para a conduta social de um povo.

12. Nesta unidade, você estudou dois gêneros: o mito e a lenda. Você acredita que os jovens têm interesse em ler narrativas como essas? Por quê?

CIDADANIA GLOBAL

PRESERVAÇÃO DOS RIOS DA AMAZÔNIA

A lenda que você leu faz parte da cultura dos povos da região amazônica. Essa área abrange a maior floresta tropical do mundo. Cuidar desse patrimônio é um desafio.

1. Essa lenda reflete o valor dado a rios e nascentes pelos indígenas. Para você, qual é o papel dos povos indígenas na preservação dos rios?

2. Que ações são esperadas de instituições públicas e privadas e da população para a preservação dos rios amazônicos?

Acesse o recurso digital e responda: Qual é a importância da Amazônia para a regulação do clima do planeta?

LÍNGUA EM ESTUDO

PRONOMES POSSESSIVOS, INDEFINIDOS, INTERROGATIVOS E RELATIVOS

PRONOMES POSSESSIVOS

1. Observe a capa de revista ao lado.
    a) Qual é a relação entre o verbo da manchete principal e a ilustração?
    b) Identifique e classifique o pronome na manchete.
    c) A quem o pronome presente na manchete se refere?

> **ANOTE AÍ!**
>
> Os **pronomes possessivos** indicam uma **ideia de posse** em relação às pessoas do discurso e também costumam ser usados para evitar repetições em textos.

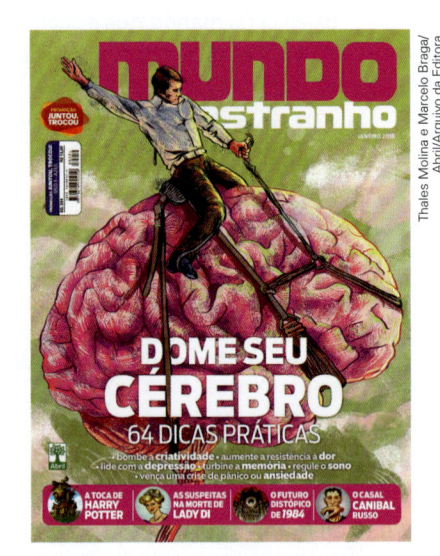

▲ Capa da revista *Mundo Estranho*, edição 204, jan. 2018.

PESSOA DO DISCURSO	MASCULINO		FEMININO	
	Singular	Plural	Singular	Plural
1ª pessoa do singular	meu	meus	minha	minhas
2ª pessoa do singular	teu	teus	tua	tuas
3ª pessoa do singular	seu	seus	sua	suas

PESSOA DO DISCURSO	MASCULINO		FEMININO	
	Singular	Plural	Singular	Plural
1ª pessoa do plural	nosso	nossos	nossa	nossas
2ª pessoa do plural	vosso	vossos	vossa	vossas
3ª pessoa do plural	seu	seus	sua	suas

PRONOMES INDEFINIDOS

2. Releia o primeiro parágrafo de "A lenda do Xingu e do Amazonas" e, depois, responda às questões a seguir.

> Antigamente, tudo era seco.

   a) A que se refere a palavra *tudo*? É possível definir a quantidade a que se refere a palavra *tudo*? Explique.
   b) Que efeito de sentido essa palavra promove no início do texto?

> **ANOTE AÍ!**
>
> Os **pronomes indefinidos**, de efeito de sentido **vago** e **indeterminado**, são usados nas situações em que o falante **não quer** ou **não pode** fornecer informação precisa. Eles podem variar, concordando em gênero e número com a palavra com a qual têm vínculo, ou não variar, não mudando nem de gênero nem de número. Por exemplo, o pronome *algum* varia em gênero e número (*alguns, alguma, algumas*): "O Brasil tem *alguns* rios".
> O pronome *algo*, por sua vez, é invariável.

PRONOMES INTERROGATIVOS

3. Releia este trecho da lenda.

> Os dois índios continuaram a fugir do peixão para o norte, até dar no estado do Amazonas. Lá chegando, conseguiram agarrar as pernas de Itajiba, que ainda estavam para fora da boca do peixão. Cortaram as pernas do irmão, assopraram o sangue que escorreu e, por mágica, o corpo do garoto se refez: Itajiba nasceu de novo.

- Agora, formule perguntas para as respostas a seguir. Use *que*, *quem* e *quanto*.

> Os dois índios continuaram fugindo do peixão.

> Eles agarraram as pernas de Itajiba quando chegaram ao Amazonas.

> Demorou o tempo da viagem ao Amazonas.

ANOTE AÍ!

Os **pronomes interrogativos** são usados para formular uma **pergunta de forma direta** ou **indireta**. Os pronomes *que* e *quem* são invariáveis; o pronome *qual* flexiona-se em número (*qual*, *quais*); e o pronome *quanto*, em gênero e número (*quanto*, *quantos*; *quanta*, *quantas*).

RELACIONANDO

Os pronomes ajudam a estabelecer relações no texto, interligando ideias, tornando-o mais preciso e evitando repetições. Releia o texto que você reescreveu no capítulo 1 desta unidade. Verifique se você utilizou adequadamente os pronomes e se há trechos em que o uso deles poderia tornar a leitura do texto mais fluida e agradável.

PRONOMES RELATIVOS

4. Leia as frases a seguir.

> Todos visitam o rio Amazonas.   Todos se recordam da força das águas.

a) No caderno, reúna as duas frases em um único período, utilizando o pronome *que* e evitando, assim, repetição.

b) Repita a operação, adicionando a frase a seguir.

> A força das águas atingiu os meninos.

c) Qual é a função da palavra *que* nesses casos?

Quando o *que* se refere a um termo anterior é chamado de **pronome relativo**.

ANOTE AÍ!

Os **pronomes relativos** são usados para evitar a repetição de um termo citado anteriormente. Esses pronomes podem ser **variáveis** ou **invariáveis**.

PRONOMES RELATIVOS			
Variáveis		Invariáveis
Masculino	Feminino	
o qual, os quais cujo, cujos quanto, quantos	a qual, as quais cuja, cujas quanta, quantas	onde que quem

ATIVIDADES

Retomar e compreender

1. Leia a tira e responda às questões.

Dik Browne. *Folha de S.Paulo*, Ilustrada, São Paulo, p. E12, 28 set. 2006.

a) A frase dita por Helga faz referência a um conto de fadas muito famoso. Qual é ele? Em que situação essa frase é dita nesse conto de fadas?
b) Por que o espelho questiona se Helga está falando sério?
c) Qual é o sentido do pronome usado em "Espelho, espelho meu..."?

2. Leia a tira.

Quino. *Toda Mafalda*. São Paulo: Martins Fontes, 2010.

a) Qual é a utilidade do objeto encontrado por Filipe? De que forma os sentimentos das personagens estão expressos nos quadrinhos?
b) Qual das frases traduz o sentido da fala de Filipe no segundo quadrinho? Reescreva a fala da personagem sem empregar um pronome indefinido.

| Todas as coisas têm alguma serventia. | Qualquer coisa serve para tudo. |

3. Leia o título a seguir e responda às questões.

> **Saiba quais são os alimentos que podem impulsionar os seus estudos**

Ana Carla Bermúdez. *Guia do Estudante*. 28 jan. 2016. Disponível em: https://guiadoestudante.abril.com.br/estudo/saiba-quais-sao-os-alimentos-que-podem-impulsionar-os-seus-estudos/#:~:text=Sementes%20de%20girassol%20e%20chocolate,mais%20energia%20para%20o%20c%C3%A9rebro. Acesso em: 30 mar. 2023.

a) Qual é a classe gramatical da palavra *quais* presente no título? Reescreva-o, substituindo a palavra *alimentos* por *alimento*.
b) Que alteração a palavra *quais* sofreu na reescrita do título?
c) No caderno, utilizando pronomes interrogativos, elabore duas questões que poderiam ser respondidas em uma matéria com esse título.

Aplicar

4. No caderno, complete as frases usando pronomes relativos.
   a) O livro ★ peguei da biblioteca é ótimo.
   b) Os doces de ★ mais gosto estão fresquinhos!
   c) A escola ★ estudo fica perto de casa.
   d) Cortaram a árvore ★ tronco estava com cupins.
   e) Não conheço a pessoa de ★ você falou.
   f) Você é tudo ★ sonhei!

5. No caderno, una as duas frases usando pronomes relativos.
   a) A guerra foi prejudicial a todos. A guerra terminou agora.
   b) As tarefas me ajudarão a aprender. As tarefas são para casa.
   c) Eu estudo na escola. A escola é muito boa.
   d) Não conheço a aluna. A aluna saiu.
   e) Comprei um livro. Não me recordo do título do livro.
   f) A casa é espaçosa. Eu moro na casa.

6. Leia atentamente o texto a seguir e copie no caderno a alternativa que preenche corretamente as respectivas lacunas.

Uma palavrinha aos pequenos leitores

Você tem em mãos uma série de histórias contadas pelos velhos Munduruku. Os velhos são as pessoas que dominam a tradição oral e sabem como ninguém contar ★ histórias que nos remetem a um tempo muito distante de ★ dias.

★ histórias — batizadas de mitos — quase sempre contam a origem de tudo e são sempre transmitidas de forma oral, ou seja, não há livros que guardam essas narrativas — ★ são carregadas na memória do povo inteiro e são sempre recontadas de forma a despertar no povo um amor pela própria história, pelas lutas, pelas vitórias e derrotas.

Não são histórias muito fáceis de compreender, não. E não são fáceis porque ★ ocorreram num tempo em que o tempo ainda não existia, em que os animais governavam o mundo, em que o Espírito Criador andava junto com os homens no grande jardim chamado Terra. Mas existe uma maneira de compreender os mitos, um segredo que eu gostaria de partilhar com vocês: é preciso ler e ouvir os mitos não com os ouvidos que ficam na cabeça, pois ★ costumam nos enganar, mas com os ouvidos que existem lá no fundo do coração — o ouvido da Memória. O conhecimento que cai ★ ouvido adormece, fica lá escondidinho, e depois, quando a gente menos espera, ★ surge de novo. A gente nunca mais esquece o que ouve com o coração. Por isso, quem quiser aprender mais coisas sobre o ★ povo tem de ler ★ histórias com o coração. Outra coisa importante: ★ histórias são reais. Elas aconteceram de verdade [...].

Daniel Munduruku. *As serpentes que roubaram a noite*: e outros mitos. São Paulo: Petrópolis, 2001, p. 7.

▲ O escritor Daniel Munduruku, em foto de 2014.

a) essas, nossos, essas, elas, elas, eles, nesse, ele, meu, essas, essas
b) nossos, essas, elas, eles, ele, essas, nosso, aquela, ela, nossas, esses
c) elas, eles, nossos, nesse, nessas, ela, ele, essas, esses, aqueles, aquelas
d) aquilo, aquele, ela, elas, eles, nesse, ele, meu, aquelas, elas, nossas

A LÍNGUA NA REAL

OS PRONOMES E A AMBIGUIDADE

1. Leia esta piada e responda no caderno às questões.

> O diretor-geral está preocupado com um executivo que, depois de um período trabalhando sem descanso, passa a se ausentar do escritório por algumas horas todos os dias. Chama um detetive.
> — Siga o Lopes durante uma semana — disse.
> Após cumprir o que lhe fora pedido, o detetive informa:
> — O Lopes sai normalmente ao meio-dia, pega **seu** carro, vai à **sua** casa almoçar, descansa em **seu** sofá, vê filmes em **sua** TV de plasma, nada em **sua** piscina e volta ao trabalho.
> — Ah, bom. Não há nada de mau nisso.
> O detetive observa o diretor com olhar fixo e comenta:
> — Desculpe. Posso tratá-lo por tu?
> — Sim, claro — responde o diretor.
> — Bom. O Lopes sai ao meio-dia, pega teu carro, vai à tua casa almoçar, descansa em teu sofá, vê filmes em tua TV de plasma, nada em tua piscina e volta ao trabalho.

Texto da tradição oral.

a) A quem se referem os pronomes *seu* e *sua* destacados no trecho? Justifique.
b) Por que o diretor diz que não há nada de mau na atitude do executivo?
c) O mal-entendido poderia ter continuado depois da última fala do detetive? Comente sua resposta, justificando o porquê.
d) Os pronomes possessivos *seu* e *sua* podem se referir a duas pessoas do discurso. Explique essa afirmação.
e) Explique o recurso usado pelo detetive para esclarecer a situação.

2. Agora leia esta frase e responda às questões no caderno.

> O diretor discutiu com o executivo e estragou seu dia.

a) Quem teve o dia estragado pela discussão: o diretor ou o executivo?
b) Que palavra é responsável pela ambiguidade da frase?
c) Reescreva duas vezes essa frase no caderno, fazendo nela as alterações necessárias para eliminar a ambiguidade e de acordo com as instruções a seguir.
   - Em uma das frases, faça as alterações necessárias para deixar claro que a discussão estragou o dia do diretor.
   - Na outra, deixe claro que foi o executivo quem teve o dia estragado.

ANOTE AÍ!

Algumas vezes, não fica evidente a qual termo mencionado anteriormente um pronome se refere, o que faz com que a frase seja compreendida de várias maneiras. Quando há duplicidade de leitura, ocorre **ambiguidade**, o que acarreta duas ou mais interpretações (e sentidos) para um mesmo texto.

A ambiguidade pode ser produzida **intencionalmente** pelo autor, com o propósito de gerar determinado efeito de sentido (por exemplo, o humor). No entanto, há ocasiões em que ela ocorre de **forma involuntária**, comprometendo a compreensão do texto. Para que haja clareza na comunicação, não pode haver ambiguidade textual.

3. Leia esta piada e faça as atividades em seguida.

> O rapaz chega para o pai da namorada e, meio sem jeito, diz:
> — Seu Francisco, eu amo muito a Soninha e...
> — Eu sei — diz, sorrindo, o pai da moça. — Ela me disse...
> — Então, seu Francisco eu vim pedir a sua mão em casamento.
> — Ué — diz o homem, em tom de brincadeira —, você ama a Soninha e quer se casar comigo?!

Texto da tradição oral.

a) O que gera humor nessa piada?
b) A retirada da ambiguidade compromete a intencionalidade do texto? Explique.

4. Leia este trecho de notícia.

Jô Soares é entrevistado por Ziraldo no último programa de seu *talk show*

Foi com um clima de saudade e retrospectiva que Jô Soares gravou nesta sexta-feira (16) seu último "Programa do Jô" (Globo).

O entrevistado não podia ter sido outro: Ziraldo, cartunista que, segundo o apresentador, era presença certa todo ano no seu programa de entrevista, tanto na época de SBT quanto na Globo.

Mas não era bem Ziraldo sendo entrevistado. Ele era o gancho para que Jô contasse suas histórias. No segundo bloco, o artista reconheceu que as funções haviam mudado. "Consegui entrevistar o Jô Soares", disse.

[...]

Conforme o entrevistador ia vendo as imagens, os dois lembravam episódios que haviam vivido.

[...]

Felipe Giacomelli. *Folha de S.Paulo*, 16 dez. 2016. Disponível em: https://www1.folha.uol.com.br/ilustrada/2016/12/1842274-cartunista-ziraldo-entrevista-jo-soares-no-ultimo-programa-do-talk-show.shtml. Acesso em: 30 mar. 2023.

a) Você teve dificuldade para compreender o título dessa notícia? De quem é o *talk show*? Como você descobriu? Comente.
b) Leia a seguir o título de outra notícia.

Cartunista Ziraldo entrevista Jô Soares no último programa do *talk show*

Diário de Goiás, 17 dez. 2016. Disponível em: https://diariodegoias.com.br/cartunista-ziraldo-entrevista-jo-soares-no-ultimo-programa-do-talk-show/. Acesso em: 30 mar. 2023.

- Qual dos dois títulos é mais claro? Por quê? Depois, reescreva o título da notícia do *site* do jornal *Folha de S.Paulo*, retirando a ambiguidade.

ANOTE AÍ!

Nos textos jornalísticos, para não gerar **duplo sentido**, recomenda-se evitar o emprego de *seu* e *sua*. Em alguns casos, a solução é empregar *dele* ou *dela*. No entanto, esse emprego, às vezes, não retira a ambiguidade, sendo necessário realizar uma inversão na ordem da frase ou reescrevê-la. É importante também lembrar que, geralmente, devido a conhecimentos prévios, os leitores conseguem compreender o título ou encontram, na sequência da leitura, o referente do elemento que causa a ambiguidade.

ESCRITA EM PAUTA

OS DITONGOS ABERTOS *EI, EU, OI*

1. Leia o trecho da entrevista a seguir e responda às questões.

> **Pesquisa científica sobre fãs de super-heróis vira HQ**
>
> *Trajetória acadêmica de mestrado vira revista em quadrinhos*
>
> Larissa Tamborindenguy Becko é graduada em Comunicação Social com habilitação em Relações Públicas pela Universidade Federal do Rio Grande do Sul (UFRGS) e mestre pelo Programa de Pós-Graduação em Comunicação na Universidade do Vale do Rio do Sinos (Unisinos). [...]
>
> **De onde nasceu a vontade de estudar super-heróis?**
>
> O interesse pelo universo dos super-heróis nasceu ainda na graduação, que teve como resultado o trabalho de conclusão sobre o perfil do Capitão América, um dos principais personagens da Marvel Comics, na saga 'Guerra Civil' [...]. A proximidade com personagens e narrativas oriundas das histórias em quadrinhos me levou à participação em eventos da cultura *pop*, assim como contato com consumidores e entusiastas desses produtos. Daí surgiu o interesse também em entender as pessoas em si, os fãs, que são o centro da pesquisa de mestrado.
> [...]
>
> **Como surgiu a ideia de fazer uma história em quadrinhos sobre a pesquisa?**
>
> A ideia nasceu de uma reunião de grupo de pesquisa em que, pelo caráter popular dos objetos de pesquisa dos integrantes, discutíamos as possibilidades de produtos derivados de cada pesquisa. Para mim, que pesquisava fãs de super-heróis, a elaboração de uma história em quadrinhos pareceu bem adequada. [...]

CCS/CAPES. Disponível em: https://www.gov.br/capes/pt-br/assuntos/noticias/pesquisa-cientifica-sobre-fas-de-super-herois-vira-hq. Acesso em: 29 maio 2023.

▲ Capa da HQ criada por Larissa, em 2021, sobre sua pesquisa acadêmica.

a) Crie uma hipótese para explicar o porquê de essas histórias fazerem sucesso.
b) Leia estas palavras em voz alta, separe as sílabas e identifique o que há em comum em todas elas.

| nasceu | super-heróis | ideia |

c) Dessas palavras, duas são pronunciadas com som mais aberto em determinada sílaba. Quais são elas e em que sílaba está o som mais aberto?
d) Classifique essas palavras de acordo com a posição de sua sílaba tônica.
e) Em qual das palavras há acentuação na sílaba tônica?

> **ANOTE AÍ!**
>
> Os **ditongos abertos** *ei*, *eu* e *oi* **sempre são acentuados** quando aparecem na sílaba tônica de oxítonas ou em monossílabos tônicos. Veja alguns exemplos: *réis*, *chapéu*, *herói*.
> Quando ocorrem na sílaba tônica de paroxítonas, esses mesmos ditongos **não são acentuados**. Veja os exemplos: *traqueia*, *tabloide*, *assembleia*.

2. Copie as palavras no caderno, acentuando os ditongos abertos se necessário.
   a) ideia, meu, teu, Galileu, corroi
   b) chapeu, teia, oito, ilheu, mundareu
   c) boia, pasteis, doi, apoio (verbo), dezoito
   d) aneis, veias, constroi, Coreia, paranoico

3. No caderno, coloque as palavras no plural e as acentue, se necessário.
   a) anel
   b) pastel
   c) fiel
   d) pincel
   e) fácil
   f) jóquei
   g) fóssil

4. Justifique os acentos aplicados nos ditongos presentes nas palavras da atividade 3.

5. Os títulos de notícia e de reportagem a seguir, extraídos da internet, foram redigidos antes da entrada do novo acordo ortográfico em vigor. Reescreva-os no caderno para que sigam as regras atuais de acentuação.
   a) Coréia expulsa inspetores (*O Dia*)
   b) Bóia-fria: Dez receitas práticas para variar o cardápio na mesa de trabalho (*Folha de S.Paulo*)
   c) Crise financeira deve marcar Assembléia da ONU (*Estadão*)
   d) Chico Buarque estréia turnê de *Carioca* só em 2007 (*O Globo*)

6. Copie no caderno a alternativa cujas palavras têm a mesma regra de acentuação da palavra *corrói*.
   I. Belém, armazéns, Amapá, pó
   II. régua, pedágio, colégio, relógio
   III. vôlei, pônei, fósseis, hóquei
   IV. destrói, caubóis, chapéu, constrói

ETC. E TAL

Como é que se escreve: *loiro* ou *louro*?

As duas formas estão corretas e ambas têm o mesmo significado: referem-se àquilo que é dourado. As duas palavras derivam do latim *laurus*, cujo sentido era "loureiro", "coroa de louro", "triunfo". No português antigo, a forma mais usada era *louro*. O primeiro registro da variação *loiro* é de 1836. Na atualidade, você sabe qual é a forma mais disseminada no Brasil? Acertou se respondeu *loiro*.

Confira o que o autor Sérgio Rodrigues escreve, no livro *Viva a língua brasileira!*, a respeito dessa variação entre os ditongos *ou* e *oi* em outras palavras.

> A oscilação entre os ditongos *ou* e *oi* tem uma longa história em nossa língua. *Noite* era *noute* no português antigo. Machado de Assis gostava de escrever *dous* ou *doudo*, formas praticamente caídas em desuso.
>
> Em compensação, a *tesoura*, acredite, já foi chamada exclusivamente de *tesoira*. *Louça/loiça*, *ouro/oiro*, *coisa/cousa* e *coice/couce* são outros exemplos de pares em que as duas formas são consideradas corretas.

Sérgio Rodrigues. *Viva a língua brasileira!*: uma viagem amorosa, sem caretice e sem vale-tudo, pelo sexto idioma mais falado do mundo – o seu. São Paulo: Companhia das Letras, 2016. p. 51.

Observe, ao lado e abaixo, a grafia da palavra *dous* em um antigo jornal do Rio de Janeiro.

Primeira página do jornal *Marmota Fluminense*, Rio de Janeiro, de 3 de janeiro de 1854.

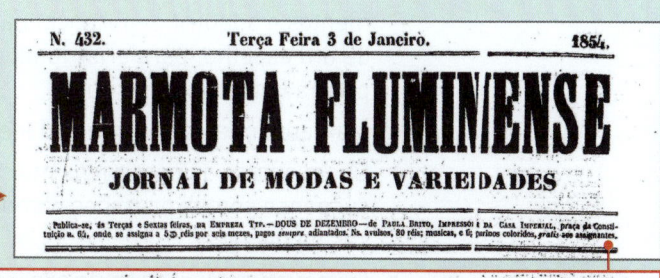

AGORA É COM VOCÊ!

CONTAÇÃO DE LENDA

Proposta

Você viu, neste capítulo, que as lendas têm sua origem na tradição oral. Agora, que tal participar de uma roda de contação de lendas para estudantes dos anos iniciais de sua escola? Essa atividade poderá ajudá-los a conhecer um pouco mais sobre a cultura indígena. Para apoiar o desenvolvimento de diferentes habilidades de contação de histórias e para registrar esse momento, gravem as contações em vídeo.

GÊNERO	PÚBLICO	OBJETIVO	CIRCULAÇÃO
Lenda	Estudantes de anos iniciais da escola	Divulgar a cultura indígena por meio de uma contação de lendas	Roda de contação e canal de vídeos

Planejamento e elaboração

1 Após se reunir com outros dois colegas da turma, pesquisem, em livros ou em *sites* da internet, uma lenda indígena para contar.

2 Depois da leitura dos textos, selecionem uma das lendas. Atentem para que não haja conteúdos inadequados para a faixa etária de seu público.

3 Os integrantes do grupo devem conhecer bem a narrativa que será apresentada. Para isso, anotem os fatos narrados da lenda escolhida. Copiem o quadro a seguir no caderno para realizar essa tarefa.

SITUAÇÃO INICIAL	
DESENVOLVIMENTO	
DESFECHO	

4 É hora de organizar a apresentação e ensaiar. Sigam os passos abaixo.

- Definam quem fará a voz do narrador e a de cada personagem.
- Estabeleçam os recursos orais que serão utilizados para tornar a história mais emocionante: entonação acentuada de acordo com a emoção sentida, perguntas para o público, etc.
- Leiam a história individualmente, várias vezes, para memorizar os acontecimentos e adquirir segurança. Façam também leituras em voz alta, na frente de um espelho, para criar familiaridade com a postura e com os gestos próprios à leitura expressiva.
- Mantenham a voz na intensidade adequada para que a plateia os ouça.
- Deem ênfase às passagens mais importantes da lenda a ser contada e criem suspense com expressões como *enquanto isso*, *assim*, *finalmente* e com pausas na narração.
- Evitem o uso excessivo de expressões como *aí*, *tipo*, *né*, etc.
- Além da voz, o corpo é um importante instrumento na interação com o público: procurem se expressar por meio de gestos e mantenham o olhar dirigido à plateia.

MÚLTIPLAS LINGUAGENS

1. Acessem os recursos digitais *A lenda paranaense da gralha-azul* e *A lenda de Macunaíma* e assistam às contações de histórias. Observem a impostação e as variações de voz na representação das personagens, as pausas, etc.

2. Nessas contações de histórias, analisem o uso de objetos, gestos, expressões faciais, entre outros recursos que julgarem interessantes. Façam anotações para selecionar os recursos que vão ajudá-los na apresentação.

5 Coordenem os ensaios com a organização dos recursos visuais que podem ser utilizados para atrair a atenção do público: adereços, objetos, elementos do cenário, recursos sonoros e visuais, etc. Vocês poderão criar efeitos sonoros.

6 Preparem um texto para introduzir a lenda que será narrada. Esse texto deve ser breve e mencionar a que povo ela pertence, onde ele habita e, se possível, algumas características culturais dele que possam ampliar a compreensão da lenda pelos ouvintes.

7 Antes da apresentação, gravem um ensaio aberto para amigos e familiares. Depois, coletem a opinião da plateia e assistam ao vídeo. Assim, terão mais elementos para avaliar o desempenho do grupo e fazer os ajustes. No dia combinado, antes da contação, lembrem-se de saudar a plateia e se apresentar ao público, dizendo seu nome e a turma a que pertencem.

8 Gravem as contações para divulgá-las em um canal de vídeos de contação.

Avaliação

1 Avaliem o desempenho do grupo de acordo com os itens descritos a seguir.

ELEMENTOS DA CONTAÇÃO DE LENDAS
O texto introdutório foi breve e claro ao fornecer informações sobre a lenda?
A lenda produzida pelo grupo manteve a sequência da narrativa, com situação inicial, desenvolvimento e desfecho?
A descrição de tempo e espaço narrativos foi apropriada ao gênero lenda?
O tom e a intensidade da voz dos contadores foram adequados? A plateia conseguiu ouvi-los de forma clara e agradável?
A postura física dos contadores foi adequada à história narrada?
Os contadores evitaram o uso excessivo de expressões como *aí*, *tipo*, *né*, etc.?
Os contadores mantiveram o olhar dirigido ao público?
O grupo conseguiu envolver o público durante a contação?

2 Escrevam no caderno o que o grupo julgou mais difícil, tanto no processo de elaboração da atividade quanto no momento da apresentação final.

Circulação

1 Após a avaliação das apresentações, verifiquem se as gravações dos vídeos ficaram boas. Analisem a qualidade das imagens e se a contação está audível.

2 Com a ajuda do professor, escolham as melhores gravações. Criem um canal de vídeos na internet para publicar as lendas contadas.

PARA EXPLORAR

Kiara Terra – A História Aberta

No *site* da contadora de histórias Kiara Terra, você encontra um acervo de vídeos com várias histórias contadas por ela.

Disponível em: http://kiaraterra.com.br/bio_textos_videos.php. Acesso em: 30 mar. 2023.

ARTE DE CONTAR HISTÓRIAS

As narrativas orais são fundamentais para a formação de futuros leitores. Elas ajudam a estimular a imaginação, a criatividade e a curiosidade dos pequenos ouvintes. Para aqueles que querem contar histórias, é necessário não só conhecer muito bem o texto que vão apresentar, mas dominar técnicas de contação de histórias.

ATIVIDADES INTEGRADAS

Nesta unidade, você leu um texto da mitologia indiana chamado "O peixe com chifres". Nesse mito, você viu como o deus Vishnu transformou-se em um animal fantástico, um peixe com chifres, para proteger Manu e todas as criaturas de um dilúvio. Agora é a vez de conhecer uma versão grega desse mito. Leia o texto a seguir e, depois, responda às questões propostas.

O maior dos dilúvios

Prometeu tinha um filho chamado Deucalião, que era bondoso e gentil. Ele amava os pássaros, os animais e os insetos — amava até a águia que rasgava o fígado do seu pai todas as manhãs.

"Ela está apenas fazendo o seu serviço!", dizia ele ao pobre Prometeu, na sua visita anual ao Cáucaso. Prometeu rilhava os dentes e assentia bravamente, e Deucalião alisava as penas da águia enquanto eles conversavam.

Até que um dia uma terrível mensagem foi trazida a Prometeu pelo Vento Norte. Prometeu implorou à águia que tirasse um dia de folga e fosse buscar Deucalião para ele. Como Deucalião fora gentil com ela, a águia foi.

"Meu filho", disse Prometeu, "você precisa se salvar, e à sua mulher. Zeus está zangado com Pandora por ela ter aberto o meu jarro e deixado todos os males escaparem para o mundo. Eles infectaram as minhas pessoas de barro e agora elas estão sendo tão cruéis umas com as outras que Zeus vai se livrar delas. Ele vai fazer chover, e chover, até toda a terra ficar coberta pelas águas e tudo o que nela vive ser afogado. Você precisa construir um barco para que você e Pirra escapem."

"Mas, pai, e os animais, pássaros e insetos? Eles não são como as suas pessoas — eles são inocentes. Como poderei salvá-los?", perguntou Deucalião.

Então Prometeu lhe explicou como construir uma grande arca, com espaço suficiente para duas criaturas de cada espécie. Logo a terra inteira foi coberta de água, e as únicas coisas vivas que restaram sobre ela foram Deucalião, sua mulher e as criaturas que eles haviam reunido na arca. O barco ficou malcheiroso e não havia muita comida, mas depois de nove noites e nove dias as águas baixaram e a arca aportou no alto de uma grande montanha.

Animais, aves e insetos saíram rapidamente, voando e rastejando, em busca de novos lares, e Deucalião e Pirra se ajoelharam na terra e louvaram Zeus, agradecendo por ter escapado. Eles acenderam uma fogueira com algumas brasas preciosas que tinham guardado em um pote, e quando a fumaça chegou ao Olimpo Zeus olhou para baixo e os viu rezando.

"São boas pessoas", ele pensou. "Vou ajudá-las." Zeus então entregou uma mensagem a Bóreas, o Vento Norte, para ser soprada ao ouvido de Deucalião.

"Zeus mandou jogar os ossos da mãe por cima do seu ombro!", assoviou Bóreas. Deucalião ficou muito surpreso. Certamente Zeus não queria dizer os ossos de Pirra.

"Zeus quer dizer os ossos da Mãe Terra, tolinho!", disse Pirra. E ela pegou uma grande pedra e a jogou por cima de seus ombros. Imediatamente, uma menininha apareceu ali, em pé. Ela veio correndo até Pirra para ser abraçada.

Deucalião e Pirra caminharam por toda a terra jogando pedras por cima dos ombros, e em cada lugar por onde passaram Deucalião fez homens e Pirra, mulheres. Alguns eram pardos, alguns rosados, alguns amarelos e alguns negros. Como tinham sido feitos de pedra, as ferroadas dos insetos maus de Pandora não eram nem de longe tão nocivas a eles quanto tinham sido para as pessoas que Prometeu fizera com barro, tantos anos antes.

Lucy Coats. O maior dos dilúvios. Em: *O menino que caiu do céu*: 50 mitos gregos. Tradução de Ricardo Gouveia. São Paulo: Companhia das Letras, 2009. p. 30-32.

---

aportar: chegar a um local.

assentir: concordar, consentir.

Cáucaso: região geográfica localizada entre a Europa e a Ásia. Nela há uma cordilheira com o mesmo nome.

rilhar: ranger os dentes.

Acompanhamento da aprendizagem

Analisar e verificar

1. Em quantas partes esse mito pode ser dividido? Identifique-as e indique os acontecimentos de cada uma delas.

2. O início do mito revela que Deucalião amava muito os animais. Relacione esse aspecto da personalidade da personagem com o papel dela nos preparativos para o dilúvio.

3. Os deuses mitológicos costumam se comportar como seres humanos, manifestando diversos sentimentos considerados inferiores. Com base nisso, avalie o comportamento de Zeus na narrativa lida.

4. Após o dilúvio, a Terra passa a ser povoada por Deucalião e Pirra. Que diferenças há entre a nova raça humana e a anterior, criada por Prometeu?

5. Releia o trecho a seguir e, em seguida, responda ao que se pede.

   > Ele [...] amava até a águia que rasgava o fígado do **seu** pai todas as manhãs. "Ela está apenas fazendo o **seu** serviço!", dizia ele [...].

   a) Que palavras os termos destacados retomam?
   b) Qual pronome indetermina um substantivo nesse trecho, tornando seu sentido vago? Como ele é classificado?

6. Releia a frase dita por Bóreas a Deucalião após o dilúvio:

   > "Zeus mandou jogar os ossos da mãe por cima do seu ombro!"

   a) Ao ser lida fora de contexto, é possível notar na frase a presença de ambiguidade. Que palavra é responsável por produzir esse efeito?
   b) Reescreva a frase no caderno, eliminando a ambiguidade.

7. Agora, releia este trecho.

   > Deucalião e Pirra caminharam por **toda** a terra jogando pedras por cima dos ombros, e em **cada** lugar por onde passaram Deucalião fez homens e Pirra, mulheres. **Alguns** eram pardos, **alguns** rosados, **alguns** amarelos e **alguns** negros. [...]

   a) Classifique os pronomes em destaque no trecho lido.
   b) Relacione o emprego dos pronomes *toda* e *cada* com a construção espacial nas narrativas míticas.

8. Em sua opinião, por que mitos como esse estão presentes na cultura de diferentes povos? Discuta sobre isso com os colegas.

Criar

9. Em dupla, crie uma fala para Deucalião, a ser dita enquanto estava ajoelhado em agradecimento a Zeus. A dupla deve considerar os benefícios que os animais vão promover na terra nova a ser habitada.

▲ Pintura em cerâmica grega datada do século VI a.C. À direita, a águia devorando o fígado de Prometeu, 555 a.C. Museu do Vaticano, Vaticano.

PANDORA E OS MALES DO MUNDO

Na mitologia grega, Prometeu rouba o fogo dos deuses para dá-lo aos humanos e é punido por Zeus, o deus supremo do Olimpo. Prometeu é levado para o monte Cáucaso, onde é acorrentado e submetido a um castigo: todas as manhãs, uma águia o visita para comer seu fígado. Seu irmão, Epimeteu, é casado com Pandora, a primeira mulher, criada por ordem de Zeus. Em uma das versões do mito, Pandora abre um jarro dado por Zeus e deixa que insetos que representavam a inveja, a cobiça, o ciúme e a ira saíam voando pelo mundo, atacando os seres humanos e picando-os com seus ferrões.

CIDADANIA GLOBAL
UNIDADE 2

14 VIDA NA ÁGUA

Retomando o tema

Ao longo desta unidade, você e os colegas estudaram diferentes aspectos da vida na água, dentre eles a maneira como os rios são importantes para a vida e as práticas culturais. Para ampliar o estudo sobre o tema, uma sugestão é assistir ao documentário *Nascentes também morrem* (15 min 55 s), de 2016, dirigido por David Obadia. Disponível em: https://www.youtube.com/watch?v=t68-ocRwqa0 (acesso em: 30 mar. 2023). Com base nisso, responda:

1. Por que é preciso usar a água e o solo de maneira sustentável?
2. Considerando o crescimento rápido das cidades, que ações devem ser tomadas para a preservação de rios?

Geração da mudança

As nascentes dão origens a rios, lagos e represas, de onde se capta a água que consumimos. Você sabe quantas nascentes e rios existem no bairro ou município em que vive? Sabe se existem projetos para garantir a preservação desses locais?

Em grupos de até quatro estudantes, procurem informações sobre a existência de nascentes e rios no bairro ou na cidade onde vocês moram e criem uma mostra fotográfica, a fim de informar a comunidade local sobre sua existência e a importância de sua preservação. Sigam estas etapas de trabalho:

- Busquem informações com moradores do bairro, em *sites* oficiais ou na biblioteca para saber onde há nascentes ou rios e como eles estão sendo protegidos.
- Registrem as informações coletadas e, depois, acompanhados de um adulto, visitem o local para fazer registros fotográficos.
- Caso haja projetos ou ações relacionados à preservação do espaço, entrem em contato com os responsáveis para obter mais informações e imagens.
- Organizem uma exposição com as fotografias e os registros coletados, a fim de divulgar os locais e conscientizar a comunidade sobre a importância de sua preservação. Lembrem-se de criar legendas informativas para cada imagem apresentada.

Autoavaliação

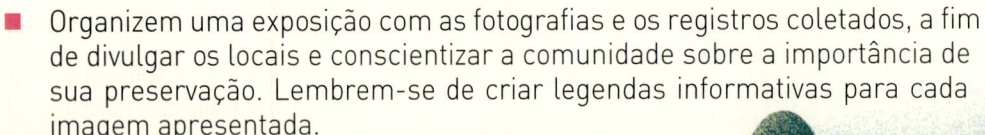

CRÔNICA

UNIDADE 3

PRIMEIRAS IDEIAS

1. Você já leu crônicas? Se sim, onde elas costumam ser publicadas?
2. Para escrever, o cronista inspira-se na realidade. Para você, que situação poderia inspirar uma crônica?
3. O que o tempo verbal presente do indicativo expressa? Em que situações o utilizamos?
4. Qual é a diferença de sentido entre as frases "O cronista observa o mar." e "O cronista observa o mar detalhadamente."?

Conhecimentos prévios

Nesta unidade, eu vou...

CAPÍTULO 1 — Realidade como matéria-prima

- Ler e interpretar uma crônica.
- Refletir sobre a importância de se colocar no lugar dos outros em todo tipo de situação, respeitando a diversidade humana.
- Revisar os verbos: flexões, modos verbais e formas nominais.
- Planejar e escrever uma crônica.

CAPÍTULO 2 — Cenas do cotidiano

- Analisar as características composicionais do gênero crônica.
- Reconhecer o impacto que ações sustentáveis promovem na vida das pessoas.
- Refletir sobre os conceitos de advérbio e de locução adverbial.
- Reconhecer as diferentes letras usadas para representar o fonema /z/.
- Planejar e escrever mais uma crônica.

CIDADANIA GLOBAL

- Refletir sobre mecanismos de recuperação de ecossistemas terrestres.
- Valorizar práticas que fortaleçam a biodiversidade no planeta.

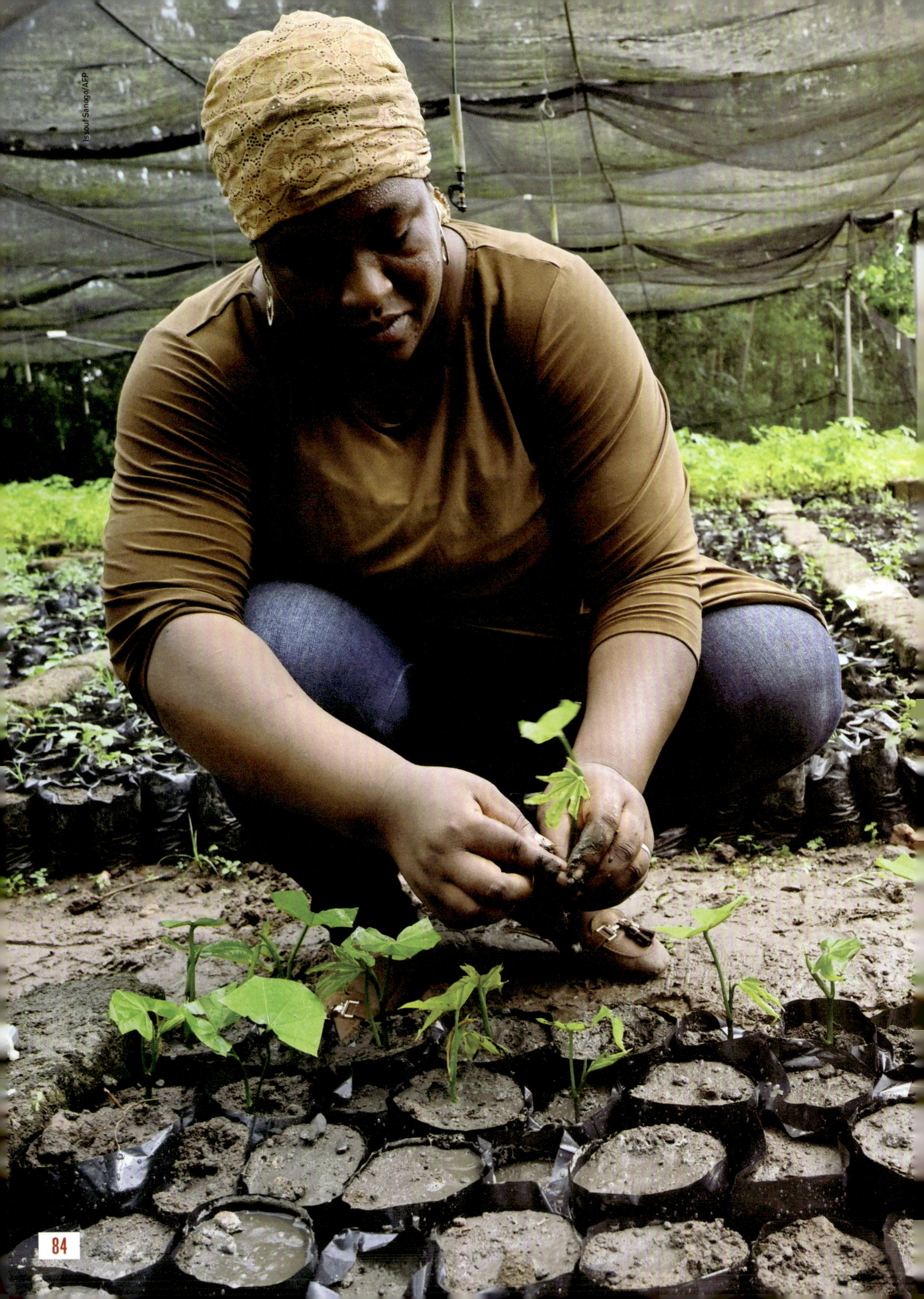
Issouf Sanogo/AFP

LEITURA DA IMAGEM

1. A imagem mostra uma mulher manejando algumas mudas de plantas que serão destinadas ao reflorestamento, prática que consiste em fazer a reposição da vegetação em trechos degradados. Com que objetivo ela realiza tal ação?

2. Na cena, as mudas de plantas parecem estar no mesmo estágio de crescimento? Explique.

3. No local, há uma tela preta cobrindo as mudas. Em sua opinião, essa camada de proteção é importante para as plantas? Por quê?

CIDADANIA GLOBAL

15 VIDA TERRESTRE

O reflorestamento traz uma série de benefícios para o planeta, como a proteção da superfície do solo e da biodiversidade, a redução de dióxido de carbono no ar, a produção de oxigênio, entre outros. Segundo o Programa das Nações Unidas para o Meio Ambiente (PNUMA), é preciso enfrentar com afinco a restauração do meio ambiente, pois estima-se que a degradação já atinja cerca de 3,2 bilhões de pessoas. Com base nisso, reflita:

1. Qual é a importância do envolvimento de toda a sociedade na recuperação de áreas degradadas?

2. Na região em que você mora, há alguma iniciativa da sociedade civil ou das instituições públicas e privadas que vise à preservação do meio ambiente? Comente.

Com base no recurso digital, responda: O que significa a ação de restaurar e por que devemos realizá-la?

Mulher prepara mudas para o reflorestamento da floresta de Tene, na região sudoeste da Costa do Marfim. Foto de 2021.

CAPÍTULO 1
REALIDADE COMO MATÉRIA-PRIMA

O QUE VEM A SEGUIR

No texto, um homem é observado ao nadar no mar. O que pode unir o observador ao nadador? Em sua opinião, como a vida de um pode afetar a vida do outro? Leia a crônica em busca das respostas para essas perguntas.

TEXTO

Homem no mar

De minha varanda vejo, entre árvores e telhados, o mar. Não há ninguém na praia, que resplende ao sol. O vento é nordeste, e vai tangendo, aqui e ali, no belo azul das águas, pequenas, espumas que marcham alguns segundos e morrem, como bichos alegres e humildes; perto da terra a onda é verde.

Mas percebo um movimento em um ponto do mar; é um homem nadando. Ele nada a uma certa distância da praia, em braçadas pausadas e fortes; nada a favor das águas e do vento, e as pequenas espumas que nascem e somem parecem ir mais depressa do que ele. Justo: espumas são leves, não são feitas de nada, toda sua substância é água e vento e luz, o homem tem sua carne, seus ossos, seu coração, todo seu corpo a transportar na água.

Ele usa os músculos com uma calma energia; avança. Certamente não suspeita de que um desconhecido o vê e o admira porque ele está nadando na praia deserta. Não sei de onde vem essa admiração, mas encontro nesse homem uma nobreza calma, sinto-me solidário com ele, acompanho o seu esforço solitário como se ele estivesse cumprindo uma bela missão. Já nadou em minha presença uns trezentos metros; antes, não sei; duas vezes o perdi de vista, quando ele passou atrás das árvores, mas esperei com toda confiança que reaparecesse sua cabeça, e o movimento alternado de seus braços. Mais uns cinquenta metros, e o perderei de vista, pois um telhado o esconderá. Que ele nade bem esses cinquenta ou sessenta metros; isso me parece importante; é preciso que conserve a mesma batida de sua braçada, e que eu o veja desaparecer assim como o vi aparecer, no mesmo rumo, no mesmo ritmo, forte, lento, sereno. Será perfeito; a imagem desse homem me faz bem.

É apenas a imagem de um homem, e eu não poderia saber sua idade, nem sua cor, nem os traços de sua cara. Estou solidário com ele, e espero que ele esteja comigo. Que ele atinja o telhado vermelho, e então eu poderei sair da varanda tranquilo pensando — "vi um homem sozinho, nadando no mar; quando o vi ele já estava nadando; acompanhei-o com atenção durante todo o tempo, e testemunho que ele nadou sempre com firmeza e correção; esperei que ele atingisse um telhado vermelho, e ele o atingiu".

Agora não sou mais responsável por ele; cumpri o meu dever, e ele cumpriu o seu. Admiro-o. Não consigo saber em que reside, para mim, a grandeza de sua tarefa; ele não estava fazendo nenhum gesto a favor de alguém, nem construindo algo de útil; mas certamente fazia uma coisa bela, e a fazia de um modo puro e viril.

Não desço para ir esperá-lo na praia e lhe apertar a mão; mas dou meu silencioso apoio, minha atenção e minha estima a esse desconhecido, a esse nobre animal, a esse homem, a esse correto irmão.

Janeiro, 1953.

Rubem Braga. *200 crônicas escolhidas*. 27. ed. Rio de Janeiro: Record, 2007. p. 272-273.

resplender: resplandecer, brilhar intensamente.

tanger: apressar, incentivando a marcha.

viril: que tem energia e vigor.

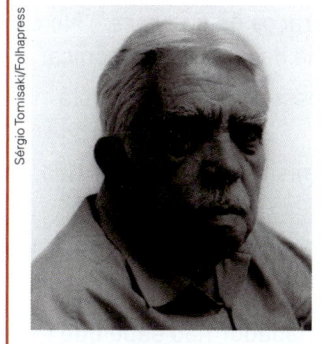

O MAIOR CRONISTA BRASILEIRO

Rubem Braga nasceu no município de Cachoeiro de Itapemirim (Espírito Santo) em 1913 e faleceu em 1990, na cidade do Rio de Janeiro.

Ele se tornou muito conhecido no Brasil sobretudo por suas crônicas, escritas em um estilo singular. Publicou seus textos em diversos jornais e revistas de grandes cidades e polos culturais, como São Paulo, Rio de Janeiro, Belo Horizonte, Porto Alegre e Recife.

A primeira reunião de suas crônicas, livro intitulado *O conde e o passarinho*, foi publicada em 1936. Até hoje os livros de Rubem Braga passam por novas edições e reimpressões, pois suas crônicas são apreciadas por diversos leitores de nosso tempo.

▲ Rubem Braga. São Paulo, foto de 1988.

TEXTO EM ESTUDO

PARA ENTENDER O TEXTO

1. Após a leitura, as hipóteses levantadas sobre o que unia o observador ao nadador se confirmaram? Explique.

2. No primeiro parágrafo da crônica, identificamos onde o cronista se encontra ao observar o fato cotidiano que inspira o texto.

    a) Que lugar é esse?
    b) Qual é o ângulo de visão que o cronista tem do mar? Explique.
    c) Como o clima está nesse dia?

3. No segundo parágrafo, o cronista apresenta o fato que vê no mar.

    a) O que o cronista percebe ao comparar o nadador às espumas do mar?
    b) Como ele avalia e justifica essa percepção?

4. A partir do terceiro parágrafo, o cronista revela sentimentos em relação à cena que observa.

    a) Quais são esses sentimentos em relação ao nadador?
    b) De que forma ele justifica esses sentimentos?
    c) O interesse do cronista pelo nadador é correspondido? Explique.
    d) Que pistas indicam que o cronista observa o nadador com atenção?

5. No quarto parágrafo, o cronista afirma: "É apenas a imagem de um homem, e eu não poderia saber sua idade, nem sua cor, nem os traços de sua cara.". No caderno, copie o item a seguir que explica a importância desse fato na crônica.

    I. Esse fato é importante porque, se o homem fosse jovem, o cronista não ficaria tão admirado por ele nadar bem.
    II. A passagem comprova que a admiração do cronista pelo nadador não se prende a nenhuma característica particular daquele indivíduo.
    III. De acordo com o trecho, podemos perceber que o homem nada a uma grande distância do cronista, o que justifica sua admiração por ele.

6. Ainda no quarto parágrafo, apesar de avaliar que o nadador não sabe que está sendo observado, o cronista afirma: "Estou solidário com ele, e espero que ele esteja comigo.". Explique o que você entende dessa afirmação.

7. No segundo parágrafo, o cronista admite que admira o nadador, mas não sabe o motivo desse sentimento. No quinto, ele chega a uma conclusão. Qual?

8. Em sua opinião, a cena na praia que chamou a atenção do cronista teria tido o mesmo efeito sobre outros observadores? Por quê?

9. Considerando o que você observou a respeito dos sentimentos expressos na crônica, qual é a reflexão proposta no texto?

> **ANOTE AÍ!**
>
> A palavra *crônica* é derivada do termo grego *chrónos*, que significa "tempo". No Brasil, a **crônica** ficou vinculada ao jornal e, apesar de ter a **realidade como matéria-prima**, não tem o compromisso de informar fatos. O cronista inspira-se nos acontecimentos cotidianos e apresenta esses fatos sob um **ponto de vista particular**, acentuando seu caráter poético, humorístico ou crítico.

10. **SABER SER** No texto "Homem no mar", o cronista sente uma identificação profunda com o nadador que ele observa da varanda. Trata-se de um desconhecido e, mesmo assim, o cronista acompanha atentamente seus movimentos e torce por ele, desejando-lhe sucesso.

   a) O sentimento do cronista pelo nadador pode ser chamado de empatia. Considerando essa afirmação, o que você acha que significa empatia? Explique.

   b) Em sua opinião, o que faz com que pessoas desconhecidas se identifiquem, criem empatia umas com as outras?

   c) Em que situações você já sentiu empatia por alguém? Compartilhe com a turma suas experiências.

Acesse o recurso digital e discuta com os colegas as diferenças entre empatia e simpatia.

O CONTEXTO DE PRODUÇÃO

11. A crônica "Homem no mar" faz parte da obra *200 crônicas escolhidas*, todas de autoria de Rubem Braga. Esse livro teve mais de vinte edições e, em 2013, recebeu uma edição especial no centenário de nascimento do autor.

    a) O que o título do livro permite supor a respeito da produção de crônicas por Rubem Braga? Explique.

    b) O que é possível inferir com base no número de edições da obra e na publicação especial no centenário do autor?

12. Observe a informação após o último parágrafo da crônica "Homem no mar".

    a) Qual é essa informação e a que ela se refere?

    b) Levante uma hipótese: Por que a crônica apresenta essa informação?

▲ Capa do livro *200 crônicas escolhidas*, de Rubem Braga. Rio de Janeiro: Record, 2013.

ANOTE AÍ!

No Brasil, as crônicas são textos que se situam na fronteira entre a linguagem jornalística e a literária. Alguns escritores, como Rubem Braga, produziram regularmente muitas crônicas para serem **publicadas em jornais e revistas**. Posteriormente, em virtude da qualidade, esses textos foram **reunidos e publicados em livros**.

A LINGUAGEM DO TEXTO

13. Releia o primeiro parágrafo da crônica "Homem no mar". Nesse parágrafo, o verbo *tanger* pode remeter também ao contexto da pecuária, atividade de criação de animais. Na imagem criada por Rubem Braga, quem faz o papel do "peão" e quem faz o papel dos "animais"? Explique.

14. Agora, releia o último parágrafo da crônica.

    a) Nesse parágrafo, o cronista faz uma enumeração, ou seja, lista um conjunto de expressões para se referir ao nadador. Quais são essas expressões?

    b) Com base no sentido de cada expressão, é possível perceber uma lógica na ordem em que elas são enumeradas? Explique.

ANOTE AÍ!

Ainda que parta de um acontecimento banal, a crônica lança sobre ele um **olhar peculiar**, dando visibilidade a detalhes ou percepções que passariam despercebidos pela maioria das pessoas. Para acentuar o caráter poético desse acontecimento, é comum que o cronista recorra a **comparações**, **descrições** e **enumerações**, o que aumenta o efeito expressivo do que é narrado.

89

UMA COISA PUXA OUTRA

O olhar do fotógrafo

Uma situação passageira e aparentemente banal – um homem nadando no mar – é capturada e eternizada por um cronista, que acentua o caráter poético dessa experiência por meio do uso expressivo da linguagem. Nessa seção, você vai conhecer o trabalho do fotógrafo estadunidense Clark Little (1968-), que captura e eterniza suas experiências no mar por meio de uma câmera fotográfica.

1. Observe atentamente a imagem a seguir e responda às questões.

Clark Little busca ângulos inusitados das ondas de Oahu, no Havaí (EUA), s. d.

a) Por que é possível dizer que essa imagem é inusitada?
b) O que você vê na foto?
c) Onde o fotógrafo se posicionou para fazer esse registro?
d) Quais são as impressões e as sensações que a foto provoca em você?
e) O fotógrafo intitulou essa imagem de *Yuki cave*. *Yuki* significa "neve" em japonês, e *cave* significa "caverna" em inglês. Sabendo disso, formule uma explicação para o porquê de o autor da foto ter lhe dado esse título.

2. Leia o trecho de uma entrevista com Clark Little, autor da fotografia apresentada na atividade 1.

PARA EXPLORAR

Os cliques de Clark
Conheça outras imagens inusitadas capturadas por Clark Little acessando uma galeria de fotografias do artista.
Disponível em: https://clarklittlephotography.com/. Acesso em: 10 fev. 2023.

Entrevista: Clark Little, "o cara" das fotos aquáticas

[...]

RADICAIS: O que dá mais prazer no seu trabalho?

Clark Little: Adoro luzes interessantes, cores, cenário de fundo – palmeiras, nascer ou pôr do sol, praias de areia branca –, a textura da água e muita ação e energia. Quando todos esses elementos se encaixam em uma foto, fico muito empolgado.

Moro e fotografo no North Shore de Oahu [ilha do Havaí], onde ondas muito grandes quebram no raso. Adoro quando as condições do oceano ficam extremas e estou lá capturando imagens que a maioria das pessoas nunca poderia ver tão de perto.

RADICAIS: Prefere fazer fotos de ondas ou de paisagem e vida marinha?

Clark Little: Fotografo ondas no inverno, quando o surfe está grande no Havaí. Faço fotos de tartarugas no verão, quando as ondas estão pequenas. Prefiro as ondas, é mais emocionante e um ótimo treino físico. Mas no verão fico entediado, então fazer algumas fotos de tartarugas me tira de casa um pouco.

RADICAIS: Você ainda surfa? Prefere um bom dia de surfe ou de fotografias?

Clark Little: Não surfo muito atualmente. Talvez um dia em alguns meses. Basicamente troquei minha prancha pela câmera. Quando as ondas estão boas, quero fazer fotos. Tenho a mesma emoção e o mesmo trabalho físico fotografando. E a melhor parte é que vou para casa com os tubos que fotografei, e posso ficar revendo-os várias vezes. Quando surfo, no dia seguinte já esqueci das minhas ondas!

Renato de Alexandrino. Entrevista: Clark Little, "o cara" das fotos aquáticas. *O Globo*, 10 abr. 2013. Disponível em: https://blogs.oglobo.globo.com/radicais/post/entrevista-clark-little-cara-das-fotos-aquaticas-492638.html. Acesso em: 10 fev. 2023.

tubo: onda que adquire a forma de tubo ao quebrar.

a) Que elementos citados por Clark Little em sua primeira resposta podem ser visualizados na fotografia *Yuki cave*?

b) O verbo *capturar* tem pelo menos dois sentidos: "pegar para si" e "apreender". No segundo parágrafo da primeira resposta de Clark Little, como se pode entender o sentido de *capturando*?

c) Para você, que emoção do fotógrafo está implícita no uso da palavra *capturando*?

d) De acordo com a última resposta de Clark Little, é mais importante viver ou registrar o momento vivido? Por quê?

e) E você, gosta de fotografar acontecimentos diversos? Sente a mesma emoção inicial toda vez que aprecia a imagem registrada? Compartilhe suas ideias com os colegas.

3. Compare o título de uma galeria de fotos de Clark Little com a legenda de uma de suas fotografias.

I. **Surfista-fotógrafo ganha prêmio**

II. Detalhe de Clark Little, fotógrafo-surfista que foi premiado, em ação nas águas do Havaí, onde ele vive atualmente.

Disponível em: https://www.uol.com.br/esporte/album/110804_clarklittle_album.htm#fotoNav=3. Acesso em: 10 fev. 2023.

a) Qual é a diferença de sentido entre as expressões *surfista-fotógrafo* e *fotógrafo-surfista*?

b) Qual das expressões do item *a* você diria que descreve Clark Little de forma mais precisa? Explique com base na entrevista.

4. Com base na foto e nas respostas de Clark Little ao entrevistador Renato de Alexandrino, que semelhanças você encontra entre o trabalho do cronista e o do fotógrafo?

LÍNGUA EM ESTUDO

REVISÃO: VERBO

FLEXÕES VERBAIS

1. Releia este trecho da crônica "Homem no mar".

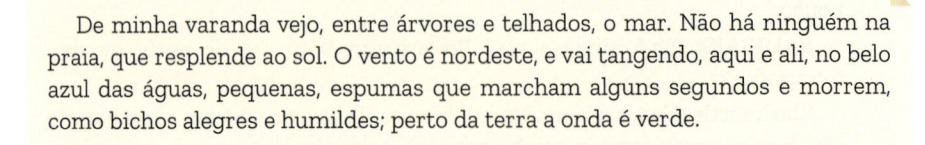

> De minha varanda vejo, entre árvores e telhados, o mar. Não há ninguém na praia, que resplende ao sol. O vento é nordeste, e vai tangendo, aqui e ali, no belo azul das águas, pequenas, espumas que marcham alguns segundos e morrem, como bichos alegres e humildes; perto da terra a onda é verde.

a) Nesse trecho, que verbo expressa a ação realizada pelo cronista?

b) Identifique a forma verbal que liga o vento a uma característica dele e a locução verbal usada para indicar sua ação.

c) Observe o que se diz a respeito das espumas e das ondas. Quais formas verbais são usadas para indicar as ações de *espumas*? E qual forma verbal liga *onda* à sua característica?

Verbos são palavras que indicam **estado** (ou característica), **ação** ou **fenômeno**. Por pertencerem a uma classe de palavras variáveis, os verbos sofrem modificações para expressar informações sobre **modo**, **tempo**, **pessoa** e **número**, de acordo com a necessidade de quem escreve e do falante no ato da comunicação. Tais modificações são chamadas de **flexões verbais**.

Quanto ao tempo, o verbo pode situar o processo a que se refere no passado, no presente ou no futuro em relação ao momento da fala. Quanto à pessoa, o verbo se flexiona de acordo com a 1ª, a 2ª ou a 3ª pessoa do discurso. Quanto ao número, pode estar no singular ou no plural.

No quadro a seguir, reveja as flexões de modo, tempo, número e pessoa que os verbos podem sofrer.

	Indicativo	Subjuntivo
I. MODO		
II. TEMPO	Presente Pretérito perfeito Pretérito imperfeito Pretérito mais-que-perfeito Futuro do presente Futuro do pretérito	Presente Pretérito imperfeito Futuro
III. NÚMERO	Singular Plural	
IV. PESSOA	1ª pessoa (quem fala) 2ª pessoa (com quem se fala) 3ª pessoa (de quem / do que se fala)	

ANOTE AÍ!

Quando os verbos sofrem modificações, diz-se que foram conjugados. Assim, a **conjugação verbal** é a forma flexionada dos verbos.

Os modos verbais expressam diferentes atitudes do falante em relação ao que diz. Veja a seguir algumas possibilidades de **flexão de modo**.

MODO INDICATIVO

2. Releia mais um trecho da crônica "Homem no mar".

> Mas percebo um movimento em um ponto do mar; é um homem nadando. Ele nada a uma certa distância da praia, em braçadas pausadas e fortes; nada a favor das águas e do vento, e as pequenas espumas que nascem e somem parecem ir mais depressa do que ele. Justo: espumas são leves, não são feitas de nada, toda sua substância é água e vento e luz, o homem tem sua carne, seus ossos, seu coração, todo seu corpo a transportar na água.

a) Que forma verbal indica o momento exato em que um homem nadando no mar captura a atenção do cronista? Pela flexão dessa forma, o cronista indica que escreve depois de ver a cena, durante a cena ou antes dela?
b) O que mais faz o cronista, além de descrever o homem nadando?
c) As imagens nesse trecho da crônica e as avaliações sobre elas expressam dúvida ou certeza do narrador?
d) A palavra *nada* é usada no parágrafo com dois sentidos diferentes. Quais?
e) Que efeito de sentido o narrador pretende promover ao detalhar a sequência dos acontecimentos da cena?

Existem várias maneiras de apresentar um fato; porém, dependendo da orientação dada ao sentido do texto, opta-se por um modo verbal ou outro.

ANOTE AÍ!

O **modo indicativo** é o modo verbal que expressa a **certeza** do falante sobre algo que acontece, aconteceu ou acontecerá.

Confira as possibilidades de **flexão de tempo** do modo indicativo e exemplos.

MODO INDICATIVO

Tempo	Exemplo
Presente: indica que a ação verbal ocorre no momento da fala. Indica também fatos habituais e verdades incontestáveis.	O homem *nada* a certa distância da praia.
Pretérito perfeito: expressa uma ação que, no momento da fala, já foi concluída.	*Cumpri* o meu dever, e ele *cumpriu* o seu.
Pretérito imperfeito: indica uma ação ocorrida repetidas vezes, habitual ou com um tempo de duração indeterminado no passado.	Quando o vi, ele já *estava* nadando.
Pretérito mais-que-perfeito: exprime uma ideia de ação ocorrida no passado, mas anterior a outra ação, também já passada.	Quando olhei novamente, minha visão já *havia sido* encoberta pelo telhado.
Futuro do presente: indica algo que ainda acontecerá em relação ao momento atual.	O homem *nadará* até o telhado vermelho e isso *será* perfeito.
Futuro do pretérito: expressa uma ação que aconteceria, com certeza ou como hipótese, se outra ação ocorresse.	O homem *alcançaria* o telhado vermelho se continuasse nadando no mesmo ritmo.

> **RELACIONANDO**
>
> O uso dos verbos no indicativo e no subjuntivo demarca momentos bastante específicos da crônica "Homem no mar". O indicativo é usado nas descrições que se faz do homem nadando. Já o subjuntivo é empregado no momento em que é feita uma espécie de "pacto silencioso" com o nadador: se o homem continuar sendo observado continuará nadando, com o mesmo ritmo e vigor, até sair de seu campo de visão.

MODO SUBJUNTIVO

3. Releia outro trecho da crônica de Rubem Braga.

> É apenas a imagem de um homem, e eu não poderia saber sua idade, nem sua cor, nem os traços de sua cara. Estou solidário com ele, e espero que ele esteja comigo. Que ele atinja o telhado vermelho, e então eu poderei sair da varanda tranquilo pensando – "vi um homem sozinho, nadando no mar; quando o vi ele já estava nadando; acompanhei-o com atenção durante todo o tempo, e testemunho que ele nadou sempre com firmeza e correção; esperei que ele atingisse um telhado vermelho, e ele o atingiu".

a) Nesse trecho, o cronista revela um sentimento que nutre pelo nadador e expressa a expectativa de ser correspondido. Que frase revela isso?

b) Que forma verbal indica uma condição para o cronista sair da varanda? Essa forma verbal sinaliza um desejo ou uma certeza?

c) No trecho, há duas formas de um mesmo verbo sinalizando dois momentos distintos da ação do nadador. Que formas verbais são essas? Qual delas indica que o nadador alcançou o objetivo completamente?

ANOTE AÍ!

O **modo subjuntivo** expressa a percepção do falante de que algo pode acontecer desde que se atenda a uma condição. Esse modo verbal indica **desejo**, **incerteza** ou **possibilidade** de um fato vir a se concretizar.

Veja as possibilidades de **flexão de tempo** do modo subjuntivo e exemplos.

MODO SUBJUNTIVO	
Presente: expressa um desejo ou um acontecimento provável, porém incerto. É empregado, geralmente, depois de expressões como *é possível que*, *talvez*, *tomara que*, *convém que*, etc.	Espero que ele *esteja* solidário comigo.
Pretérito imperfeito: indica um fato que poderia ter acontecido mediante certa condição. É acompanhado da palavra *se*.	Se ele *atingisse* o telhado vermelho, eu poderia sair tranquilo da varanda.
Futuro: exprime um fato possível de ser realizado. É acompanhado das palavras *se* ou *quando*.	Quando ele *atingir* o telhado vermelho, eu poderei sair tranquilo da varanda.

FORMAS NOMINAIS

Na crônica "Homem no mar", encontramos algumas formas verbais que não estão flexionadas em modo e tempo. Exemplos: "[...] é um homem *nadando*" e "[...] o homem tem [...] todo seu corpo a *transportar* na água". Essas são as chamadas **formas nominais do verbo**.

> Acesse o recurso digital e faça uma síntese das flexões verbais, criando outros exemplos para cada uma delas.

ANOTE AÍ!

Há três formas nominais do verbo: **infinitivo** (apresenta o processo verbal em potência e expressa ideia de ação; terminação em **-r**); **gerúndio** (assemelha-se a um advérbio e pode também indicar uma ação contínua, algo que ainda ocorre; terminação em **-ndo**); e **particípio** (apresenta o resultado do processo verbal e tem as características do verbo e as do adjetivo; terminação em **-ado**, **-ido**).

ATIVIDADES
Acompanhamento da aprendizagem

Retomar e compreender

1. Leia o início da crônica "Montanha", de Rachel de Queiroz.

> Há homens do mar e homens do rio, homens da terra plana e homens da montanha, tão diversos uns dos outros como se fossem de raças diferentes. Nativa da praia e da catinga, confesso que, por mim, tenho medo de montanha. Tão altas, tão brutas, com suas rampas de pedra inacessíveis, e até a beleza dos vales lá embaixo é rodeada pela traição dos despenhadeiros. [...]

Rachel de Queiroz. Montanha. *Portal da crônica brasileira*. Disponível em: https://cronicabrasileira.org.br/cronicas/9252/montanha. Acesso em: 13 fev. 2023.

a) O início da crônica apresenta uma reflexão sobre o tempo presente. Copie os verbos que confirmam essa afirmação.

b) Em certo momento do trecho, o tempo verbal indica uma informação vaga ou potencialmente irrealizada. Copie no caderno essa passagem.

c) Qual é o modo verbal em que não se tem precisão sobre o fato citado?

2. Leia a tira a seguir.

Charles Schulz. *Peanuts completo*: 1959 a 1960. Tradução: Alexandre Boide. 2. ed. Porto Alegre: L&PM Editores, 2014. p. 118.

a) O humor da tira é provocado por uma quebra de expectativa. Levando em consideração as falas de Charlie Brown ao longo da história, a afirmação feita por ele no último quadrinho é esperada? Explique.

b) A mesma forma nominal é usada no primeiro e no último quadrinhos. Identifique e classifique-a.

c) Em qual caso ela faz parte de uma locução verbal? Explique.

d) Uma das formas do gerúndio presente na tira ajuda a construir uma ideia de condição. Justifique a afirmação e indique que forma verbal é essa.

Aplicar

3. Reescreva as frases no caderno, conjugando os verbos entre parênteses no modo subjuntivo. Lembre-se de manter a correlação temporal entre as formas verbais da mesma frase.

a) É bom que nós ★ (acertar) o caminho de volta para casa. / Seria bom que nós ★ (acertar) o caminho de volta para casa.

b) Quando meus colegas me ★ (visitar), pedirei a mamãe que faça um bolo. / Se meus colegas me ★ (visitar), pediria a mamãe que fizesse um bolo.

c) Quando você ★ (precisar) de dinheiro, irei ao seu encontro. / Se você ★ (precisar) de dinheiro, iria ao seu encontro.

d) É importante que eu ★ (fazer) a arrumação do quarto. / Seria bom se eu ★ (fazer) a arrumação do quarto.

A LÍNGUA NA REAL

OS DIFERENTES SENTIDOS DO PRESENTE DO INDICATIVO

PARA EXPLORAR

Se for para chorar que seja de alegria, de Ignácio de Loyola Brandão. São Paulo: Global, 2016.

Lançada um pouco antes de o autor completar 80 anos de idade, essa coletânea reúne 41 crônicas escritas por Brandão durante sua carreira como cronista do Caderno 2 do jornal *O Estado de S. Paulo* e na *Tribuna de Araraquara*. Segundo o autor, essa seleção conta com histórias "mais gostosas, mais felizes e mais divertidas" e representa um presente aos leitores que o acompanham há tantos anos.

1. Leia dois trechos de notícias, extraídas de um jornal e de uma revista *on-line*.

> **Ferreira Gullar morre aos 86 anos no Rio**
> 04/12/2016 11h42 . Atualizado 04/12/2016 23h15
> O poeta, escritor e teatrólogo maranhense Ferreira Gullar morreu na manhã deste domingo (4) no Rio, aos 86 anos. [...]

G1, 4 dez. 2016. Disponível em: http://g1.globo.com/pop-arte/noticia/ferreira-gullar-morre-aos-86-anos-no-rio.ghtml. Acesso em: 13 fev. 2023.

> **Ignácio de Loyola Brandão faz 80 anos e lança livro de crônicas**
> 27.07.16 – 08h30 – Atualizado em 20.10.16 – 14h20
> [...] O lançamento será nesta quarta-feira, 27, às 18h30, na Livraria Martins Fontes (Av. Paulista, 509). [...]

IstoÉ, 20 out. 2016. Disponível em: http://istoe.com.br/ignacio-de-loyola-brandao-faz-80-anos-e-lanca-livro-de-cronicas/. Acesso em: 13 fev. 2023.

a) A que se referem as informações apresentadas logo abaixo do título de cada uma das notícias que você acabou de ler?

b) Considerando essas informações, é provável que, ao acessar os *links* dessas notícias hoje, você encontre exatamente os mesmos textos que foram reproduzidos acima? Explique sua resposta.

c) Identifique os verbos utilizados no título de cada notícia. Em que tempo e modo eles estão flexionados?

d) Localize os verbos usados no corpo de cada notícia. Em que tempo e modo está flexionado cada um deles?

e) Os fatos mencionados no título de cada notícia aconteceram antes, depois ou concomitantemente ao momento em que elas foram publicadas?

f) Nas duas notícias, os títulos trazem os verbos no mesmo tempo. Que efeito esses títulos provocam no texto em relação ao leitor?

2. Leia o título e um trecho do primeiro parágrafo de mais uma notícia.

> **Autor do gol do Mundial de 1963 pelo Santos, Dalmo morre aos 82 anos**
> O ex-jogador Dalmo Gaspar, 82, autor do gol que deu ao Santos o título do bicampeonato mundial em 1963, morreu nesta segunda-feira (2), em Jundiaí.[...]

Jornal do Comércio, Recife, 2 fev. 2015.

a) Quais tempos verbais foram usados nesse fragmento?

b) Em sua opinião, por que o leitor de jornal não estranha a convivência de verbos conjugados em diferentes tempos nos títulos e nas notícias que lê?

ANOTE AÍ!

Os títulos de notícias em jornais e revistas frequentemente usam o **tempo presente do modo indicativo** para fazer referência a um passado próximo ou a um futuro esperado, certo. Trata-se de uma estratégia para reforçar o **caráter de novidade, de atualidade**, que se associa às notícias.

3. Releia o começo da crônica "Homem no mar", de Rubem Braga.

> De minha varanda vejo, entre árvores e telhados, o mar. Não há ninguém na praia, que resplende ao sol. O vento é nordeste, e vai tangendo, aqui e ali, no belo azul das águas, pequenas, espumas que marcham alguns segundos e morrem, como bichos alegres e humildes; perto da terra a onda é verde.
>
> Mas percebo um movimento em um ponto do mar; é um homem nadando. Ele nada a uma certa distância da praia, em braçadas pausadas e fortes; nada a favor das águas e do vento, e as pequenas espumas que nascem e somem parecem ir mais depressa do que ele. [...]

a) Identifique as formas verbais utilizadas nesse trecho da crônica e indique o tempo e o modo empregados.

b) O texto literário não precisa ter compromisso com a realidade. No entanto, com o uso do tempo verbal predominante nesse trecho, a situação descrita parece ocorrer no momento da escrita da crônica, antes ou depois desse instante?

c) Quase toda a crônica "Homem no mar" foi escrita com verbos flexionados no mesmo tempo e modo. Que efeito essa escolha produz no texto em relação ao leitor?

4. Leia esta tira:

Bill Watterson. *Tem alguma coisa babando embaixo da cama*: as aventuras de Calvin e Haroldo. Tradução: André Conti. 2. ed. São Paulo: Conrad Editora do Brasil, 2010. p. 44.

a) Qual é o contexto dos três primeiros quadrinhos da tira? Onde as personagens estão e o que estão fazendo?

b) No último quadrinho, que surpresa provoca o humor da tira?

c) Observe estas falas da senhora Wormwood: "Ele entra no palco logo depois de você!" e "Ele entra em dois minutos!".

- Em que tempo e modo o verbo *entrar* está flexionado nessas falas?
- A ação de Calvin entrar no palco está situada no presente ou no futuro em relação ao momento da fala da senhora Wormwood?

d) Após conversar com Susie a respeito do paradeiro de Calvin, a preocupação da senhora Wormwood aumenta ou diminui? Que elementos verbais e não verbais confirmam isso?

ANOTE AÍ!

Os **tempos verbais** geralmente situam o processo descrito pelo verbo em relação ao momento da fala. Assim, verbos empregados no **tempo presente do modo indicativo** costumam fazer referência a uma ação verbal que ocorre no momento da fala. No entanto, dependendo do contexto de uso, o tempo presente do modo indicativo também pode se referir a fatos situados no **passado** ou no **futuro**. No primeiro caso, o uso do presente pode produzir um efeito de **atualidade** ou conferir **vivacidade** a uma descrição. No segundo caso, pode expressar a **certeza** do falante de que aquele fato vai se concretizar.

AGORA É COM VOCÊ!

ESCRITA DE CRÔNICA

Proposta

Uma crônica nasce da observação de aspectos do dia a dia, não precisa de um grande acontecimento que lhe sirva de inspiração. O que é fundamental é que o cronista lance seu olhar sensível ao fato cotidiano, ressaltando o aspecto poético dessa experiência. Agora, você vai ser o cronista. Seu texto fará parte de um livro de crônicas da turma.

GÊNERO	PÚBLICO	OBJETIVO	CIRCULAÇÃO
Crônica	Pessoas que se interessam por crônicas, colegas, professores e familiares	Lançar um olhar sensível sobre um acontecimento do cotidiano, ressaltando o aspecto poético da experiência	Biblioteca da escola

Planejamento e elaboração do texto

1. Comece seu planejamento anotando, em uma folha de papel, experiências que tenham provocado impacto em você. Elas não precisam estar ligadas a um grande acontecimento, mas devem ter um significado especial. Por exemplo:
   - uma conversa interessante com um familiar ou um amigo;
   - uma situação que despertou sua admiração por alguém;
   - um momento de contato com a natureza;
   - um fato curioso que ocorreu na escola.

2. Refletindo sobre essa experiência, pense por que ela se tornou especial. Analise os sentimentos e as reflexões que ela desperta em você e anote-os.

3. Recorde detalhes do dia para ambientar a cena inspiradora. Por exemplo:
   - Como estava o clima?
   - Onde você (ou as personagens envolvidas) estava(m)?
   - Como era esse ambiente?
   - Algo em particular chamou sua atenção?

4. Ao organizar seu texto, será preciso pensar em: como introduzir o assunto, como apresentar a experiência fundamental e como sugerir ao leitor a reflexão que você pretende transmitir.
   - Para iniciar o texto, você pode, por exemplo, descrever o cenário e o clima, como fez Rubem Braga em "Homem no mar". Se desejar, utilize comparações para produzir essa ambientação.
   - Continue a escrita da crônica, introduzindo o elemento que o impactou e tornou esse acontecimento especial.
   - Apresente seu ponto de vista sobre o acontecimento. Seus sentimentos poderão despertar a identificação e a empatia dos leitores, mesmo que eles não tenham vivenciado nada parecido.
   - Escreva um ou dois parágrafos com reflexões sobre o significado particular do ocorrido, evidenciando seu ponto de vista sensível sobre a experiência. Assim, você vai sugerir ao leitor uma reflexão sobre o tema.

- Encerre sua crônica com um parágrafo de impacto que enfatize o caráter poético da experiência vivida. Você pode empregar a enumeração, listando expressões que criem um efeito de intensidade, por exemplo.

LINGUAGEM DO SEU TEXTO

1. Na crônica "Homem no mar", você observou o uso de comparações. Copie uma delas no caderno e indique sua função no texto.

2. Que tempo verbal o cronista escolheu para aproximar sua descrição do leitor?

Agora, releia seu texto e observe se há comparações ou se elas podem ser inseridas para ajudar o leitor a perceber com detalhes a ambientação, por exemplo. Verifique também o tempo verbal predominante no seu texto e analise se ele torna o fato principal de sua história mais próximo do leitor.

5 Escolha um título para sua crônica. Ele pode ser singelo, fazendo uma referência direta à experiência que você narrou, ou ter um caráter mais poético, ligado às emoções e aos sentimentos que esse evento provoca em você.

Avaliação e reescrita do texto

1 Troque sua crônica com a de um colega e avalie o texto dele, considerando os critérios apresentados no quadro a seguir.

ELEMENTOS DA CRÔNICA
A crônica tem como ponto de partida um acontecimento do cotidiano?
O texto apresenta um ponto de vista sobre esse acontecimento?
A crônica apresenta uma reflexão sobre o impacto causado por essa experiência?
Há descrições, comparações, enumerações ou outros recursos expressivos no texto?
O final da crônica é impactante?
O título é coerente com o desenvolvimento do texto?

2 Após verificar os elementos da crônica do colega, escreva um comentário final. Observe os aspectos positivos do texto, auxiliando o colega a melhorá-lo. Em seguida, devolva o texto dele e pegue o seu.

3 Considerando a avaliação do colega, identifique os aspectos de sua crônica que podem ser aperfeiçoados e escreva a versão definitiva do texto, lembrando que ela deve ser produzida no tipo de papel combinado para a montagem do livro.

Circulação

1 Os textos serão publicados em um livro de crônicas da turma. Para produzi-lo, você e os colegas poderão seguir estes passos:
- Analisem as crônicas e planejem a organização do volume, que poderá ser por tema, autoria ou outro aspecto que considerarem interessante.
- Façam o sumário do livro, seguindo a ordem das crônicas e inserindo o número da página em que está cada uma delas.
- Criem uma capa que represente o conteúdo do livro e escolham um título.
- Peçam a um professor da escola que leia o material e escreva o texto de quarta capa, elaborando um elogio ao trabalho e sugerindo a leitura do livro.
- Doem o livro à biblioteca da escola.

PARA EXPLORAR

Para gostar de ler: crônicas, de Carlos Drummond de Andrade, Fernando Sabino, Paulo Mendes Campos e Rubem Braga. São Paulo: Ática, 2011. v. 1.
A coleção *Para gostar de ler* é um dos grandes sucessos do mercado editorial brasileiro de livros para jovens. Ela nasceu justamente com o propósito de tornar as crônicas de grandes escritores mais acessíveis aos estudantes.

CAPÍTULO 2
CENAS DO COTIDIANO

O QUE VEM A SEGUIR

Olivia mostra ao pai um caroço de mexerica. Que relação pode existir entre esse fato e o título da crônica? Que reação você acha que o pai tem ao vê-la com esse caroço na mão? Como você imagina que o texto se desenvolve? Leia a crônica para saber!

TEXTO

Mexeriqueira em flor

Olivia vem correndo, para na minha frente, mostra o caroço de mexerica e faz a pergunta favorita de seus dois anos e meio de vida: "Papai, o que é isso?". Quase sem tirar os olhos do jornal — com essa displicência da qual vou me arrepender muito quando ela for grande e já tiver suas próprias respostas —, digo: "É um caroço".

Olivia, porém, continua ali, ansiosa, olhando pro caroço, olhando pra mim. Óbvio, "caroço" não significa nada e ela quer, ou melhor, precisa saber que diabo de bolinha é aquela que estava dentro da fruta. Abaixo o iPad, explico que se a gente puser aquele caroço num vaso, nasce uma planta e a planta vira uma árvore e a árvore dá um monte de mexerica. Como um céu nublado se abrindo ao sol em efeito "*time-lapse*", a curiosidade dá lugar ao deslumbre. "Papai, vamos plantar o caroço?! Vamos plantar o caroço?! Vamos plantar o caroço?!". Vamos plantar o caroço.

Saímos pro jardim, enfiamos o caroço num pequeno vaso amarelo, onde jazem os restos semimumificados de uma violeta — e só me dou conta da encrenca em que me meti quando, de volta ao sofá, vejo minha filha acocorada, imóvel, lá fora. "Olivia, que que cê tá fazendo aí?". "Esperando a árvore."

Explico que não e assim. Que demora. Que a gente tem que regar e aguardar uns dias, mas a minha suposta calma esconde uma ponta de pânico: e se essa semente não brotar? Será, sem dúvida, a maior frustração daqueles 30 meses de vida. Ao deitar a cabeça no travesseiro, relembro minhas palavras com um eco bíblico: "Se a gente puser o caroço num vaso... aso... aso... Nasce uma árvore... ore... ore...".

São dias de angústia na alameda dos Araçás. A cada manhã, Olivia me faz ir direto do berço ao jardim. Voltando da escola, a primeira parada é o vaso amarelo. Regamos juntos. Olhamos a terra de perto, por minutos a fio. Ela metralha perguntas: que tamanho terá a árvore? Vai poder comer mexerica antes do almoço? Vai poder levar mexerica pra escola? Respondo sem olhá-la no olho.

Na terceira noite de tribulação, proponho à minha mulher um esquema fraudulento. Compramos uma muda. Plantamos na madrugada. Ou arrumamos logo uma mexeriqueira em flor, cheia de frutas, já com balanço e casa na árvore. A Julia só me faz uma pergunta: "Caso a semente não germine, será que é a Olivia quem não vai aguentar a frustração?".

Brigo com a Julia, critico sua psicanálise de botequim e viro pro lado ciente de que ela tem toda razão. Percebo que, desde o apito inicial de Brasil e Alemanha, não acalento nenhuma esperança. De lá pra cá, foi tudo 7 × 1. Sete a um na política. Sete a um na economia. Onde não tem lama, é deserto: uma aridez total. E, de uma hora pra outra, essa semente que vai virar planta que vai virar árvore que vai dar um monte de mexerica. Ou não vai?

Na quarta manhã, nem tenho coragem de ir lá fora. Abro a porta e deixo a Olivia sair correndo. Engulo a seco. Então, ouço seus gritos de euforia. Vou apressado até o vaso amarelo: ao lado dos despojos da violeta nasceu, tímida e espalhafatosa, uma maria-sem-vergonha. "Papai! Você plantou uma flor! Você plantou uma flor! Você plantou uma flor!". Olivia abraça a minha perna, dá uns pulos pela grama, depois segue pra sala, com passos decididos, para cuidar de outros assuntos.

Antonio Prata. Mexeriqueira em flor. *Folha de S.Paulo*, São Paulo, 29 nov. 2015. Cotidiano, B8.

acocorado: agachado, apoiado sobre os calcanhares.

deslumbre: encantamento, admiração.

despojo: algo que caiu ou foi arrancado, como as folhas de uma planta.

displicência: falta de empenho ou cuidado ao realizar uma atividade.

espalhafatoso: que chama a atenção.

fraudulento: realizado por meio de fraude, de forma desonesta, mentirosa.

jazer: estar ou parecer morto.

time-lapse: técnica de criação de vídeo tomando-se por base fotos que, organizadas em sequências de 24 ou 30 por segundo, produzem um efeito de aceleração do movimento.

tribulação: sofrimento causado por um acontecimento desagradável, aflição.

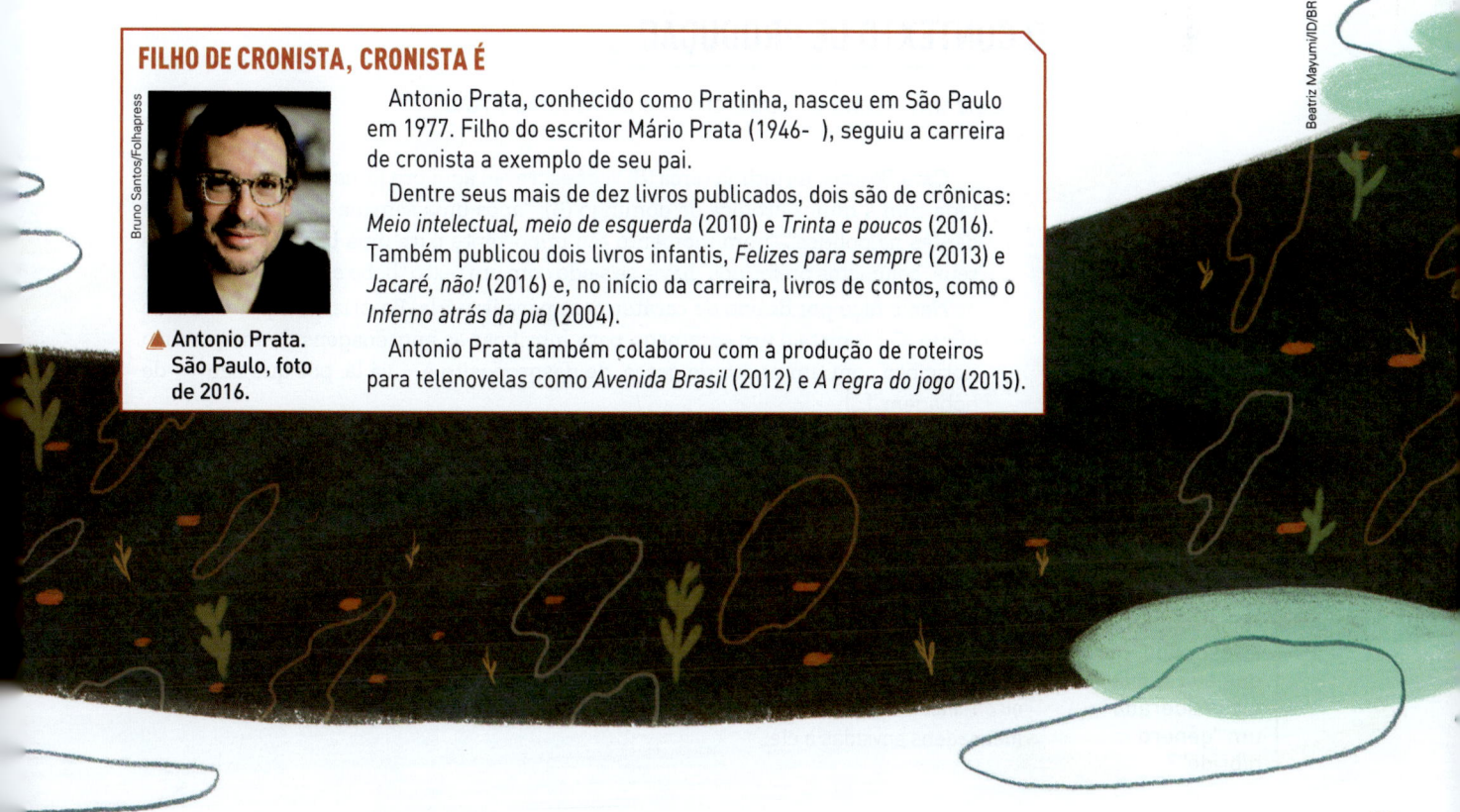

FILHO DE CRONISTA, CRONISTA É

Antonio Prata, conhecido como Pratinha, nasceu em São Paulo em 1977. Filho do escritor Mário Prata (1946-), seguiu a carreira de cronista a exemplo de seu pai.

Dentre seus mais de dez livros publicados, dois são de crônicas: *Meio intelectual, meio de esquerda* (2010) e *Trinta e poucos* (2016). Também publicou dois livros infantis, *Felizes para sempre* (2013) e *Jacaré, não!* (2016) e, no início da carreira, livros de contos, como o *Inferno atrás da pia* (2004).

Antonio Prata também colaborou com a produção de roteiros para telenovelas como *Avenida Brasil* (2012) e *A regra do jogo* (2015).

▲ Antonio Prata. São Paulo, foto de 2016.

TEXTO EM ESTUDO

PARA ENTENDER O TEXTO

1. As hipóteses levantadas sobre a crônica se confirmaram após a leitura?

2. No início da crônica, como o pai reage ao questionamento da filha? Por que ele acha que pode se arrepender de ter reagido assim quando ela tiver crescido?

3. Após plantar o caroço de mexerica, o pai percebe que está em uma encrenca. O que o preocupa a princípio e por que essa preocupação se intensifica?

4. Nos dias seguintes, Olivia faz perguntas sobre a mexeriqueira ao pai, que responde aos questionamentos "sem olhá-la no olho". Por quê?

5. No sexto parágrafo do texto, o pai propõe à esposa que enganem a filha.
   a) Ao responder à proposta dele, a esposa faz uma pergunta. Que afirmação está implícita nessa pergunta e o que ele pensa sobre essa afirmação?
   b) Que justificativas ele apresenta para se sentir dessa forma?
   c) Qual é o desfecho da situação vivida por pai e filha?
   d) Pode-se dizer que o desfecho foi satisfatório para Olivia? Justifique.
   e) Releia a última sentença do parágrafo. Com base nela, pode-se supor que a preocupação do pai com a frustração de Olivia fosse exagerada? Por quê?

> **ANOTE AÍ!**
>
> O tom da crônica está ligado à intenção comunicativa do cronista. Um mesmo fato pode inspirar um texto humorístico, realista, dramático, reflexivo, soturno, etc. Assim, se o autor pretende enfatizar o **humor** da situação, é possível, por exemplo, produzir uma **situação final inesperada**.

O CONTEXTO DE PRODUÇÃO

6. Leia um trecho de outra crônica de Antonio Prata.

> Cara Beatriz: na última terça (8) você escreveu aqui pro jornal se dizendo espantada com a minha crônica de domingo (6); "após uma semana de fatos surpreendentes na política", "num momento tão importante para uma boa análise", um de seus "colunistas preferidos" havia se saído com um texto "bobo e sem propósito". [...]
>
> Não o faço por desvio de caráter nem para irritá-la, Beatriz, mas por dever de ofício. O cronista é um cara pago para lubrificar as engrenagens do maquinário noticioso com um pouco de graça, de despropósito e — vá lá, por que não? — de bobagem. [...]

Antonio Prata. Carta a Beatriz. *Folha de S.Paulo*, São Paulo, 13 mar. 2016. Cotidiano, B6.

- O que a leitora afirma sobre a crônica de Prata e como ele se justifica a ela?

7. Você acha que ela gostou da crônica "Mexeriqueira em flor"? Por quê?

> **ANOTE AÍ!**
>
> As crônicas costumam ser publicadas em **colunas fixas** em revistas e jornais impressos ou *on-line*. Por isso, é comum o cronista usar um **tom de conversa** e fazer referência a mensagens enviadas a ele.

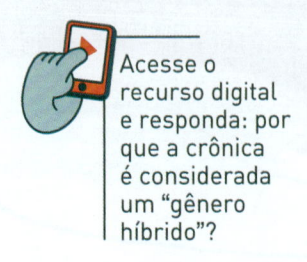

Acesse o recurso digital e responda: por que a crônica é considerada um "gênero híbrido"?

A LINGUAGEM DO TEXTO

8. Releia a crônica "Mexeriqueira em flor" e responda às questões a seguir.

   a) Ao reproduzir a fala de Olivia, que recurso da linguagem das crianças o autor utiliza, indicando agitação? Justifique com um trecho da fala da garota.

   b) Na fala, é comum usarmos formas reduzidas de palavras e não pronunciarmos alguns sons. Que trecho da crônica imita esse costume? Explique.

   c) Identifique o trecho em que o pai imita o efeito do eco. Que recursos da língua ele usou para expressar essa ideia?

9. Na crônica, a dúvida sobre se a planta vai nascer ou não se intensifica com o passar dos dias. Para criar essa tensão, o autor se vale de um recurso da língua.

   a) No sexto parágrafo, o autor usa as expressões *terceira noite de tribulação* e *esquema fraudulento*. Elas poderiam ser substituídas, por exemplo, por *terceira noite de angústia* e *esquema mentiroso*. Comparando as possibilidades, as escolhas do escritor aumentam ou diminuem a tensão?

   b) No último parágrafo, que expressões são usadas para demonstrar os sentimentos do pai? Elas intensificam ou suavizam o sentimento do cronista?

   c) Observe sua resposta aos itens anteriores e responda: Qual é o recurso escolhido pelo cronista para atingir o efeito de tensão no seu texto?

ANOTE AÍ!

Em uma crônica, o **registro informal da linguagem** é cuidadosamente trabalhado. Além disso, é comum que o autor use recursos como o **exagero** para atingir efeitos desejados em seu texto, como a tensão e o humor.

COMPARAÇÃO ENTRE OS TEXTOS

10. As afirmações a seguir sobre os textos "Homem no mar" e "Mexeriqueira em flor" são **verdadeiras** ou **falsas**? Classifique-as, justificando as consideradas falsas.

    I. As duas crônicas partem de acontecimentos do cotidiano, de vivências íntimas que podem ou não ter sido experimentadas pelos cronistas.

    II. Enquanto a crônica de Braga tem um tom mais engraçado, a de Prata é mais lírica, pois ressalta o caráter poético da experiência vivida.

    III. Ao abordar temas do cotidiano, as crônicas de Braga e de Prata não mencionam acontecimentos de caráter mais coletivo, como economia ou política.

11. Como vimos, as crônicas são inspiradas em fatos banais, logo esquecidos. Porém, a crônica "Homem no mar", sessenta anos depois de ser escrita, ainda é lida.

    a) Em sua opinião, por que isso acontece?

    b) Você acredita que pode ocorrer o mesmo com "Mexeriqueira em flor"? Por quê?

CIDADANIA GLOBAL

GERMINAÇÃO DE PLANTAS

Em geral, as crianças se sentem maravilhadas quando se deparam com o surgimento de uma nova planta, depois de acompanharem o período de germinação.

1. Você já realizou a germinação de sementes e acompanhou o crescimento da planta? Comente sua experiência.
2. Em sua opinião, que benefícios emocionais o ato de cuidar das plantas pode trazer às pessoas?
3. A crônica trata de um ato isolado de plantio. Como o plantio de árvores em larga escala pode contribuir para a preservação ambiental?

LÍNGUA EM ESTUDO

ADVÉRBIO

1. Releia estes fragmentos da crônica e responda no caderno às questões.

   > I. Na terceira noite de tribulação, proponho à minha mulher um esquema [...].
   > II. Olivia [...] dá uns pulos pela grama [...].

   a) No período I, que forma verbal é o núcleo da oração? E qual expressão indica em que momento essa ação ocorre?

   b) No período II, que forma verbal é o núcleo da oração? Qual é a expressão que indica o local em que essa ação ocorre?

2. Releia outro trecho da crônica "Mexeriqueira em flor".

   > Olhamos a terra de perto, por minutos a fio.

   a) Identifique a forma verbal que é o núcleo da oração. Que expressão indica a duração dessa ação? E que expressão indica o modo como essa ação foi feita?

   b) No caderno, reescreva a frase mudando essas expressões de posição. É possível deslocar os termos em estudo sem alterar o sentido do enunciado?

   c) Agora, reescreva a frase sem as expressões analisadas. Compare-a com o período original: As expressões em estudo ampliam as informações sobre o verbo a que se ligam ou não fazem diferença?

As expressões em estudo nas atividades acima indicam as **circunstâncias** em que ocorreram as ações expressas pelo verbo. Elas se referem ao **modo**, ao **lugar** e ao **tempo** em que tais ações ocorreram.

ANOTE AÍ!

As palavras que ampliam as informações sobre um verbo, indicando as circunstâncias em que ocorre a ação expressa por ele, são chamadas de **advérbios**. Eles também podem modificar adjetivos ou outros advérbios. A função de advérbio pode ser exercida por uma única palavra (por exemplo, *aí*) ou por um conjunto de palavras (por exemplo, *de volta ao sofá*). No segundo caso, temos uma **locução adverbial**.

Em geral, os advérbios são **invariáveis**, pois não sofrem flexão de número ou de gênero. Veja, a seguir, como os advérbios são classificados de acordo com a circunstância que indicam.

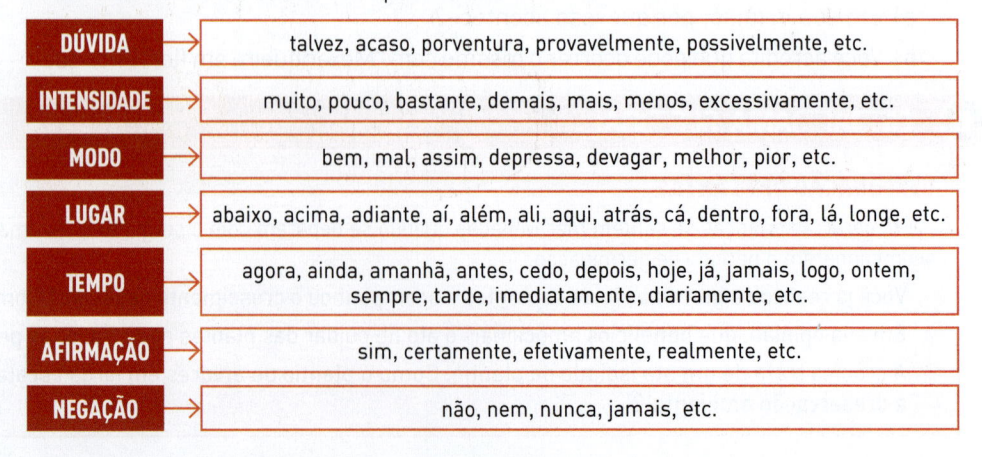

DÚVIDA	talvez, acaso, porventura, provavelmente, possivelmente, etc.
INTENSIDADE	muito, pouco, bastante, demais, mais, menos, excessivamente, etc.
MODO	bem, mal, assim, depressa, devagar, melhor, pior, etc.
LUGAR	abaixo, acima, adiante, aí, além, ali, aqui, atrás, cá, dentro, fora, lá, longe, etc.
TEMPO	agora, ainda, amanhã, antes, cedo, depois, hoje, já, jamais, logo, ontem, sempre, tarde, imediatamente, diariamente, etc.
AFIRMAÇÃO	sim, certamente, efetivamente, realmente, etc.
NEGAÇÃO	não, nem, nunca, jamais, etc.

RELACIONANDO

Os advérbios de lugar e de modo são fundamentais na construção da crônica "Homem no mar", de Rubem Braga. Por meio deles, são descritas a trajetória percorrida pelo nadador no mar e a forma como ele nada. Na crônica "Mexeriqueira em flor", as locuções adverbiais que indicam tempo têm papel fundamental na construção da tensão do texto.

ATIVIDADES

Acompanhamento da aprendizagem

Retomar e compreender

1. Leia este trecho de notícia:

   Parque do Carmo celebra florada das cerejeiras

   A tradicional Festa das Cerejeiras no parque do Carmo, em Itaquera (zona leste de São Paulo), fez os visitantes guardarem o celular no bolso para contemplar as flores cor-de-rosa, que anualmente arrastam multidões à área verde. Hoje é o último dia para quem quer participar da celebração [...].

   A química Sandra Brandão, 47 anos, e o seu namorado, o advogado César Nakashima, 51 anos, nunca conseguiram conciliar a agenda para participar da festa, mas neste ano dizem ter redobrado os esforços. [...] A família saiu de Santana (zona norte) para participar do evento.

   Lucilene Oliveira. Parque do Carmo celebra florada das cerejeiras. *Agora*, 7 ago. 2016. Disponível em: https://agora.folha.uol.com.br/saopaulo/2016/08/1799899-parque-do-carmo-celebra-florada-das-cerejeiras.shtml. Acesso em: 13 fev. 2023.

   - Quais são os advérbios e as locuções adverbiais do texto? Que circunstâncias esses advérbios e essas locuções adverbiais expressam?

2. Leia esta tira:

   Bill Watterson. *Os dias estão simplesmente lotados*. São Paulo: Best News, 1995. v. 2. p. 23.

   a) Calvin apresenta, no primeiro quadrinho, condições de tempo e lugar para que as pessoas vivam de modo diferente. Que advérbios e locuções adverbiais expressam essas condições?
   b) Releia a fala de Calvin no primeiro quadrinho. Por que a palavra *diferente* não está flexionada no plural? Que palavra ela está modificando?
   c) Ainda no primeiro quadrinho, que palavra está sendo modificada pelo advérbio *bem*? Que sentido esse advérbio acrescenta à palavra e como é classificado?

Aplicar

3. Veja os advérbios e as locuções adverbiais do quadro e complete o trecho da crônica.

   | à noite | aqui | lá | não | só | em casa | acolá |

   Eu, se ★ fosse, não ia em jejum. Pegava de algumas opiniões sólidas e francesas e metia-as na cabeça com facilidade; ★ não me valeria das muletas do bom *Larousse*, se ele ★ as tivesse ★; mas havia de tê-las. Cai ★, cai ★, faria uma opinião prévia, e ★ iria ouvir a grande partitura do mestre.

   Machado de Assis. A semana. Em: *Obra completa de Machado de Assis*. Rio de Janeiro: Nova Aguilar, 1994.

A LÍNGUA NA REAL

O ADVÉRBIO E A EXPRESSÃO DE OPINIÃO

1. Releia este trecho da crônica "Mexeriqueira em flor":

   > Olivia vem correndo, para na minha frente, mostra o caroço de mexerica e faz a pergunta favorita de seus dois anos e meio de vida: "Papai, o que é isso?". Quase sem tirar os olhos do jornal — com essa displicência da qual vou me arrepender muito quando ela for grande e já tiver suas próprias respostas –, digo: "É um caroço".
   >
   > Olivia, porém, continua ali, ansiosa, olhando pro caroço, olhando pra mim. Óbvio, "caroço" não significa nada e ela quer, ou melhor, precisa saber que diabo de bolinha é aquela que estava dentro da fruta. [...]
   >
   > [...]
   >
   > Explico que não é assim. Que demora. Que a gente tem que regar e aguardar uns dias, mas a minha suposta calma esconde uma ponta de pânico: e se essa semente não brotar? Será, sem dúvida, a maior frustração daqueles 30 meses de vida. [...]

   a) Após Olivia ficar diante do pai e lhe fazer uma pergunta, ele afirma que respondeu a ela "com displicência". Qual é a expressão que descreve a postura do pai naquele momento?

   b) O cronista afirma que vai se arrepender dessa displicência no futuro. Que advérbio ele usa para expressar quanto ficará arrependido?

   c) No segundo parágrafo, o cronista usa uma palavra para expressar sua avaliação de que é evidente que a primeira resposta dada à filha não a satisfaz. Qual é essa palavra?

   d) Que advérbios terminados em -*mente* poderiam substituir a palavra indicada no item *c* sem prejuízo de sentido?

   e) Diante da possibilidade de o caroço não germinar, o pai começa a se preocupar com a frustração de sua filha. Quão certo ele está de que ela vai se frustrar?

   f) Com que locução adverbial ele expressa esse grau de certeza?

2. Leia um fragmento de artigo sobre o Instituto Butantã, em São Paulo.

   > **Um instrutivo passeio ao paraíso das serpentes**
   >
   > *O maior e mais famoso serpentário do mundo completa 90 anos, reabre seu museu, ganha novas exposições e merece uma visita*
   >
   > [...] Compreensivelmente, a maioria das pessoas que topa com uma cobra, no meio do mato, trata de fugir. Os mais valentes tratam de matá-la. Lamentavelmente, só uma minoria bem esclarecida sabe a importância de capturar o animal vivo, e mandá-lo para o Butantã. No ano passado a seção de recebimento de animais obteve 4 747 doações desse tipo. Para que o veneno seja extraído, a cobra é adormecida com gás e o técnico tem dois minutos para fazer a operação em segurança.

   Um instrutivo passeio ao paraíso das serpentes. *Superinteressante*, 31 out. 2016. Disponível em: https://super.abril.com.br/ciencia/um-instrutivo-passeio-ao-paraiso-das-serpentes/. Acesso em: 13 fev. 2023.

   a) Que palavras contribuem para tornar clara a posição do autor do artigo sobre a atitude das pessoas que topam com uma cobra?

   b) Que função essas palavras desempenham no texto?

   c) Qual é a opinião do autor do artigo a respeito dessas pessoas?

3. Agora, releia este trecho da crônica "Homem no mar", de Rubem Braga. Em seguida, anote no caderno se as afirmações relativas ao trecho são **verdadeiras (V)** ou **falsas (F)**. Justifique as alternativas falsas.

> Ele usa os músculos com uma calma energia; avança. Certamente não suspeita de que um desconhecido o vê e o admira porque ele está nadando na praia deserta. [...]
>
> É apenas a imagem de um homem, e eu não poderia saber sua idade, nem sua cor, nem os traços de sua cara.[...]
>
> Agora não sou mais responsável por ele; cumpri o meu dever, e ele cumpriu o seu. Admiro-o. Não consigo saber em que reside, para mim, a grandeza de sua tarefa; ele não estava fazendo nenhum gesto a favor de alguém, nem construindo algo de útil; mas certamente fazia uma coisa bela, e a fazia de um modo puro e viril.

I. No primeiro parágrafo, a locução adverbial de modo *com uma calma energia* e a locução adverbial de lugar *na praia deserta* expressam circunstâncias relacionadas à ação de nadar no mar realizada pelo homem, importantes para compreender a admiração que o observador sente por ele.

II. No segundo parágrafo, o advérbio *apenas* enfatiza o principal motivo da admiração que o observador sente pelo nadador: o fato de ele ser um desconhecido.

III. Tanto no primeiro quanto no terceiro parágrafo, o advérbio *certamente* é usado para expressar a certeza do observador de que o nadador não sabe de sua existência.

4. Releia um trecho da crônica "Carta a Beatriz", de Antonio Prata.

> Cara Beatriz: na última terça (8) você escreveu **aqui** pro jornal se dizendo espantada com a minha crônica de domingo (6); "após uma semana de fatos surpreendentes na política", "num momento **tão** importante para uma boa análise", um de seus "colunistas preferidos" havia se saído com um texto "bobo e sem propósito". [...]

a) Que função o advérbio *aqui* desempenha no texto?
b) Que mudança de sentido ocorreria caso o advérbio *tão* fosse retirado do trecho?

5. Releia agora um trecho da entrevista com Clark Little.

> Clark Little: Não surfo muito **atualmente**. Talvez um dia em alguns meses. **Basicamente** troquei minha prancha pela câmera. Quando as ondas estão boas, quero fazer fotos. Tenho a mesma emoção e o mesmo trabalho físico fotografando. E a melhor parte é que vou para casa com os tubos que fotografei, e posso ficar revendo-os várias vezes. Quando surfo, no dia seguinte já esqueci das minhas ondas!

- Que sentidos os advérbios *atualmente* e *basicamente* acrescentam à resposta dada pelo fotógrafo Clark Little?

ANOTE AÍ!

Além de acrescentar informações imprescindíveis para a compreensão das circunstâncias em que os fatos ocorrem, os advérbios são recursos úteis para expressar **opinião**. Advérbios e locuções adverbiais de **afirmação** (*certamente*, *realmente*, *sem dúvida*), de **intensidade** (*demais*, *apenas*, *quase*) e de **modo** (*melhor*, *pior*) revelam posicionamentos, impressões e disposições do falante a respeito do que ele diz. Identificá-los em um texto nos permite perceber a **visão de mundo** do autor do texto.

ESCRITA EM PAUTA

EMPREGO DO S, Z E X

1. Leia em voz alta estas palavras:

azedo	capaz	exato	lousa	analisar	
assado	azar	pãozinho	axila	tailandês	azeite

a) Em quais delas há o mesmo som representado pela letra z em *zabumba*?

b) Que letras representam, na escrita, esse som?

ANOTE AÍ!

Na ortografia da língua portuguesa, o som representado pela letra *z* na palavra *zabumba* pode ser representado pelas letras *s*, *z* e *x*.

Existem regras de ortografia da língua portuguesa que é preciso conhecer para saber quando grafar esse som com a letra *s*, quando registrá-lo com a letra *z* e quando usar a letra *x*.

EMPREGO DA LETRA S

Conheça as regras para a letra *s*.

LETRA S	EXEMPLOS
Nos verbos formados pelo acréscimo da terminação **-ar** a um substantivo terminado em **s** + **vogal**.	análise + *-ar* = anali**s**ar abuso + *-ar* = abu**s**ar
Nos adjetivos formados pelo acréscimo do sufixo **-oso/-osa** a um substantivo que não termina com **s** nem com **s** + **vogal**.	mentira + *-oso/-osa* = mentir**oso**/mentir**osa**
Quando o som representado pela letra **z** é antecedido por ditongo.	lou**s**a, cau**s**a
Em todas as formas dos verbos **querer** e **pôr** em que há o som /z/.	qui**s**er, pu**s**er
Nas terminações **-ase**, **-ese**, **-ise**, **-ose**.	cr**ase**, catequ**ese**, cr**ise**, vir**ose**

EMPREGO DA LETRA Z

Conheça as regras para a letra *z*.

LETRA Z	EXEMPLOS
Nos verbos formados pelo acréscimo da terminação **-izar** a um substantivo que não termina em **s** nem com **s** + **vogal**.	concreto + *-izar* = concret**izar**
Antes das terminações **-ada**, **-al**, **-eiro/-eira**, **-inho/-inha**, quando elas se ligam a palavras não terminadas em **s** nem em **s** + **vogal**. Nesses casos, o **z** se mantém na forma plural do termo.	guri + *-ada* = guri**z**ada café + *-al* = cafe**z**al abacaxi + *-eiro* = abacaxi**z**eiro coração + *-inho* = coração**z**inho (plural: corações**z**inhos)

EMPREGO DA LETRA *X*

Conheça as regras para o emprego da letra *x*.

LETRA *X*	EXEMPLOS
Nas palavras iniciadas por *e* em que a letra *x* seja grafada entre vogais, com exceção de *esôfago* e *esotérico*.	e**x**agero, e**x**alar, e**x**altar, e**x**ame, e**x**ato, e**x**austo, e**x**ecutar, e**x**emplo, e**x**ercer, e**x**ibir, e**x**ílio, ê**x**ito, e**x**istir, e**x**ótico, e**x**uberante, etc.

2. Leia a tira e responda às perguntas.

Laerte. *Grafiteiro*: o detonador do futuro. Porto Alegre: L&PM, 2007. v. 2. p. 18 (Série Striptiras).

a) Que problema a personagem alega ter enfrentado na infância? Que sinal gráfico indica o que as outras personagens acham da declaração dela?

b) Qual é a revelação surpreendente que provoca o humor da tira? Qual hipótese é possível levantar sobre o motivo de o pai obrigá-lo a essa atitude?

c) Releia a tira e copie no caderno as palavras que têm o mesmo som que o representado pela letra *z* em *zabumba*.

d) Dizemos que um conjunto de palavras faz parte da mesma família quando elas têm uma raiz que se repete. É o caso, por exemplo, das palavras *casa*, *casinha*, *casarão*, que partilham a raiz *cas-*. No caderno, registre pelo menos duas palavras que apresentam a mesma raiz que as palavras que você apontou no item *c*.

ETC. E TAL

Domingo não tem feira?

Na maior parte das línguas que, como o português, se originaram de uma evolução do latim, os nomes dos dias da semana fazem referência aos diferentes planetas do Sistema Solar. Então, por que será que usamos o termo *feira* na denominação dos dias da semana? Leia e confira.

> Na língua portuguesa, a origem dos nomes dos dias da semana vem da Idade Média. O domingo, derivado do latim "dies Dominica", dia do Senhor, é considerado o último da semana para os cristãos. Ou seja, o sétimo, quando Deus descansou da criação do mundo. Era no dia da missa que havia maior aglomeração de pessoas e, por isso, os agricultores se reuniam em torno da igreja para vender seus produtos – o primeiro dia de feira. O dia seguinte, consequentemente, era o segundo, a segunda-feira. E daí por diante até chegar o sábado, cuja origem é o termo hebraico *shabbatt*, considerado o último da semana para os judeus. [...]

Renata Costa. Como surgiram os nomes dos dias da semana? *Nova Escola*, 1º ago. 2009. Disponível em: http://novaescola.org.br/conteudo/175/como-surgiram-os-nomes-dos-dias-da-semana. Acesso em: 13 fev. 2023.

AGORA É COM VOCÊ!

ESCRITA DE CRÔNICA

Proposta

Você já escreveu uma crônica para um livro! Agora, você e os colegas vão organizar um concurso e escolher, entre as novas crônicas que vão produzir individualmente, aquela que será enviada ao jornal da cidade, do bairro ou da escola para ser publicada.

GÊNERO	PÚBLICO	OBJETIVO	CIRCULAÇÃO
Crônica	Leitores do jornal da cidade, do bairro ou da escola	Produzir uma crônica leve, que faça um contraponto às notícias do jornal	Cidade, bairro ou escola

Planejamento e elaboração do texto

1. Como ponto de partida, pense em um fato noticiado no jornal da cidade, do bairro ou da escola que possa ser explorado por meio do humor.

2. Identifique seu ponto de vista sobre o fato e avalie como você pode enfatizar os aspectos engraçados do acontecimento.

3. Registre as informações principais de sua crônica: Qual é o tema? Quem são as personagens? Qual é o espaço? Qual é o fato cotidiano em destaque?

4. Pense nos recursos que podem ajudá-lo a produzir o efeito de humor em seu texto: surpreender o leitor ou valer-se do exagero são alguns deles.
   - Observe se sua proposta de explorar o lado divertido de um fato noticiado é respeitosa, ou seja, não ofende os envolvidos, não se baseia em preconceitos.

5. Planeje como você vai desenvolver sua história. Por exemplo, vai descrever o ambiente no primeiro parágrafo? A tensão será mantida até o último parágrafo?

LINGUAGEM DO SEU TEXTO

1. Identifique os adjetivos e as locuções adjetivas utilizados nos trechos a seguir das crônicas "Homem no mar" (I) e "Mexeriqueira em flor" (II).

   I. O vento é nordeste, e vai tangendo, aqui e ali, no belo azul das águas, pequenas, espumas que marcham alguns segundos e morrem, como bichos alegres e humildes [...].

   II. Como um céu nublado se abrindo ao sol em efeito "time-lapse", a curiosidade dá lugar ao deslumbre.

2. Que tempo verbal Rubem Braga e Antonio Prata privilegiaram para aproximar sua crônica do leitor e dar vivacidade à narrativa?

3. Releia a crônica "Mexeriqueira em flor" e destaque três advérbios ou locuções adverbiais que aparecem no texto.

Ao redigir sua crônica, lembre-se de que os adjetivos e as locuções adjetivas têm função essencial nas descrições, pois informam as características das personagens e dos espaços. Além disso, reflita se o tempo verbal predominante traz mais vivacidade ao texto, aproximando-o do leitor, e se os advérbios e as locuções adverbiais ampliam o sentido dos verbos, ajudando no desenvolvimento do texto.

6. Inicie a primeira versão da crônica. Procure manter o tom íntimo, como se estivesse conversando com o leitor, como se contasse algo só a ele.
7. Caracterize o espaço. Pense como descrever o lugar, os sons e os objetos.
8. Caracterize as personagens. Destaque os aspectos físicos e de personalidade que ajudam a obter o efeito de que você precisa para contar sua história.
9. Caso use o discurso direto para expressar alguma fala, use a linguagem própria do grupo de pessoas a que essas personagens pertenceriam se fossem reais — imite, dentro do possível, as preferências de linguagem desse grupo.
10. Os adjetivos e os advérbios podem colaborar para o desenvolvimento das passagens que conferem um tom engraçado ao texto. Fique atento a isso.
11. Escolha um título para a crônica que fisgue a curiosidade do leitor, cuidando para não comprometer a surpresa da leitura.
12. Releia seu texto observando se ele está leve, conforme indica a proposta.

Avaliação e reescrita do texto

1. Chegou o momento de avaliar sua crônica e identificar o que ainda pode ser melhorado. Para isso, troque de texto com um colega. Leia a crônica dele para observar se os critérios a seguir foram atendidos.

ELEMENTOS DA CRÔNICA
A crônica apresenta um ponto de vista particular sobre um acontecimento recente?
O texto tem um tom de conversa com o leitor?
É possível identificar características de um texto bem-humorado e engraçado na maneira como os fatos são contados e descritos?
Adjetivos e locuções adjetivas foram utilizados nas descrições?
O texto apresenta as características das personagens e do espaço?
Os tempos verbais foram empregados de modo adequado?
O título da crônica é atraente sem comprometer a surpresa da leitura?

2. Converse com o colega sobre o que você observou na crônica que ele produziu. Se tiver contribuições para melhorar o texto, apresente-as. Com base nas orientações do colega sobre seu texto, escreva a versão final de sua crônica.

Circulação

1. Organizem um concurso para escolher a crônica que será enviada ao jornal. Os demais textos da turma podem ser expostos em um painel na sala de aula.
   - Há jornais que publicam textos de leitores. Com a ajuda do professor, escolham o jornal para o qual a crônica será enviada.
   - Quando finalizarem suas produções, o professor vai marcar um dia para a turma escolher a crônica que será enviada ao jornal.
   - Após escolher o texto e o jornal, o professor escreverá um *e-mail* com a ajuda da turma, solicitando ao jornal a publicação do texto. No *e-mail* devem constar o nome do autor da crônica, a que turma ele pertence e o nome da escola.
   - Na sala de aula, organizem um mural com as demais crônicas da turma para que todos possam ler e comentar.

ATIVIDADES INTEGRADAS

Leia a crônica a seguir, de Carlos Heitor Cony (1926-2018), escritor e jornalista brasileiro. Depois, responda às questões.

O homem desperdiçado

Roma já entrou em horário de verão, minha filha que mora lá esqueceu o fuso do Rio e me telefona com uma hora de antecedência. Acordo mais cedo, os jornais nem chegaram ainda, a empregada me serve o café e vou à varanda olhar o dia que nasce sobre a Lagoa.

Quando havia Mila e Títi, era uma festa sair com elas, o ar gostoso ainda molhado pela noite entrando em nossos focinhos. Os olhinhos delas brilhavam, eu era feliz e sabia.

Meu mundo ficou menor. E acordando com o fuso de Roma ficou uma hora mais comprido. Vejo o sol batendo, oblíquo, mas não dissimulado, na formidável nudez da pedra que sustenta o Cristo Redentor, este nem está aí para mais (ou menos) uma hora na eternidade de seus braços estendidos.

O problema é meu — aliás, como todos os problemas, que só são problemas porque são meus. Sem nada o que fazer, não tenho sequer o discutível consolo daquelas revistas atrasadas que os consultórios colocam à disposição dos que esperam. Melhor mesmo olhar a Lagoa, que começa a ficar mais bonita nessa época do ano, os barcos de regata, com a cor dos violinos, cortando as águas iluminadas. Quando os remos sobem, gosto de ver o sol batendo nas pás encharcadas.

Há um dia pela frente, mas é como se não houvesse. Tenho essa coisa espantosa que é uma hora a mais, hora que não pedi, tempo de que não chego a precisar. Um condenado à força gostaria de uma hora a mais? Se fosse esse o meu caso, certamente pediria que apressassem tudo, apreciaria até uma hora a menos.

A ideia da forca não combina com o dia que nasce, com a Lagoa que parece toda minha e só não é minha exclusivamente porque tenho de reparti-la com o sol, com os barcos na cor dos violinos.

Deixo a varanda e me sinto inútil e desperdiçado. Nem Mila nem Títi me esperam para passear ao sol. Pelo contrário: chegaram os jornais — como tudo fica feio de repente.

Rio de Janeiro, 19 de abril de 1997.

Carlos Heitor Cony. O homem desperdiçado. Em: Rogério Ramos (org.). *Histórias brasileiras de cães*. Curitiba: Positivo, 2014. p. 34.

dissimulado: encoberto, disfarçado.

fuso: o fuso horário refere-se à hora de cada país ou região.

oblíquo: inclinado, de lado.

regata: barco a remo ou a vela.

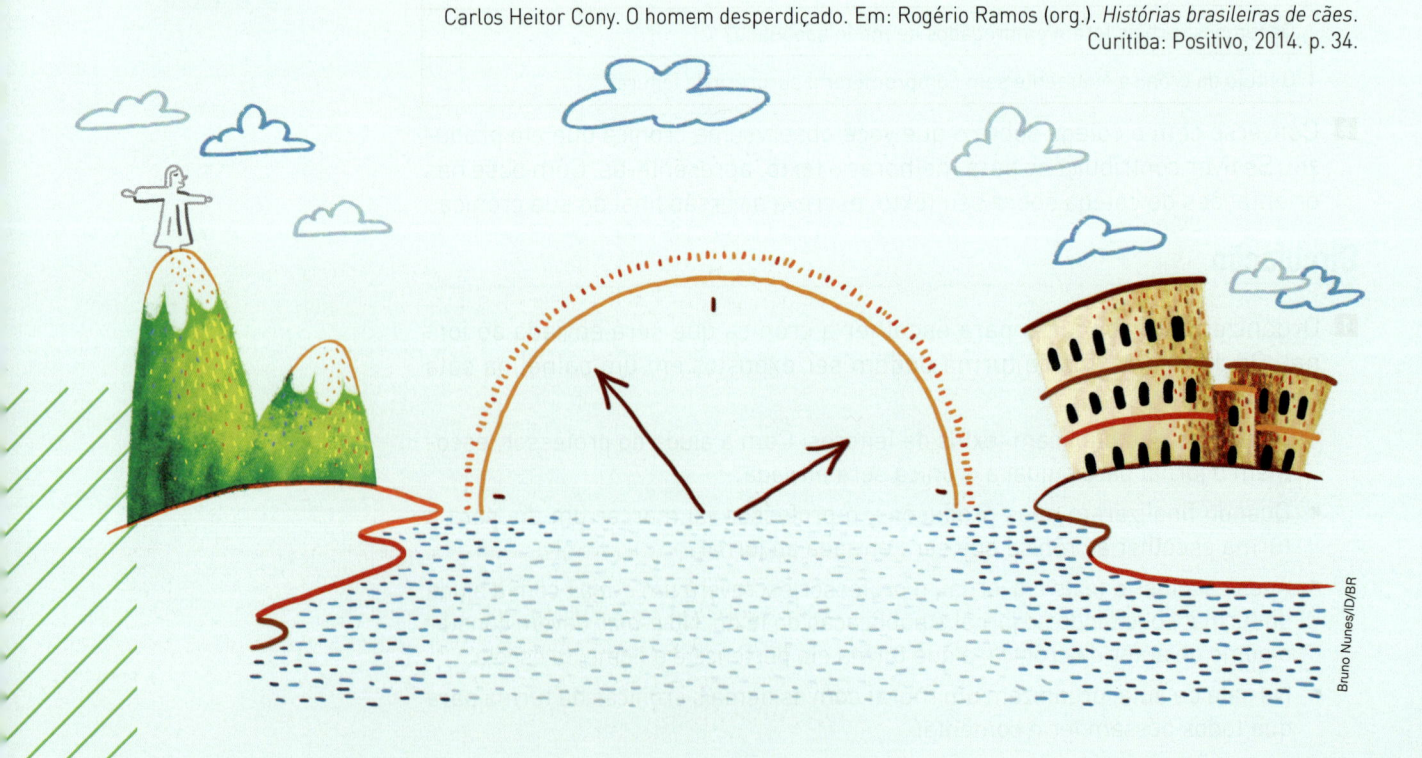

Analisar e verificar

1. Indique qual das alternativas a seguir melhor descreve os temas abordados no texto.

    I. Perda da religiosidade, morte e solidão.

    II. Solidão, saudade e falta de sentido para a vida.

    III. Passagem do tempo, saudade e espiritualidade.

2. No segundo parágrafo, o homem faz referência a Mila e Títi.

    a) Quem são elas? Justifique sua resposta.

    b) Que tempo verbal é utilizado no texto para descrever o período vivido na companhia de Mila e Títi? Por que esse tempo foi usado?

    c) Relacione o uso do diminutivo *olhinhos* com a afirmação "eu era feliz e sabia".

    d) O que, provavelmente, aconteceu para que o mundo do homem ficasse "menor"? Que tempo verbal ele usa para fazer essa afirmação e por quê?

3. No quinto parágrafo, para reforçar a sensação de falta de sentido da vida, o homem faz uma comparação e levanta uma hipótese.

    a) A quem ele se compara?

    b) Que hipótese ele levanta? Que tempo e modo verbal ele usa para anunciá-la?

    c) Que advérbio de afirmação ele utiliza, nesse trecho, para expressar sua convicção quanto ao modo como reagiria nessa situação hipotética?

4. Releia, a seguir, o terceiro parágrafo da crônica.

    > Meu mundo ficou menor. E acordando com o fuso de Roma ficou uma hora mais comprido. **Vejo o sol batendo, oblíquo, mas não dissimulado**, na formidável nudez da pedra que sustenta o Cristo Redentor, este nem está aí para mais (ou menos) uma hora na eternidade de seus braços estendidos.

    a) Reescreva, sem prejuízo de sentido, o trecho destacado substituindo o adjetivo *oblíquo* por uma locução adverbial.

    b) Como a locução adverbial que substituiu o adjetivo no item *a* pode ser classificada?

    c) Na expressão "este nem está aí", o advérbio *aí* se refere a um lugar físico? Explique.

5. Releia o trecho a seguir.

    > O problema é meu – aliás, como todos os problemas, que **só** são problemas porque são meus.

    a) A que classe gramatical o termo destacado pertence?

    b) Substitua esse termo por um sinônimo sem que o sentido seja alterado.

6. A crônica "O homem desperdiçado" é mais poética, como "Homem no mar", de Rubem Braga, ou mais bem-humorada, como "Mexeriqueira em flor", de Antonio Prata?

Criar

7. Releia o último parágrafo e escreva uma continuação, como se fosse o cronista, apresentando um fato ou uma reflexão que amenize a sensação de ser um "homem desperdiçado". Fique atento para não fugir às características do gênero.

CIDADANIA GLOBAL

UNIDADE 3

15 VIDA TERRESTRE

Retomando o tema

Ao longo desta unidade, refletimos sobre os processos de recuperação de ecossistemas terrestres e as práticas que fortalecem a biodiversidade do planeta. Esses novos saberes nos proporcionaram o conhecimento necessário para que possamos gerar ações sustentáveis. Agora, o professor vai apresentar a você e aos colegas uma animação sobre a agrofloresta, forma de agricultura que pode trazer inúmeros benefícios. Em seguida, reflita:

1. Segundo o vídeo, por que o processo tradicional de monocultura prejudica o solo?
2. Como se formam os nutrientes para o solo, no processo da agrofloresta?
3. Em sua opinião, de que forma os princípios agroflorestais poderiam ser empregados em sua escola ou em seu bairro?

Geração da mudança

Agora, você e os colegas vão observar, no bairro em que moram e na escola, locais em que seria possível desenvolver os princípios agroflorestais.

Durante o trajeto feito de sua casa até a escola, registre, de forma escrita ou por meio de fotografias e vídeos, locais com espaço para o cultivo de plantas, como a área verde de uma praça, de um parque, de canteiros de avenidas, etc. Depois, faça o mesmo na sua escola, observando se há espaços adequados para realizar plantios.

Em uma roda de conversa, você e os colegas vão expor para toda a turma as anotações que fizeram. Em seguida, vão selecionar alguns desses locais e montar um relatório ou um vídeo com as seguintes informações:

- Introdução do texto ou do vídeo com uma explicação sobre o que é a agrofloresta e qual é sua importância para a sociedade.
- Apresentação, com base nos registros da observação no bairro e na escola, dos locais em que os princípios agroflorestais poderiam ser implantados.
- Finalização com a explicação de como os princípios agroflorestais poderiam ser desenvolvidos nesses locais e suas vantagens para a comunidade.

No final, vão apresentar os documentos produzidos para a direção da escola, a fim de que ela possa encaminhar a sugestão às autoridades competentes.

Autoavaliação

REPORTAGEM

UNIDADE 4

PRIMEIRAS IDEIAS

1. Quais são as diferenças entre uma notícia e uma reportagem? Comente.
2. Quais tarefas você acha que o repórter executa durante a etapa de apuração dos dados para a escrita de uma reportagem?
3. Os verbos da língua portuguesa têm uma estrutura. Quais são as partes que formam o verbo *jogar*?
4. Uma palavra pode dar origem a outras. Como isso é possível? Dê exemplos.

Conhecimentos prévios

Nesta unidade, eu vou...

CAPÍTULO 1 — Em pauta: a reportagem

- Ler e interpretar texto do gênero reportagem, reconhecendo a importância de depoimentos de entrevistados e do uso de dados numéricos.
- Discutir a relação entre mobilidade urbana sustentável e diminuição da poluição atmosférica.
- Apreciar e analisar obras de arte que abordam temas relacionados à mobilidade urbana.
- Analisar a morfologia verbal e identificar verbos regulares e irregulares.
- Produzir uma reportagem escrita e publicá-la em livro.

CAPÍTULO 2 — Investigações de fôlego

- Ler e interpretar texto do gênero reportagem, compreendendo a necessidade da apuração jornalística.
- Reconhecer a importância da cooperação no processo de aprendizagem.
- Analisar o processo de formação de palavras por derivação.
- Identificar a grafia de alguns verbos irregulares.
- Produzir uma reportagem em áudio para ser veiculada em canal de *podcast*.

INVESTIGAR

- Realizar pesquisa sobre o perfil dos jovens brasileiros, divulgando os resultados por meio de gráficos e de apresentação oral.

CIDADANIA GLOBAL

- Refletir sobre a mobilidade urbana na realidade próxima.
- Produzir maquete para representar como seria a cidade se a mobilidade urbana sustentável fosse promovida.

Abdullah Asiran/Anadolu Agency via Getty Images

LEITURA DA IMAGEM

1. O que chama sua atenção nesse estacionamento? Você conhece espaços como esse?
2. A foto apresenta apenas um dos corredores do bicicletário, o corredor 9. O que isso revela sobre a dimensão desse estacionamento?
3. Considerando a dimensão do bicicletário, o que é possível concluir sobre a utilização da bicicleta como meio de transporte na cidade holandesa de Utrecht?

CIDADANIA GLOBAL

11 CIDADES E COMUNIDADES SUSTENTÁVEIS

De acordo com dados da Associação Brasileira dos Fabricantes de Motocicletas, Ciclomotores, Motonetas, Bicicletas e Similares (Abraciclo), em 2021 a malha de ciclovias e ciclofaixas, nas grandes cidades brasileiras, cresceu 40,8% em comparação ao ano de 2018. Esses números refletem a busca da população por formas de locomoção cada vez mais sustentáveis e acessíveis.

- Em sua opinião, de que forma o uso de bicicletas como meio de transporte pode contribuir para o meio ambiente? Que custo-benefício a bicicleta promove em comparação a outros meios de transporte?

Acesse o recurso digital para saber mais sobre a relação entre bicicleta e mobilidade urbana. Em seguida, responda: Por que, no Brasil, não há um maior uso da bicicleta como meio de transporte?

Estacionamento de bicicletas na Estação Central de Utrecht, na Holanda. Foto de 2019.

CAPÍTULO 1

EM PAUTA: A REPORTAGEM

O QUE VEM A SEGUIR

A reportagem reproduzida a seguir, "Para onde vamos?", apresenta alternativas encontradas por grandes cidades de vários países para enfrentar o problema da mobilidade urbana. Antes de ler o texto, responda: Que soluções você imagina que essas cidades encontraram?

TEXTO

Para onde vamos?

Ana Pinho

28 de Fevereiro de 2021

@GAMAREVISTA / FUTURO / MOBILIDADE / SOCIEDADE

Pandemia abre espaço para experimentos globais de mobilidade e aponta para a bicicleta como saída sustentável (e popular)

Pelas janelas de Jalandhar, na Índia, um pedaço do Himalaia despontou no ar subitamente mais limpo. Em Nova York, o asfalto passou a receber mesas de restaurantes e bandas de *jazz*. Na Cidade do México, 12 quilômetros de ciclofaixa surgiram em sua avenida mais longa. Improváveis antes da pandemia, cenas como essas chacoalharam o *status quo* nas grandes cidades.

Conforme o ritmo motorizado volta a acelerar – no Brasil, 60% pretendem dirigir mais depois da pandemia, tendência mantida em outros 25 países –, os velhos problemas vêm a reboque, como a má qualidade do ar, as emissões de gases de efeito estufa e a disputa por espaço entre carros e outros tipos de transporte. Mas há habitantes saindo da quarentena com novas demandas, ao mesmo tempo em que governos apresentam planos ambiciosos de mobilidade, acelerando tendências pré-existentes.

Continua

[...]

E deixe de lado novidades sobre *hyperloops*, carros voadores ou autônomos – não houve muitas. A grande estrela é a humilde bicicleta, cujo uso aumentou globalmente. Em Nova York, as pontes de Brooklyn e Queensboro vão ganhar ciclovias permanentes para atender seus ciclistas, que cresceram 55% em 2020. Em Milão, 35 quilômetros de ruas foram convertidos provisoriamente para bicicletas e pedestres. Em Montreal, foram mais de 300 km de ciclovias e ciclofaixas. O mesmo ocorreu em Londres (90 km), Bogotá (96 km) e Buenos Aires (17 km). No Brasil, adições aconteceram em Fortaleza e Belo Horizonte (cada uma com 30 km).

Quando se trata de conceitos estruturais de mobilidade, Paris levantou a bandeira mais alta. Após adicionar 50 km para bicicletas em 2020, aumentar o número de ciclistas em 60% e anunciar uma grande reforma da região da avenida Champs-Élysées, despriorizando carros, a prefeita Anne Hidalgo vai investir na chamada "cidade de 15 minutos". A ideia é que moradores não estejam a mais de 15 minutos de distância, a pé ou de bicicleta, de necessidades essenciais de trabalho, lazer, saúde e consumo. O resultado seria uma metrópole calcada na mobilidade ativa e na hiperlocalidade, fundamentalmente diferente da lógica atual.

A cidade de 15 minutos logo se tornou tema recorrente entre gestores públicos, urbanistas e arquitetos mundo afora. Mas, entre a visão e a execução dessas novas urbes, há uma série de desafios interligados, como a urgência para eletrificar a frota, a crise financeira enfrentada por sistemas de transporte coletivo e a necessidade de criar uma convivência segura entre diferentes modais pelas ruas.

O lugar do carro no século 21

Quando o transporte por carro particular cresceu durante a pandemia, não houve mistério: as pessoas se sentiam mais seguras fora da aglomeração do transporte público. Já a continuidade (ou não) desse comportamento depende de vários fatores – inclusive da história. "As cidades em que vivemos hoje foram desenhadas para o veículo motorizado, assim como Londres foi desenhada para a ferrovia", explica Victor Andrade, coordenador do Laboratório de Mobilidade Sustentável da Universidade Federal do Rio de Janeiro. "Mas, se continuarmos nesse ritmo, elas vão parar de fato."

[...]

Como carros seguem sendo vendidos ano a ano (apesar da queda de 15%, foram 56 milhões em 2020, 1,9 milhão só no Brasil) e o espaço é finito, as vias estão chegando no limite. Dados de 2018 mostram que motoristas de Bogotá passaram, em média, 272 horas por ano no trânsito. No Rio, foram 199 horas. O cenário demográfico não alivia: as projeções da ONU indicam que a população urbana vai subir 40% até 2030. Serão 5 bilhões de pessoas que precisarão se movimentar.

Para especialistas, a resposta está na mobilidade intermodal e na mobilidade-como-um-serviço (MaaS, na sigla em inglês) para mesclar transporte coletivo e outros meios compartilhados em plataformas de pagamento unificadas. "Por que não poderíamos ir até o terminal de ônibus com uma bicicleta compartilhada e isso funcionar junto com o Bilhete Único?", exemplifica Victor. Na prática, o modelo incentivaria uma transição sem entrar em conflito direto com os carros próprios, tornando-os cada vez mais desnecessários.

Desestimular o uso de carros financeiramente (ao cobrar pedágios urbanos, por exemplo) e fisicamente (como ao abrir ruas para pedestres) é um caminho

hyperloops: transporte ultrarrápido, que utiliza sistema de levitação magnética para fazer o veículo flutuar dentro de um tubo.

urbe: cidade.

Continua

testado por algumas cidades. Mas deve ser feito em paralelo com o desenvolvimento de alternativas confortáveis e seguras para conquistar esses motoristas – seja de volta, pós-pandemia, ou de vez. "É preciso dar condições para que as pessoas migrem de modal. Enquanto o desenho de cidade não permitir, essa expansão desejada sempre vai se limitar", continua Victor.

Transporte público em crise

Temerosas em relação ao contágio de covid-19, as pessoas passaram a evitar ônibus, trens e metrôs, causando grande impacto nos sistemas que dependem de passageiros pagantes. É o caso da maioria das cidades no Brasil, onde 50% do deslocamento motorizado acontece por transporte público. Com o tempo, espera-se que a demanda retorne a níveis similares aos pré-pandemia. Mas a situação em que o transporte público estará é uma incógnita.

Segundo a Associação Nacional das Empresas de Transportes Urbanos, as empresas de ônibus urbano tiveram prejuízos de R$ 9,5 bilhões entre março e dezembro de 2020 e o ano fechou com redução média de 39% na quantidade de viagens. "Ou se faz alguma coisa ou o sistema vai colapsar, e quem sofre é quem mais precisa", resume Kelly Fernandes, analista de projetos de mobilidade do Idec (Instituto Brasileiro de Defesa do Consumidor).

[...]

Uma prévia já é vista em Teresina: só em 2021, funcionários de ônibus fizeram seis paralisações exigindo pagamento de salário, deixando trabalhadores essenciais esperando nas ruas. Pouco antes das greves, em dezembro, o governo federal vetou um socorro de R$ 4 bilhões para o setor. É um contraste com países como EUA, onde US$ 25 bilhões foram liberados para agências de transporte.

E mesmo num cenário de demanda normalizada, há o impacto ainda desconhecido do teletrabalho, que deve afetar os deslocamentos diários em alguma medida. No Brasil, dados do IBGE apontam que 7,9 milhões estavam trabalhando remotamente em 2020, com maior proporção entre pessoas com ensino superior completo e acima. "O trabalho remoto vai esvaziar alguns lugares conhecidos por concentrarem escritórios, mas quem trabalha com serviços essenciais continuará com rotinas próximas daquelas de antes", avisa Kelly. "Precisamos nos preocupar muito com elas, porque há uma grande chance de serem deixadas de lado."

O avanço da mobilidade ativa

Em 2020, o governo da Itália ofereceu até €500 para cidadãos adquirirem bicicletas e patinetes e se movimentarem ao ar livre, esgotando o estoque das lojas. Na Argentina, avenidas de Buenos Aires ganharam calçadas mais largas e ciclofaixas, elevando o número de ciclistas em 44% e dobrando o número de mulheres pedalando. Em Londres, constatou-se que pessoas que se deslocam a pé ou de bicicleta gastaram 40% a mais nas ruas de bairro do que aquelas que dirigem. Devido a respostas positivas como essas, várias estruturas temporárias estão em vias de se tornarem permanentes.

"É curioso que a pandemia nos tenha feito parar de pensar em coisas como cidades inteligentes e carros voadores. Talvez a gente tenha recolocado em debate os alicerces da mobilidade", fala Hannah Machado, coordenadora de urbanismo e mobilidade da Vital Strategies, consultoria global com foco em saúde pública. "E o que é a mobilidade do futuro? É conseguir se deslocar por meios saudáveis e sustentáveis, com segurança e conforto, seja você uma pessoa idosa, criança ou com imunidade reduzida."

[...]

No Brasil, onde 43% das pessoas já se deslocam a pé ou de bicicleta, parece haver entusiasmo pela ideia da mobilidade ativa. Uma pesquisa do Instituto Clima e Sociedade apontou que 67% dos entrevistados estariam dispostos a abrir mão do transporte individual por um mais limpo. Em 2017, 30% consideravam o carro o melhor meio de transporte cotidiano. Em 2020, o número caiu para 19%. Metrô e bicicleta foram os mais bem avaliados, com 29% e 27% de preferência, respectivamente.

De forma geral, a pandemia recompensou gestores públicos proativos e comprovou que os habitantes estão dispostos a experimentar. "Tem uma frase do [arquiteto e urbanista dinamarquês] Jan Gehl que diz: 'Primeiro, nós moldamos as cidades. Depois, elas nos moldam'. Se você colocar uma ciclovia, mais pessoas vão pedalar", sintetiza Hannah.

O incentivo a veículos elétricos

Com a crise climática em curso, governos estão acelerando a transição para veículos elétricos. No fim de 2020, a China decidiu que, a partir de 2035, a maior parte dos veículos vendidos no país deverá ser elétrica. Enquanto isso, países como Reino Unido, Dinamarca e Japão planejam proibir a venda de automóveis a gasolina ou diesel a partir de 2030.

[...]

Na América Latina, o avanço é tímido. A plataforma E-Bus Radar mapeia a quantidade de ônibus públicos elétricos na região, um indicador relevante devido ao papel do transporte coletivo na emissão de gases de efeito estufa e de material particulado nocivo à saúde. Apesar do número ter praticamente dobrado entre 2019 e 2020, são apenas 2.221 em circulação – 350 deles no Brasil.

Nova demanda por ar limpo

Os argumentos pela eletrificação e pela mobilidade ativa ganharam mais força devido à forte poluição do ar, que ficou evidente durante a pandemia. Segundo um estudo recente, uma a cada 5 mortes no mundo em 2018 foi causada pela poluição. No Brasil, a Organização Pan-Americana da Saúde estima que ela leva a 51 mil mortes por ano, quase 6 pessoas por hora.

O tema ganhou rosto de criança em dezembro de 2020, quando uma decisão judicial britânica apontou a poluição do ar como motivo da morte de Ella Kissi--Debrah aos 9 anos, após um ataque de asma. A menina é a primeira pessoa na história a ter essa causa em seu atestado de óbito, algo que deve incentivar novos processos, leis e políticas públicas.

"Não dá mais para sair respirando esse ar", reforça Victor Andrade. "A mudança é para ontem. Mas, sem escolher a chave correta, corremos o risco de voltar ao antigo normal – que não é saudável nem para o indivíduo, nem para a sociedade, nem para o planeta."

[...]

Ana Pinho. Para onde vamos? *Gama*. São Paulo, 28 fev. 2021. Disponível em: https://gamarevista.uol.com.br/semana/como-voce-vai/qual-o-futuro-da-mobilidade/. Acesso em: 14 abr. 2023.

TEXTO EM ESTUDO

PARA ENTENDER O TEXTO

1. Após a leitura da reportagem, retome as hipóteses formuladas no boxe *O que vem a seguir* e responda: Elas foram confirmadas pelo texto? Explique.

2. Releia o início da reportagem e responda às questões a seguir.
   a) A que se refere o questionamento proposto no título?
   b) Qual é a função da linha fina (texto curto abaixo do título) em uma reportagem? Que informações a linha fina da reportagem que você leu apresenta?
   c) No final da linha fina, qual é o sentido da expressão entre parênteses (*e popular*)? Nesse contexto, ela adquire um sentido positivo ou um sentido negativo? Comente.
   d) Quem assina a reportagem?

3. A seguir, leia o título e a linha fina de uma notícia sobre mobilidade urbana.

   > Curtir   Compartilhar
   >
   > 03/06/2022 – 22:18
   >
   > **Bike é meio de transporte econômico e sustentável**
   >
   > Em busca de uma rotina mais saudável e diante do aumento inflacionário com a pandemia da covid-19, muitas pessoas utilizam a bicicleta para locomoção e lazer.

   Bike é meio de transporte econômico e sustentável. *LeiaJá*. 3 jun. 2022. Disponível em: https://www1.leiaja.com/noticias/2022/06/03/bike-e-meio-de-transporte-economico-e-sustentavel/. Acesso em: 14 abr. 2023.

   a) Qual fato da notícia se relaciona com a temática da reportagem lida?
   b) Compare o título da reportagem com o título da notícia e responda: Qual dos títulos informa o tema objetivamente? Por quê?
   c) Qual é a função dos ícones de interação acima do título da notícia?

4. Na reportagem lida, em vários momentos, relaciona-se o desenho das cidades aos problemas de mobilidade urbana. Sobre isso, responda:
   a) O que significa a expressão *desenho das cidades*?
   b) Por que o desenho das cidades é um desafio ao se pensar em mobilidade urbana sustentável?

5. Observe o modo com que a reportagem se posiciona em relação ao assunto abordado.
   a) A reportagem analisa o tema da mobilidade urbana sustentável de modo positivo ou negativo? Explique.
   b) Ao longo da reportagem, que recursos reforçam esse tipo de análise?

6. O primeiro parágrafo de uma reportagem pode variar conforme o tema e o enfoque dado ao assunto. Qual foi a estratégia escolhida para introduzir a reportagem?

7. O segundo parágrafo descreve os principais problemas decorrentes do transporte motorizado. Quais são eles?

8. Releia o terceiro parágrafo do texto e responda: Como a bicicleta contrasta com os *hyperloops* e os carros voadores?

9. Segundo as informações veiculadas no texto, qual é a relação entre o aumento no uso de carros e a pandemia?

10. Ao abordar o lugar do carro no século 21, a reportagem emite um alerta em relação ao grande número de veículos nas cidades. Quais argumentos embasam essa preocupação?

> **ANOTE AÍ!**
>
> A **reportagem**, além de **relatar** um fato ou um tema – como uma notícia –, também o **analisa**, mostrando várias opiniões, para ampliar o conhecimento do leitor sobre o tema. O **título** e a **linha fina** de uma reportagem têm a função de aguçar a curiosidade do leitor pelo assunto.
>
> Em reportagens escritas, para atrair o leitor, é comum que o **parágrafo introdutório** apresente um texto mais criativo, que contenha um exemplo ou uma personagem.

A INFORMAÇÃO AMPLIADA

11. Na reportagem, há depoimentos de pessoas entrevistadas para a matéria.
   a) Liste o nome dos entrevistados mencionados na reportagem.
   b) Qual é a ocupação desses entrevistados? O que eles têm em comum?
   c) Qual é a importância, para a reportagem, dos depoimentos dos especialistas?

12. Releia o trecho a seguir:

> "Tem uma frase do [arquiteto e urbanista dinamarquês] Jan Gehl que diz: 'Primeiro, nós moldamos as cidades. Depois, elas nos moldam'. Se você colocar uma ciclovia, mais pessoas vão pedalar", sintetiza Hannah.

   a) Quem é o autor da fala "Primeiro, nós moldamos as cidades. Depois, elas nos moldam"? Quais recursos linguísticos permitiram que você chegasse a essa conclusão?
   b) Com qual intenção a entrevistada recorreu a essa citação em sua fala?

13. Agora, releia os trechos a seguir:

> I. "É curioso que a pandemia nos tenha feito parar de pensar em coisas como cidades inteligentes e carros voadores. Talvez a gente tenha recolocado em debate os alicerces da mobilidade", fala Hannah Machado, coordenadora de urbanismo e mobilidade da Vital Strategies, consultoria global com foco em saúde pública.
> II. O cenário demográfico não alivia: as projeções da ONU indicam que a população urbana vai subir 40% até 2030.
> III. Uma pesquisa do Instituto Clima e Sociedade apontou que 67% dos entrevistados estariam dispostos a abrir mão do transporte individual por um mais limpo.

   a) Além de falas de especialistas, é muito comum, em reportagens, a citação de pesquisas e órgãos de autoridade, conforme é possível verificar nos trechos acima. Que diferença há no modo como as citações foram apresentadas?
   b) Que termos são usados para explicitar as citações?
   c) Nos trechos II e III, foram apresentados dados numéricos. Qual é a importância da presença desses dados na reportagem?

> **ANOTE AÍ!**
>
> O **depoimento** de entrevistados dá **credibilidade à reportagem** e **amplia a informação**. Em geral, ele é escrito entre aspas, diferenciando-se do texto do repórter. A reprodução de falas costuma ser acompanhada de um **verbo de elocução**, como *dizer*, *afirmar*, etc. Esse tipo de verbo pode introduzir a fala ou vir depois dela. Por meio desse verbo, o leitor pode perceber a opinião do repórter sobre o tom de voz ou a atitude do entrevistado ao dar seu depoimento.
>
> Já os **dados numéricos** embasam o conteúdo apresentado, transmitindo maior veracidade às informações. Além disso, possibilitam que os leitores compreendam o assunto com maior precisão.

O CONTEXTO DE PRODUÇÃO

14. A revista *Gama*, da qual foi retirada a reportagem, escolhe um assunto para ser abordado por sete dias. Veja os títulos da semana em que a reportagem "Para onde vamos?" foi publicada.

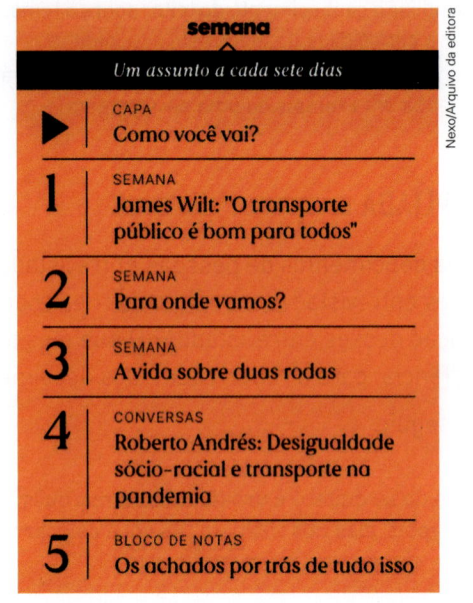

semana
Um assunto a cada sete dias

CAPA
▶ Como você vai?

1 | SEMANA
James Wilt: "O transporte público é bom para todos"

2 | SEMANA
Para onde vamos?

3 | SEMANA
A vida sobre duas rodas

4 | CONVERSAS
Roberto Andrés: Desigualdade sócio-racial e transporte na pandemia

5 | BLOCO DE NOTAS
Os achados por trás de tudo isso

Gama. Disponível em: https://gamarevista.uol.com.br/semana/como-voce-vai/qual-o-futuro-da-mobilidade/. Acesso em: 14 abr. 2023.

a) De acordo com os títulos das publicações, qual foi o assunto da semana em que a reportagem foi publicada?

b) Explique o sentido do questionamento "Como você vai?", que consta na "Capa" da semana, considerando o contexto das reportagens publicadas.

15. Muitas publicações seguem linhas editoriais (posicionamento que orienta a seleção e o tratamento das informações). Veja a linha editorial da revista *Gama*.

> Uma revista que se propõe a pensar as possibilidades e os dilemas do mundo de hoje. Nós, da **Gama**, temos o compromisso de levar a você pontos de vista diversos e caminhos para compreender este momento e pensar o futuro.

Gama. Disponível em: https://gamarevista.uol.com.br/sobre-a-gama/. Acesso em: 14 abr. 2023.

a) Qual é a importância de definir uma linha editorial no meio jornalístico?

b) De que forma o tema da reportagem lida se ajusta à linha editorial da revista?

c) De acordo com a linha editorial da revista, a que público ela se destina?

d) Você acredita que a reportagem "Para onde vamos?" pode influenciar o ponto de vista e o comportamento dos leitores sobre a mobilidade urbana?

16. A reportagem "Para onde vamos?" foi publicada no dia 28 de fevereiro de 2021, um ano após o início da pandemia de covid-19 no Brasil. Releia este trecho:

> Mas há habitantes saindo da quarentena com novas demandas, ao mesmo tempo em que governos apresentam planos ambiciosos de mobilidade, acelerando tendências pré-existentes.

a) O que seriam essas "novas demandas" e esses "planos ambiciosos" no contexto em que a reportagem foi produzida?

b) Considerando a realidade atual, você acredita que a expectativa em relação aos planos ambiciosos de mobilidade foi atendida? Explique.

A LINGUAGEM DO TEXTO

17. Releia o trecho retirado da reportagem "Para onde vamos?".

> Quando se trata de conceitos estruturais de mobilidade, Paris **levantou a bandeira mais alta**. Após adicionar 50 km para bicicletas em 2020, aumentar o número de ciclistas em 60% e anunciar uma grande reforma da região da avenida Champs-Élysées, despriorizando carros, a prefeita Anne Hidalgo vai investir na chamada "cidade de 15 minutos". A ideia é que moradores não estejam a mais de 15 minutos de distância, a pé ou de bicicleta, de necessidades essenciais de trabalho, lazer, saúde e consumo. O resultado seria uma metrópole calcada na mobilidade ativa e na hiperlocalidade, fundamentalmente diferente da lógica atual.

a) A expressão em destaque foi empregada em sentido figurado. O que essa expressão indica?

b) Por que foi atribuído a Paris esse *status* de ter sido a cidade que "levantou a bandeira mais alta"?

18. A reportagem é dividida em subtítulos.

a) Identifique os subtítulos da reportagem "Para onde vamos?".

b) Observe a estrutura e as palavras que compõem os subtítulos. Eles são formados por frases verbais ou nominais? Qual é a importância dessa escolha para a reportagem?

c) Qual é a função dos subtítulos na reportagem?

19. Releia o trecho a seguir:

> A grande estrela é a **humilde** bicicleta, cujo uso aumentou globalmente.

- O adjetivo *humilde* está caracterizando o substantivo *bicicleta*. Nesse contexto, o adjetivo pode ser entendido de duas formas. Quais são elas?

20. Por que as palavras *status quo* (1º parágrafo) e *hyperloops* (3º parágrafo) estão em itálico no texto?

ANOTE AÍ!

A **linguagem** de uma reportagem deve ser adequada ao **público leitor**. Quando são utilizadas expressões de outras línguas, elas devem ser visualmente destacadas, sendo mais comum o uso do recurso em itálico.

CIDADANIA GLOBAL

AR MAIS LIMPO

Conforme apresentado na reportagem, a Organização Pan-Americana da Saúde estima que a poluição, no Brasil, é responsável por 51 mil mortes por ano, o equivalente a quase 6 pessoas por hora. Para combater essa preocupante realidade, é fundamental pensarmos em mudanças que promovam um ar mais limpo.

1. Em sua opinião, por que a mobilidade urbana sustentável é um importante aliado no combate à poluição atmosférica?

2. Além da implementação de uma mobilidade urbana sustentável, que outras medidas podemos tomar no dia a dia para a diminuição da poluição atmosférica?

UMA COISA PUXA OUTRA

Mobilidade urbana e artes visuais

A obra de arte, além de proporcionar momentos prazerosos de apreciação, contribui para que os espectadores tenham um outro olhar sobre a realidade, reflitam criticamente sobre ela e expressem sensações e sentimentos. Muitos artistas contemporâneos preocupam-se, por exemplo, com a questão ambiental e buscam compartilhar suas angústias e sensibilizar os espectadores para a importância da sustentabilidade, levando-os a refletir sobre seu papel como cidadão e incentivando-os a ser protagonista das transformações de que o mundo necessita.

Observe as imagens a seguir.

▲ *Caos*, de Eduardo Srur, exposta no Museu de Arte Contemporânea da Universidade de São Paulo (MAC USP), em São Paulo (SP). Foto de 2018.

▲ Homem admirando a obra *Forever Bicycles*, do artista chinês Ai Weiwei. Foto de 2011 em Taiwan.

1. Observe atentamente as duas obras. Converse com os colegas sobre as sensações que elas provocam em você.
2. O que mais chama sua atenção em cada uma das obras?
3. Observe a obra *Caos* e responda às questões a seguir.
   a) A obra utiliza objetos para representar dois muros paralelos, com um espaço no meio deles para que as pessoas passem. Que objetos são esses?
   b) Considerando o que esses objetos representam nas grandes cidades, como você interpreta essa passagem estreita?
   c) Você acha que essa obra é uma criação provocativa do artista? Comente.
   d) Em sua opinião, de que modo essa obra estimula a observação, a análise e o pensamento crítico do espectador?
4. Sobre a obra *Forever Bicycles*, responda às questões a seguir.
   a) De que modo as bicicletas são organizadas nessa obra? O que isso sugere?
   b) Devido à forma com que foram organizadas as bicicletas, as imagens formadas se modificam dependendo do ângulo de visão do espectador. O que isso revela sobre o processo de criação dessa obra?
5. As obras analisadas apresentam uma perspectiva positiva ou negativa sobre a vida contemporânea? Discuta com os colegas.
6. Se você fosse produzir uma obra de arte sobre mobilidade urbana, que material utilizaria? Como o organizaria? Que efeito pretenderia provocar no espectador?

CICLOVIAS INCRÍVEIS

Em diversos lugares do mundo, há ciclovias que se destacam tanto pela funcionalidade quanto pela inovação com que se integram à mobilidade urbana. Conheça algumas a seguir.

- **Cykelslangen**: localizada em Copenhague, na Dinamarca, essa ciclovia é suspensa, ou seja, foi construída acima do nível das avenidas e ruas da cidade. Portanto, maximizou a segurança dos ciclistas, desviando-os do trânsito intenso da cidade, e agilizou os deslocamentos.
- **Ciclovia brilhante**: localizada em Eindhoven, na Holanda, a ciclovia foi idealizada por Daan Roosegaarde e inspirada na obra *A noite estrelada*, de Vincent van Gogh. O projeto foi construído com luzes de LED, permitindo que o chão brilhe à noite. Além de ser esteticamente impactante, a ciclovia potencializa a segurança dos ciclistas à noite.

▲ Cykelslangen, ciclovia suspensa em Copenhague, na Dinamarca. Foto de 2021.

▲ Ciclovia brilhante em Eindhoven, na Holanda. Foto de 2014.

LÍNGUA EM ESTUDO

O VERBO E SUA ESTRUTURA

1. Releia este trecho da reportagem "Para onde vamos?".

   > Em 2020, o governo da Itália **ofereceu** até €500 para cidadãos adquirirem bicicletas e patinetes e se movimentarem ao ar livre, esgotando o estoque das lojas. Na Argentina, avenidas de Buenos Aires **ganharam** calçadas mais largas e ciclofaixas, elevando o número de ciclistas em 44% e dobrando o número de mulheres pedalando.

   a) As formas verbais *ofereceu* e *ganharam* estão no presente, passado ou futuro?

   b) A quem essas formas verbais se referem?

2. Leia o texto e responda às questões a seguir.

   > **Correspondência**
   >
   > Aquele rapazinho escreveu esta carta para o irmão:
   >
   > Querido mano, ontem **futebolei** bastante, com uns amigos. Depois [...] nos divertimos **montanhando** até que o dia **anoitou**. Então **desmontanhamos**, nos **amesamos**, **sopamos**, **arrozamos**, **bifamos**, **ensopadamos** e **cafezamos**. Em seguida **varandamos**.
   >
   > Abraços do irmão,
   >
   > Maninho

   Millôr Fernandes. Correspondência. Em: Maria Célia Paulillo (org.). *Millôr Fernandes*. São Paulo: Abril Educação, 1980. p. 45.

   a) Os verbos destacados não estão no dicionário. Mesmo assim, é possível compreender o significado deles? Explique.

   b) Como esses verbos foram formados?

   c) Como seriam esses verbos, se estivessem no infinitivo?

   d) Se a palavra *ontem*, no início da carta de Maninho, fosse substituída por *amanhã*, como ficariam os verbos?

   e) Você conseguiu conjugar os verbos destacados? Explique seu procedimento.

3. Ao dizer "[...] desmontanhamos, nos amesamos, sopamos [...]", Maninho indica que fez essas atividades sozinho ou em grupo? Justifique sua resposta.

4. Escreva no caderno um bilhete para um amigo, criando verbos para expressar suas ações. Para isso, use o mesmo processo do autor de "Correspondência".

No trecho da atividade **1**, sabemos que as formas verbais *ofereceu* e *ganharam* estão no passado e expressam ações realizadas, respectivamente, pelo governo da Itália e pelas avenidas de Buenos Aires. No texto da atividade **2**, se observarmos as formas verbais *futebolei* e *amesamos*, ainda que sejam inventadas, teremos acesso a uma série de informações: estão no passado e expressam ações realizadas pela pessoa que fala (*futebolei*, 1ª pessoa do singular, e *amesamos*, 1ª pessoa do plural).

Identificamos essas informações porque os verbos têm uma estrutura geral, composta de pequenas partes que nos apresentam esses dados. Veja:

JOGAR

- **Radical:** informa o significado básico do verbo
- **Vogal temática:** usada depois do radical, indica a conjugação do verbo
  - Vogal temática *a*: 1ª conjugação (verbos terminados em -*ar*)
  - Vogal temática *e*: 2ª conjugação (verbos terminados em -*er*)
  - Vogal temática *i*: 3ª conjugação (verbos terminados em -*ir*)
- **Desinência:** indica o modo, o tempo, o número e a pessoa
  - **Modo:** indicativo, subjuntivo ou imperativo
  - **Tempo:** passado (pretérito), presente ou futuro
  - **Número:** singular ou plural
  - **Pessoa:** 1ª, 2ª ou 3ª pessoa

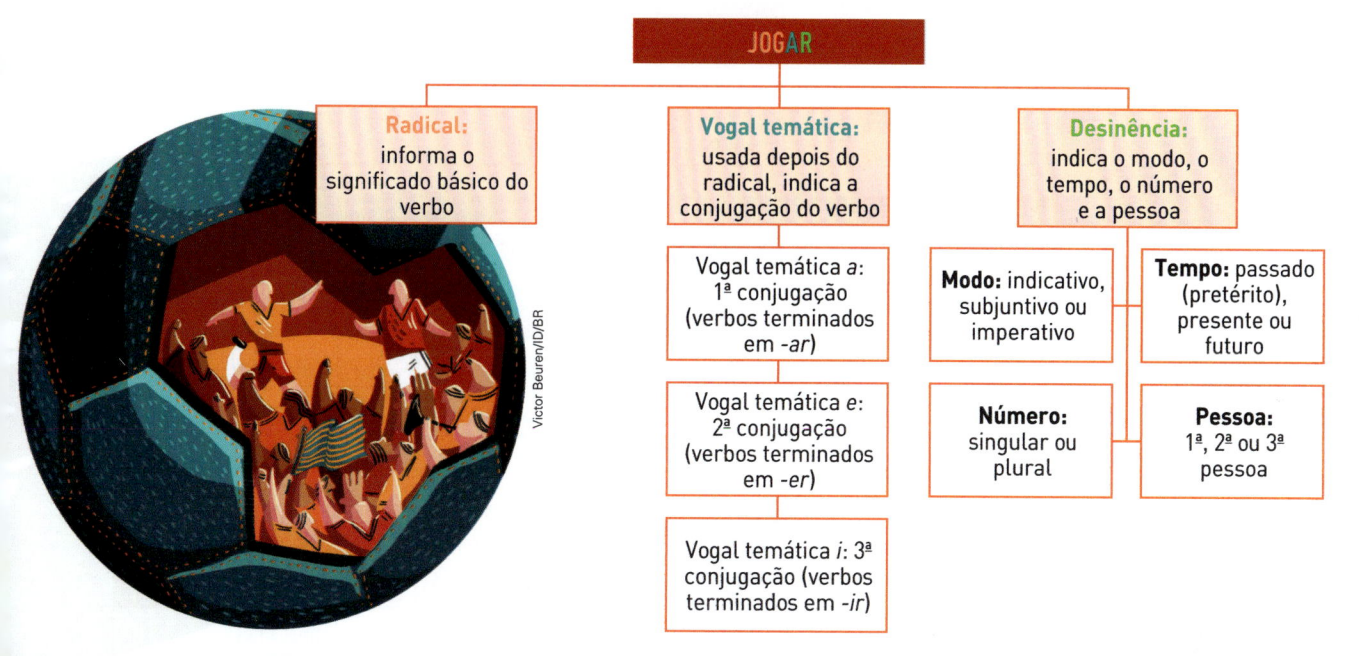

A seguir, confira a estrutura de algumas formas verbais de *jogar*.

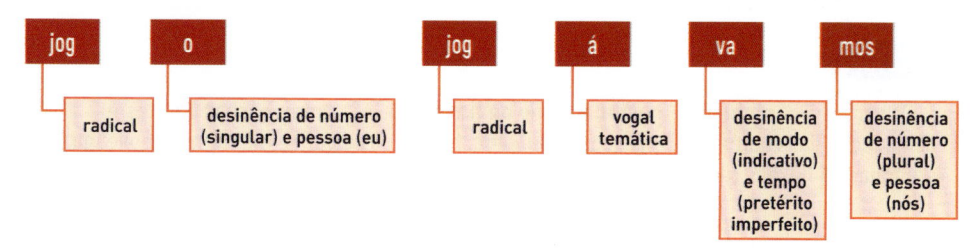

- **jog** — radical
- **o** — desinência de número (singular) e pessoa (eu)
- **jog** — radical
- **á** — vogal temática
- **va** — desinência de modo (indicativo) e tempo (pretérito imperfeito)
- **mos** — desinência de número (plural) e pessoa (nós)

5. Identifique o radical, a vogal temática e a desinência destas formas verbais:

a) *Ofereceu* e *ganharam* (atividade **1**).

b) *Futebolei*, *sopamos* e *varandamos* (atividade **2**).

VERBOS REGULARES E VERBOS IRREGULARES

Os verbos da língua portuguesa são divididos em três grandes grupos, chamados de **conjugações**.

- **1ª conjugação:** verbos terminados em -*ar*.
  Exemplos: *amar*, *passear*, *almoçar*, *brincar*, *estudar*, *ganhar*.
- **2ª conjugação:** verbos terminados em -*er*.
  Exemplos: *esconder*, *aprender*, *amanhecer*, *oferecer*, *mexer*.
- **3ª conjugação:** verbos terminados em -*ir*.
  Exemplos: *partir*, *assistir*, *descobrir*, *sentir*, *decidir*.

Em geral, os verbos de uma conjugação seguem um padrão de flexão, isto é, têm as mesmas terminações de pessoa, número, tempo e modo.

Observe os quadros de conjugação verbal na página seguinte. Cada um deles apresenta a flexão de dois verbos de uma das conjugações na 1ª pessoa do singular. Em cada coluna, os verbos estão em um tempo do modo indicativo. A vogal temática e as desinências foram destacadas.

- **1ª conjugação:** verbos *amar* e *cantar*

1ª pessoa do singular	PRESENTE DO INDICATIVO	PRETÉRITO PERFEITO DO INDICATIVO	FUTURO DO PRESENTE DO INDICATIVO
EU	am **o**	am **ei**	am **a rei**
	cant **o**	cant **ei**	cant **a rei**

- **2ª conjugação:** verbos *correr* e *escrever*

1ª pessoa do singular	PRESENTE DO INDICATIVO	PRETÉRITO PERFEITO DO INDICATIVO	FUTURO DO PRESENTE DO INDICATIVO
EU	corr **o**	corr **i**	corr **e rei**
	escrev **o**	escrev **i**	escrev **e rei**

- **3ª conjugação:** verbos *partir* e *dividir*

1ª pessoa do singular	PRESENTE DO INDICATIVO	PRETÉRITO PERFEITO DO INDICATIVO	FUTURO DO PRESENTE DO INDICATIVO
EU	part **o**	part **i**	part **i rei**
	divid **o**	divid **i**	divid **i rei**

ANOTE AÍ!

Os verbos que mantêm o **mesmo padrão de flexão** que os demais verbos da mesma conjugação são chamados de **verbos regulares**. Neles, o **radical** se mantém **sempre igual** em todas as flexões (de pessoa, número, tempo e modo).

Outros verbos da língua portuguesa também seguem o padrão de flexão dos verbos apresentados. Note que a flexão dos verbos da 1ª conjugação (*amar/cantar*) é a mesma para a 1ª pessoa do singular nos tempos presente, pretérito perfeito e futuro do presente do modo indicativo. O mesmo acontece com a flexão dos verbos da 2ª (*correr/escrever*) e da 3ª conjugação (*partir/dividir*).

Verifique, a seguir, outros verbos conjugados na mesma pessoa e nos mesmos tempos do modo indicativo que os verbos acima.

- **1ª conjugação:** verbos *estar* e *dar*

1ª pessoa do singular	PRESENTE DO INDICATIVO	PRETÉRITO PERFEITO DO INDICATIVO	FUTURO DO PRESENTE DO INDICATIVO
EU	est **ou**	est **i ve**	est **a rei**
	d **ou**	d **ei**	d **a rei**

- **2ª conjugação:** verbos *ver* e *caber*

1ª pessoa do singular	PRESENTE DO INDICATIVO	PRETÉRITO PERFEITO DO INDICATIVO	FUTURO DO PRESENTE DO INDICATIVO
EU	vej **o**	v **i**	v **e rei**
	caib **o**	coub **e**	cab **e rei**

- **3ª conjugação:** verbos *ouvir* e *sair*

1ª pessoa do singular	PRESENTE DO INDICATIVO	PRETÉRITO PERFEITO DO INDICATIVO	FUTURO DO PRESENTE DO INDICATIVO
EU	ouç **o**	ouv **i**	ouv **i rei**
	sai **o**	sa **í**	sa **i rei**

6. Com base nos quadros anteriores, compare a flexão dos verbos *amar/cantar* com a de *estar/dar* (1ª conjugação), de *correr/escrever* com *ver/caber* (2ª conjugação) e de *partir/dividir* com *ouvir/sair* (3ª conjugação).

   a) Quais são as diferenças entre as conjugações de *amar/cantar* e de *estar/dar*?

   b) Que diferenças há entre as conjugações de *correr/escrever* e de *ver/caber*?

   c) E entre as conjugações de *partir/dividir* e de *ouvir/sair*, quais são as diferenças?

   d) Você conhece outros verbos que não seguem a flexão padrão? Liste-os.

Alguns verbos sofrem alteração no radical ao ser flexionados em alguns tempos verbais. Há outros que sofrem mudanças em sua terminação. Há também casos de alteração no radical e na terminação de um verbo.

ANOTE AÍ!

Verbos irregulares são aqueles que não seguem o padrão de flexão dos verbos regulares, pois, ao serem conjugados, sofrem **mudanças** no **radical** e/ou na **terminação**.

A seguir, veja a conjugação de outros verbos irregulares muito utilizados em situações do dia a dia.

- **2ª conjugação:** verbo *fazer*

PRESENTE DO INDICATIVO	PRETÉRITO PERFEITO DO INDICATIVO	FUTURO DO PRESENTE DO INDICATIVO
Eu faço	Eu fiz	Eu farei
Tu fazes	Tu fizeste	Tu farás
Ele faz	Ele fez	Ele fará
Nós fazemos	Nós fizemos	Nós faremos
Vós fazeis	Vós fizestes	Vós fareis
Eles fazem	Eles fizeram	Eles farão

- **3ª conjugação:** verbo *dormir*

PRESENTE DO INDICATIVO	PRETÉRITO PERFEITO DO INDICATIVO	FUTURO DO PRESENTE DO INDICATIVO
Eu durmo	Eu dormi	Eu dormirei
Tu dormes	Tu dormiste	Tu dormirás
Ele dorme	Ele dormiu	Ele dormirá
Nós dormimos	Nós dormimos	Nós dormiremos
Vós dormis	Vós dormistes	Vós dormireis
Eles dormem	Eles dormiram	Eles dormirão

ATIVIDADES

Retomar e compreender

1. Leia a tira.

Jim Davis. *Garfield*. Acervo do autor.

a) Que tipo de notícia costuma ser encontrado na primeira página dos jornais?
b) No segundo quadrinho, como a aranha entende o pensamento de Garfield?
c) O que Garfield de fato quis dizer? Que imagem revela isso ao leitor da tira?
d) Qual é o verbo que provoca essa dupla interpretação? Classifique esse verbo como regular ou irregular.

2. Leia, a seguir, o trecho de uma notícia.

> No início do mês, uma pane global deixou usuários do mundo todo sem acesso a WhatsApp, Instagram e Facebook por longas seis horas. E se esse apagão foi motivo de aflição e ansiedade para muita gente, outros sentiram um verdadeiro alívio com a "folga" das telas, uma oportunidade para se dedicar a outras atividades ou simplesmente desconectar.
>
> Nicole Soares, 23 anos, conta que não percebeu de imediato a queda das redes. A técnica em química estava trabalhando e diz que, quando entendeu a dimensão do problema, conseguiu enxergar aspectos positivos. "As redes sociais acabam ocupando uma grande parte do nosso dia, quase como uma obrigação de estar ali acompanhando o tempo todo", resume.

Montanha-russa de emoções: O que a pane das redes diz sobre a saúde mental? Uol. *Folha de S.Paulo*, 24 out. 2021. Disponível em: https://f5.folha.uol.com.br/viva-bem/2021/10/montanha-russa-de-emocoes-o-que-a-pane-das-redes-diz-sobre-a-saude-mental.shtml. Acesso em: 17 abr. 2023.

a) Segundo o texto, a situação ocorrida desencadeou quais sensações nas pessoas?
b) Você já vivenciou algo parecido com o episódio relatado na notícia? Como se sentiu?
c) Por que o pretérito perfeito é o tempo que predomina nesse texto?

3. O trecho a seguir foi retirado de uma notícia. Leia-o e responda às questões.

> **COB anuncia hoje melhores atletas olímpicos do ano**
>
> O Comitê Olímpico Brasileiro (COB) vai anunciar nesta terça-feira (16) os vencedores do Prêmio Brasil Olímpico, que escolhe os melhores atletas do país no ano. A cerimônia de entrega é no Teatro Municipal do Rio de Janeiro. [...]

Jornal do Brasil, Rio de Janeiro, 16 dez. 2014. Esportes. Disponível em: https://www.jb.com.br/esportes/noticias/2014/12/16/cob-anuncia-hoje-melhores-atletas-olimpicos-do-ano.html. Acesso em: 17 abr. 2023.

a) Qual é o tempo verbal usado no título da notícia?
b) Identifique a que conjugação pertence cada um dos verbos desse trecho.

Acompanhamento da aprendizagem

4. A seguir, a forma *tornaria* está flexionada no futuro do pretérito do indicativo.

   > I. O WhatsApp foi criado em 2009; em 2015 ele se **tornaria** umas das principais ferramentas de comunicação.
   >
   > II. Os primeiros usuários do aplicativo talvez não imaginassem que ele se **tornaria** tão popular.

   a) Que ideia a forma verbal *tornaria* expressa na frase I?
   b) E na frase II?

5. Faça no caderno um quadro como o modelo a seguir.

VERBO	1ª pessoa do singular	PRESENTE DO INDICATIVO	PRETÉRITO PERFEITO DO INDICATIVO	FUTURO DO PRESENTE DO INDICATIVO
gostar	EU	gosto	gostei	gostarei

   a) Seguindo o modelo, complete o quadro com a conjugação destes verbos.
   - falar
   - ter
   - sorrir
   - trazer
   - sonhar
   - caber
   - vir
   - pedir
   - dizer
   - brincar
   - querer
   - contar

   b) Agrupe esses verbos de acordo com sua conjugação: 1ª, 2ª ou 3ª.
   c) Classifique-os em regulares ou irregulares.

Aplicar

6. Releia este pensamento da personagem Garfield, na tira da atividade **1**.

   > Eu o **vi** na primeira página do jornal.

   a) Nessa frase, a forma verbal *vi* está no pretérito perfeito do modo indicativo. No caderno, reescreva as frases a seguir substituindo o símbolo pela forma desse verbo correspondente ao tempo indicado entre parênteses.
   - Nós o ★ na primeira página do jornal. (pretérito perfeito do indicativo)
   - Nós o ★ na primeira página do jornal. (presente do indicativo)
   - Eles o ★ na primeira página do jornal. (pretérito perfeito do indicativo)
   - Eles o ★ na primeira página do jornal. (futuro do presente do indicativo)

   b) Qual é a desinência de pessoa em cada forma verbal da resposta ao item *a*?

7. Releia o trecho a seguir, que faz parte do texto da atividade **2**.

   > No início do mês, uma pane global deixou usuários do mundo todo sem acesso a WhatsApp, Instagram e Facebook por longas seis horas. E se esse apagão foi motivo de aflição e ansiedade para muita gente, outros sentiram um verdadeiro alívio com a "folga" das telas, uma oportunidade para se dedicar a outras atividades ou simplesmente desconectar.

   a) Reescreva esse trecho no caderno, relatando os fatos como se fossem ocorrer depois da sua escrita, usando o futuro do presente do indicativo.
   b) Quais formas verbais você precisou mudar para situar os fatos no futuro?

A LÍNGUA NA REAL

OS VERBOS DE ELOCUÇÃO E A EXPRESSÃO DOS SENTIMENTOS

1. Releia estes trechos da reportagem "Para onde vamos?".

   I. "As cidades em que vivemos hoje foram desenhadas para o veículo motorizado, assim como Londres foi desenhada para a ferrovia", explica Victor Andrade, coordenador do Laboratório de Mobilidade Sustentável da Universidade Federal do Rio de Janeiro. "Mas, se continuarmos nesse ritmo, elas vão parar de fato."

   II. "Não dá mais para sair respirando esse ar", reforça Victor Andrade.

   a) De quem são as falas escritas entre aspas nos trechos?
   b) Que verbos de elocução são utilizados para introduzir essas falas?
   c) Por que foram usados verbos diferentes na indicação dessas falas?
   d) Que efeitos de sentido cada um desses verbos de elocução sugere?

2. Leia um trecho da reportagem "Mulheres recebem menos na maioria dos esportes", que trata da desigualdade salarial entre homens e mulheres no esporte, devido, entre outros fatores, à diferença nos patrocínios recebidos.

   [...]
   Pode ser moralmente escandaloso que Marta receba tão menos que Neymar? Em um mercado movido a patrocínios, tudo parece justificável. As receitas patrocinadas da Copa do Mundo masculina chegaram a US$ 529 milhões. No mundial feminino, US$ 17 milhões de investimentos privados.

   Visibilidade e popularidade são palavras-chave para entender por que os esportes femininos atraem menos patrocínios. "A mídia dá pouca visibilidade às conquistas das mulheres, aos campeonatos das mulheres", explica Silvana Goellner, professora da Escola de Educação Física da Universidade Federal do Rio Grande do Sul e especialista em questões de gênero no esporte. "A mídia produz muito a representação do esporte para os homens, então como vamos tê-las como inspiração?", questiona Silvana.

   Os acordos de transmissão e direitos televisivos exercem uma poderosa influência nos negócios esportivos. A popularidade dos jogos, com o comparecimento aos estádios para ver as equipes femininas, também afeta diretamente a receita dos campeonatos e o interesse das emissoras. Quanto menos pessoas prestigiam as atletas, menos elas são noticiadas e televisionadas. Quanto menos são noticiadas e televisionadas, menos pessoas têm o interesse despertado e as prestigiam. Um círculo vicioso que explica em grande parte a batalha para equalizar economicamente as competições feminina e masculina.

   Natalia Mazotte. Mulheres recebem menos na maioria dos esportes. *Gênero e Número*, 10 ago. 2016. Disponível em: http://apublica.org/2016/08/mulheres-recebem-menos-na-maioria-dos-esportes/. Acesso em: 17 abr. 2023.

▲ A seleção feminina de vôlei, campeã na Liga Mundial de 2016, levou só US$ 200 mil pela competição. Já a equipe masculina, que conquistou o segundo lugar, levou US$ 500 mil.

   a) Que verbos de elocução são empregados nesse trecho?
   b) Qual desses verbos de elocução indica que a repórter vê a fala da professora como uma crítica? Explique essa crítica.
   c) Se, em vez do verbo identificado na resposta ao item *b*, a repórter tivesse usado o verbo *perguntar*, haveria alteração no sentido do texto? Explique.

3. Leia este trecho do conto "Plebiscito", de Artur de Azevedo.

> A cena passa-se em 1890.
> A família está toda reunida na sala de jantar.
> O senhor Rodrigues palita os dentes, repimpado numa cadeira de balanço.
> Acabou de comer como um abade.
> Dona Bernardina, sua esposa, está muito entretida a limpar a gaiola de um canário belga.
> Os pequenos são dois, um menino e uma menina. Ela distrai-se a olhar para o canário. Ele, encostado à mesa, os pés cruzados, lê com muita atenção uma das nossas folhas diárias.
> Silêncio. De repente, o menino levanta a cabeça e pergunta:
> — Papai, que é plebiscito?
> O senhor Rodrigues fecha os olhos imediatamente para fingir que dorme.
> O pequeno insiste:
> — Papai?
> Pausa:
> — Papai?
> Dona Bernardina intervém:
> — Ó seu Rodrigues, Manduca está lhe chamando. Não durma depois do jantar, que lhe faz mal.
> O senhor Rodrigues não tem remédio senão abrir os olhos.
> — Que é? Que desejam vocês?
> — Eu queria que papai me dissesse o que é plebiscito.
> — Ora essa, rapaz! Então tu vais fazer doze anos e não sabes ainda o que é plebiscito?
> [...]

Artur de Azevedo. Plebiscito. Disponível em: http://www.dominiopublico.gov.br/pesquisa/DetalheObraForm.do?select_action=&co_obra=16566. Acesso em: 17 abr. 2023.

> **ARTUR DE AZEVEDO (1855-1908)**
> Nascido no Maranhão, o escritor destacou-se no conto e na comédia ao explorar o cotidiano do Rio de Janeiro do século XIX, então capital do Brasil. Com um olhar crítico e humorado, tratou das relações e dos costumes sociais de sua época. Escreveu para vários periódicos, como *Correio da Manhã* e *O País*. Foi um dos criadores do Teatro Normal e também um dos membros fundadores da Academia Brasileira de Letras (ABL).

a) O que os verbos de elocução *insistir* e *intervir*, usados nesse trecho do conto, permitem ao leitor saber sobre o sentimento das personagens (pai e filho)? Justifique sua resposta.

b) As três últimas falas não são acompanhadas de verbos de elocução. Reescreva o trecho no caderno usando esse tipo de verbo. Para isso, escolha os verbos que melhor revelem os sentimentos do pai e do filho ao dizê-las.

c) Procure no dicionário o significado da palavra *plebiscito*. Depois, responda: Você concorda com a atitude do pai diante da dúvida do filho? Explique.

4. Junte-se a um colega para produzir, no caderno, um diálogo de acordo com as orientações a seguir. Lembrem-se de que os verbos de elocução devem ser adequados ao contexto proposto.
   - Situação: duas personagens a caminho do cinema em um sábado à tarde.
   - Personagem 1: feminina. Sentimento: decidida.
   - Personagem 2: feminina. Sentimento: indecisa.

5. Compartilhem o diálogo com os demais colegas e anotem as semelhanças e as diferenças entre as produções.

ANOTE AÍ!

Os **verbos de elocução**, usados com o discurso direto, introduzem a fala de alguém. Nas reportagens, podem sinalizar o **ponto de vista** do repórter sobre o que é dito. Nas narrativas, costumam dar pistas sobre os **sentimentos** das personagens no contexto.

AGORA É COM VOCÊ!

ESCRITA DE REPORTAGEM

Proposta

Neste capítulo, você leu uma reportagem que aborda a questão da mobilidade urbana sustentável. Agora, com um colega, você também vai escrever uma reportagem sobre esse assunto, mas com um enfoque mais específico, escolhido pela dupla. Ela será publicada em um livro de reportagens da turma, que circulará na comunidade escolar.

GÊNERO	PÚBLICO	OBJETIVO	CIRCULAÇÃO
Reportagem	Comunidade escolar	Escrever uma reportagem sobre a mobilidade urbana sustentável	Em livro na biblioteca da escola

Planejamento e elaboração de texto

1. Reúnam-se para planejar a reportagem. Conversem sobre o enfoque que darão ao assunto; por exemplo: Como a mobilidade ativa pode ser implementada no nosso dia a dia? De que modo ela pode contribuir para a construção de cidades sustentáveis? Quais são os principais desafios para que as cidades brasileiras alcancem esse *status*?, entre outros enfoques.

2. Antes de redigir a reportagem, é preciso fazer a apuração jornalística. Pesquisem em fontes escritas e realizem entrevistas.

Pesquisa

- Listem as informações que pretendem obter e procurem revistas, livros e *sites* especializados, como os de jornais, organizações governamentais e instituições universitárias.
- Selecionem dados numéricos para dar credibilidade à reportagem e recursos visuais como fotografias, gráficos e/ou infográficos sobre o tema.
- Anotem as fontes consultadas: autor, nome e data da publicação, editora ou endereço do *site* e, no caso de fonte eletrônica, data de acesso.
- Verifiquem se conseguiram todas as informações necessárias. Selecionem as mais relevantes e descartem os dados repetidos.
- Façam um resumo com os principais dados e guardem o material bruto.

Entrevista

- Selecionem entrevistados que se relacionem com o tema da reportagem. Combinem com eles a data, o horário e o local do encontro.
- Elaborem o roteiro de perguntas tendo em vista os aspectos do tema que pretendem investigar.
- Providenciem equipamento para gravar a entrevista ou bloco de notas e caneta para anotar as respostas.
- Peçam aos entrevistados que assinem um termo de autorização de divulgação de suas falas, uma vez que o texto final será publicado.

Acesse o recurso digital para conhecer algumas dicas que vão ajudá-lo a realizar a entrevista. Além das dicas dadas, que outras ações são importantes em uma entrevista?

3. Selecionem as declarações relevantes feitas nas entrevistas. Escolham alguns trechos para citar. Cuidado para não distorcerem o que foi dito pelo entrevistado.
4. Comparem as informações coletadas na busca com as obtidas nas entrevistas, para verificar se elas se complementam ou divergem umas das outras. Assim, vocês vão perceber a melhor maneira de usá-las na reportagem.
5. Definam os dados numéricos e os recursos visuais que usarão na reportagem.
6. Observem diferentes reportagens em livros, revistas e jornais para decidir como será a diagramação do texto de vocês.
7. Escrevam a primeira versão da reportagem seguindo estas indicações:
   - Elaborem título, linha fina e subtítulos que atraiam o leitor e organizem as informações de modo objetivo e coerente.
   - Para revelar o enfoque da reportagem no primeiro parágrafo, vocês podem selecionar um trecho de uma das entrevistas que o indique claramente.
   - Elaborem o corpo da reportagem com as informações pesquisadas, trechos das entrevistas e os recursos visuais com informações complementares.
   - Utilizem o registro de linguagem coerente à situação, mantendo as concordâncias verbal e nominal e pontuando o texto adequadamente.

LINGUAGEM DO SEU TEXTO

1. Na reportagem "Para onde vamos?", há uma explicação sobre quem é a menina Ella Kissi-Debrah. Por quê?
2. Há verbos de elocução nessa reportagem. Copiem um deles no caderno.

Observem a linguagem empregada em sua reportagem. Pensem no público-alvo e avaliem se algum termo pode não ser familiar ao leitor e, por isso, precisa ser acompanhado de explicações. Nas citações das entrevistas, observem se vocês usaram verbos de elocução para indicar os depoimentos. Lembrem-se de utilizar as aspas para marcar as falas de terceiros.

Avaliação e reescrita do texto

1. Revisem a reportagem de vocês conforme as questões do quadro a seguir.

ELEMENTOS DA REPORTAGEM
O título e a linha fina dão ideia do tema e podem atrair o interesse do leitor para o texto?
O primeiro parágrafo revela o enfoque de vocês sobre o tema e atrai o leitor para o texto?
A linguagem da reportagem está adequada ao público-alvo?
As citações das entrevistas ampliam as informações e dão credibilidade à reportagem?
Os recursos visuais complementam as informações e facilitam a leitura da reportagem?

2. Com base nessa revisão, reescrevam a reportagem com os ajustes necessários.

Circulação

1. Em grupos, organizem um livro com as reportagens da turma.
   - **Grupo 1**: produção da capa e criação do título e do subtítulo do livro.
   - **Grupo 2**: produção do sumário e organização das reportagens.
   - **Grupo 3**: escrita da apresentação do livro.
2. Doem o livro de vocês à biblioteca para compartilhar as produções da turma.

PARA EXPLORAR

O Brasil e a mobilidade urbana
Nesse boletim de logística, você vai conhecer um mapeamento sobre a mobilidade urbana no Brasil. Além disso, há outras informações interessantes, como: as inovações políticas em transporte, os conflitos no planejamento da mobilidade urbana e seus principais desafios.

Disponível em: https://ontl.epl.gov.br/wp-content/uploads/2021/02/Mobilidade-Urbana.pdf. Acesso em: 17 abr. 2023.

CAPÍTULO 2
INVESTIGAÇÕES DE FÔLEGO

O QUE VEM A SEGUIR

Você já imaginou uma escola no meio da floresta? A seguir, está reproduzida a reportagem "Uma escola na floresta", publicada no site do jornal Joca. O tema discutido nessa reportagem é de grande importância para a educação no Brasil: o transporte escolar. Reflita, antes de ler, sobre como você chega até a escola no dia a dia e converse com os colegas a respeito do assunto.

TEXTO

BRASIL 14 DE MAIO DE 2020

Uma escola na floresta

Alunos e professores passam 15 dias na Escola Municipal Victor Civita, localizada em plena floresta amazônica, antes de voltar para casa. O Joca acompanhou a viagem de barco até lá. Confira!

Textos: Martina Medina

▲ Sala de aula da Escola Municipal Victor Civita.

Lápis e caderno não são os únicos materiais escolares de Silane P., 17 anos. Com uma mala, um balde cheio de farinha e uma muda de abacateiro, ela espera pelo transporte escolar à beira do rio Mariepauá. É sábado, dia de ir para a escola — ou melhor, noite, já que a embarcação Encontro das Águas para às 20h em frente à casa da estudante na comunidade ribeirinha de Santo Antônio, no Amazonas.

comunidade ribeirinha: comunidade que nasce e se desenvolve à beira de rios.

Continua

Dezenas de alunos e professores já estão a bordo e outros ainda vão embarcar ao longo do curso do rio, rumo à Escola Municipal Victor Civita, localizada na comunidade Abelha, a uma distância de um dia de barco de Novo Aripuanã, no interior do estado do Amazonas. A solução para a distância entre as 14 comunidades ribeirinhas e a escola, que começou a funcionar em 2011, é o ensino integral por alternância. Isso significa que alunos e professores passam 15 dias na escola e 15 dias em casa entre os meses de janeiro e agosto — exceto neste momento, por causa do novo coronavírus, que levou à suspensão de aulas no Amazonas.

Nesse período, o rio está cheio, permitindo que barcos grandes naveguem por ele. Assim, a embarcação pode levar até a escola os 82 alunos do 6º ao 9º ano do ensino fundamental e seis professores, além do gestor e alguns familiares. Na seca, apenas canoas conseguem percorrer o trajeto, impedindo que tanta gente possa chegar à escola em um só barco.

▲ Redes utilizadas dentro das embarcações.

Problemas

As águas do Mariepauá são escuras, o rio é estreito e tem muitas curvas. Para evitar acidentes, o barco para durante a noite, quando todos a bordo dormem em redes. Apesar dos cuidados, o transporte enfrenta dificuldades. Quando o *Joca* acompanhou a viagem, entre 8 e 9 de fevereiro, a parte inferior da embarcação amanheceu alagada e estava afundando. Alunos, professores e funcionários do transporte conseguiram retirar a água a tempo e o barco seguiu viagem.

Alguns pais e alunos reclamam da falta de manutenção do barco. Segundo o piloto e dono do barco, Otávio Correa, uma peça para vedar a água estava frouxa, o que motivou o problema. [...] Outro problema é que a embarcação é pequena para a quantidade de alunos. Além disso, ela carrega apenas 30 coletes salva-vidas. O proprietário diz que está trabalhando para abrir mais espaço para as redes usadas para dormir, construir outro banheiro e adquirir equipamentos de segurança ainda este ano. A Secretaria Municipal de Educação de Novo Aripuanã afirma que vai fiscalizar a reforma.

vedar: fechar, obstruir totalmente.

↪ Continua

O barco também "dá carona" para moradores das comunidades ao redor do Mariepauá, que vão de canoa para a cidade adquirir mantimentos e não têm dinheiro o suficiente para comprar combustível e voltar sozinhos. A atitude já foi proibida pela Secretaria de Educação porque aumenta o tempo de viagem e o consumo de combustível do barco. [...] Segundo o gestor da escola, José Ruy Lemos, faltam investimentos de empresas e da prefeitura para que a escola e o transporte funcionem melhor.

A escola foi criada em uma parceria entre a prefeitura de Novo Aripuanã, a Fundação Amazonas Sustentável e a Editora Abril, mas parou de receber dinheiro da editora há seis anos. A Secretaria de Educação afirma que vai voltar a negociar com o dono do barco para que a regra seja cumprida corretamente. Sobre a possibilidade de existir outro barco que faça o trajeto e de aumentar os investimentos na escola, o órgão afirmou que a prefeitura discutirá o tema, mas que talvez não haja dinheiro suficiente para isso.

Transporte escolar na região Amazônica

A região hidrográfica da Amazônia no Brasil, formada por rios e seus afluentes nos estados do Acre, Amazonas, Roraima, Rondônia, Mato Grosso, Pará e Amapá, ocupa uma área de 4 milhões de quilômetros quadrados – o que corresponde à quase metade (45%) do território de todo o país. Por isso, grande parte do transporte na região é feito pela água. Confira alguns dos desafios e soluções para estudantes que vivem na beira dos rios e dependem desse tipo de transporte para ter aulas.

Desafios

- Transporte fluvial é mais lento e mais caro do que terrestre.
- Comunidades com número pequeno de pessoas e distantes entre si. É inviável que cada comunidade tenha uma escola.
- Dinâmica dos rios: o trajeto pode ser feito por grandes barcos quando o rio está cheio, na época em que chove muito (de janeiro a agosto). O mesmo caminho só pode ser percorrido por embarcações pequenas nas épocas de pouca chuva (de setembro a dezembro).
- Pouca quantidade, baixa qualidade e segurança ruim do transporte aquaviário oferecido.

Soluções

- Mais fiscalização por parte do poder público das empresas que realizam o transporte escolar para garantir que o serviço aconteça normalmente.
- Oficinas mecânicas com peças reserva de barcos próximas ao trajeto feito pelas embarcações nas comunidades para evitar que o transporte fique parado. E barcos reserva.
- Barcos de serviços públicos que vão a comunidades de difícil acesso deveriam levar agentes da educação para acompanhar se as crianças estão indo à escola.
- Ampliar o número de escolas por alternância.

Fontes: Jarliane Ferreira, professora da Universidade Federal do Amazonas (Ufam) e coordenadora do Programa de Observatório da Educação do Campo no Alto Solimões (Obecas); Matheus Rangel, oficial de educação do Unicef em Manaus; e Censo Escolar 2015.

---

afluentes: rios menores que desaguam em outros maiores.

fluvial: relativo a rios.

hidrográfica: relativo à água dos rios, mares ou lagos de uma região.

Continua

Dados

Mais de **6,7 milhões** de brasileiros estudam em **escolas rurais**.

Quase **70%** deles (**4,8 milhões**) necessitam do transporte escolar para ter aula.

27,7% dos veículos são inadequados ao transporte escolar.

Na Região Norte, **100 mil crianças** de 7 a 14 anos estão fora da escola devido à falta de transporte.

No Brasil, a cada **mil alunos**, **cinco** não tiveram que abandonar a escola porque a frota de ônibus aumentou de **2007** e **2014**.

Fontes: Inep (2008), FNDE e UNB (2009/2010), FNDE (2019).

Farinha de mandioca

No Amazonas, crianças e adultos colocam farinha em quase tudo: arroz e feijão, sopa, açaí e até água. Todas as comunidades têm plantação de mandioca, e as crianças ajudam da colheita até a confecção da farinha.

Como é estudar na floresta?

Conheça o dia a dia dos alunos da E. M. Victor Civita

- O barco deixa Novo Aripuanã às 10h do sábado e chega às 15h de domingo à escola.
- Crianças e jovens colocam suas redes nos quatro dormitórios, divididos entre feminino e masculino.
- A aula começa segunda-feira às 6h e termina às 16h. Nos intervalos, são servidos café da manhã, merenda e almoço.
- As quatro salas de aula têm vista para o rio. Além de disciplinas como português e matemática, há atividades como teatro, contação de história e plantio de árvores frutíferas — já são 1.200 e, a cada alternância, os alunos devem levar ao menos uma muda para aumentar esse número.
- Os estudantes são responsáveis pela organização e limpeza dos quartos, além de lavar a própria roupa.
- No fim de tarde, o passatempo preferido é futebol, seguido de banho de rio.
- Durante o dia, a única energia usada é a do sol. Quando escurece, um gerador à base de combustível é ligado.
- A internet só é utilizada para mandar mensagens importantes quando o diretor libera a senha. Às 22h, o gerador é desligado e todos devem estar nas redes para dormir.
- Nos 15 dias em que ficam em casa, os alunos fazem tarefas a serem corrigidas na próxima temporada na escola.

[...]

Essa reportagem foi produzida por meio de bolsa concedida pelo edital de Jornalismo de Educação 2019, com apoio da Jeduca e da Fundação Itaú Social.

Martina Medina. Uma escola na floresta. *Joca*, 14 maio 2020. Disponível em: https://www.jornaljoca.com.br/uma-escola-na-floresta/. Acesso em: 17 abr. 2023.

TEXTO EM ESTUDO

PARA ENTENDER O TEXTO

1. Retome com os colegas algumas reflexões feitas antes da leitura da reportagem e responda: Alguém da turma enfrenta os problemas apresentados na reportagem?

2. Releia o título e a linha fina da reportagem e responda às questões a seguir.

> **Uma escola na floresta**
>
> Alunos e professores passam 15 dias na Escola Municipal Victor Civita, localizada em plena floresta amazônica, antes de voltar para casa. O Joca acompanhou a viagem de barco até lá. Confira!

   a) A elaboração do título é um recurso importante para impactar o leitor e gerar uma expectativa para o texto. De que modo o título "Uma escola na floresta" provoca impacto nos leitores?

   b) Qual outro título você daria à reportagem para causar esse mesmo impacto?

   c) Quais informações da linha fina instigam a curiosidade do leitor? Explique.

3. Releia os três primeiros parágrafos da reportagem e responda às questões.

   a) Para ir à escola, os materiais dos estudantes retratados na reportagem não se limitam a objetos escolares. Explique o que mais eles precisam levar e por quê.

   b) Por que, nessa região, a escola funciona em período integral e por alternância de 15 dias?

   c) Segundo o texto, o ano letivo naquela região amazônica ocorre entre os meses de janeiro e agosto. Por que isso acontece?

4. Copie o quadro a seguir no caderno e complete-o escrevendo os subtítulos da reportagem. Depois, com base na leitura do texto, identifique e indique o enfoque dado ao tema transporte escolar em cada um deles.

Tema da reportagem	Subtítulo	Enfoque
Transporte escolar		

5. Responda às questões a seguir, a respeito do subtítulo "Problemas".

   a) Nessa parte da reportagem, são apresentados quatro problemas referentes ao uso do barco como meio de transporte. Quais são eles?

   b) De acordo com o texto, qual é a principal causa desses problemas?

> **ANOTE AÍ!**
>
> Os **subtítulos** têm a função de organizar a reportagem, segmentando os diferentes enfoques que constituem o assunto principal. Assim, eles informam o tema específico de cada parte do texto e facilitam a leitura e a compreensão.

6. Ao longo da reportagem "Uma escola na floresta", aparecem algumas citações indiretas de pessoas e de um órgão público.

   a) Que informações o piloto e dono do barco apresenta à repórter?
   b) O gestor da escola destaca um problema. Que problema é esse?
   c) Que órgão público se manifesta diante do problema apresentado?
   d) Qual é a importância dessas declarações para a reportagem?

7. Na reportagem "Uma escola na floresta", o subtítulo "Soluções" propõe ações para ajudar no acesso à escola na região amazônica. A maior parte dessas ações refere-se a um problema apontado em outro subtítulo da mesma reportagem, "Desafios".

   a) Copie no caderno a alternativa que apresenta esse problema:
      I. Transporte fluvial é mais lento e mais caro do que o terrestre.
      II. É inviável que cada comunidade tenha uma escola.
      III. Dinâmica existente nos rios.
      IV. Pouca quantidade, baixa qualidade e segurança ruim do transporte aquaviário.
   b) Qual outra sugestão você daria para ajudar as comunidades ribeirinhas da região amazônica a terem acesso à escola? Comente.

8. Releia as informações presentes no subtítulo "Dados" da reportagem e responda às questões:

   > **Dados**
   >
   > Mais de **6,7 milhões** de brasileiros estudam em **escolas rurais**.
   > Quase **70%** deles (**4,8 milhões**) necessitam do transporte escolar para ter aula.
   > **27,7%** dos veículos são inadequados ao transporte escolar.
   > Na Região Norte, **100 mil crianças** de 7 a 14 anos estão fora da escola devido à falta de transporte.
   > No Brasil, a cada **mil alunos**, **cinco** não tiveram que abandonar a escola porque a frota de ônibus aumentou de **2007** e **2014**.
   > **Fontes:** Inep (2008), FNDE e UNB (2009/2010), FNDE (2019).

   a) O que os dados apresentados nessa parte da reportagem "Uma escola na floresta" têm em comum?
   b) Qual é a importância desse tipo de informação em uma reportagem? Os dados reforçam ou diminuem a importância do problema apresentado nessa reportagem?

   ANOTE AÍ!

   A **apuração jornalística** é uma etapa fundamental para a produção de uma reportagem. Durante a apuração, o repórter faz um levantamento e seleciona informações em diferentes fontes e, depois, checa os dados obtidos para garantir que essas informações estejam corretas.

9. **SABER SER** A reportagem "Uma escola na floresta" mostrou a importância de os estudantes ajudarem uns aos outros para facilitar o estudo nas comunidades ribeirinhas do Amazonas.

   a) Como é seu relacionamento com os colegas na escola? Vocês costumam cooperar quando estão com dificuldades? Comente.
   b) Em sua opinião, por que a cooperação é importante para o desenvolvimento da aprendizagem?

10. Além de retratar as dificuldades da população amazônica em relação ao acesso à escola, o objetivo da reportagem "Uma escola na floresta" é revelar a importância do transporte escolar como um direito universal da população. Para você, a reportagem atingiu esse objetivo? Justifique.

O CONTEXTO DE PRODUÇÃO

11. O mapa a seguir representa o estado do Amazonas e a região de Novo Aripuanã, no interior do estado, onde se localizam a comunidade Abelha e a Escola Municipal Victor Civita. Para a produção da reportagem "Uma escola na floresta", a jornalista Martina Medina conheceu toda essa região.

▲ Mapas do estado do Amazonas e da região de Novo Aripuanã, no interior do estado, utilizados na reportagem "Uma escola na floresta".

PARA EXPLORAR

Em vídeo, a repórter de "Uma escola na floresta", Martina Medina, conta os bastidores da produção da reportagem sobre o transporte escolar na região amazônica. Ela fala sobre alguns desafios da reportagem, tais como as dificuldades de comunicação, devido ao escasso acesso à internet, e a falta de estrutura do transporte durante a viagem para a escola.

Disponível em: https://www.youtube.com/watch?v=brvAyhnkjDc. Acesso em: 17 abr. 2023.

a) Observando o mapa ampliado da região de Novo Aripuanã, identifique o nome das 14 comunidades ribeirinhas que frequentam a E. M. Victor Civita.
b) Dos três rios que aparecem no mapa, através de qual deles é feito o trajeto para a escola? Cite duas características dele.
c) O fato de a jornalista ter visitado a região dá mais credibilidade às informações? Explique.
d) Você conhece algum dos lugares apontados no mapa ou alguma outra cidade brasileira em que haja um problema semelhante aos da reportagem? Caso conheça, comente com os colegas.

12. Observe as fotografias da reportagem e responda: Além de mostrar os locais por onde a equipe passou, que outra função elas desempenham no texto?

> **ANOTE AÍ!**
>
> Na reportagem jornalística, a fotografia é um recurso que funciona como um suporte ao trabalho do repórter, com a função não apenas de conferir-lhe autenticidade, mas também de concretizar para o leitor as informações do texto verbal.

A LINGUAGEM DO TEXTO

13. Releia o trecho a seguir:

> Alunos e professores passam 15 dias na Escola [...], localizada em plena floresta amazônica [...]. O Joca acompanhou a viagem de barco até lá. Confira!

a) Qual oração faz uso da terceira pessoa para se referir ao jornal *Joca*?
b) Qual efeito de sentido esse uso provoca no texto da reportagem?

> **ANOTE AÍ!**
>
> Em textos jornalísticos, o uso da terceira pessoa tem a função de transmitir o conteúdo de modo objetivo e impessoal, fazendo com que o foco recaia na informação.

14. Releia o trecho a seguir, observando as expressões destacadas:

> É sábado, dia de ir para a escola – **ou melhor**, noite, **já que** a embarcação Encontro das Águas para às 20h em frente à casa da estudante [...].

Copie no caderno a alternativa que explica a função delas no texto.
 I. "Ou melhor" indica correção, e "já que" introduz uma explicação.
 II. "Ou melhor" indica oposição, e "já que" introduz uma consequência, efeito.
 III. "Ou melhor" indica dúvida, e "já que" introduz uma condição, suposição.

15. Releia o trecho a seguir:

> Sobre a possibilidade de existir outro barco que faça o trajeto e de aumentar os investimentos na escola, o órgão afirmou que a prefeitura discutirá o tema, **mas** que talvez não haja dinheiro suficiente para isso.

- Com que função a conjunção adversativa destacada foi empregada? Explique.

COMPARAÇÃO ENTRE OS TEXTOS

16. Você leu uma reportagem da revista *Gama* e uma do jornal *Joca*. Sobre elas, responda:
a) A que público cada uma dessas reportagens se destina?
b) Qual das reportagens tem como tema central um direito universal? Por quê?

17. Sobre o posicionamento da repórter ou do veículo, responda:
a) Qual é o posicionamento defendido em cada uma das reportagens?
b) Os recursos conseguiram convencê-lo da posição em ambas? Por quê?

18. Após as leituras, sua percepção sobre os temas abordados mudou? Explique.

PARA EXPLORAR

Estatuto da Criança e do Adolescente
O Estatuto da Criança e do Adolescente (ECA) é o conjunto das leis que regulam especificamente a proteção integral da criança e do adolescente no Brasil. O artigo 4 do ECA procura garantir, entre outros, o direito à educação aos menores de 18 anos. O documento pode ser consultado no *link* a seguir.
Disponível em: http://www.planalto.gov.br/ccivil_03/LEIS/L8069.htm. Acesso em: 17 abr. 2023.

LÍNGUA EM ESTUDO

PALAVRAS PRIMITIVAS E PALAVRAS DERIVADAS

PARA EXPLORAR

Nova gramática do português contemporâneo, de Celso Cunha e Lindley Cintra. Rio de Janeiro: Lexikon, 2017.

As gramáticas da língua portuguesa costumam trazer listas de radicais, prefixos e sufixos. Elas indicam, quando possível, a origem do termo, os sentidos, as variações e o uso que se costuma fazer dele. A gramática citada traz uma boa organização desse material de consulta.

1. Releia o trecho da reportagem, prestando atenção ao destaque.

> • A internet só é utilizada para mandar mensagens importantes [...]. Às 22h, o gerador é **desligado** e todos devem estar nas redes para dormir.

a) Na palavra *desligado* é possível identificar outras palavras. Quais são elas?
b) Você acrescentou ou retirou elementos? Em que parte da palavra?
c) Uma dessas palavras está em todas as outras, dando origem a elas. Qual?

As palavras **primitivas** não são formadas a partir de outras. Elas são compostas de radical e vogal temática, como *pedra*. Veja:

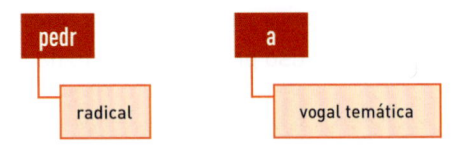

pedr — radical
a — vogal temática

2. Releia mais um trecho da reportagem:

> • No fim de tarde, o **passatempo** preferido é futebol, seguido de banho de rio.
> • [...] Quando **escurece**, um gerador à base de combustível é ligado.

a) *Passatempo* é uma palavra composta formada pela junção de duas. Quais?
b) *Escurece* é forma flexionada de *escurecer*. Qual palavra dá origem ao verbo?
c) Para formar o verbo, que elemento foi acrescentado ao adjetivo?
d) Qual diferença se pode perceber entre palavras compostas e derivadas?

ANOTE AÍ!

A **derivação** é o processo de formação de palavras por meio do acréscimo de elementos – os **afixos** – ao radical de uma palavra. Há dois tipos de afixos: os **prefixos** (acrescentados antes do radical) e os **sufixos** (acrescentados depois do radical).

Veja a formação da palavra *desligado*.

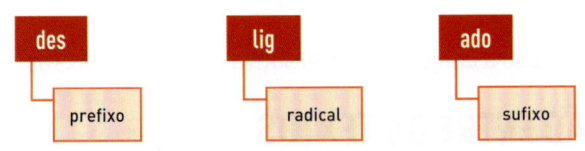

des — prefixo
lig — radical
ado — sufixo

Essa palavra é formada por **derivação prefixal e sufixal**. Se retirarmos um dos afixos, haverá uma palavra com sentido: *desligar/ligado*.

Há casos em que, se um dos afixos for retirado, o termo fica sem sentido. Exemplo: amontoar = a + mont + ar. A derivação, então, é **parassintética**.

ANOTE AÍ!

Os tipos de derivação são: **prefixal**, **sufixal**, **prefixal** e **sufixal** (com prefixo e sufixo; se um deles for retirado, a palavra terá sentido) e **parassintética** (com prefixo e sufixo; se apenas um deles for retirado, a palavra perderá o sentido).

ATIVIDADES — Acompanhamento da aprendizagem

Retomar e compreender

1. Releia agora o trecho inicial da reportagem "Uma escola na floresta".

> Lápis e caderno não são os únicos materiais escolares de Silane P., 17 anos. Com uma mala, um balde cheio de farinha e uma muda de **abacateiro**, ela espera pelo transporte escolar à beira do rio Mariepauá.

a) O que é um *abacateiro*?
b) Qual é o nome do processo de formação da palavra *abacateiro*? Explique.
c) Observe as palavras *cajueiro*, *mamoeiro*, *limoeiro*. O que elas têm em comum com a palavra *abacateiro*? A que conclusão se pode chegar sobre esse afixo?

2. Releia mais um trecho dessa mesma reportagem.

> • 27,7% dos veículos são **inadequados** ao transporte escolar.

a) A palavra destacada é formada por derivação. Descreva esse processo.
b) Considerando o sentido do prefixo, explique o uso dessa palavra no contexto.

3. Leia a tira a seguir com o gato Garfield.

Jim Davis. *Garfield*. Acervo do autor.

a) No último quadrinho, como o pensamento do gato provoca o humor da tira?
b) Que palavra da tira é formada por derivação prefixal? Qual é seu significado?
c) Qual é o prefixo dessa palavra? E qual é o sentido dele: negação ou repetição?

Aplicar

4. Leia o trecho de uma reportagem sobre a importância do teatro na escola.

> **Em escola pública de Goiânia, aprendizagem se dá também pelo teatro**
>
> [...] Quando Millena Teixeira, 17 anos, começou a estudar no Colégio Estadual Lyceu de Goiânia, uma das escolas mais tradicionais da cidade, atuar na frente de colegas, professores e desconhecidos estava longe de suas intenções. [...] Pouco tempo depois, no entanto, a estudante tomou conhecimento do Espaço Sonhus, um projeto que leciona teatro, cinema, percussão, entre outras manifestações artísticas aos alunos, que a fez mudar de ideia. [...] Desde que o projeto foi criado, em 2013, histórias como a de Millena têm se tornado, **felizmente**, cada vez mais comuns.

Thais Paiva. Em escola pública de Goiânia, aprendizagem se dá também pelo teatro. *Carta Educação*. Disponível em: http://www.cartaeducacao.com.br/reportagens/em-escola-publica-de-goiania-teatro-e-outras-artes-reforcam-aprendizagem/. Acesso em: 17 abr. 2023.

a) A palavra destacada é formada por meio de qual processo de derivação?
b) Reescreva esse termo acrescentando um prefixo que crie o sentido oposto.
c) Explique os afixos das palavras *desconhecidos* e *conhecimento*.

A LÍNGUA NA REAL

PREFIXOS QUE EXPRESSAM NEGAÇÃO

1. Releia o trecho a seguir, da reportagem "Uma escola na floresta".

   > O proprietário diz que está trabalhando para abrir mais espaço para as redes usadas para dormir, **construir** outro banheiro e adquirir equipamentos de segurança ainda este ano.

   a) Qual sentido o verbo destacado assume nesse contexto: De algo que será produzido ou de algo que não será produzido?
   b) Qual é o antônimo desse verbo?
   c) Para formar o antônimo, que prefixo você acrescentou ao radical desse verbo? A que conclusão se pode chegar em relação ao sentido desse prefixo?
   d) Pense em outro verbo em que o uso desse prefixo causa um efeito de sentido contrário.

2. Releia outro trecho da reportagem.

   > • Comunidades com número pequeno de pessoas e distantes entre si. É **inviável** que cada comunidade tenha uma escola.

   a) No contexto, qual é o sentido do termo em destaque?
   b) Qual é o adjetivo que originou esse termo? Que afixo foi acrescentado a ele?
   c) Qual foi o tipo de derivação empregado na formação da palavra em destaque no trecho lido?
   d) Se o afixo da palavra em destaque no trecho fosse eliminado, ela teria sentido nesse contexto? Explique.

3. Leia a tira a seguir.

   Quino. *Toda Mafalda*. São Paulo: Martins Fontes.

   a) Nessa tira, de que modo a linguagem não verbal provoca o humor?
   b) Há duas palavras na tira formadas com o mesmo prefixo. Quais são essas palavras?
   c) Qual é o prefixo das palavras da resposta ao item *b* e que sentido ele indica?
   d) Considerando a resposta dada aos itens *b* e *c*, esse prefixo pode criar palavras antônimas? Justifique.
   e) Se a expressão *pouco provável* fosse substituída por *improvável*, mudaria o sentido da avaliação dos cientistas sobre o satélite? Explique.

4. Releia mais um trecho da reportagem "Uma escola na floresta", prestando atenção à palavra destacada.

> • A internet só é utilizada para mandar mensagens importantes quando o diretor libera a senha. Às 22h, o gerador é **desligado** e todos devem estar nas redes para dormir.

a) Por que a palavra *ligar* é a primitiva?
b) Quais afixos foram adicionados à palavra primitiva para formar *desligado*?
c) Um dos elementos de *desligado* é usado para indicar o sentido oposto de uma palavra ou negar seu sentido. Qual é ele?
d) Considerando a resposta dada à alternativa *c*, qual é o significado da palavra *desligado* no texto?

5. Agora, releia este outro trecho:

> O barco também "dá carona" para moradores das comunidades ao redor do Mariepauá, que vão de canoa para a cidade adquirir mantimentos e não têm dinheiro o **suficiente** para comprar combustível e voltar sozinhos.

a) O adjetivo *suficiente* está se referindo a qual substantivo da oração?
b) No contexto da oração, esse adjetivo está sendo utilizado em sentido afirmativo ou negativo?
c) Acrescente um prefixo de negação ao adjetivo *suficiente* e reescreva a oração "não têm dinheiro o suficiente", mantendo o sentido original.
d) Comparando a oração do trecho com a oração reescrita no item *c*, responda: Há diferença de sentido entre elas? Comente.

6. Leia o título e a linha fina de uma notícia sobre o tema transporte escolar.

> **93% dos veículos do transporte escolar no Paraná estão em desacordo com a legislação, diz Tribunal de Contas**
> Conforme o órgão, os veículos oficiais não têm cadastro ou estão com a inspeção semestral atrasada. TCE-PR determinou regularização até o início do ano letivo.
>
> *G1*, Paraná, 23 jan. 2018. Disponível em: https://g1.globo.com/pr/parana/noticia/93-dos-veiculos-do-transporte-escolar-no-parana-estao-em-desacordo-com-a-legislacao-diz-tribunal-de-contas.ghtml. Acesso em: 17 abr. 2023.

a) No título, há uma palavra formada por derivação prefixal. Qual é ela? O que essa palavra informa sobre o tema da notícia?
b) O jornalista atribui a declaração a que órgão público? Que efeito isso causa?
c) Reescreva no caderno a linha fina, trocando o termo *regularização* por outro com mesmo radical e de mesma classe gramatical, mas que indique sua negação ou sentido contrário.
d) Em qual das versões da linha fina se destaca o problema? Justifique.

ANOTE AÍ!

A **derivação prefixal** pode ser utilizada para criar **antônimos**. Para isso, é preciso empregar **prefixos** que produzam sentido de negação ou oposição, como *des-*, *in-* (ou suas variações *i-* e *im-*). Exemplos: *desfazer*, *indisposto*, *irreal*, *improdutivo*.

ESCRITA EM PAUTA

GRAFIA DE ALGUNS VERBOS IRREGULARES

1. Leia a tira a seguir.

Laerte. *Gato e gata*. *Folha de S.Paulo*, 1997. (Ilustrada)

   a) No primeiro quadrinho, qual é o sentimento da gata preta pelo gato com manchas? Como você percebeu?

   b) Reescreva a frase do segundo quadrinho, modificando seu início "Este farsante" para "Os gatos".

   c) Ao reescrever a frase do segundo quadrinho, a forma verbal *tem* sofreu alguma modificação quanto à grafia? Explique sua resposta.

2. Reescreva as frases a seguir no caderno, completando-as com *vem* ou *vêm*.

   a) Mãe, o Pedro ★ aqui hoje?

   b) Todo ano, meus primos ★ passar as férias em casa.

   c) Nem sempre eles ★ almoçar aqui aos sábados.

3. Reescreva no caderno as frases expressas a seguir e complete-as com as formas verbais *tem* ou *têm*.

   a) Você sabe se o Paulo ★ mais um livro para emprestar?

   b) Os motoristas nem sempre ★ paciência no trânsito.

   c) A minha escola ★ uma horta coletiva; todos os estudantes ★ de ajudar a cuidar das verduras e dos legumes nela plantados.

4. Complete as frases com a forma verbal que melhor se ajusta à norma-padrão.

   a) Ontem pegamos uma carona com o Hélio. Apesar de o fusquinha ser apertado, nós dois ★ na parte de trás. (cabemos / coubemos)

   b) Nós ★ a vovó para assistir à peça da Larissa. (trouxemos / trazemos)

   c) Nós ★ a esta empresa ontem para esclarecer de uma vez por todas a confusão. (vimos / viemos)

   d) Elas ★ aqui em casa todo sábado. (vêm / vem)

5. Reescreva no caderno as frases a seguir, completando-as com o verbo e o tempo indicados entre parênteses.

   a) Será que ele ★ o dinheiro? (trazer / pretérito perfeito do indicativo)

   b) Esse lugar me ★ péssimas lembranças. (trazer / presente do indicativo)

   c) Os meninos ★ os doces mais tarde. (trazer / futuro do presente do indicativo)

6. Reescreva as frases a seguir no caderno e complete-as com o verbo entre parênteses no tempo e no modo adequados.

   a) Não sei como ontem todos nós ★ no banco de trás daquele carro! (caber)
   b) Eu ★ da Bahia quando era muito jovem. (vir)
   c) Nós ★ da Bahia quando éramos muito jovens. (vir)

7. Reescreva no caderno o título desta notícia e complete-o com o verbo *trazer* flexionado adequadamente no pretérito perfeito do indicativo.

   "Todas as cenas são incríveis", diz quadrinhista que ★ Mônica ao PA

   G1, Pará, 29 ago. 2015. Disponível em: https://g1.globo.com/pa/para/cirio-de-nazare/2015/noticia/2015/08/todas-cenas-sao-incriveis-diz-quadrinhista-que-trouxe-monica-ao-pa.html. Acesso em: 17 abr. 2023.

8. Leia o trecho a seguir.

   Você pode dar o nome que quiser para o seu filho?

   Se ele nasceu no Brasil, sim. Mas em alguns países da Europa — como França e Portugal — os pais têm que conter a imaginação na hora de escolher o nome dos rebentos. Em Portugal, por mais que queira, você não vai poder chamar sua filha de Sophia. Desde 2001, o nome está na lista de nomes não admitidos pela Direção Geral dos Registros, um órgão subordinado ao Ministério da Justiça.

   O objetivo dos nossos patrícios é proteger o idioma. Por lá, todo nome deve ser adaptado à grafia e à fonética lusitanas. É por isso que Sophia não pode, mas Sofia, sim. [...]

   Taíssa Stivanin. *Superinteressante*, São Paulo, out. 2016. Disponível em: http://super.abril.com.br/cotidiano/voce-pode-dar-nome-quiser-seu-filho-446131.shtml. Acesso em: 17 abr. 2023.

   a) Observe a forma verbal *quiser* no título do texto. Esse verbo é regular ou irregular? Por que *quiser* foi escrito com *s*?
   b) Explique o uso da forma verbal *têm* nesse trecho.
   c) Você concorda com o posicionamento do governo de Portugal de impedir o registro de determinados nomes? Por quê?

ETC. E TAL

De onde vem?

Você sabia que as palavras têm história? Conheça a origem de duas palavras que usamos no dia a dia.

Biscoito

Biscoito vem da palavra latina *biscoctus*, que é formada por *bis*, que significa "dois", ou "duas", e por *coctus*, que quer dizer "cozido". Isso significa que o alimento foi chamado de "cozido duas vezes". O objetivo de cozinhar duas vezes é permitir que o alimento dure mais.

Caçula

A língua portuguesa já tinha uma palavra para designar o filho ou irmão mais velho, que é "primogênito". Mas não existia palavra para denominar o filho ou irmão mais novo. Quem nos ajudou foi um dos idiomas falados em Angola, o quimbundo. Por meio dos escravos de origem angolana, nós adotamos o termo *Kasule*, que significa "último filho". A palavra sofreu uma pequena mudança em nossa língua, tornando-se "caçula".

Márcio Bueno. *A origem das palavras para crianças e jovens curiosos*. Rio de Janeiro: José Olympio, 2005. p. 37, 44.

AGORA É COM VOCÊ!

COMO FAZER UMA REPORTAGEM EM ÁUDIO?

Akemi Nitahara decidiu ser jornalista após ganhar um prêmio de reportagem no jornal da escola. Iniciou na carreira em 2004, trabalhando como repórter de importantes veículos de comunicação, entre eles a Agência Nacional. A seguir, ela conta como é produzir uma reportagem radiofônica. Fique atento às dicas.

1. REUNIÃO DE PAUTA

O pauteiro e a equipe apresentam ideias para a reportagem. Planejam como a história poderá ser contada, quem será entrevistado e quais serão suas fontes de pesquisa.

"Algumas redações têm o pauteiro, que organiza a agenda do dia sobre o que está acontecendo para ajudar a distribuir o que cada repórter vai fazer, e o produtor, que ajuda a organizar a pauta e marcar as entrevistas."

QUEM É QUEM?

PRODUTORA — OPERADOR DE SOM
PAUTEIRO — EDITORA

"entre aspas"
As falas de Akemi estão marcadas com aspas.

AKEMI – REPÓRTER

"Quando você encontrar dados divergentes entre uma pesquisa e outra, ponha isso à prova, pergunte e analise para ver quais estão certos ou mostrar os dois lados da história."

2. PESQUISA E ROTEIRO DE ENTREVISTAS

O repórter pesquisa o assunto e define as perguntas das entrevistas. Nesse momento, o produtor marca e escolhe os lugares das entrevistas.

BG: abreviação do inglês *background* (fundo), indica músicas e outros sons inseridos na montagem para serem ouvidos ao fundo das falas.

sonora: trechos das entrevistas que serão usados na montagem da reportagem.

vinheta: chamada curta para iniciar e finalizar o programa.

3. APURAÇÃO/ REGISTRO DE ENTREVISTAS

O repórter sai a campo e entrevista pessoas com diferentes pontos de vista sobre o assunto. O operador capta sons que ajudam o ouvinte a imaginar o lugar da reportagem.

"O trabalho do repórter de rádio costuma ser solitário. Ele vai pra rua apenas com telefone, gravador, bloquinho e caneta."

Akemi também faz muitas entrevistas usando o telefone do estúdio de gravação, com um operador de som cuidando da qualidade do áudio.

5. REDAÇÃO

O repórter escreve a **lauda radiofônica** (veja ao lado), um tipo de formulário próprio para reportagens em áudio, com informações para o operador de som e o locutor. Em seguida, o editor avalia e sugere alguma mudança, caso considere necessário.

"*No momento que vou redigir a lauda, eu ouço todas as entrevistas e escolho as partes que vou usar, e com base nelas vou acrescentando dados e informações da pesquisa teórica. Sempre peço ajuda para o editor para ele revisar, ver se está faltando alguma informação ou até mesmo erros de português.*"

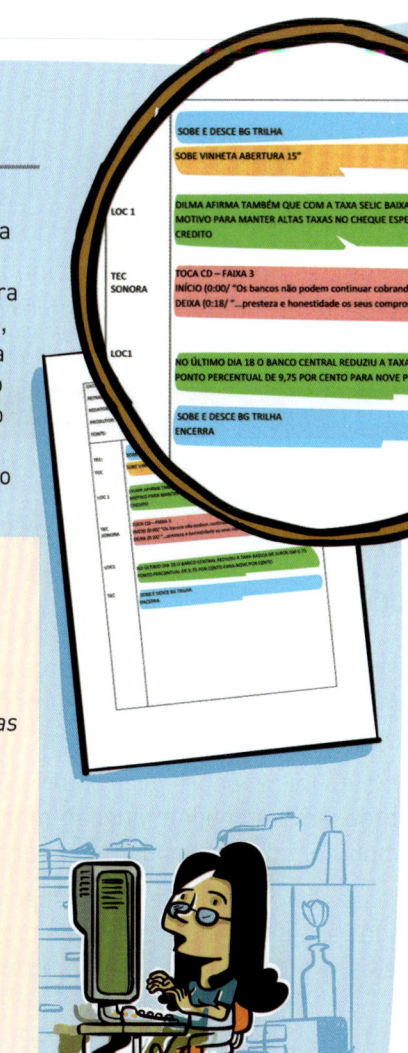

6. GRAVAÇÃO

Após a aprovação do editor, o repórter grava a locução da reportagem com a ajuda do operador de som.

7. MONTAGEM

Com base na lauda radiofônica, o operador de som monta a reportagem. Ele utiliza programas de computador para editar o áudio que será transmitido aos ouvintes.

"*O operador monta a matéria juntando a locução com as sonoras. Ele faz isso seguindo o roteiro do repórter com todas as marcações e dá o formato final, com música, com BG, uma vinheta.*"

4. REUNIÃO DE EDIÇÃO

O repórter e o editor se reúnem para definir como será a reportagem, escolhendo as informações e os registros sonoros mais relevantes. Nesse momento, novas ideias podem surgir.

"*O repórter conversa com o editor para saber qual será a melhor abordagem, para qual lado a história vai seguir.*"

DICA DA AKEMI!

"*O trabalho do jornalista para o rádio exige mais cuidado técnico com a qualidade do áudio, devem-se evitar lugares barulhentos; o vento também atrapalha na hora de gravar o áudio. Exige treino vocal para manter [o tom] da voz e falar com mais clareza, com uma locução mais precisa. Ter um texto conciso, enxuto, porque o rádio é ágil e as pessoas não têm a oportunidade de voltar ao texto, como na internet ou no jornal [...]. No rádio você só tem uma chance de passar a notícia. Tem que ser direto mesmo.*"

Fonte de pesquisa: Akemi Nitahara. Depoimento [set. 2015]. Entrevistadora: Anabelle Santos. SP/RJ, 2015.

Ilustrações: Alex Afonso/ID/BR

REPORTAGEM EM ÁUDIO

Acesse o recurso digital e conheça mais sobre a reportagem de rádio, com Akemi Nitahara. Responda: Qual é o passo a passo para a realização de reportagens assim? Em que ela se assemelha e se diferencia de reportagens como a de TV, jornal, etc.?

Proposta

Você e três colegas vão formar um grupo para produzir uma reportagem em áudio. O objetivo é denunciar um problema da cidade ou do bairro em que vocês moram. O áudio deve ter, no máximo, cinco minutos e poderá ser veiculado em um canal de *podcast*.

GÊNERO	PÚBLICO	OBJETIVO	CIRCULAÇÃO
Reportagem em áudio	Internautas que se interessam pelo tema da reportagem	Denunciar um problema da cidade ou do bairro em que moram	Canal de *podcast*

Planejamento e elaboração

1 Organizem-se para que cada integrante do grupo exerça uma destas funções, relacionadas à produção radiofônica: repórter, pauteiro, produtor e editor.

2 Marquem uma reunião de pauta e preparem-se para ela: o pauteiro deve apresentar um levantamento inicial sobre os problemas recorrentes da região (os demais integrantes também podem buscar informações sobre esse tipo de questão e contribuir com propostas de tema para a reportagem).

3 Na reunião de pauta, vocês vão decidir o tema da reportagem. Nesse momento, serão apresentadas as informações obtidas e todos poderão expressar sua opinião sobre elas. Para escolher o tema, procurem responder a estas perguntas:
- Dos problemas apresentados, qual é o mais relevante?
- O público vai se interessar pelo assunto? Por quê?
- Qual será o enfoque da investigação? Que fontes podem ser consultadas?
- Quem pode ter informações sobre o tema e, portanto, deve ser entrevistado?
- Que perguntas deverão ser formuladas para guiar as entrevistas?

4 Busquem dados sobre o tema escolhido e anotem as informações essenciais.

5 O produtor deverá entrar em contato com os possíveis entrevistados e convidá-los para as entrevistas, além de providenciar os equipamentos e definir o local das entrevistas, que deverá ter pouca poluição sonora.

6 Antes de cada entrevista, testem os equipamentos e a qualidade do som.

7 Como as declarações dos entrevistados poderão ser citadas na reportagem, peçam que assinem uma autorização de uso. Agradeçam a eles a colaboração.

MÚLTIPLAS LINGUAGENS

Antes de escrever a lauda radiofônica de vocês, ouçam reportagens em áudio. Diversos *sites* de rádios disponibilizam reportagens em *podcasts*. Observem:
1. Como o locutor inicia e conclui a reportagem?
2. Ao introduzir um entrevistado, de que modo o locutor o apresenta ao ouvinte?
3. A reportagem é dividida em blocos? Como é possível perceber isso?
4. O locutor muda o tom de voz ao longo da reportagem? Em que momentos?
5. Há vinhetas e música durante a reportagem? Em que momentos?

Ao produzirem sua reportagem, essas análises os ajudarão a organizá-la.

8 O repórter deverá escrever a lauda da reportagem. Ele poderá se basear no modelo que há no infográfico das páginas 152 e 153 e seguir estas etapas:
- Preencher o cabeçalho.
- Definir vinheta e músicas para intercalar com as partes da reportagem.
- Introduzir o texto do locutor de modo que atraia o interesse do ouvinte.
- Considerar o tempo de transmissão da reportagem: cinco minutos.
- Organizar o texto e os trechos dos depoimentos em blocos.
- Elaborar a fala do locutor, que deve apresentar o entrevistado e esclarecer a importância de seu depoimento. A linguagem da reportagem deve ser objetiva, com palavras fáceis de compreender e de pronunciar.
- Concluir a transmissão, agradecendo aos ouvintes a atenção e sintetizando as informações da reportagem.

9 O editor deverá ler e apontar ajustes na lauda. Com base nas indicações dele, o repórter poderá fazer as modificações necessárias.

10 O locutor deverá ensaiar sua leitura em voz alta e seguindo estas dicas:
- Ler sem pressa, em tom natural, pronunciando corretamente as palavras.
- Perceber os termos essenciais do texto e destacá-los com o tom da voz.
- Prever as pausas e o ritmo da leitura para que ela seja agradável ao ouvinte.

11 Gravem a locução. Se necessário, durante a gravação, revejam a lauda, reescrevam o texto e regravem a locução dos trechos ajustados.

12 Com a ajuda de programas ou aplicativos disponíveis na internet, façam a montagem do áudio da reportagem como um operador de som: incluam as vinhetas, as declarações dos entrevistados e as músicas.

13 Para escolher o melhor serviço de hospedagem do *podcast*, consultem tutoriais em vídeos, artigos e *sites* especializados em tecnologia ou indicações em fóruns de discussão especializados.

PARA EXPLORAR

Museu do Rádio Roberto Marinho

Inaugurado em 2004, o Museu do Rádio Roberto Marinho, que fica no Rio de Janeiro (RJ), abriga uma exposição permanente de peças e de painéis explicativos que relatam momentos significativos da história do rádio no Brasil. A visitação é gratuita para todos. Outra possibilidade de conhecer esse universo é visitar uma rádio de seu município e aproveitar essa ocasião para conhecer como ocorre a produção e a transmissão de uma reportagem.

Avaliação

1 Editada a reportagem, avaliem-na orientando-se pelas perguntas a seguir.

ELEMENTOS DA REPORTAGEM EM ÁUDIO
Vocês escolheram os melhores trechos das entrevistas?
Fizeram testes de gravação para produzir uma locução adequada?
Incluíram música e vinheta adequadas à reportagem?
Produziram o áudio com um programa ou aplicativo adequado?

2 No dia combinado com o professor, ouçam todas as reportagens produzidas pela turma. Assim, vocês conhecerão o trabalho dos colegas.

3 Por votação, definam as reportagens que serão divulgadas no canal.

Circulação

1 Subam para o canal os arquivos em áudio com as reportagens selecionadas.

2 Quando o canal estiver pronto, divulguem o *link* entre os colegas, os amigos e os moradores do bairro por meio das redes sociais. Se a escola tiver *site* ou página em rede social, organizem a divulgação nesses meios também.

INVESTIGAR

Juventude brasileira

Para começar

Quem são os jovens brasileiros? E como eles vivem? Há várias maneiras de responder a essas questões. Uma delas é por meio da pesquisa documental, em que o pesquisador coleta e investiga os dados encontrados em fontes já existentes.

Agora é sua vez de ser o pesquisador. Você vai coletar dados, analisá-los e organizar o resultado em um gráfico. Depois, essa produção vai fazer parte de uma apresentação oral e de um painel da turma.

O PROBLEMA	A INVESTIGAÇÃO	MATERIAL
• Qual é o perfil dos jovens brasileiros na atualidade?	• **Procedimento**: pesquisa documental • **Instrumentos de coleta**: análise de registros institucionais (relatórios, documentos oficiais, tabelas) e revisão bibliográfica	• computador com acesso à internet • papel quadriculado e cartolinas

Procedimentos

Parte I – Planejamento

1. Reúna-se com um colega para selecionar o enfoque da pesquisa. Com a orientação do professor, escolham uma das opções a seguir: Juventude e educação; Juventude e trabalho; Juventude e cultura; Juventude e política.

2. Formulem a pergunta que será respondida pela pesquisa. Exemplo: Quantos jovens concluíram o Ensino Superior em cada uma das cinco regiões do Brasil?

Parte II – Coleta de dados

1. Procurem *sites* de instituições que organizem estudos sobre o tema. Sugestões:

   - Instituição governamental: Portal da Juventude – Secretaria Nacional de Juventude (disponível em: https://www.gov.br/mdh/pt-br/acesso-a-informacao/acoes-e-programas/secretaria-nacional-da-juventude).
   - Institutos: Instituto Brasileiro de Geografia e Estatística (disponível em: https://www.ibge.gov.br/) e Instituto de Pesquisa Econômica Aplicada (disponível em: https://www.ipea.gov.br/portal/).
   - Organização não governamental que promove os direitos da juventude: Ação Educativa (disponível em: https://acaoeducativa.org.br/).
   - Observatório de pesquisa: Observatório da Juventude da UFMG, de Belo Horizonte (disponível em: https://observatoriodajuventude.ufmg.br/). (Acessos em: 17 abr. 2023).

2. Nos *sites* de instituições de pesquisas, acessem as áreas "Acervo", "Biblioteca" ou "Publicações", que costumam disponibilizar relatórios.

3. Consultem a seção "Quem somos" para obter informações da pessoa ou da instituição que mantém o *site*, checando a credibilidade da fonte.

4. Selecionem o documento que, com base no título, mais se aproxime do tema escolhido na etapa de planejamento.

5. Salvem o arquivo e anotem os seguintes dados: nome da publicação, do autor e do *site*, datas de publicação e de acesso.

Parte III – Análise do documento e seleção dos dados

1. Ao ler o documento, observem se os dados são recentes e se tratam dos jovens.
2. Identifiquem se essas informações são organizadas em categorias relacionadas ao tema de estudo. Exemplo: Classificação por grau de escolaridade *versus* região do país, escolaridade *versus* estado civil, escolaridade *versus* gênero, etc.
3. Observem se há variáveis quantitativas, ou seja, que representam dados quantificáveis. Exemplo: Número de jovens que estudam à noite, etc.
4. Verifiquem se as informações respondem à pergunta feita no planejamento. Se não, escolham um novo documento ou revejam a pergunta inicial.
5. Selecionem os dados para a elaboração do gráfico. Exemplo: Porcentagem de jovens que cursaram o Ensino Superior em 2012 e em 2022. Grifem os trechos essenciais ou tomem notas em uma folha avulsa. Não descartem o material bruto.

Parte IV – Elaboração do gráfico

1. Os gráficos apresentam, de modo organizado e com recursos visuais, um conjunto de dados. Há diferentes tipos: de barras, de linhas e de setores (também conhecidos como gráficos de *pizza*). Escolham o formato que melhor represente a informação.
2. Com os dados extraídos do documento, elaborem um gráfico, que pode ser feito manualmente ou em planilha eletrônica.
3. No gráfico, devem constar título e fonte de pesquisa.
4. Confiram se os dados dos eixos horizontal e vertical do gráfico, que podem ser numéricos ou não, foram identificados, no caso de gráficos de barras e de linhas. Nos gráficos de setor, indiquem as porcentagens ou criem uma legenda para as cores.

Acesse o recurso digital e conheça alguns tipos de gráficos. Como você descreveria cada um desses tipos?

Questões para discussão

1. Com base no gráfico feito por seu grupo, o que é possível afirmar sobre os jovens?
2. Pelos gráficos de toda a turma, como se define o perfil dos jovens brasileiros?
3. Os jovens de sua comunidade correspondem ao que indicam as pesquisas da turma?

Comunicação dos resultados

Apresentação oral do trabalho e elaboração de painel

Vocês deverão apresentar oralmente à turma os resultados das pesquisas. Baseiem a apresentação na pergunta que guiou a pesquisa e elaborem um painel com os gráficos, que poderá ser confeccionado em cartolina. Esse recurso visual vai auxiliá-los na apresentação oral. Façam um ensaio para saber se a fala está adequada ao tempo combinado. Na apresentação, expressem as informações de modo organizado, fazendo referência ao painel e apontando nele os dados mencionados. Durante as apresentações das outras duplas, anotem os comentários para apresentá-los no final. Nesse momento, exponham suas opiniões de modo educado.

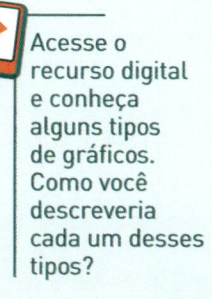

ATIVIDADES INTEGRADAS

Leia a seguir uma reportagem da *Revista E*, publicada pelo Serviço Social do Comércio (Sesc), de São Paulo, que promove ações nos campos da educação, da saúde, da cultura e do lazer. Depois, responda às questões.

▲ Muda-SP (Movimento Urbano de Agroecologia de São Paulo), 2016.

Ter menos, compartilhar mais

Em meio a um modelo altamente consumista, a economia colaborativa ganha adeptos como alternativa de uso criativo de recursos e valorização dos laços sociais

Ensinar bordado em troca de aulas de inglês, pedir ao vizinho uma pipoqueira emprestada, trocar brinquedos que já perderam a graça por outros diferentes, jantar na casa de um *chef* de cozinha. Práticas desse tipo podem até parecer mais comuns em cidades pequenas, mas têm ocorrido com frequência em centros urbanos como São Paulo. Graças às facilidades tecnológicas, a chamada economia colaborativa – na qual se tem como foco o consumo coletivo, as trocas ou empréstimos – ganha adeptos como alternativa para quem busca ter menos e compartilhar mais.

[...]

Apesar de diversas práticas fazerem parte da economia colaborativa ou compartilhada, há nuances dentro do mesmo modelo. Segundo a economista e consultora em economia criativa Ana Carla Fonseca Reis, é possível apontar algumas variáveis básicas: aquelas em que há pagamentos e não se coloca a ideia de posse em questão, como é o caso de quem aluga temporariamente um quarto de casa; as que trabalham com a ideia de posse compartilhada, como nos grupos de pessoas que se reúnem para comprar um bem em conjunto; e as que valorizam o acesso e não a posse, seja por meio de transações monetárias ou não, como no caso de redes de empréstimo, uso compartilhado ou trocas de produtos e serviços. [...]

A antropóloga Hilaine Yaccoub, especialista em antropologia do consumo, lembra que, apesar de a tecnologia ter colaborado para um resgate de redes de compartilhamento desse tipo, elas já existem desde que nos organizamos como sociedade. "O que acontece é que, hoje, muitas pessoas têm buscado um retorno a esse consumo mais coletivo e menos individual", afirma. [...]

↳ Continua

Acompanhamento da aprendizagem

> **Tecnologia a favor**
>
> [...]
>
> A professora de Economia na Era Digital [...] Dora Kaufman explica que as tecnologias digitais e as redes sociais são centrais para entender o crescimento da economia colaborativa. "Se antes os indivíduos compartilhavam objetos e serviços de maneira mais restrita em seus círculos mais próximos, hoje as redes digitais promovem essas mesmas práticas em dimensões maiores, envolvendo participantes que nem sempre conhecemos", compara. "As redes sociais digitais não só impulsionam as práticas colaborativas ao oferecer suas plataformas, como também trazem uma dimensão inédita, minimizam os fatores geográficos e temporais das comunicações, privilegiam os interesses e as habilidades dos participantes em detrimento de padrão de vida, gênero, cor, idade etc."
>
> [...] A pesquisadora informa que não se pode antecipar o resultado disso em longo prazo. "Atualmente, a economia colaborativa me parece uma prática que as pessoas estão reconhecendo como um valor positivo e que vem sendo adotada por indivíduos engajados em contribuir para uma sociedade mais igualitária, menos consumista e mais humana."

Ter menos, compartilhar mais. *Revista E*, Serviço Social do Comércio (Sesc), São Paulo, fev. 2016. Disponível em: https://portal.sescsp.org.br/online/artigo/9712_TER+MENOS+COMPARTILHAR+MAIS. Acesso em: 17 abr. 2023.

Analisar e verificar

1. De que forma o primeiro parágrafo introduz o assunto da reportagem para o leitor?

2. O que torna a economia colaborativa possível em uma cidade como São Paulo são as facilidades tecnológicas. Como essa afirmação é reforçada na reportagem?

3. Produzir um bom título para a reportagem é fundamental para despertar o interesse do leitor. Considerando essa afirmação, responda às questões a seguir.

    a) No dicionário, consulte os sentidos do verbo *compartilhar*. Anote-os no caderno.

    b) É possível afirmar que esse verbo é formado por derivação? Explique.

    c) Observe os dois verbos empregados no título: Eles foram escolhidos justamente para chamar a atenção do leitor para uma oposição. Qual é ela? Explique seu sentido.

    d) Além de ser utilizada diversas vezes na reportagem, a palavra *compartilhar* também forma outros termos empregados nesse texto. Quais? Explique sua formação.

4. Sobre as especialistas entrevistadas na reportagem, responda às questões.

    a) Qual é a relação delas com o tema abordado pela reportagem?

    b) Qual é o posicionamento dessas profissionais em relação à economia colaborativa?

    c) Como esse posicionamento se relaciona com o título e a linha fina?

Criar

5. Imagine que você seja o editor da *Revista E* e crie um boxe com cinco dicas de atitudes que contribuam para um comportamento de consumo mais responsável. Dê um título a seu boxe usando uma palavra formada por derivação do verbo *colaborar*.

6. Qual produto atrairia seu interesse em uma prática colaborativa de consumo coletivo, de troca ou de empréstimo? Crie uma rede de compartilhamento para ele. Pense em um nome para essa rede, suas características e seu público-alvo.

CIDADANIA GLOBAL

UNIDADE 4

11 CIDADES E COMUNIDADES SUSTENTÁVEIS

Retomando o tema

Nesta unidade, você e seus colegas refletiram sobre a importância da mobilidade urbana sustentável e a necessidade de planejamento e de mudanças nas formas de deslocamento. Agora, conversem sobre o tema no contexto de sua cidade.

1. Como você e seus familiares se locomovem no dia a dia?
2. Como é o trânsito de sua cidade? Há ciclovias interligando os bairros à região central? O transporte público atende às necessidades da população? As calçadas oferecem segurança aos pedestres? Há sinalizações adequadas nas vias?
3. Quais são os desafios para incentivar o uso seguro de bicicletas como meio de transporte na sua cidade? Apesar dos desafios, você acha que isso é possível?

Geração da mudança

Agora, vocês vão propor uma transformação da cidade onde vivem. Para isso, vão produzir, coletivamente, uma maquete para representar uma versão mais sustentável da cidade. O título dessa maquete será "A cidade que queremos".

- Definam o que pode ser transformado e o que precisa ser criado no espaço urbano, como ciclovias, bicicletários, semáforos inteligentes, meio-fio elevado para separar ciclistas de pedestres, pontes para pedestres, etc.
- Listem e providenciem os materiais necessários (de preferência, recicláveis). Escolham o material mais apropriado para construir cada elemento da cidade. Por exemplo, papel preto para compor as avenidas e ruas; papelão firme para construir as edificações (podem ser caixas de produtos alimentícios higienizadas); brinquedos para representar os meios de transporte; etc.
- Façam inicialmente um rascunho da maquete em uma folha avulsa. Depois de finalizado, construam a maquete utilizando uma base firme e sólida.
- Combinem com o professor um dia e um horário para apresentar a maquete à comunidade escolar, explicando como idealizaram uma cidade sustentável.
- Durante a apresentação, expliquem como pensaram a mobilidade urbana na cidade de vocês, justificando as transformações necessárias.

Autoavaliação

TEXTO EXPOSITIVO E INFOGRÁFICO

UNIDADE 5

PRIMEIRAS IDEIAS

1. Em sua opinião, que tipo de leitor se interessa por textos expositivos?
2. Para você, de que forma as fotografias e as ilustrações ajudam a compreender as informações em um infográfico?
3. Formule uma explicação para diferenciar frase, oração e período.
4. Sujeito e predicado são termos essenciais da oração. Você imagina por que eles recebem essas denominações?

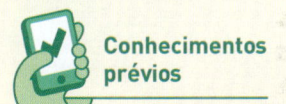

Conhecimentos prévios

Nesta unidade, eu vou...

CAPÍTULO 1 — Informação exposta e ampliada

- Ler e interpretar textos expositivos.
- Ler verbetes de enciclopédia digital; compreender a função de alguns recursos interativos.
- Refletir sobre a importância da limpeza das cidades e do saneamento básico.
- Ler e analisar verbetes de enciclopédia digital.
- Iniciar o estudo da sintaxe por meio das noções de frase, oração e período.
- Planejar e realizar uma exposição oral.

CAPÍTULO 2 — Informação: palavras e imagens

- Ler e interpretar infográfico.
- Refletir sobre o consumo de água com consciência social e senso de coletividade.
- Identificar e compreender o sujeito e o predicado e seus respectivos núcleos.
- Diferenciar o uso de *mau* e *mal* e de *a gente* e *agente*.
- Planejar e produzir um infográfico impresso ou multimídia.

CIDADANIA GLOBAL

- Refletir sobre a necessidade de acesso à água potável e ao saneamento básico para a manutenção da saúde e qualidade de vida.
- Levantar dados locais a respeito do acesso à água potável e ao saneamento básico e propor ações junto à prefeitura e à comunidade.

Mauricio Simonetti/Pulsar Imagens

LEITURA DA IMAGEM

1. Na fotografia, é possível visualizar três planos: um mais à frente, outro intermediário (segundo plano) e um terceiro ao fundo. O que é retratado em cada um deles?

2. Em sua opinião, a situação retratada na fotografia pode ser considerada grave? Por quê?

3. Onde você mora há rios poluídos próximos a áreas de plantio e de moradia? Compartilhe com os colegas.

CIDADANIA GLOBAL

6 ÁGUA POTÁVEL E SANEAMENTO

Saneamento básico é um conjunto de serviços, como abastecimento de água potável, coleta e tratamento de esgoto, manejo de resíduos sólidos e das águas da chuva, entre outros, que devem ser oferecidos pelos órgãos públicos aos cidadãos.

- Tendo em mente a imagem analisada, você considera que o saneamento básico está garantido nesse local? Justifique sua resposta.

Acesse o recurso digital para se informar sobre saneamento básico e responda: De que maneira a falta de saneamento pode impactar a saúde da população? Qual a parcela da população é mais vulnerável a isso? Discuta com os colegas.

Afluente do rio Tietê, poluído por lixo e esgoto irregular, próximo a áreas de plantio e moradia. Jardim Robru, Vila Curuçá, São Paulo (SP), 2019.

CAPÍTULO 1
INFORMAÇÃO EXPOSTA E AMPLIADA

O QUE VEM A SEGUIR

O texto que você vai ler faz parte da obra *Passado a limpo*, que trata da história das práticas de higiene, e foi reproduzido de modo semelhante às páginas desse livro. Quando os portugueses chegaram à Índia, no final do século XV, ficaram impressionados com os hábitos de higiene dos indianos. Qual teria sido o motivo do espanto dos portugueses? Pense nisso e, depois, leia o texto.

TEXTO

BANHO DE HISTÓRIA

Os hindus, religiosamente limpos

Nada daquilo que tanto surpreendeu os portugueses era novidade na Índia. Um papel extremamente importante na medicina indiana era desempenhado pelas estritas regras de higiene pessoal estabelecidas pela religião brâmane. Recomendavam-se dieta vegetariana e abstinência de álcool; havia grande ênfase na limpeza corporal, com banhos frequentes e remoção imediata dos excrementos e do lixo de dentro das casas. [...]

Os indianos tomavam banho ao acordar e ao deitar, e os rituais de higiene pessoal variavam conforme a casta. Os jovens nobres iniciavam sua requintada toalete esfregando os dentes com uma raiz, aplicando colírio e mascando folhas de bétel. O banho era tomado em uma sala na casa ou no rio, em cuja margem era instalado um aparato para o conforto dos banhistas. Antes de entrar n'água, o nobre indiano esfregava seu corpo com pós perfumados. Aplicava óleos nos cabelos e no corpo, deitando-se em uma cama para ser massageado. A seguir vinha o banho em si, no qual era utilizado um sabão espumoso. [...]

A exemplo dos homens, as damas eram massageadas com óleos perfumados para ficar com a pele macia e os músculos rijos. O cabelo tingido de hena era tratado com óleo para crescer e se manter brilhante. O banho poderia ser em uma sala, piscina, rio ou cascata. Não havendo água corrente, as servas despejavam jarros de água perfumada sobre a nobre, que também usava sabão no corpo e compostos para lavar os olhos e a boca.

Ao secar o cabelo da nobre, as servas nele aplicavam incenso negro. O corpo era recoberto de pasta de sândalo, o peito e os pés recebiam açafrão almiscarado, a sola dos pés era pintada de laca vermelha, e faziam-se desenhos em negro, vermelho, branco e verde nos braços, peito, ombros, testa, maçãs do rosto e queixo [...]. Os olhos eram contornados de kohl negro, as pálpebras recebiam uma pintura em ouro ou prata, e os lábios eram maquiados em tom alaranjado. O penteado começava pela cuidadosa risca que repartia o cabelo ao meio. Essa risca era coberta por pó de sândalo e depois enfeitada com um fio de pérolas. A cabeleira era trançada e presa com uma profusão de adornos, em penteados variados. Por fim, a dama colocava roupas, joias e enfeites e saía para a rua.

Falsas cabeleiras: exemplos de perucas usadas por nobres egípcias, que, por razões de higiene pessoal, costumavam raspar todos os pelos do corpo.

A higiene no berço da civilização

Apesar da singularidade e do vigor de sua ciência e civilização, vários dos conhecimentos dos indianos provinham de antigas inovações propostas por egípcios, sumérios e babilônios. [...]

A medicina da civilização suméria, que floresceu há 6 mil anos em Ur, na Mesopotâmia, é a mais antiga que se conhece. Baseava-se na astrologia, pois os sumérios acreditavam que o destino dos homens era regido pelos astros desde seu nascimento. Os arqueólogos encontraram placas de argila usadas pelos sacerdotes nas quais estavam redigidos em escrita cuneiforme tratados médicos completos e complexos. [...]

A civilização suméria entrou em declínio por volta do ano 2000 a.C., sendo absorvida por assírios e babilônios, que conquistaram a Mesopotâmia e cujo refinado sistema político-administrativo acabou tornando aquela região um dos maiores centros da civilização antiga. Cuidados com a qualidade e a falsificação de alimentos, regras que determinavam a construção dos esgotos e a localização dos cemitérios, bem como uma série de medidas preventivas, tornam os mesopotâmios pioneiros no estabelecimento tanto de uma política como de uma "polícia" sanitária.

Tal pioneirismo, porém, deve ser necessariamente compartilhado com o Egito, provável berço da civilização e onde as questões sanitárias, a atenção com a saúde pública e com a higiene pessoal também remontam à aurora dos tempos. Em um país arenoso, de clima muito quente e seco, o cuidado com a higiene era fundamental. [...]

As casas dos egípcios abastados tinham uma sala de banho, onde os criados lavavam seus senhores, despejando a água de uma bacia sobre eles. A banheira só chegaria ao Egito com os romanos. Antes disso, os egípcios tomavam banho sentados em uma cadeira, e a água era escoada por um sistema de canalização de terracota. Como sabão, era usada uma mistura à base de cinzas ou argila, geralmente perfumada. Também havia poções combinando óleos vegetais, gorduras animais e sais alcalinos, para limpeza ou tratamento de doenças de pele. As abluções diárias eram realizadas de manhã e antes das refeições. [...]

Além da sala de banho, as casas dos ricos tinham sala de unções, onde seus donos eram massageados, ungidos e perfumados com óleos que variavam conforme a estação. A aplicação de óleo na pele era uma questão de saúde, e ricos e pobres a realizavam – o que diferia era a qualidade do produto. Era preciso untar o corpo para enfrentar o sol abrasador e os ventos arenosos; do contrário a pele queimava e ressecava a ponto de surgirem doenças. Mesmo nas guerras, os soldados carregavam no cinto um recipiente com óleo para aplicar na pele e no cabelo. Óleos e gorduras animais serviam de base para cremes, loções e pomadas de uso diário ou medicinal.

Eduardo Bueno. *Passado a limpo*: história da higiene pessoal no Brasil. São Paulo: Gabarito, 2007. p. 15-17.

ablução: lavagem total ou parcial do corpo; ritual de purificação por meio da lavagem com água.

abstinência: ação de privar-se de algo (comida, bebida, etc.).

açafrão: planta da qual se extrai um pó utilizado como condimento ou perfume.

almiscarado: perfumado com almíscar, substância gordurosa e com cheiro intenso produzida por alguns mamíferos.

bétel: semente do fruto de uma palmeira nativa do sul da Índia, a qual se mastiga para perfumar a boca.

brâmane: relativo ao bramanismo, sistema religioso e social da Índia, baseado na crença em diversos deuses e na existência de um deus supremo, Brama.

cuneiforme: sistema de escrita dos sumérios; um dos sistemas de escrita mais antigos do mundo.

hena: tintura preparada com o pó de determinado arbusto.

kohl: pigmento preto feito de malaquita (um mineral), carvão e cinzas.

Mesopotâmia: termo de origem grega que significa "entre rios". Indica a região entre os rios Tigre e Eufrates, no Oriente Médio, onde hoje se situa o Iraque.

sândalo: essência aromática obtida da árvore de mesmo nome.

terracota: cerâmica produzida de argila cozida no forno.

unção: ato de ungir, passar ou friccionar óleo.

TEXTO EM ESTUDO

PARA ENTENDER O TEXTO

AS CASTAS

O sistema de castas na Índia, extinto por lei em 1940, era uma forma de organização social segundo a cor da pele das pessoas e o grupo em que nasciam. Nesse sistema, a casta à qual a pessoa pertencia determinava com quem ela se casaria (apenas com alguém da própria casta), sua profissão, seu modo de vestir, etc. Isso impossibilitava a mobilidade social dentro do sistema e gerava atitudes de discriminação, pois algumas castas consideravam-se superiores a outras.

1. No boxe *O que vem a seguir,* o que você pensou sobre o espanto dos portugueses se confirmou na leitura do texto? Você também se impressionaria com os hábitos de higiene do povo indiano? Por quê?

2. Sobre as práticas de higiene indianas, responda:
   a) Essas práticas eram iguais para todos os indianos? Explique.
   b) Algumas dessas práticas faziam parte do cotidiano de toda a população?

3. Ao mencionar os hábitos de higiene das indianas, o texto lista práticas que, em nossos dias, são consideradas estéticas. Cite algumas dessas práticas.

4. O texto relaciona a origem das práticas indianas de higiene a civilizações anteriores, como a civilização egípcia e a suméria.
   a) A medicina praticada pelos sumérios baseava-se em quê? Explique.
   b) Como os arqueólogos obtiveram acesso à medicina da civilização suméria?
   c) Que condições climáticas e geográficas do Egito Antigo impulsionaram as práticas de higiene e saúde?
   d) Qual é a relação entre essas características do ambiente e as práticas de higiene do povo egípcio?

5. No Egito Antigo, existiu uma prática de higiene que contrariava a desigualdade social, pois era adotada por ricos e pobres.
   a) Que prática era essa?
   b) Por que essa prática não se limitava a nobres e abastados?

6. Quais dessas práticas de higiene são similares às existentes hoje no Ocidente?

A ESTRUTURA DO TEXTO EXPOSITIVO

7. Qual é o assunto central do texto?

8. O texto apresenta duas partes separadas por subtítulos.
   a) Quais são esses subtítulos?
   b) Releia o parágrafo que introduz a primeira parte do texto. O que é informado sobre os portugueses?
   c) Que informação sobre os conhecimentos de higiene dos indianos é apresentada no parágrafo que introduz a segunda parte do texto?
   d) Qual é a relação entre essas duas partes?
   e) Como esses tópicos foram organizados: partindo de algo específico ou geral?
   f) De que forma essa organização contribuiu para o desenvolvimento do texto?

9. Observe a imagem e a legenda que acompanham o texto. Elas repetem uma ideia já exposta ou apresentam algo novo? Qual é a importância delas para o texto?

ANOTE AÍ!

O texto expositivo que você leu foi organizado em torno de um **assunto central** (práticas de higiene), ao qual estão ligadas **outras informações** (hábitos de indianos, egípcios e sumérios, por exemplo). A **imagem** e a **legenda** que acompanham o texto ilustram e ampliam seus sentidos. Todos esses elementos contribuem para que esse gênero textual cumpra seu objetivo: **expor** e **explicar um tema ao leitor**.

O CONTEXTO DE PRODUÇÃO

10. Leia a seguir a sinopse do livro *Passado a limpo*.

> Esse livro aborda a cultura e o cotidiano brasileiros dentro de uma surpreendente e inédita vertente. "Passado a limpo" retrata as mudanças e a evolução dos processos e hábitos da higiene pessoal no país, trajetória que se iniciou com o desembarque dos portugueses nas areias de Porto Seguro – onde aqueles errantes e sujos navegantes encontraram um punhado de indígenas "de bons corpos e bons narizes", limpos e depilados [...]. A obra pontua as inter-relações da história do Brasil com questões íntimas da higiene pessoal, desvendando uma enxurrada de curiosidades e fatos pitorescos, em meio a uma grande diversidade cultural.
>
> Disponível em: https://www.goodreads.com/book/show/20437453-passado-a-limpo.
> Acesso em: 6 fev. 2023.

a) Por que o texto afirma que o livro apresenta "surpreendente e inédita vertente"?

b) A disciplina de História volta-se ao estudo do passado de nosso país. O livro *Passado a limpo* pode ser usado como livro didático para ensinar História do Brasil? Explique com argumentos presentes na sinopse do livro.

ANOTE AÍ!

O texto expositivo lido foi publicado em um livro paradidático sobre a evolução das práticas de higiene e pode ser do interesse de diferentes leitores: estudantes, professores ou simplesmente pessoas que tenham curiosidade pelo assunto. Os **livros paradidáticos** abordam, em **linguagem acessível**, temas específicos de diversas áreas do conhecimento.

A LINGUAGEM DO TEXTO

11. Releia o quarto parágrafo do texto e responda às questões a seguir.

a) O que é descrito nesse parágrafo?

b) Cite quatro produtos aplicados no corpo das nobres indianas. A que classes gramaticais pertencem as palavras que nomeiam esses produtos?

c) De que modo a sequência descritiva presente nesse parágrafo se relaciona com o tema apresentado no texto expositivo?

d) Que efeito de sentido essa sequência descritiva atribui ao texto?

ANOTE AÍ!

Os textos expositivos costumam conter **sequências descritivas** que apresentam, de forma detalhada, aspectos do assunto abordado. Para garantir a **manutenção do tema** e introduzir subtemas nesses textos, é recorrente o emprego de palavras comuns ao assunto tratado. A retomada do tema por meio de palavras com significação próxima a ele fortalece e expande a ideia principal, o que garante a unidade do sentido do texto.

CIDADANIA GLOBAL

ACESSO AO SANEAMENTO BÁSICO

No subtítulo "A higiene no berço da civilização", o texto aborda o pioneirismo dos povos da Antiguidade na limpeza das cidades a fim de promover e manter a saúde pública.

1. De que modo o saneamento básico promove a saúde pública?
2. Atualmente, todas as pessoas têm saneamento básico de qualidade? Se necessário, procure informações sobre esse tema para ampliar seus conhecimentos.

UMA COISA PUXA OUTRA

Recursos interativos em verbetes

No texto "Banho de história", pode-se notar que a preocupação com a higiene e com a beleza, relacionadas ao uso da água, está presente desde as antigas civilizações.

Nesta seção, você verá outros textos que tratam de assuntos referentes à água. Eles foram retirados de uma enciclopédia digital.

1. Leia a página de abertura do verbete *fonte* e, em seguida, responda às perguntas.

fonte

Introdução

Uma fonte, ou nascente, é um lugar em que a **água** brota naturalmente do solo. Muitos **rios** começam em uma fonte natural, e muitas pessoas dependem de nascentes para seu abastecimento de água.

Introdução
Como se forma uma nascente de água
Nascentes de águas termais
Nascentes de água mineral

▲ Fontes termais em Bagno Vignoni, na Toscana, Itália.

Britannica Escola, © 2023 by Encyclopædia Britannica, Inc.

a) De qual enciclopédia digital foi retirado o verbete aqui reproduzido?

b) O que indica que essa é a página de abertura do verbete *fonte*?

c) Qual é a principal informação apresentada nessa página?

d) Além do texto principal, quais outras informações relacionadas à palavra *fonte* estão presentes na página?

e) Observando o texto principal e as demais informações relacionadas a ele, qual é o objetivo dessa página de enciclopédia digital?

2. Leia o texto a seguir, relacionado ao sentido da palavra *fonte*.

Nascentes de águas termais

Existem diversos tipos de nascente. Em uma nascente de águas termais ou quentes, a temperatura da água é superior à temperatura ambiente. Algumas dessas nascentes são encontradas nas proximidades de **vulcões**, pois o magma vulcânico aquece a água. Em outros casos, a água consegue escoar por camadas fundas o suficiente para receber o calor natural do interior da **Terra**. Uma nascente de águas termais que expele jatos de água e vapor é chamada de **gêiser**. As fontes termais também são chamadas de termas.

Introdução
Como se forma uma nascente de água
Nascentes de águas termais
Nascentes de água mineral

◀ O macaco-japonês vive em áreas que permanecem cobertas de neve durante vários meses. Para escapar do frio, essa espécie passa boa parte do tempo dentro de fontes termais.

kumikomini/iStock/Getty Images

Britannica Escola, © 2023 by Encyclopædia Britannica, Inc.

a) Que assunto relacionado à palavra *fonte* é tratado nessa página?
b) Nas abas laterais, que recurso visual é utilizado para destacar o título que se refere ao conteúdo abordado no verbete?
c) No texto apresentado, há palavras em azul. Em sua opinião, por que essas palavras foram destacadas? O que acontece quando se clica nelas?
d) Qual é a importância dessas palavras em destaque no verbete?
e) Além do texto verbal, a página apresenta uma fotografia em destaque. Qual situação é apresentada nessa imagem?
f) A fotografia é acompanhada de uma legenda. Por que essa legenda é importante para compreender a situação apresentada na imagem?
g) Nos dois verbetes analisados, há utilização de linguagem não verbal. Por que o uso de recursos visuais é relevante nesse contexto comunicativo?

3. Considerando o que foi observado nas atividades anteriores, responda: Quais recursos presentes nas páginas de uma enciclopédia digital possibilitam ao leitor obter informações sobre o assunto investigado?

LÍNGUA EM ESTUDO

FRASE, ORAÇÃO E PERÍODO

FRASE E ORAÇÃO

1. Releia o título do texto do início do capítulo.

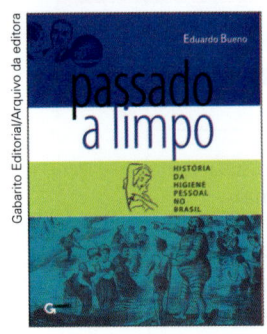

> **Banho de história**

   a) Com base no texto, formule uma explicação para esse título.
   b) Ao se considerar o contexto, é possível concluir que o título apresenta sentido completo? Explique.

2. Agora, releia esta frase, extraída do texto:

> Óleos e gorduras animais serviam de base para cremes, loções e pomadas de uso diário ou medicinal.

   a) Identifique a forma verbal dessa frase.
   b) Essa frase apresenta sentido completo?

Nas atividades anteriores, há dois tipos de frase. No título do texto, embora a frase não apresente verbo, é possível compreendê-la pelo contexto. Já a frase da atividade **2** apresenta um verbo.

> **ANOTE AÍ!**
> **Frase** é qualquer palavra ou conjunto de palavras ordenadas que apresenta **sentido completo**. Há a **frase nominal**, que não tem verbo, e a **frase verbal**, que apresenta um ou mais verbos (ou locução verbal). Há também a **oração**, que é um enunciado organizado em torno de um único verbo ou de uma locução verbal. O verbo (ou a locução verbal) é o **núcleo** da oração.

3. Veja novamente os títulos que constam da página do verbete *fonte*.

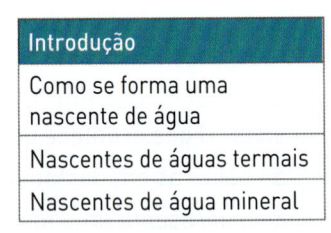

Introdução
Como se forma uma nascente de água
Nascentes de águas termais
Nascentes de água mineral

   a) Todos esses títulos são frases? Explique.
   b) Quais desses títulos são frases nominais? Justifique sua resposta.
   c) Algum desses títulos é uma oração? Por quê?

4. Releia o trecho a seguir, retirado do verbete *fonte*.

> Muitos rios começam em uma fonte natural, e muitas pessoas dependem de nascentes para seu abastecimento de água.

- Nesse trecho, existe apenas uma oração? Justifique sua resposta.

▲ Capa do livro *Passado a limpo:* história da higiene pessoal no Brasil, de Eduardo Bueno (São Paulo: Gabarito, 2007), do qual foi retirado o texto "Banho de história".

PERÍODO

5. Leia mais um trecho extraído do livro *Passado a limpo*.

> Os cuidados de higiene e beleza consistiam na grande ocupação das nobres indianas. A exemplo dos homens, as damas eram massageadas com óleos perfumados para ficar com a pele macia e os músculos rijos.

a) A primeira frase é uma oração. Qual é o núcleo dela?
b) Quantas orações há na segunda frase? Justifique sua resposta.
c) Quais são essas orações?

Observe que a primeira frase do trecho lido é uma oração, pois nela há um verbo: *consistiam*. Na segunda, existe mais de uma oração, pois nessa frase há mais de uma forma verbal: *eram* e *ficar*. Essas frases são chamadas, respectivamente, de **período simples** e **período composto**. Veja, no esquema a seguir, a estrutura de cada um desses períodos.

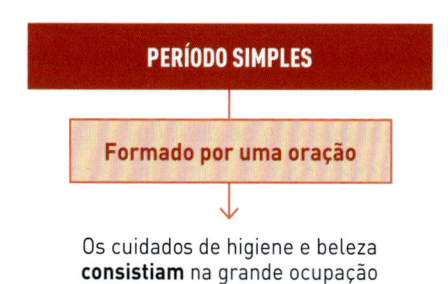

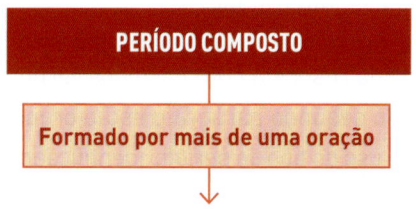

PERÍODO SIMPLES
Formado por uma oração
↓
Os cuidados de higiene e beleza **consistiam** na grande ocupação das nobres indianas.

PERÍODO COMPOSTO
Formado por mais de uma oração
↓
A exemplo dos homens, as damas **eram** massageadas com óleos perfumados para **ficar** com a pele macia e os músculos rijos.

> Assista ao recurso digital e veja a diferença entre frase, oração e período. Cite novos exemplos para cada um deles.

ANOTE AÍ!

Dá-se o nome de **período** à frase organizada por uma ou mais orações. O período inicia com letra maiúscula e termina com a pontuação adequada ao que se quer expressar. Há dois tipos de período: **período simples** (formado por uma oração) e **período composto** (formado por mais de uma oração).

6. Releia, a seguir, um parágrafo retirado do texto "Banho de história".

> As casas dos egípcios abastados tinham uma sala de banho, onde os criados lavavam seus senhores, despejando a água de uma bacia sobre eles. A banheira só chegaria ao Egito com os romanos. Antes disso, os egípcios tomavam banho sentados em uma cadeira, e a água era escoada por um sistema de canalização de terracota. Como sabão, era usada uma mistura à base de cinzas ou argila, geralmente perfumada. Também havia poções combinando óleos vegetais, gorduras animais e sais alcalinos, para limpeza ou tratamento de doenças de pele. As abluções diárias eram realizadas de manhã e antes das refeições. [...]

a) Quantos períodos há nesse parágrafo?
b) Transcreva no caderno os períodos simples.
c) Por que os períodos identificados na resposta ao item anterior são classificados como simples?
d) Quantas orações há no primeiro período composto do parágrafo? Quais são essas orações?
e) Indique o núcleo de cada uma das orações identificadas no item *d*.

RELACIONANDO

No texto expositivo, o período simples, formado por oração afirmativa, tem a função de encadear as ideias expostas, a fim de transmitir e construir um saber sobre um dado tema. Veja estes exemplos retirados do texto "Banho de história": "Em um país arenoso, de clima muito quente e seco, o cuidado com a higiene *era* fundamental."; "Óleos e gorduras animais *serviam* de base para cremes, loções e pomadas de uso diário.".

ATIVIDADES

Retomar e compreender

1. Leia o texto a seguir, publicado em um livro paradidático sobre os parques nacionais do Brasil.

parque nacional: unidade de conservação ambiental que tem como objetivo, além da proteção ao meio ambiente, a visitação pública.

> **Parque Nacional Aparados da Serra**
>
> Há 130 milhões de anos, quando os dinossauros ainda vagavam por aqui, começaram a se formar os cânions do Aparados da Serra. Talvez alguns desses imensos répteis tenham até mesmo caído nesses enormes abismos...
>
> O Aparados da Serra reúne cânions de até 900 metros de altura, forrados por mata atlântica e araucárias, com quedas-d'água altíssimas. O maior cânion é Itaimbezinho, com 5,9 quilômetros de extensão e 600 metros de largura. [...]

Nurit Bensusan. *Labirintos*: parques nacionais. São Paulo: Peirópolis, 2012. p. 22-23.

a) Qual é o assunto principal desse texto?
b) O texto é introduzido por uma informação histórica. Qual é a relação entre essa informação e o assunto tratado?
c) As frases presentes no primeiro parágrafo do texto formam que tipo de período? Justifique sua resposta com base nos verbos.
d) As frases do segundo parágrafo estão organizadas em que tipo de período?
e) Relacione o uso do tipo de período identificado no item anterior ao conteúdo desse parágrafo.

2. Observe a imagem a seguir.

Helena Coelho. *Parque das crianças*, 2009. Óleo sobre tela, 30 cm × 40 cm. Galeria Jacques Ardies, São Paulo.

a) O que essa pintura mostra?
b) Como são as cores utilizadas na imagem?
c) Construa no caderno três orações que descrevam a cena retratada.
d) Imagine o que as crianças estão falando enquanto se divertem. Escreva no caderno três frases nominais que expressem essas falas.

Acompanhamento da aprendizagem

3. Observe a tira a seguir.

Quadrinho 1: — TÔ SEM USAR O CELULAR JÁ FAZ UM TEMPO...
Quadrinho 2: — LEGAL! E TÁ CONSEGUINDO NUMA BOA? — TRANQUILO!
Quadrinho 3: — QUANTO TEMPO VOCÊ TÁ SEM USAR O CELULAR? — DOIS DIAS...
Quadrinho 4: — ...7 HORAS, 25 MINUTOS E 32 SEGUNDOS!

Adão Iturrusgarai. *Kiki* – A primeira vez. São Paulo: Devir, 2002.

a) Nos três primeiros quadrinhos, como a personagem parece lidar com a falta do uso do celular?

b) O que o quarto quadrinho revela sobre a forma como essa personagem realmente se sente? Que elementos não verbais comprovam sua resposta?

c) Na tira, foram utilizadas algumas frases nominais. Quais são elas?

d) A tira mostra uma situação informal, uma conversa entre amigas. Qual é a relação entre o uso dessas frases nominais e esse contexto?

e) Que outras características presentes nas falas das personagens demonstram a informalidade do contexto?

f) A fala no primeiro quadrinho é um período simples ou composto? Justifique sua resposta.

g) Qual é o núcleo da oração que forma o período simples da tira?

Aplicar

4. Leia um trecho de um verbete de enciclopédia digital sobre os povos indígenas do Brasil e responda às questões.

> É importante a influência dos índios na **cultura** brasileira. O idioma português falado no Brasil incorporou muitas palavras indígenas. A forte expressão artística dos diversos povos, com domínio do uso da cor, é uma riqueza valorizada pelos brasileiros. Na culinária, a **mandioca**, a **pipoca**, o mingau, a **tapioca**, o pirão e o beiju são de origem indígena, assim como o hábito do banho diário. Nos cuidados com a saúde, os brasileiros aprenderam com os índios a usar os remédios naturais das plantas, em forma de chás, xaropes e compressas. Na música, nos cantos, no uso da rede, no artesanato e em muitas outras coisas, a cultura brasileira mostra sinais da presença indígena.

Britannica Escola, © 2023 by Encyclopædia Britannica, Inc.

a) Segundo o verbete, qual é a relação entre a prática do banho diário adotada pelos brasileiros e a cultura indígena?

b) Por que algumas palavras estão destacadas em azul nesse trecho?

c) Quantos períodos compõem o trecho? Que tipo de período predomina nele: simples ou composto?

d) Qual é a relação entre o tipo de período predominante no trecho e o gênero verbete de enciclopédia?

e) Qual é o núcleo da última oração do trecho?

A LÍNGUA NA REAL

O USO DE FRASES NOMINAIS NA CONSTRUÇÃO DE TÍTULOS

1. Leia estes cartazes de filmes:

▲ Cartaz do filme *O menino e o mundo* (Brasil, 2014, 85 min), de Alê Abreu.

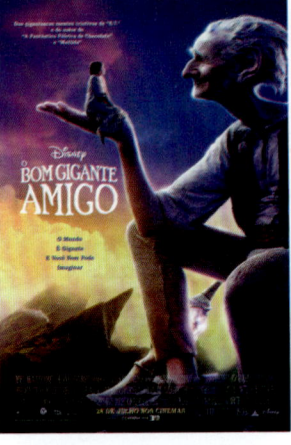

▲ Cartaz do filme *O bom gigante amigo* (Estados Unidos, 2016, 117 min), de Steven Spielberg.

▲ Cartaz do filme *O pequeno príncipe* (França, 2015, 110 min), de Mark Osborne.

- Observando os títulos dos filmes e as imagens que os acompanham, relacione o nome de cada obra à caracterização que lhe corresponde.

I. *O menino e o mundo*
II. *O bom gigante amigo*
III. *O pequeno príncipe*

A. O encontro de uma menina órfã com um ser que, apesar de sua aparência assustadora, mostra-se bondoso e amigável. Adaptado de um livro do escritor britânico Roald Dahl.

B. A amizade de um excêntrico idoso e uma menina. A partir dessa convivência, a garota conhece a história de um menino que vive com uma rosa em um asteroide. Adaptação de um livro do francês Antoine Saint-Exupéry.

C. O pai de Cuca abandona a aldeia em que mora com a família para procurar trabalho. Sofrendo com essa perda, o menino parte em busca do pai e descobre um novo mundo.

2. É comum que a sinopse dê maior destaque a determinada característica do filme. Relacione cada título a uma característica ressaltada pelas sinopses.

I. *O menino e o mundo*
II. *O bom gigante amigo*
III. *O pequeno príncipe*

A. Destaca as características positivas da personagem principal.
B. Destaca a personagem em si.
C. Destaca a relação do ser com o espaço.

3. Qual é a função dos títulos em relação ao conteúdo das obras?

4. Os três títulos dos filmes são frases. Elas são verbais ou nominais? Justifique.

5. Crie um título de filme com uma frase nominal para a sinopse a seguir.

> À procura de um tesouro que ajudaria sua família a ter uma casa, Arthur conhece os minimoys, elfos pequeninos que vivem em seu jardim.

6. Faça um levantamento de títulos de filmes e de livros com frases nominais.

7. Os títulos devem despertar o interesse do leitor. Observe estas capas de livros paradidáticos e levante hipóteses sobre o conteúdo de cada um.

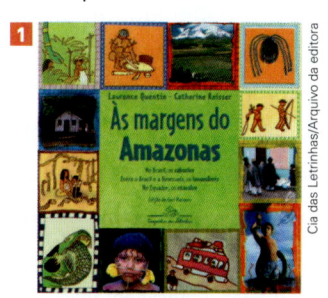

▲ Capa do livro *Às margens do Amazonas*, de Laurence Quentin. São Paulo: Companhia das Letrinhas, 2010.

▲ Capa do livro *Histórias da América Latina*, de Silvana Salerno. São Paulo: Planeta Jovem, 2013.

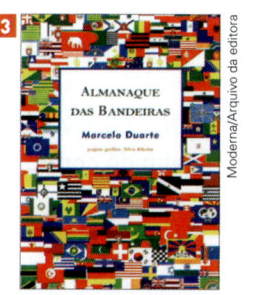

▲ Capa do livro *Almanaque das bandeiras*, de Marcelo Duarte. São Paulo: Moderna, 2001.

8. Os títulos desses livros são formados por frases nominais e sintetizam o assunto da obra. Já as sinopses oferecem mais informações sobre seu conteúdo. Leia as sinopses a seguir e relacione-as aos títulos dos livros da atividade **7**.

A
> A bandeira é a carteira de identidade de um país. Ou de um território, de um time de futebol, de uma escola de samba. Conhecer as bandeiras é uma divertida aula de história, geografia, religião e política.
>
> Disponível em: guiadoscuriosos.com.br/para-curiosinhos/. Acesso em: 6 fev. 2023.

B
> Neste livro, o leitor poderá viajar pela América Latina, parando em cada país para conhecer as suas histórias e as relações delas com as pessoas, as crenças, a cultura e a natureza.
>
> Disponível em: https://www.livrariapanapana.com.br/produto/historias-da-america-latina. Acesso em: 6 fev. 2023.

C
> A floresta amazônica ocupa metade do território da América Latina e possui tantos bichos, plantas e rios quanto alcança a nossa imaginação. Mas a diversidade da região também está presente entre os povos que a ocupam — apesar de pouco povoada, é uma floresta tão extensa que abriga as mais diversas etnias.
>
> Disponível em: https://www.travessa.com.br/as-margens-do-amazonas-1-ed-2010/artigo/9bb2ff60-76be-4274-82e2-3357c8e31db0. Acesso em: 6 fev. 2023.

9. Nas sinopses apresentadas, qual tipo de frase (nominal/verbal) é mais frequente? Elabore uma hipótese sobre o porquê desse uso.

ANOTE AÍ!

As **frases nominais** frequentemente são utilizadas em **títulos** de filmes e livros, pois permitem condensar ideias com um número reduzido de palavras.

175

AGORA É COM VOCÊ!

EXPOSIÇÃO ORAL

Proposta

A exposição oral é um gênero textual que tem como objetivo descrever e explicar, de forma organizada, determinado assunto em uma situação mais formal e pública, como congressos e eventos em escolas e em universidades. Nessas situações, um expositor, geralmente um especialista, dirige-se a uma plateia. Após a exposição, é comum haver um momento de troca de ideias entre o expositor e o público, para que ocorra um debate sobre o tema.

Agora, você vai preparar, em grupo, uma exposição oral sobre um tema que será definido com o professor. A plateia será formada pelos colegas da turma.

GÊNERO	PÚBLICO	OBJETIVO	CIRCULAÇÃO
Exposição oral	Colegas da turma	Expor um assunto para ampliar o conhecimento do público	Apresentação em sala de aula

Planejamento e elaboração

1 Forme um grupo com quatro colegas. O professor vai apresentar uma lista de temas, e cada grupo vai escolher um. O tema central é higiene, contemplada como uma das práticas da vida pessoal e da vida pública. Vocês podem ampliar seus conhecimentos aprofundando-se em algum aspecto relacionado ao assunto. Outra possibilidade é buscar dados sobre a história de um produto relacionado aos hábitos de higiene. Confira a seguir uma lista com sugestões de temas.

- Higiene bucal
- Higiene infantil
- Higiene pública
- Primeiros perfumes
- Invenção do creme dental
- Fabricação dos sabonetes

2 Vocês devem buscar conceitos, informações, novidades e curiosidades sobre o tema. Para isso, selecionem *sites* e livros que tratem do assunto escolhido. Lembrem-se de que é preciso consultar fontes confiáveis.

3 Registrem as informações mais relevantes e as fontes de consulta. Se a fonte for uma publicação impressa, anotem o nome do autor, o título do livro, a cidade em que o material foi editado, o nome da editora e o ano de publicação. No caso de *sites*, registrem o endereço eletrônico completo e a data de acesso.

4 Coletem imagens e/ou vídeos relacionados ao tema escolhido que possam ser apresentados. Os recursos visuais (ilustrações, fotos, mapas, gráficos e vídeos), além de atrair a atenção do público e tornar a apresentação mais dinâmica, complementam os dados expostos e ajudam a organizar o conteúdo.

5 Depois da coleta, façam uma triagem das informações, selecionando as ideias principais. Nesse momento, é importante que vocês discutam sobre essas informações para, juntos, documentar e organizar os dados que serão apresentados à turma. Essas anotações vão ajudar na exposição oral e podem ser retomadas sempre que necessário.

6. Com base nessas anotações, cada estudante redige a própria ficha de notas contendo os dados que serão expostos e as referências das fontes consultadas e das imagens que serão exibidas. Essa ficha servirá de apoio à memória. Durante a exposição oral, vocês poderão consultá-la sempre que precisarem.

7. Depois de fazer a pesquisa e a seleção do conteúdo e dos recursos visuais, é hora de preparar a exposição oral. Ela deve ter, no máximo, 15 minutos e apresentar as seguintes partes:

- **Abertura**: momento em que os expositores se apresentam e cumprimentam o público, comentando o objetivo da exposição.
- **Introdução ao tema**: etapa em que os expositores apresentam ao público o tema a ser tratado, relatando quais serão as partes da exposição oral e quais tópicos serão abordados em cada uma delas.
- **Desenvolvimento**: etapa em que são apresentadas as informações gerais e as curiosidades sobre o tema abordado, de acordo com a estrutura indicada na introdução.
- **Recapitulação e síntese**: momento em que os pontos principais da exposição são retomados, para encaminhar a exposição para a conclusão.
- **Conclusão**: é a oportunidade de transmitir a mensagem final ao público, dando uma conclusão ao que foi exposto até esse momento.
- **Encerramento**: parte em que os expositores agradecem ao público pela presença e abrem espaço para que a plateia faça perguntas e tire dúvidas sobre o que foi apresentado.

MÚLTIPLAS LINGUAGENS

Antes de preparar a exposição oral do grupo, assistam a um trecho do vídeo do projeto USP Talks e utilize os itens propostos pela questão a seguir para examinar a fala do professor Paulo Artaxo.

1. Ao assistir ao vídeo, observem e façam anotações sobre:

a) como o expositor organiza logicamente as informações na apresentação;
b) o tom de voz do expositor;
c) a velocidade da fala;
d) a postura do expositor;
e) o olhar dele.

Preparem-se para a exposição oral do grupo de vocês. Durante os ensaios, tenham em mente o vídeo a que assistiram e os aspectos que observaram, a fim de enriquecer e aprimorar a apresentação.

8. Uma vez estruturada a apresentação e definidos as informações e os recursos visuais que serão utilizados, é hora de vocês montarem alguns *slides* para a exposição. Os *slides* ajudam a organizar as informações que serão apresentadas, assim como as imagens e os vídeos selecionados.

- O primeiro passo a ser dado é abrir no computador um programa de apresentação de *slides*.
- Na sequência, escolham um dos modelos e temas disponíveis. Se não quiserem fazer isso nesse momento, trabalhem com um modelo em branco e selecionem depois os temas e as cores.
- Há diversos tipos de *slides*, como *slides* com título, com título e subtítulo, de comparação entre conteúdos, com imagem e legenda e até em branco. Vocês devem selecionar o tipo mais adequado a cada etapa da exposição, de acordo com o que planejaram na ficha e na organização da apresentação.

- O primeiro *slide* pode ter informações como o nome da escola, a identificação da turma e do professor, o nome dos integrantes do grupo e o título da exposição oral.
- Os *slides* seguintes podem apresentar os títulos das partes da exposição e os itens que serão expostos, conforme vocês definiram na ficha da apresentação. Se acharem melhor, também podem incluir outros títulos e subtítulos, de acordo com o assunto da busca de informações.
- Para inserir na apresentação de *slides* as imagens e os vídeos selecionados, é preciso que eles estejam salvos no computador que vocês estão utilizando. Para isso, talvez seja necessário digitalizar as imagens que vocês selecionaram de fontes impressas. Em seguida, é só acessar a opção "Inserir" e selecionar o arquivo que desejam incluir (imagem, vídeo, etc.). Ao inserir uma imagem e clicar nela, vocês podem alterar sua posição no *slide* e também seu tamanho, ampliando-a ou diminuindo-a.
- Na sequência, escolham a cor, o tamanho e o tipo de letra que vão utilizar para o texto escrito. Como é importante que ele seja legível, as letras não podem ser muito pequenas, nem ter cores que prejudiquem a leitura.
- Não coloquem muito texto nos *slides*. O ideal é que vocês utilizem tópicos que ajudem o espectador a apenas acompanhar a fala de vocês.
- É possível que cada expositor fique responsável por um ou dois *slides* durante a apresentação. Por isso, tomem cuidado para que eles não fiquem muito diferentes uns dos outros, pois a exposição oral é coletiva e os *slides* precisam demonstrar isso. O ideal é que vocês construam juntos a apresentação de *slides*.
- O último *slide* pode ser um agradecimento do grupo.
- Veja, a seguir, um exemplo de apresentação de *slides*.

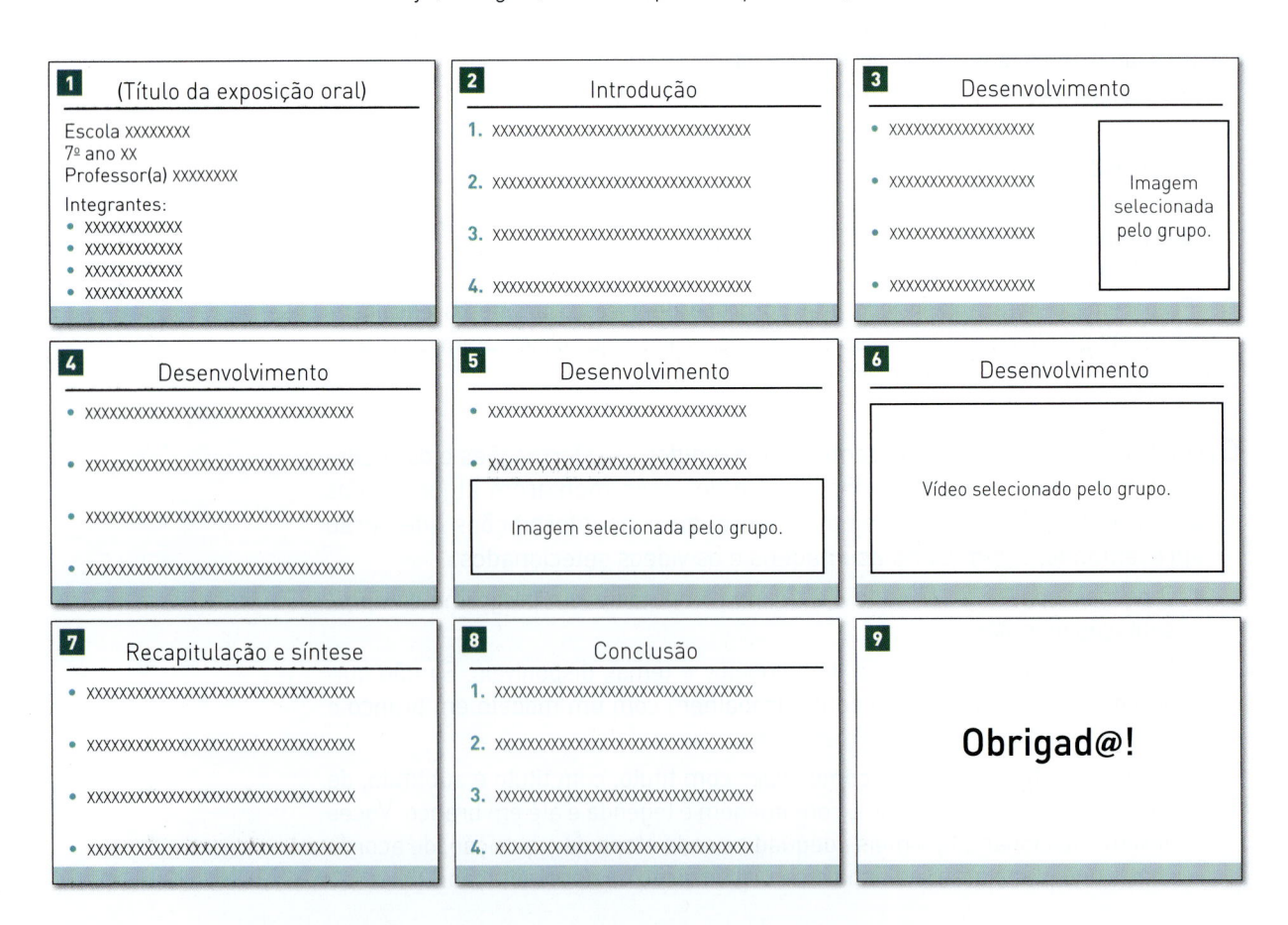

1 (Título da exposição oral)
Escola xxxxxxx
7º ano xx
Professor(a) xxxxxxx
Integrantes:
- xxxxxxxxxxx
- xxxxxxxxxxx
- xxxxxxxxxxx
- xxxxxxxxxxx

2 Introdução
1. xxxxxxxxxxxxxxxxxxxxxxxxxxx
2. xxxxxxxxxxxxxxxxxxxxxxxxxxx
3. xxxxxxxxxxxxxxxxxxxxxxxxxxx
4. xxxxxxxxxxxxxxxxxxxxxxxxxxx

3 Desenvolvimento
- xxxxxxxxxxxxxxxx
- xxxxxxxxxxxxxxxx
- xxxxxxxxxxxxxxxx
- xxxxxxxxxxxxxxxx

Imagem selecionada pelo grupo.

4 Desenvolvimento
- xxxxxxxxxxxxxxxxxxxxxxxxxxx
- xxxxxxxxxxxxxxxxxxxxxxxxxxx
- xxxxxxxxxxxxxxxxxxxxxxxxxxx
- xxxxxxxxxxxxxxxxxxxxxxxxxxx

5 Desenvolvimento
- xxxxxxxxxxxxxxxxxxxxxxx
- xxxxxxxxxxxxxxxxxxxxxxx

Imagem selecionada pelo grupo.

6 Desenvolvimento

Vídeo selecionado pelo grupo.

7 Recapitulação e síntese
- xxxxxxxxxxxxxxxxxxxxxxx
- xxxxxxxxxxxxxxxxxxxxxxx
- xxxxxxxxxxxxxxxxxxxxxxx
- xxxxxxxxxxxxxxxxxxxxxxx

8 Conclusão
1. xxxxxxxxxxxxxxxxxxxxxxxxxxx
2. xxxxxxxxxxxxxxxxxxxxxxxxxxx
3. xxxxxxxxxxxxxxxxxxxxxxxxxxx
4. xxxxxxxxxxxxxxxxxxxxxxxxxxx

9 Obrigad@!

9. Depois de montar a apresentação de *slides*, combinem qual parte da exposição cada integrante do grupo vai apresentar.
10. Estudem bastante as fichas que cada um de vocês elaborou e ensaiem suas falas para organizar mentalmente o que vão dizer.
11. Para tornar o texto oral mais claro e acessível aos espectadores, utilizem recursos linguísticos que ajudem a organizar o conteúdo das falas. Podem ser usadas, por exemplo, expressões como "em primeiro (segundo, terceiro) lugar", "por outro lado", "dito de outro modo", "isto é", "por exemplo", "por fim", "para terminar", etc. Por se tratar de uma situação formal e pública de fala, não se esqueçam de usar o registro formal da língua.
12. Ensaiem juntos a exposição, projetando, inclusive, os *slides*. Se possível, gravem o ensaio com uma câmera de celular ou com outro recurso. Assim, será possível analisar a apresentação, verificar se vocês estão se expressando com clareza e aprimorar os pontos que necessitarem de ajustes.

Circulação

1. No dia marcado para as exposições orais, levem os *slides* preparados pelo grupo para exibir à turma. Não se esqueçam de verificar, com antecedência, se o equipamento que será usado para projetar os *slides* está funcionando.
2. O objetivo da exposição é despertar a atenção dos colegas e ampliar a compreensão deles sobre o tema abordado. Sigam estas recomendações:
    - **Tom de voz**: É necessário usar um tom de voz elevado o suficiente para que todos consigam ouvir. Atentem também para a articulação das palavras, a fim de que sejam compreendidas.
    - **Postura e naturalidade**: Adotem uma postura adequada à situação, mas ajam de modo natural. Demonstrem estar à vontade, tentando não deixar o nervosismo transparecer.
    - **Fluência**: Evitem perder-se em grandes pausas ou ficar muito tempo em silêncio. Quando o texto flui, a plateia acompanha melhor a exposição.
3. Prestem muita atenção às exposições orais dos colegas, anotando o que considerarem mais importante, como o tema central do trabalho, o objetivo da apresentação, a organização das informações, as partes que ficaram claras e as que precisam ser complementadas, a síntese feita pelo grupo na conclusão, o comportamento dos colegas durante a apresentação. Por fim, anotem uma reflexão pessoal diante do trabalho observado.

Avaliação

1. Com base nas questões indicadas a seguir, avaliem a exposição oral com os colegas e o professor.

ELEMENTOS DA EXPOSIÇÃO ORAL
Os expositores mostraram-se bem informados a respeito do assunto apresentado?
Os expositores estruturaram a apresentação seguindo as etapas do roteiro proposto?
Foram usados recursos visuais durante a exposição?
Os expositores empregaram tom de voz e postura adequados à situação? Falaram com segurança e fluência?
A plateia teve comportamento colaborativo? Manteve-se em silêncio e atenta?

2. Tendo em vista os comentários feitos durante a avaliação, conversem sobre o que poderia ser melhorado em uma próxima exposição oral.

CAPÍTULO 2
INFORMAÇÃO: PALAVRAS E IMAGENS

TEXTO

ÁGUA

A vida não seria possível sem a água. Porém, enquanto alguns desperdiçam milhares de litros de água potável todos os dias, outros nem sequer têm acesso a ela.

DE TODA A ÁGUA DO PLANETA...

Acesso à água

O tratamento da água tem um custo muito alto e, por isso, muitos países não conseguem fornecer água potável à sua população. De acordo com a Organização Mundial da Saúde, 884 milhões de pessoas não têm acesso a água limpa – quase três vezes a população dos Estados Unidos.

2,5%
É ÁGUA DOCE

DESTES, APENAS

30%
são utilizáveis, pois o restante se encontra em forma de gelo.

50 bilhões de garrafas de água são compradas nos EUA todos os anos, criando um mercado de **30 bilhões de dólares**. De acordo com a Organização das Nações Unidas (ONU), essa quantia seria suficiente para fornecer água limpa a todos os habitantes do planeta.

O QUE VEM A SEGUIR

O uso consciente e responsável dos recursos naturais é uma das preocupações na atualidade. A água doce, elemento essencial à vida dos seres vivos, destaca-se como um dos mais escassos. Para evitar a falta desse recurso, é necessário usá-lo sem desperdício e de forma racional. Unindo linguagem verbal e não verbal para transmitir informações, o infográfico a seguir aborda esse assunto. Observe o conjunto de informações formado pelo infográfico e responda: Esse modo de dispor os dados parece eficiente para tratar do tema água? O que chama sua atenção nesse infográfico?

Jon Richards e Ed Simkins. *O mundo em infográficos*.
Rio de Janeiro: Sextante, 2013. p. 108-109.

QUEM GASTA MAIS?
Quantidade diária de água por pessoa, em litros.

EUA 575
AUSTRÁLIA 493
ITÁLIA 386
JAPÃO 374

Uso da água
Num banho de cinco minutos, uma pessoa de um país desenvolvido, como os EUA, usará mais de 50 litros de água. É mais do que uma pessoa num país em desenvolvimento usará em um dia inteiro.

QUEM GASTA MENOS?
Quantidade diária de água por pessoa, em litros.

MOÇAMBIQUE 5
UGANDA 15
RUANDA 15
HAITI 15

1 XÍCARA DE CAFÉ
140 LITROS

PEGADA ECOLÓGICA DA ÁGUA
A água é usada na produção de toda a comida que consumimos. Porém a fabricação de alguns alimentos requer um processamento mais complexo e, por isso, gasta muito mais água.

1 KG DE CHOCOLATE
24.000 LITROS

1 KG DE CARNE BOVINA
15.500 LITROS

1 FATIA DE PÃO
40 LITROS

TEXTO EM ESTUDO

PARA ENTENDER O TEXTO

1. Após a leitura do infográfico "Água", você considera que ele foi adequado ao tratar o assunto? Outro gênero teria sido mais apropriado? Por quê?

2. O título desse infográfico é composto apenas do substantivo *água*.
   a) Inicialmente, como ficamos sabendo quais aspectos relativos à água serão explorados no infográfico?
   b) Logo após o título do infográfico, há uma representação visual que faz referência à quantidade de água doce do planeta e, desta, o quanto é utilizável. Que objeto foi empregado nessa representação?
   c) Quais são os dados numéricos representados por esse objeto?

3. No subtítulo "Acesso à água", cujo texto cita a quantidade de pessoas sem acesso à água limpa, usam-se dados numéricos para fazer uma comparação.
   a) Que comparação é essa?
   b) Que efeito essa comparação causa no leitor?

4. Nas histórias em quadrinhos, o balão é, geralmente, usado para inserir as falas ou os pensamentos das personagens.
   a) No infográfico, há um balão que não está ligado a nenhuma personagem. O objetivo desse balão é o mesmo dos usados em uma HQ? Explique.
   b) Relacione a informação apresentada no balão com a dos baldes ilustrados no subtítulo "Quem gasta mais?".

5. Em um dos itens do infográfico usa-se a expressão "pegada ecológica da água".
   a) Considerando o contexto do infográfico, formule uma hipótese sobre o significado da expressão "pegada ecológica".
   b) Você já ouviu ou notou essa expressão em outros contextos? Se sim, quais?

6. **SABER SER** O acesso à água potável é essencial para a vida humana. No entanto, a quantidade de água doce disponível no mundo é limitada. Atualmente, enfrentamos uma crise hídrica, pois não há água suficiente para atender à demanda da população mundial.
   a) Em sua opinião, que setores da sociedade devem agir para amenizar tal situação?
   b) Para você, que atitudes são necessárias para que possamos contribuir para que esse recurso não acabe?

Acesse o recurso digital e responda: como é o acesso à água nesses locais? Você já viu alguma situação parecida com as apresentadas nas imagens? Comente.

O CONTEXTO DE PRODUÇÃO

7. Como vimos, os infográficos combinam elementos visuais e verbais para expor informações. Eles podem acompanhar outros textos para explicar algum ponto específico, sendo comuns em livros didáticos, em textos de jornais, em revistas e na internet. Os infográficos também podem aparecer descolados de outros textos ou gêneros. Nesse caso, ele se sustenta como um gênero independente de outros, em situações cuja intenção é apresentar informações de forma objetiva e enriquecidas por recursos visuais.
   - Com base nessas afirmações, qual é o objetivo do infográfico "Água"?

8. Esse infográfico foi retirado do livro *O mundo em infográficos*, no qual há vários textos desse gênero apresentados sem vínculo explícito com um texto expositivo. O que indica que ele não está vinculado a um texto expositivo?

> **ANOTE AÍ!**
>
> O **infográfico** apresenta informações sobre determinado assunto de forma sintética, combinando **linguagem verbal** (textos curtos) e **linguagem não verbal** (elementos gráficos). Ele pode ser organizado em **diferentes formatos**, como linha do tempo ou gráfico ilustrado, complementando outro texto ou sendo independente. É muito utilizado no **jornalismo** e em **livros didáticos** e **científicos**.

▲ Capa do livro *O mundo em infográficos*, de Jon Richards e Ed Simkins. Rio de Janeiro: Sextante, 2013.

A LINGUAGEM DO TEXTO

9. Qual é a relação da maioria das imagens com o tema do infográfico?

10. No infográfico "Água", existem quatro imagens que contrastam com as demais. O que elas representam e por que estão nesse infográfico?

11. Além das imagens, o infográfico apresenta linguagem verbal.
    a) No infográfico, predomina a linguagem verbal ou a não verbal?
    b) Observe os estilos das letras utilizadas nos textos verbais. Descreva as características dessas letras quanto ao tamanho, ao formato e ao destaque.
    c) Qual é o efeito de sentido que se pode obter ao utilizar estilos de letras com essas características em um infográfico?

12. Dois dos subtítulos presentes no infográfico estão em forma de pergunta. Você imagina por que eles são apresentados dessa maneira? Comente.

> **ANOTE AÍ!**
>
> Um dos recursos utilizados nos infográficos para chamar a atenção do leitor, promovendo de forma rápida e objetiva sua interação com a informação, é o **uso de imagens**. Elas **dialogam com o texto verbal**, ampliando o que é exposto e apresentando conceitos de forma simplificada para auxiliar a **compreensão do conteúdo** do infográfico.

COMPARAÇÃO ENTRE OS TEXTOS

13. Copie o diagrama a seguir no caderno, completando os quadros com as informações solicitadas.

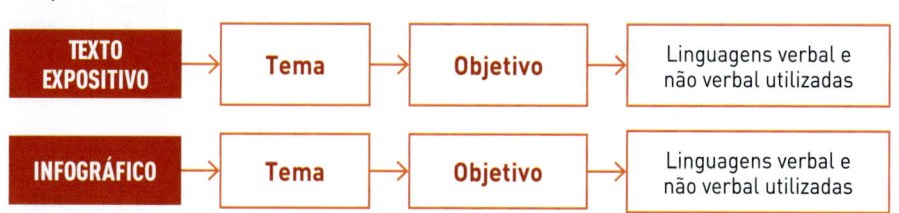

    TEXTO EXPOSITIVO → Tema → Objetivo → Linguagens verbal e não verbal utilizadas

    INFOGRÁFICO → Tema → Objetivo → Linguagens verbal e não verbal utilizadas

14. Considerando a função dos textos lidos nesta unidade, responda: Qual é a importância de cada um para a construção de conhecimento?

15. Os textos que você leu na unidade expõem informações que ampliam o conhecimento do leitor. Considere o conteúdo de cada um dos textos e responda às questões.
    a) Em sua opinião, as linguagens verbal e não verbal foram utilizadas de forma adequada, auxiliando o leitor a compreender as explicações?
    b) Que estratégias usadas nos textos chamaram mais sua atenção? Por quê?

LÍNGUA EM ESTUDO

MORFOLOGIA E SINTAXE; SUJEITO E PREDICADO

MORFOLOGIA E SINTAXE

1. Releia o título e a linha fina do infográfico e responda às questões.

> **ÁGUA**
> A vida não seria possível sem a água. Porém, enquanto alguns desperdiçam milhares de litros de água potável todos os dias, outros nem sequer têm acesso a ela.

a) A que classes gramaticais pertencem as palavras *vida*, *desperdiçam*, *de*, *potável*, *os* e *ela*?

b) Explique a flexão da forma verbal *desperdiçam* e do artigo *os* nesse contexto.

Na atividade **1**, você reconheceu palavras de diferentes classes gramaticais e explicou a flexão do verbo *desperdiçam* e do artigo *os*. Ao longo dos estudos linguísticos, você conheceu as classes gramaticais (substantivo, adjetivo, artigo, pronome, verbo, numeral, interjeição, advérbio e preposição). A parte da gramática que estuda esse conteúdo é denominada **morfologia**.

2. Agora, leia as orações a seguir.

I. A vida não seria possível sem a água.
II. A água é essencial para a vida.

a) A palavra *vida* pertence à mesma classe gramatical nas orações I e II? E a palavra *água*?

b) Observe o uso da palavra *vida* nas duas orações. Em sua opinião, essa palavra exerce a mesma função nas orações I e II? Por quê?

Se a morfologia estuda as classes de palavras e suas formas, outra parte da gramática estuda as combinações entre os termos de uma oração e suas funções específicas. Essa parte é denominada **sintaxe**. Nela, palavras de uma mesma classe gramatical podem exercer funções sintáticas diferentes nas orações.

Veja a diferença entre as análises morfológica e sintática em duas orações.

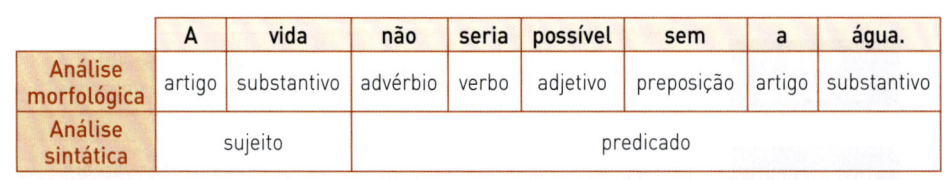

	A	vida	não	seria	possível	sem	a	água.
Análise morfológica	artigo	substantivo	advérbio	verbo	adjetivo	preposição	artigo	substantivo
Análise sintática	sujeito		predicado					

	A	água	é	essencial	para	a	vida.
Análise morfológica	artigo	substantivo	verbo	adjetivo	preposição	artigo	substantivo
Análise sintática	sujeito		predicado				

> **ANOTE AÍ!**
> O estudo de **classes gramaticais** e de flexões de palavras pertence à **morfologia**. Identificar e entender as **combinações** e **funções** dos termos em uma oração pertencem ao estudo da **sintaxe**.

SUJEITO E PREDICADO

3. Releia a oração a seguir, extraída do infográfico "Água", e responda: De acordo com essa oração, o que tem um custo muito alto?

> O tratamento da água tem um custo muito alto [...].

A declaração "tem um custo muito alto" refere-se ao termo sobre o qual ela é feita. Geralmente, as orações são formadas por dois termos: o **sujeito**, sobre o qual se fala, e o **predicado**, que é o que se fala sobre o sujeito.

Na frase retirada do infográfico, "O tratamento da água" é o sujeito, e "tem um custo muito alto" é o predicado da oração.

> **ANOTE AÍ!**
>
> **Sujeito** é o ser sobre o qual se faz uma declaração. **Predicado** é tudo o que se diz a respeito do sujeito. Sujeito e predicado são denominados **termos essenciais da oração**, pois a maioria das orações se organiza com base na relação entre esses termos.

NÚCLEO DO SUJEITO E NÚCLEO DO PREDICADO

4. Releia este trecho presente no infográfico:

> [...] a fabricação de alguns alimentos requer um processamento mais complexo.

a) Identifique o sujeito dessa oração.
b) No sujeito, qual palavra concentra a ideia principal?
c) Identifique o predicado dessa oração.
d) No predicado, qual palavra concentra a ideia principal?

5. Analise outro trecho do mesmo infográfico.

> [...] alguns desperdiçam milhares de litros de água potável todos os dias [...].

a) Identifique o sujeito e o predicado da oração.
b) Que palavra do predicado concentra a informação mais importante?

As palavras que concentram a ideia principal do sujeito e do predicado nas orações são denominadas, respectivamente, **núcleo do sujeito** e **núcleo do predicado**. Veja o exemplo a seguir.

O **tratamento** da água **tem** um custo muito alto.

sujeito (núcleo: tratamento) | predicado (núcleo: tem)

O SUJEITO PODE TER COMO NÚCLEO	O PREDICADO PODE TER COMO NÚCLEO
substantivo, pronome, numeral	verbo, adjetivo, pronome, numeral

> **ANOTE AÍ!**
>
> Entre as palavras que compõem o **sujeito** e o **predicado** de uma oração, há sempre uma **principal**, que concentra o significado desses termos. Essa palavra recebe o nome de **núcleo**.

PARA EXPLORAR

Menos água, mais consumo: a conta que não fecha (*Correio Braziliense*) Nessa série de reportagens, você vai ler sobre a crise hídrica na região do Cerrado do Brasil. Dividido em quatro partes ("Os oásis secaram", "A pressão sobre as bacias do Cerrado", "Conflitos por água já são realidade no DF" e "Soluções precisam ser imediatas"), o especial apresenta um panorama bem detalhado do problema, esperando que ações possam ser tomadas para solucioná-lo.

Disponível em: https://www.zee.df.gov.br/menos-agua-mais-consumo-a-conta-que-nao-fecha/. Acesso em: 6 fev. 2023.

ATIVIDADES
Acompanhamento da aprendizagem

Retomar e compreender

1. Leia o texto e responda às questões.

   ### O disfarce

   Cansado da sua beleza angélica, o Anjo vivia ensaiando caretas diante do espelho. Até que conseguiu a obra-prima do horror. Veio, assim, dar uma volta pela Terra. E Lili, a primeira meninazinha que o avistou, põe-se a gritar da porta para dentro de casa: "Mamãe! Mamãe! Vem ver como o Frankenstein está bonito hoje!".

   Mario Quintana. *80 anos de poesia*. São Paulo: Globo, 2008. p. 133.

   Bruno Nunes/ID/BR

   a) Por que, segundo o texto, o Anjo ensaiava caretas na frente do espelho?
   b) Qual é o sentido da expressão *obra-prima do horror* nesse texto?
   c) Pela reação da menina, o Anjo foi bem-sucedido em sua intenção de fazer uma careta?
   d) Explique a relação entre o título e a história.

2. Releia este trecho:

   [...] o Anjo vivia ensaiando caretas diante do espelho.

   a) Sobre quem se declara algo nessa oração?
   b) Aponte a declaração que se faz sobre esse ser.
   c) Indique o núcleo do sujeito dessa oração.

3. Releia a frase:

   Até que conseguiu a obra-prima do horror.

   a) Localize o sujeito de *conseguiu*.
   b) Explique o que permite identificar esse sujeito.
   c) Aponte outro predicado no texto, não mencionado nas atividades anteriores, que se refere ao mesmo sujeito.

Aplicar

4. Recorde este outro trecho do texto:

   [...] o Frankenstein está bonito hoje!

   a) Localize o sujeito e o predicado da oração.
   b) O predicado da oração apresenta uma ação ou uma declaração sobre o sujeito?

5. Releia mais um trecho.

   E Lili, a primeira meninazinha que o avistou, põe-se a gritar da porta para dentro de casa [...].

   a) Localize o sujeito da oração "põe-se a gritar da porta para dentro de casa".
   b) Para que serve a expressão "a primeira meninazinha que o avistou", colocada entre vírgulas no trecho reproduzido?

A LÍNGUA NA REAL

RECURSOS DE COESÃO

1. Leia um trecho de um texto expositivo publicado em um livro paradidático.

   ### Buriti

   O nome buriti vem do tupi-guarani *mbyryti*, que significa "árvore que solta líquidos" ou "árvore da vida". Essa palmeira é conhecida também como coqueiro-buriti, miriti, muriti, carandá-guaçu, carandaí-guaçu, palmeira-dos-brejos e outros nomes locais.

   O buriti floresce principalmente de dezembro a abril e frutifica entre dezembro e junho. Seus frutos, ao caírem dos cachos, são transportados pela água, espalhando suas sementes por amplas regiões e formando buritizais. Também contribuem para sua reprodução as cutias, antas, araras e capivaras, que se alimentam de seus frutos e disseminam suas sementes.

   Talvez por sua beleza e por ser muito aproveitado por homens e animais, o buriti foi a palmeira que mais encantou os naturalistas alemães Johann Spix (1781-1826) e Carl Martius (1794-1868) quando andaram pelo Brasil a serviço da Coroa alemã entre 1817 e 1820. São deles algumas das obras mais importantes sobre o Brasil Colonial: *Flora brasiliensis*, *Genera et species palmarum* e *Reise in Brasilien*. [...]

   Os sertanejos, herdeiros do conhecimento indígena, aproveitam para seu sustento muitos recursos do buriti. Com habilidade, eles sobem até o topo da palmeira para cortar os cachos de frutos e as folhas sem machucar a árvore. Dizem até que, depois do corte, sertanejos experientes usam as folhas largas como paraquedas para saltar da palmeira e pousar tranquilamente na água.

   Fabiana Werneck Barcinski. *Árvores nativas brasileiras*. São Paulo: WMF Martins Fontes, 2014.

   a) Que outra expressão, presente no primeiro parágrafo do texto, é utilizada para nomear o buriti e introduzir uma nova informação sobre essa árvore?
   b) Qual é o núcleo dessa expressão? A que classe de palavra ele pertence?
   c) Qual é a importância desse recurso textual para nomear o buriti?

2. Ao longo do segundo parágrafo, por diversas vezes são utilizados os pronomes possessivos *seu(s)* e *suas*.
   a) A que termo anteriormente citado esses pronomes fazem referência?
   b) Qual é o efeito de sentido obtido com o uso desses pronomes?

3. No terceiro parágrafo do texto, é utilizado um termo para fazer referência aos dois naturalistas alemães.
   a) Que termo é esse?
   b) Quais outros termos poderiam ser utilizados no trecho para evitar outra menção ao nome dos naturalistas?

4. Quais palavras substituem o termo *buriti* no quarto parágrafo do texto?

ANOTE AÍ!

Existem diversos recursos para garantir a **coesão** de um texto, isto é, para que haja uma ligação lógica entre suas partes. Um desses recursos é fazer referência, ao longo do texto, a um mesmo fato ou a uma mesma informação por meio de **expressões diferentes**, mas com sentidos equivalentes, cujo núcleo é um **substantivo**.

Os **pronomes** também têm papel importante na construção da **coesão**, pois eles indicam a qual termo já mencionado uma expressão se refere ou, ainda, substituem termos já mencionados.

ESCRITA EM PAUTA

MAU OU MAL; A GENTE OU AGENTE

1. Observe a tira a seguir.

Fernando Gonsales. *Folha de S.Paulo*, 12 ago. 2007.

a) Qual é o problema apresentado no primeiro quadrinho?

b) Qual foi a causa desse problema, segundo o filho que deu o empurrão?

c) Identifique, no último quadrinho, as palavras de sentidos opostos. Depois, no caderno, escreva o significado de cada uma delas no contexto apresentado.

2. Leia a frase a seguir, que costuma ser usada em uma conhecida brincadeira, feita normalmente com as pétalas de uma margarida.

> Bem me quer, mal me quer

Domínio público.

- Nessa frase, *mal* foi usada em oposição a que palavra?

ANOTE AÍ!

A palavra **mau** significa "de má índole", "ruim", "de má qualidade". Apresenta a forma feminina **má**. Opõe-se a **bom**.

A palavra **mal**, dependendo do contexto, pode ter vários significados, como "erradamente", "maldade", "irregularmente". Opõe-se a **bem**.

Dica: Escreva **mau** somente quando for possível trocá-lo por **bom**.

3. Copie no caderno as frases abaixo e complete-as com as seguintes palavras: *bom/boa*, *mau/má* ou *bem/mal*.

a) Ele não teve um ★ dia, por isso dormiu ★ a noite inteira.

b) Ela foi ★ na prova, por isso sua nota foi muito ★.

c) Ele não é um ★ atleta, mas naquele dia saltou muito ★.

d) Seu ★ desempenho pode prejudicá-la no fim do período letivo.

e) As ★ situações são ★ oportunidades de fazermos o ★, mesmo que muitos estejam fazendo o ★.

f) Este é um ★ negócio para sua empresa.

g) O jovem rapaz foi ★ recebido no novo emprego.

h) Os atendentes estão sempre de ★ humor.

i) O Lobo ★ é uma famosa personagem de histórias infantis.

4. Leia este provérbio:

> Amor é a gente querendo achar o que é da gente.
>
> Domínio público.

a) Nesse provérbio, que desejo é expresso?
b) O que a expressão *a gente* significa?

5. Leia o título e a linha fina de uma notícia.

> **Agentes do FBI retornam a Brasília**
>
> Depois de 24 horas no Recife, os agentes da polícia federal dos EUA voltam para o escritório do órgão
>
> Disponível em: https://jc.ne10.uol.com.br/canal/economia/pernambuco/noticia/2011/10/21/agentes-do-fbi-retornam-a-brasilia-19715.php#:~:text=Leitura%3A%203min-,Depois%20de%2024%20horas%20no%20Recife%2C%20os%20agentes%20da%20pol%C3%ADcia,a%20ag%C3%AAncia%20americana%20no%20Brasil. Acesso em: 6 fev. 2023.

- Explique, com suas palavras, o significado de *agente* nessa notícia.

ANOTE AÍ!

A expressão **a gente** é muito utilizada no registro de linguagem informal e equivale ao pronome *nós*. É importante observar que o verbo que acompanha essa expressão deve sempre ficar na terceira pessoa do singular, de acordo com a tradição normativa da gramática.

A palavra **agente** designa a pessoa que exerce cargo ou função como representante de uma instituição ou organismo.

6. Copie as frases no caderno e complete-as com *agente* ou *a gente*.
   a) ★ vai à praia no sábado?
   b) O ★ da polícia federal encontrou vestígios do crime.
   c) Você fará parte do grupo de estudos com ★.
   d) Ele é o ★ responsável pela segurança da loja.
   e) ★ adora recitar poemas no sarau do bairro.
   f) Ela é a ★ principal no caso investigado.
   g) Ninguém avisou ★ sobre a palestra de amanhã.
   h) A ★ de trânsito assumiu o trabalho de sinalizar os motoristas.

ETC. E TAL

Origem da letra *m* no alfabeto latino

Você sabia que a letra *m* tem tudo a ver com água?

A origem dos alfabetos pode ser bem complexa. O nosso, o latino, derivou-se do alfabeto etrusco, que, por sua vez, evoluiu do alfabeto grego. Evidências históricas apontam que o alfabeto grego é uma variante do alfabeto fenício, que tem sua origem nos antigos hieróglifos egípcios: aqueles que parecem desenhos. E o que tudo isso tem a ver com água e a nossa letra *m*, afinal?

Bom, tanto nos hieróglifos egípcios quanto na escrita fenícia, a letra que hoje conhecemos como *m* simbolizava água! Se você reparar bem, conseguirá imaginar as voltinhas do *m* como ondinhas do mar. Legal, não é? Veja na ilustração a evolução da letra *m*.

AGORA É COM VOCÊ!

ELABORAÇÃO DE INFOGRÁFICO

Proposta

O infográfico é uma ferramenta eficaz para comunicar, organizar dados e chamar a atenção dos leitores para as informações apresentadas. Nesta seção, você vai elaborar, em dupla, um infográfico relacionado ao tema saúde e qualidade de vida. Ele será voltado à comunidade escolar e deverá ser publicado em cartazes ou na internet.

É necessário buscar informações sobre o tema, a fim de selecionar os principais itens que vão compor o infográfico. Além disso, é fundamental definir os textos verbais e os recursos visuais para que o infográfico desenvolva uma linguagem objetiva e atraia a atenção do leitor.

GÊNERO	PÚBLICO	OBJETIVO	CIRCULAÇÃO
Infográfico	Comunidade escolar	Responder a determinada questão e apresentar informações sobre o tema abordado utilizando linguagem verbal e não verbal	Cartazes na escola ou plataformas multimídias na internet

Planejamento e elaboração do texto

1. Junte-se a um colega para produzir o infográfico.

2. O professor vai sortear perguntas, e cada dupla ficará responsável por responder a uma delas. Vejam as sugestões a seguir.
   - Por que é importante praticar atividades físicas?
   - O que compõe uma alimentação saudável?
   - Qual é a importância do descanso e do sono para a saúde?
   - Quais fatores relacionados ao meio ambiente auxiliam na qualidade de vida?
   - Por que o lazer é importante para a saúde e para o bem-estar?

3. Após o sorteio das perguntas, respondam a elas com informações fundamentadas e dados objetivos. Para isso, busquem as informações em fontes confiáveis, como *sites* institucionais, livros diversos ou enciclopédias.

4. Façam também entrevistas com especialistas no tema. Por exemplo: o professor de Matemática pode ajudar vocês a organizar dados e porcentagens; o de Educação Física pode explicar a importância das atividades físicas; o professor de Ciências pode auxiliar nas respostas sobre alimentação saudável, importância do sono e fatores ambientais que interferem na qualidade de vida e na saúde. Vocês podem, ainda, consultar outros profissionais da área relativa ao tema que será tratado no infográfico.

5. Após a busca das informações, selecionem aquelas que contêm os dados fundamentais e definam a ordem em que devem ser apresentadas a seus interlocutores.

6. Façam um planejamento com as informações que serão inseridas no infográfico e, com base nelas, definam sua estrutura.

7 Para a estrutura do infográfico, vocês podem, por exemplo, utilizar um esquema do corpo humano, entre outros. É importante que essa estrutura seja coerente com as informações coletadas. A ligação das imagens entre si e delas com as expressões verbais preserva a coerência das ideias do infográfico, que deve apresentar sentido completo.

8 Ao inserir as informações, certifiquem-se de que a pergunta e os dados relacionados a ela estejam articulados de modo coerente.

9 Reflitam sobre a hierarquia das informações: o tamanho e o formato das letras, o estilo das ilustrações e o uso de cores. O objetivo é que todos esses elementos dialoguem para que o infográfico possibilite uma comunicação rápida e clara. É importante atentar, ainda, para a extensão dos textos verbais do infográfico, pois eles não devem ser longos nem se sobrepor às imagens.

10 Verifiquem qual é a melhor forma de produzir o infográfico. É possível fazê-lo à mão, utilizando como suporte uma folha de papel de tamanho adequado, ou usar programas digitais específicos para a criação de textos mistos (verbais e não verbais).

11 Todas as orientações sobre como fazer um infográfico impresso são válidas para a produção de um infográfico multimídia. Caso optem pelo último, selecionem um programa e definam como ele será compartilhado: pelo *site* da escola, por meio de um aplicativo específico, pelo *blog* da turma, entre outras possibilidades.

12 Após essas definições, façam um rascunho do infográfico, organizando as informações no formato selecionado.

13 Por fim, pensem no título e na linha fina do infográfico e também nos destaques das partes mais importantes (aplicando negrito ou sublinhando, por exemplo), a fim de atrair o interesse do leitor para o assunto abordado.

Avaliação e reescrita do texto

1 Avaliem o infográfico de acordo com as questões do quadro a seguir.

ELEMENTOS DO INFOGRÁFICO
O infográfico apresenta a pergunta indicada e informações que possibilitam respondê-la?
O infográfico apresenta informações objetivas?
Os recursos visuais selecionados são coerentes com as informações apresentadas?
As imagens são atrativas, estão devidamente articuladas ao texto verbal e despertam a atenção do interlocutor?
Em caso de infográfico multimídia, as imagens e animações estão dispostas de forma adequada, facilitando o entendimento do conteúdo?

2 Com base nessa avaliação, façam os ajustes necessários no infográfico.

Circulação

1 Com tudo pronto, colem o infográfico em um cartaz. Afixem os cartazes em diferentes espaços da escola, para que a comunidade escolar conheça as informações sobre saúde e qualidade de vida levantadas e organizadas por vocês. Em caso de infográfico multimídia, escolham a plataforma em que será compartilhado e divulguem seu modo de acesso à comunidade escolar.

ATIVIDADES INTEGRADAS

A seguir, você vai ler um infográfico que trata do ciclo da água no corpo humano. Ele foi publicado com uma notícia no *site* de um jornal de grande circulação. Depois de ler, responda às questões da página ao lado.

O CICLO DA ÁGUA Como funciona o mecanismo de hidratação do corpo

1 A perda de água pelo suor torna o sangue mais concentrado, mais viscoso

2 O hipotálamo identifica essas alterações e, para preservar a quantidade de água, estimula a sensação de sede

Também chamado de "termostato do cérebro"

3 A água ingerida chega rapidamente ao intestino, onde é absorvida e vai para a corrente sanguínea

4 O sangue retorna a sua concentração normal, facilitando o transporte de nutrientes como glicose e oxigênio, essenciais ao funcionamento dos músculos

5 Durante a atividade física, os músculos produzem calor pela queima de energia, o que aquece o organismo

6 Para evitar o superaquecimento, o hipotálamo libera parte da água do sangue para se transformar em suor, que evapora, controlando a temperatura corporal

Ilustração: Lydia Megumi

Fontes: Mirtes Stancanelli, nutricionista; João Bouzas Marins, educador físico; José Eduardo Bicudo, biólogo da USP

ÁGUA DE MENOS...
> Pode aumentar a temperatura corporal, porque, com menos suor, o organismo não faz trocas suficientes de calor com o ambiente.
> Faz com que o volume sanguíneo diminua, dificultando o trabalho cardíaco e o transporte de oxigênio para os músculos.

ÁGUA DEMAIS...
> Inibe a ação do hormônio antidiurético, estimulando a produção de urina e a eliminação de líquidos.
> Dilui as concentrações corporais de sódio, o que pode resultar em estado de hiponatremia (baixa concentração de sódio no sangue). Pode causar confusão mental e, em casos extremos, convulsão.

Juliane Vines. Efeitos de bebidas esportivas são questionados em artigos científicos. *Folha de S.Paulo*, São Paulo, 4 set. 2012. Equilíbrio e Saúde. Disponível em: http://m.folha.uol.com.br/equilibrioesaude/2012/09/1146686-efeitos-de-bebidas-esportivas-sao-questionados-em-artigos-cientificos.shtml?mobile. Acesso em: 6 fev. 2023.

Analisar e verificar

1. Resuma o que você aprendeu, após a leitura do infográfico, sobre a hidratação e o percurso da água no corpo humano.

2. O infográfico apresenta as informações em determinada sequência. Qual é a relação entre essa forma de organização e o conteúdo expresso?

3. Leia o título do infográfico.
   a) Classifique o tipo de frase utilizada.
   b) Qual é a relação entre esse tipo de frase e sua utilização como título?

4. A figura principal do infográfico estabelece uma relação direta com o texto verbal.
   a) Qual é a figura principal do infográfico? Explique a relação dela com o texto verbal.
   b) Identifique o recurso visual que possibilita estabelecer a relação entre a figura central e a sequência de informações apresentadas ao redor dela.

5. Observe as cores usadas no infográfico. O que as partes destacadas em azul ilustram? Por que foi usada essa cor?

6. Além da sequência principal de fatos apresentados, o infográfico traz algumas informações adicionais nos itens "Água de menos..." e "Água demais...".
   a) Qual é a relação entre os ícones de cada um desses itens e o conteúdo expresso?
   b) O conteúdo desses itens está apresentado em tópicos. Qual é o efeito de sentido desse tipo de organização textual?
   c) Um dos dois itens apresentados amplia a abordagem principal do infográfico. Qual é esse item? Explique em que sentido se dá essa ampliação.

7. Releia as orações a seguir, retiradas do infográfico.

   > I. A água ingerida chega rapidamente ao intestino [...].
   > II. O sangue retorna a sua concentração normal [...].
   > III. [...] os músculos produzem calor [...].

   a) Identifique o sujeito e o predicado de cada oração.
   b) Essas orações estão estruturadas em que ordem: direta (quando segue a estrutura sujeito + verbo + complemento) ou indireta (quando não segue essa estrutura)?
   c) Considerando que se trata de um infográfico, conclua: Qual é a importância de estruturar as orações nessa ordem?

8. Os infográficos apresentados neste capítulo foram reproduzidos de veículos e mídias diferentes. Compare-os para responder às questões a seguir.
   a) De que forma os fatos apresentados nos textos se relacionam?
   b) Como os autores localizaram essas informações?
   c) As informações apresentadas nos infográficos podem ser consideradas confiáveis?

Criar

9. Com base nas informações do infográfico, em duplas, escrevam um texto expositivo sobre a importância da hidratação adequada. Depois, discutam com a turma: Em qual dos textos (infográfico ou texto expositivo) foi inserida mais explicação verbal?

CIDADANIA GLOBAL

UNIDADE 5

6 ÁGUA POTÁVEL E SANEAMENTO

Retomando o tema

Ao longo desta unidade, você e os colegas puderam refletir sobre a importância do acesso à água potável e ao saneamento básico para a manutenção da vida. Agora, vocês vão analisar de que modo esses direitos estão assegurados no município onde sua escola está localizada.

Para isso, organizem-se em grupos e busquem informações sobre o tratamento de água e esgoto no município onde fica a escola em que vocês estudam. Em seguida, discutam e respondam às questões a seguir:

1. No município em que vocês moram, o acesso à água potável e ao saneamento básico é igual a toda a população? Explique.

2. Em quais situações observa-se a necessidade de melhoria e ampliação dos serviços relacionados à água e ao saneamento básico?

3. Em sua opinião, de que forma esses problemas poderiam ser solucionados? Quem poderia auxiliar nessa problemática?

Geração da mudança

Com base nas informações obtidas, sigam as próximas etapas:

- Verifiquem ações possíveis de serem realizadas pela própria escola, por estudantes e familiares, listando atitudes em prol da economia de água, além de informar a comunidade escolar sobre a importância do saneamento básico, que deve ser garantido a todos. Essas informações devem ser escritas e afixadas na escola ou postadas no *site* da escola.

- Em seguida, elaborem uma carta direcionada à administração municipal apresentando os dados sobre o acesso à água tratada e ao saneamento básico do local. Indiquem nela os problemas encontrados e possíveis soluções para eles. A carta poderá ser assinada pela turma e encaminhada de acordo com orientações do professor.

Autoavaliação

POEMA NARRATIVO E CORDEL

UNIDADE 6

PRIMEIRAS IDEIAS

1. Que gêneros narrativos você já leu? Quais podem ser as características de um poema que narra uma história?
2. Se você conhece cordéis, explique como eles são. Se não conhece, reflita: Pelo sentido da palavra *cordel*, o que pode haver de especial nesses poemas?
3. O sujeito de uma oração pode ter mais de um núcleo? Explique.
4. Leia esta oração: "Choveu ontem à tarde.". Converse com os colegas: Nessa construção, quem executa a ação indicada pelo verbo?

Conhecimentos prévios

Nesta unidade, eu vou...

CAPÍTULO 1 — Era uma vez um poema

- Ler e interpretar um poema narrativo e reconhecer elementos da estrutura narrativa no poema.
- Refletir sobre a importância de equilibrar a razão e a emoção.
- Reconhecer referências implícitas e explícitas entre diferentes manifestações culturais.
- Identificar e classificar tipos de sujeito (simples, composto e desinencial), além de reconhecer o núcleo do sujeito.
- Produzir um poema narrativo e planejar a produção textual de acordo com a delimitação temática proposta.

CAPÍTULO 2 — Versos no varal

- Ler e interpretar um cordel, reconhecendo as características e a estrutura composicional do gênero.
- Compreender e identificar o esquema de rimas em versos e estrofes do cordel.
- Reconhecer a importância da cooperação entre as pessoas para solucionar problemas da comunidade.
- Compreender os conceitos de sujeito indeterminado e de oração sem sujeito.
- Identificar o emprego de *c*, *ç*, *s* e *ss* para representar o fonema /s/.
- Produzir um cordel em grupo, declamá-lo e gravá-lo em audiolivro.

CIDADANIA GLOBAL

- Elaborar coletivamente soluções para o bem-estar social da comunidade.

Drew Angerer/Getty Images

196

LEITURA DA IMAGEM

1. Com base na imagem, o que podem representar os elementos ilustrados no painel?

2. Em sua opinião, é importante que os jovens participem de eventos como o apresentado? Você já participou de algum evento coletivo para reivindicar algo?

3. Para você, que características uma manifestação deve ter? Converse com os colegas sobre o direito de uma pessoa de expressar suas ideias e seus pensamentos.

CIDADANIA GLOBAL

17 PARCERIAS E MEIOS DE IMPLEMENTAÇÃO

A Greve Global pelo Clima foi inspirada pela luta da jovem ativista sueca Greta Thunberg (2003-). Desde então, milhares de jovens ao redor do mundo fazem greves para realizar protestos e debates sobre os efeitos das mudanças climáticas, visando conscientizar a população, e exigir medidas para combater o caos climático.

■ Com base nisso, você acredita que a união de diferentes pessoas para alcançar um propósito pode trazer contribuições efetivas para toda a população? Comente.

Acesse o recurso digital e responda: Com que objetivo os estudantes realizaram esse encontro na Assembleia Legislativa do Estado do Rio de Janeiro? O que motivou o desenvolvimento dessa ação? Discuta com os colegas.

Jovens seguram painel em uma manifestação da Greve Global pelo Clima, em Nova York, Estados Unidos. Foto de 2019.

197

CAPÍTULO 1
ERA UMA VEZ UM POEMA

O QUE VEM A SEGUIR

No poema a seguir, escrito pelo poeta português Fernando Pessoa, o eu poético conta uma história que, provavelmente, vai fazer você se lembrar de outras narrativas. No título, há o nome de duas personagens. Você já ouviu falar delas? Quem são? Leia o poema e descubra se acertou.

TEXTO

Eros e Psique

Conta a lenda que dormia
uma Princesa encantada
a quem só despertaria
um Infante, que viria
de além do muro da estrada.

Ele tinha que, tentado,
vencer o mal e o bem,
antes que, já libertado,
deixasse o caminho errado
por o que à Princesa vem.

A Princesa Adormecida,
se espera, dormindo espera.
Sonha em morte a sua vida, e
orna-lhe a fronte esquecida,
verde, uma grinalda de hera.

Longe o Infante, esforçado,
sem saber que intuito tem,
rompe o caminho fadado.
Ele dela é ignorado.
Ela para ele é ninguém.

Mas cada um cumpre o Destino —
ela dormindo encantada,
ele buscando-a sem tino
pelo processo divino
que faz existir a estrada.

E, se bem que seja obscuro
tudo pela estrada fora,
e falso, ele vem seguro,
e, vencendo estrada e muro,
chega onde em sono ela mora.

E, inda tonto do que houvera,
à cabeça, em maresia,
ergue a mão, e encontra hera,
e vê que ele mesmo era
a Princesa que dormia.

Fernando Pessoa. Em: Eucanaã Ferraz (org.). *A lua no cinema e outros poemas.*
São Paulo: Companhia das Letras, 2011. p. 68-69.

em maresia: em agitação.
fadado: predestinado, decidido pelo destino.
fronte: rosto, especialmente a testa.
hera: tipo de planta decorativa de folhas verdes.
infante: príncipe sem direito ao trono.
obscuro: confuso, de difícil compreensão.
ornar: enfeitar.
tino: juízo, consciência.

O POETA PORTUGUÊS E SEUS HETERÔNIMOS

Fernando Pessoa (1888-1935) é um dos escritores da língua portuguesa mais importantes de todos os tempos. Um aspecto intrigante da obra do poeta português é o fato de ele ter criado diversas "personalidades poéticas" para assinar seus poemas – identidades com nome, biografia e estilo diferentes, isto é, heterônimos. Os mais conhecidos são: o mestre Alberto Caeiro, o engenheiro Álvaro de Campos, o médico Ricardo Reis e o ajudante de guarda-livros Bernardo Soares.

▲ O poeta Fernando Pessoa, em 1914.

TEXTO EM ESTUDO

PARA ENTENDER O TEXTO

1. Durante a leitura, foi possível identificar as personagens do título?

2. Registre no caderno as respostas às perguntas a seguir.
   a) Qual foi seu sentimento predominante ao ler o poema?
   b) A história contada no poema lembra outras histórias conhecidas? Explique.
   c) O desfecho do poema segue o padrão dessas narrativas? Explique.

3. "Eros e Psique" é um poema que apresenta elementos de narrativa. Complete o quadro a seguir com esses elementos.

Personagens	Tempo e espaço	Conflito	Ações geradas pelo conflito

   > **ANOTE AÍ!**
   >
   > O gênero **poema** pode ter formas diversas e tratar de variados temas. Denomina-se **poema narrativo** quando há personagens e as ações acontecem em um tempo e espaço.

4. Para aprofundar a compreensão da história do poema, indique se as afirmações a seguir são **falsas (F)** ou **verdadeiras (V)**. Justifique sua avaliação.

   I. O poema narra a história da paixão entre a Princesa e o Infante.

   II. A história do poema comprova a força do destino: tudo ocorre como se espera.

   III. A história do poema é enigmática, e seu final permite várias interpretações.

5. Das alternativas a seguir, qual é a mais próxima da interpretação do poema?

   I. Ao atingir seu destino, o Infante obtém autoconhecimento.

   II. Por vezes, aquilo que buscamos no outro está dentro de nós.

   III. Princesas adormecidas podem desejar ter propósitos e aventuras, e príncipes encantados podem desejar ser resgatados e acolhidos.

   > **ANOTE AÍ!**
   >
   > Na literatura, as ideias e as imagens são **polissêmicas**, isto é, têm mais de um significado. Essas diferentes possibilidades de interpretação proporcionam **variações na leitura** do texto.

6. Releia o seguinte trecho do poema:

   > E, inda tonto do que houvera,
   > à cabeça, **em maresia**,
   > ergue a mão, e encontra hera,

   a) A expressão destacada indica que de fato o Infante estava no mar? Explique.
   b) O que há em comum entre o sentido da expressão e a situação do Infante?
   c) Reescreva o segundo verso evidenciando essa comparação.

   > **ANOTE AÍ!**
   >
   > **Figuras de linguagem** são recursos expressivos. Algumas comparam termos indicando algo em comum entre eles. A **comparação** usa um termo para evidenciar isso. Exemplo: A moça é *como* uma rosa. A **metáfora** faz isso diretamente. Exemplo: A moça é uma rosa.

PARA EXPLORAR

Vento lá fora e a poesia de Fernando Pessoa, de Cleonice Berardinelli e Maria Bethânia. Rio de Janeiro: Biscoito Fino, 2014.

O DVD e o CD *Vento lá fora e a poesia de Fernando Pessoa* apresentam leituras de diversos poemas do poeta e de seus heterônimos feitas por Cleonice Berardinelli, estudiosa do poeta e integrante da Academia Brasileira de Letras, e por Maria Bethânia, cantora e admiradora do poeta português.

7. **SABER SER** Segundo a mitologia grega, os deuses referenciados no título do poema, Eros, deus do amor, está relacionado à emoção, ao passo que Psique, a bela jovem, à razão. Nesse mito, Psique procura explicações para as situações vivenciadas, pois deseja respostas para suas inquietações, o que, em dado momento da história, afasta-a de seu amado e leva-a a um sono profundo. Com base nisso, responda:

    a) Você se considera uma pessoa mais emotiva ou mais racional? Por quê?
    b) Para você, é importante equilibrar razão e emoção para resolver problemas e conflitos?

O CONTEXTO DE PRODUÇÃO

8. "Eros e Psique" foi publicado pela primeira vez em Portugal, em 1934.
    a) Em sua opinião, por que esse poema ainda é lido no século XXI?
    b) Você acha que esse poema agrada aos jovens? Por quê?

9. Veja, a seguir, a capa do livro do qual se reproduziu o poema "Eros e Psique". A obra reúne poemas de autores portugueses e brasileiros de várias épocas.

    alexandre o'neill / antonio cicero / arnaldo antunes / cacaso / caetano veloso / camilo pessanha / carlos drummond de andrade / eugénio de andrade / fernando pessoa / ferreira gullar / fiama hasse pais brandão / gastão cruz / joão cabral de melo neto / josé paulo paes / manoel de barros / mário quintana / murilo mendes / paulo leminski / sophia de mello breyner andresen / vinicius de moraes

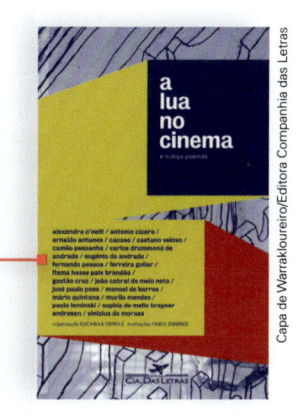

    a) Você conhece algum desses autores? Se sim, qual(is)?
    b) O organizador da coletânea afirma que ela se destina "preferencialmente aos jovens". Em sua opinião, como deve ser um poema para esse público?

A LINGUAGEM DO TEXTO

10. Releia em voz alta a estrofe abaixo e compare-a com a versão escrita ao lado.

    | Conta a lenda que dormia | A lenda conta que uma |
    | uma Princesa encantada | Princesa encantada dormia |
    | a quem só despertaria | E só um Infante que viria |
    | um Infante, que viria | de além do muro da estrada |
    | de além do muro da estrada. | a despertaria. |

    a) Qual das duas versões apresenta as informações de forma mais direta?
    b) Qual versão tem ritmo mais marcado por causa da regularidade dos versos?
    c) Qual das versões apresenta musicalidade mais evidente? O que causa isso?

    ANOTE AÍ!

    A **escolha das palavras** e a **ordem** que elas ocupam nos versos são recursos expressivos fundamentais de um poema, pois conferem **ritmo** e **musicalidade** ao texto.

UMA COISA PUXA OUTRA

Releituras do mito

Você leu um poema do escritor português Fernando Pessoa em que uma das personagens lembra a princesa de um conto de encantamento que cai em sono eterno após ser enfeitiçada. Na mitologia greco-romana, há também uma personagem feminina que adormece após desobedecer às ordens dos deuses. Você imagina qual seja o nome dela?

1. Observe esta escultura, que retrata as personagens mitológicas Eros e Psique.

▲ Antonio Canova. *Psique revivida pelo beijo de Eros* (1787-1793). Mármore, 1,55 m × 1,68 m × 1,01 m. Museu do Louvre, Paris, França.

a) O que as personagens da escultura estão fazendo?

b) O que chama a atenção nas costas de Eros?

c) A posição do corpo de Psique dá a impressão de que ela estava em repouso ou em movimento antes de enlaçar Eros com seus braços?

d) Que emoções e sensações essa imagem desperta em você? Que características da escultura produzem esse efeito?

2. Leia o verbete de um dicionário de mitologia sobre a história de Psique.

>   **Psiqué** (G. *Psykhé*). Uma moça cuja beleza extraordinária provocou o despeito de Afrodite (v.). A deusa ordenou a Eros (o Amor) que induzisse Psiqué a apaixonar-se por um monstro, mas o próprio Eros, vencido pelo encanto da moça, tornou-se seu amante, e depois de proibi-la de tentar ver-lhe o rosto levou-a a um palácio onde somente a visitava na escuridão da noite. As irmãs de Psiqué, enciumadas com a felicidade dela, disseram-lhe que seu amante não queria ser visto porque era um monstro, que afinal a devoraria. A intriga das irmãs exacerbou a curiosidade de Psiqué, e certa noite ela apanhou uma lâmpada e contemplou Eros adormecido. Perturbada diante da visão da beleza do amante, Psiqué deixou cair sobre Eros uma gota do óleo da lâmpada, despertando-o. Em face dessa desobediência o deus abandonou Psiqué e ela, movida pela saudade, passou a procurar o amante por todo o mundo. Afrodite, ainda despeitada, impôs-lhe várias tarefas sobre-humanas. A primeira delas foi separar na escuridão da noite os grãos de várias espécies de cereais de um monte enorme, porém as formigas apiedaram-se de Psiqué e acorreram em número incontável para realizar a tarefa por ela. Assim, por um meio ou por outro, todas as tarefas foram executadas. Na última, que consistia em trazer do inferno o escrínio de beleza usado por Perséfone (v.), Psiqué já havia praticamente realizado a proeza, quando, vencida novamente pela curiosidade, abriu o escrínio; este continha não a beleza, e sim um sono irresistível que a dominou. Zeus (v.), entretanto, instado por Eros, consentiu finalmente em seu casamento com o amante divino. Psiqué saiu do sono em que caíra e subiu ao céu com Eros.
>
> Mário da Gama Kury. Psiqué. *Dicionário de mitologia grega e romana*. 8. ed. Rio de Janeiro: Zahar, 2008. p. 344-345.

Afrodite: deusa do amor e da fertilidade, mãe de Eros.
consentir: concordar, permitir.
contemplar: olhar com atenção ou admiração.
despeito: ressentimento, inveja.
escrínio: pequeno cofre acolchoado por dentro, porta-joias.
exacerbar: intensificar.
induzir: levar a agir ou pensar de determinada maneira.
instar: pedir com insistência.
Perséfone: deusa do mundo subterrâneo.
Zeus: o deus dos deuses, o principal deus da mitologia grega.

a) Você conhece outro mito grego?
b) Levante uma hipótese para explicar por que Eros não queria que Psique visse o rosto dele.
c) De acordo com o verbete, qual é a principal característica de Psique que faz com que, por duas vezes, ela caia em desgraça? Explique.
d) Qual é o papel de Afrodite no mito de Eros e Psique?
e) Como o comportamento de Eros em relação a Psique se modifica ao longo do mito?

3. Após ter lido o verbete sobre o mito de Eros e Psique, observe novamente a escultura de Antonio Canova.
   a) Que momento do mito a escultura parece retratar?
   b) Que detalhes você considerou ao responder à questão anterior?

4. Considerando os detalhes do mito de Eros e Psique, releia o poema.
   a) Que referências à história de Eros e Psique podem ser observadas na narrativa do poema?
   b) Quais são as diferenças entre as personagens do poema de Fernando Pessoa e as do mito?
   c) Em sua opinião, que efeitos a escolha do título "Eros e Psique" produz no leitor do poema de Fernando Pessoa? Discuta com os colegas.

> **ANTONIO CANOVA (1757-1822)**
> O artista italiano Antonio Canova destacou-se como escultor. Assim como vários artistas europeus de sua época, inspirava-se na arte produzida na Antiguidade clássica. Por isso, usava como tema histórias da mitologia greco-romana e, ao produzir suas obras, valorizava a harmonia e a beleza das imagens.

LÍNGUA EM ESTUDO

SUJEITO SIMPLES, COMPOSTO E DESINENCIAL

1. Leia duas orações referentes ao poema "Eros e Psique".

   > I. A Princesa Adormecida espera.
   > II. Longe o Infante rompe o caminho fadado.

   a) Essas orações resumem o papel que cada personagem desempenha no poema. Quais são esses papéis?
   b) Que palavras indicam a ação ou o estado de cada personagem?
   c) Na oração I, que conjunto de palavras nomeia a personagem que espera?
   d) Se fosse preciso escolher apenas uma dessas palavras para nomear a personagem, qual seria a mais importante?

2. Agora, leia esta outra frase:

   > Eros e Psique são personagens mitológicas.

   a) Identifique o verbo da oração.
   b) Que palavras nomeiam os seres sobre quem esse verbo faz uma declaração?
   c) Seria possível escolher apenas uma dessas palavras para nomear as personagens de quem se fala na oração, sem prejuízo de sentido?

3. Leia este trecho da carta redigida pelo poeta Rainer Maria Rilke (1875-1926) a um jovem que desejava ser poeta:

   > O senhor me pergunta se os seus versos são bons. Pergunta isso a mim. Já perguntou a mesma coisa a outras pessoas antes. Envia os seus versos para revistas. Faz comparações entre eles e outros poemas e se inquieta quando um ou outro redator recusa suas tentativas de publicação. Agora (como me deu licença de aconselhá-lo) lhe peço para desistir de tudo isso. O senhor olha para fora, e é isso sobretudo que não devia fazer agora. [...]
   >
   > Rainer Maria Rilke. *Cartas a um jovem poeta*. Tradução de Pedro Süssekind. Porto Alegre: L&PM, 2009. p. 23.

   a) Qual das alternativas a seguir expressa melhor o conselho dado por Rilke ao jovem poeta? Copie essa alternativa no caderno.
      I. Rilke aconselha o poeta a desistir de escrever.
      II. Rilke aconselha o poeta a olhar para dentro de si e não se importar tanto com o que os outros pensam.
      III. Rilke aconselha o poeta a mostrar seus poemas apenas a ele.
      IV. Rilke aconselha o poeta a enviar seus versos para redatores.
   b) O modo como Rilke se dirige ao poeta é informal ou cerimonioso? Por quê?
   c) Na oração "O senhor me pergunta", qual é o sujeito? E qual é o núcleo dele?
   d) Na oração "Pergunta isso a mim", há um termo que nomeia o sujeito?
   e) Na sequência da carta, Rilke utiliza diversas formas verbais que indicam ações do jovem poeta e dos redatores a quem ele enviou seus poemas.
      - Que forma verbal Rilke usa para indicar uma ação dele próprio?
      - Como é possível saber que essa forma verbal se refere a ele?

SUJEITO SIMPLES E SUJEITO COMPOSTO

As orações analisadas nas atividades anteriores apresentam diferentes **tipos de sujeito**. Como você pôde perceber, algumas orações têm o sujeito expresso por meio de uma palavra ou por um conjunto de palavras. Observe.

I. **A Princesa Adormecida** espera.

II. **Eros** e **Psique** são personagens mitológicas.

Na oração I, há apenas um núcleo do sujeito, a palavra *Princesa*. Na oração II, há dois núcleos do sujeito, as palavras *Eros* e *Psique*.

Nessas orações, o sujeito também é expresso por uma ou mais palavras.

I. **Alguém** gostará de seus poemas.

II. **Uns** e **outros** se dizem poetas.

Na oração I, o sujeito tem só um núcleo: a palavra *alguém*. Esse tipo de sujeito é denominado **sujeito simples**. Na oração II, o sujeito tem dois núcleos: as palavras *uns* e *outros*. Ele é denominado **sujeito composto**.

SUJEITO OCULTO OU SUJEITO DESINENCIAL

Há também um terceiro tipo de sujeito, que não é expresso por uma palavra independente, mas pode ser identificado, no contexto em que é usado, pela desinência do verbo. É o caso das orações a seguir, da carta de Rilke.

I. Envia os seus versos para revistas.
II. [...] peço para desistir de tudo isso.

Na oração I, é possível saber que o ser a que se refere a forma verbal *envia* é o senhor (ou o poeta) a quem Rilke se dirige na carta. Nessa oração, porém, não há uma palavra que nomeie esse ser. É a própria forma verbal *envia*, por meio de sua desinência (terceira pessoa do singular, concordando com a forma de tratamento *senhor*), que indica o sujeito. Na oração II, ocorre algo semelhante: o sujeito da forma verbal *peço* é identificado por sua desinência (primeira pessoa do singular), que se refere ao próprio Rilke.

Em orações como essas, o sujeito está **oculto**, pois não é representado por uma palavra ou por um conjunto delas. Esse sujeito é identificado pela desinência da forma verbal, por isso também é denominado **sujeito desinencial**.

> **ANOTE AÍ!**
>
> O sujeito de uma oração pode ser expresso por uma ou mais palavras encadeada(s) ao verbo. Nesses casos, ele se classifica de acordo com o número de núcleos: é **sujeito simples** (se houver um só núcleo) ou **sujeito composto** (se houver mais de um núcleo).
>
> Em alguns casos, porém, não há na oração uma ou mais palavras que nomeiem o sujeito. Sua identificação é feita por meio da desinência verbal e do contexto. Assim, ele é classificado como **sujeito oculto** ou **sujeito desinencial**.

> **RELACIONANDO**
>
> A segunda estrofe do poema "Eros e Psique", de Fernando Pessoa, apresenta a missão do Infante, narrando o que lhe era destinado fazer. A terceira expõe o estado de adormecimento da Princesa. Em ambas as estrofes, há uma sequência de sujeitos desinenciais. São o contexto e as desinências verbais que indicam que, na segunda estrofe, todos os verbos se referem ao Infante e que, na terceira estrofe, a maioria deles se refere à Princesa.

ATIVIDADES

Retomar e compreender

1. Leia a tira.

   Quadrinho 1: Minha querida, eu faria qualquer coisa por você.
   Quadrinho 2: Escalaria a mais alta das montanhas.
   Quadrinho 3: Atravessaria o mais profundo dos oceanos nadando cachorrinho.

   Charles M. Schulz. *Snoopy nº 10*. Sempre Alerta. Tradução de Cássia Zanon. Porto Alegre: L&PM Editores, 2013. p. 50.

   a) Na tira, que efeito de sentido a expressão "nadando cachorrinho" provoca?
   b) Releia as orações dos dois últimos quadrinhos. Qual é o sujeito de cada uma delas? Qual é sua classificação?
   c) Que elementos da tira possibilitam identificar esses sujeitos?

2. Leia o poema narrativo a seguir.

   Jonas na barriga da baleia

   Num tempo pouco claro, mas que até hoje nos clareia,
   Um tal de Jonas acabou no estômago de uma baleia,
   E a baleia e Jonas, ao mar, serviram de ceia.

   E logo, uma lua no céu, nem bela nem feia,
   Avistou o mar, e Jonas dentro da baleia,
   E nhac, se foi, contente, de barriga cheia.

   Sérgio Capparelli. *111 poemas para crianças*. 26. ed. Porto Alegre: L&PM, 2018. p. 21.

   a) O título do poema faz referência a uma conhecida história. Você sabe qual é? Que referências a essa história podem ser observadas no decorrer do poema?
   b) O que há de diferente entre o que é narrado no poema e a história à qual ela está fazendo referência?
   c) Que efeitos o final do poema pode gerar no leitor?

3. Releia estes versos do poema "Jonas na barriga da baleia":

   Um tal de Jonas acabou no estômago de uma baleia,
   E a baleia e Jonas, ao mar, serviram de ceia.

   a) Quantas orações há nesse trecho do poema?
   b) Identifique os verbos das orações.
   c) Qual é o sujeito de cada oração? Classifique-os e justifique sua resposta.

Acompanhamento da aprendizagem

Aplicar

4. Leia a tira a seguir.

> **Quadrinho 1:**
> — VOCÊ NÃO TINHA DITO QUE TÁ FORA DE FORMA E QUERIA SAIR PRA SE EXERCITAR?
> — TÔ SÓ ESPERANDO PASSAR ESSE FRIO.
>
> **Quadrinho 2:**
> — TÔ SÓ ESPERANDO PASSAR ESSE CALOR.
>
> **Quadrinho 3:**
> — TÔ SÓ ESPERANDO PASSAR A VONTADE.

Marcel Ibaldo e Marcelli Ibaldo. *Tê rex*: zapzombie. Porto Alegre: Avec, 2021. p. 14.

a) Quais são as justificativas da personagem no sofá para não sair para se exercitar?
b) Qual é a verdadeira razão para essa personagem não querer se exercitar?
c) Explique a relação entre as repetições e o humor presentes na tira.
d) No primeiro balão de fala do primeiro quadrinho, identifique quantas são as orações e quais são os sujeitos de cada uma. Em seguida, classifique-os.
e) Identifique e classifique o sujeito nas falas da personagem no sofá.

5. Leia este trecho de notícia.

Julián Fuks e Arnaldo Antunes vencem o Prêmio Jabuti 2016

O paulistano Julián Fuks venceu o 58º Prêmio Jabuti, mais tradicional troféu literário do Brasil, na categoria Romance com "A Resistência" (Companhia das Letras).

Na categoria Poesia, foi contemplado Arnaldo Antunes por "Agora Aqui Ninguém Precisa de Si" (Companhia das Letras).

Fuks já havia sido finalista do prêmio com "Procura do Romance" (2012), e Antunes ganhara um Jabuti por "As Coisas" (1992).

O prêmio de Contos e Crônicas foi para Natalia Borges Polesso, por "Amora" (Não Editora).

[...]

Duas colunistas da **Folha** ficaram com o primeiro lugar de suas categorias.

Nina Horta, que escreve todas as quartas no *site* do jornal, foi premiada em Gastronomia por "O Frango Ensopado da Minha Mãe" (Companhia das Letras), enquanto Angela Alonso, que publica coluna mensal no caderno "Ilustríssima", levou o Jabuti de Ciências Humanas por "Flores, Votos e Balas" (também da Companhia).

[...]

Folha de S.Paulo, São Paulo, 12 nov. 2016.

PARA EXPLORAR

Agora aqui ninguém precisa de si, de Arnaldo Antunes. São Paulo: Companhia das Letras, 2015.
Nos poemas reunidos nessa coletânea, Arnaldo Antunes comenta o tempo, o espaço e a morte, entre outros temas. Em suas composições, destaca-se o trabalho com o ritmo e a musicalidade.

a) De que modo a notícia caracteriza o Prêmio Jabuti?
b) Transcreva e classifique o sujeito da oração presente no segundo parágrafo.
c) Identifique, no texto, uma oração com sujeito composto e indique o núcleo do sujeito.

A LÍNGUA NA REAL

MARCADORES TEMPORAIS NO POEMA NARRATIVO

1. Releia as três primeiras estrofes do poema narrativo "Eros e Psique".

> Conta a lenda que dormia
> uma Princesa encantada
> a quem só despertaria
> um Infante, que viria
> de além do muro da estrada.
>
> Ele tinha que, tentado,
> vencer o mal e o bem,
> antes que, já libertado,
> deixasse o caminho errado
> por o que à Princesa vem.
>
> A Princesa Adormecida,
> se espera, dormindo espera.
> Sonha em morte a sua vida, e
> orna-lhe a fronte esquecida,
> verde, uma grinalda de hera.

a) A história lembra outras histórias conhecidas. Reescreva os dois primeiros versos como se fossem essas histórias, sem alterar o sentido.

b) Ao final da segunda estrofe, o que o uso do verbo *vir* revela sobre quem está contando a história? Que alteração de sentido haveria se tivesse sido utilizado o verbo *ir*?

2. Releia estes versos da primeira estrofe do poema.

> a quem só despertaria
> um Infante, que viria

a) Identifique os verbos nos versos. Quais são o modo e o tempo verbal deles?

b) O que o uso dos verbos nesse tempo indica sobre os fatos narrados no poema?

3. Na segunda estrofe do poema, há um verbo no modo subjuntivo.

a) Identifique esse verbo. Por que ele foi usado nesse contexto?

b) Em que tempo do modo subjuntivo o verbo está? Reescreva a estrofe com o presente do subjuntivo.

c) Que alteração de sentido houve ao mudar o tempo do verbo em sua reescrita?

4. Na terceira estrofe, há um modo e um tempo verbal predominantes.

a) Identifique esse modo e esse tempo verbal e os verbos conjugados.

b) A predominância desse tempo verbal nessa estrofe a assemelha às estrofes anteriores ou a diferencia delas? Explique.

c) Qual é o efeito de sentido gerado pelo uso desse modo e tempo na estrofe?

ANOTE AÍ!

Os **marcadores temporais** indicam tempo. No poema narrativo, a **variação** entre os modos e tempos verbais amplia os efeitos de sentido. Os verbos no **futuro do pretérito** indicam ações que poderiam acontecer, a depender de outras anteriores. Já o verbo no **pretérito imperfeito do modo subjuntivo** revela uma possibilidade para a continuidade do enredo, e a predominância do **presente do modo indicativo** marca a mudança no enredo.

5. Leia este poema do escritor mato-grossense Manoel de Barros (1916-2014):

Se achante

Era um caranguejo muito se achante.
Ele se achava idôneo para flor.
Passava por nossa casa
Sem nem olhar de lado.
Parece que estava montado num coche
de princesa.
Ia bem devagar
Conforme o protocolo
A fim de receber aplausos.
Muito achante demais.
Nem parou para comer goiaba.
(Acho que quem anda de coche não come goiaba.)
Ia como se fosse tomar posse de deputado.
Mas o coche quebrou
E o caranguejo voltou a ser idôneo para mangue.

coche: carruagem fechada e luxuosa.

idôneo: honesto, confiável, correto.

mangue: área cheia de lama negra que costuma ser inundada pela maré.

protocolo: conjunto de regras e procedimentos a serem seguidos em cerimônias e situações formais.

Manoel de Barros. *Meu quintal é maior do que o mundo*. Rio de Janeiro: Objetiva, 2015. p. 133.

a) A expressão *se achante* não existe no dicionário, foi criada pelo poeta. Qual é, provavelmente, a origem dessa expressão? O que ela significa?

b) Que elemento do corpo de um caranguejo poderia se assemelhar ao coche?

c) De acordo com o texto, o que aconteceu ao caranguejo para que ele deixasse de ser "se achante"?

6. Releia o poema e faça o que se pede a seguir.

a) Faça duas listas: na primeira, coloque as formas verbais que indicam as ações e os estados do caranguejo enquanto era "se achante" e, na segunda, as formas verbais usadas a partir do momento em que algo muda a situação dele.

b) Em que tempo e modo estão flexionadas as formas verbais da primeira lista? E as da segunda lista?

7. Releia estes versos:

> I. Ele se achava idôneo para flor.
> II. E o caranguejo voltou a ser idôneo para mangue.

a) No contexto do poema, que significados podem ser associados às palavras *flor* e *mangue*?

b) De que maneira esses significados se relacionam à quebra do coche do caranguejo?

ANOTE AÍ!

Os **marcadores temporais** nesse poema também indicam tempo. Por exemplo, as **desinências** que indicam **modo** e **tempo verbal** ajudam a história a avançar. No texto, a situação inicial é indicada por formas verbais cujas desinências marcam o **pretérito imperfeito**, que sinaliza fatos habituais e inacabados do passado. Já o conflito e o desfecho são indicados por formas cujas desinências indicam o **pretérito perfeito**, que sinaliza ações concluídas.

PARA EXPLORAR

Crianceiras, de Márcio De Camillo. São Paulo: Independente, 2012.
No álbum *Crianceiras*, há dez poemas de Manoel de Barros musicados pelo compositor Márcio De Camillo, que interpreta as canções com crianças. Um desses poemas é "Se achante".
Algumas faixas do CD estão disponíveis no *site*: http://www.crianceiras.com.br/manoel-de-barros/disco. Acesso em: 10 abr. 2023.

AGORA É COM VOCÊ!

ESCRITA DE POEMA NARRATIVO

Proposta

O poema "Eros e Psique", de Fernando Pessoa, conta uma história que remete a outras, que ganham novos sentidos nesse texto poético. Agora você vai produzir um poema com base em uma narrativa. Ele integrará uma coletânea feita pela turma e ficará disponível na biblioteca da escola.

GÊNERO	PÚBLICO	OBJETIVO	CIRCULAÇÃO
Poema narrativo	Comunidade escolar	Escrever um poema inspirado por uma narrativa	Biblioteca da escola

Planejamento e elaboração de texto

1 Leia o texto "Velha história" e inspire-se nele para criar seu poema narrativo.

> Era uma vez um homem que estava pescando, Maria. Até que apanhou um peixinho. Mas o peixinho era tão pequenininho e inocente, e tinha um azulado tão indescritível nas escamas, que o homem ficou com pena. E retirou cuidadosamente o anzol e pincelou com iodo a garganta do coitadinho. Depois guardou-o no bolso traseiro das calças, para que o animalzinho sarasse no quente. E desde então ficaram inseparáveis. Aonde o homem ia, o peixinho o acompanhava, a trote, que nem um cachorrinho. Pelas calçadas. Pelos elevadores. Pelos cafés. [...]
>
> Ora, um dia o homem e o peixinho passeavam à margem do rio onde o segundo dos dois fora pescado. E eis que os olhos do primeiro se encheram de lágrimas. E disse o homem ao peixinho:
>
> "Não, não me assiste o direito de te guardar comigo. Por que roubar-te por mais tempo ao carinho do teu pai, da tua mãe, dos teus irmãozinhos, da tua tia solteira? Não, não e não! Volta para o seio da tua família. E viva eu cá na terra sempre triste!"...
>
> Dito isto, verteu copioso pranto e, desviando o rosto, atirou o peixinho n'água. E a água fez um redemoinho, que foi depois serenando, serenando... até que o peixinho morreu afogado...

Mario Quintana. Velha história. Em: Walmir Ayala (org.). *Antologia poética*. Rio de Janeiro: Nova Fronteira, 2015. p. 41.

2 Copie o quadro a seguir no caderno e complete-o com as informações sobre "Velha história". Isso o ajudará a identificar o que é essencial na narrativa.

ETAPA DA NARRATIVA	IDEIA CENTRAL
Apresentação da situação inicial e das personagens	
Situação de estabilidade da trama	
Apresentação do conflito	
Clímax (ponto de maior tensão)	
Desfecho	

3 Decida quantas estrofes seu poema terá e que aspectos da narrativa serão trabalhados em cada uma. Por exemplo, crie uma estrofe para cada etapa.

4. Selecione frases ou imagens do conto que você julga expressivas para reaproveitar no poema.
5. Escreva os versos do poema escolhendo as palavras com cuidado. Atente também para os marcadores temporais – empregue modos e tempos verbais que auxiliem na progressão da história, como no poema "Se achante" – e para a concordância entre o verbo e os diferentes tipos de sujeito presentes no poema.
6. Ainda que os versos não tenham o mesmo tamanho, procure criar um ritmo nas estrofes. Para isso, leia cada verso em voz alta, identificando a necessidade de inserir ou cortar palavras para que ele soe melhor.
7. Seu poema pode ou não ter rimas. Se quiser, após escrever uma estrofe, você pode experimentar inverter a ordem das palavras ou trocar a última palavra de um verso para tentar criar rimas entre os versos.
8. Crie um título para o poema. Ele pode fazer referência a outra história que, em sua opinião, se relacione de alguma maneira com "Velha história". Isso dará ao leitor a oportunidade de estabelecer relações entre os textos.

> **MARIO QUINTANA (1906-1994)**
> Nascido em Alegrete, no Rio Grande do Sul, Mario Quintana mudou-se para Porto Alegre em 1919 e nessa cidade começou a publicar seus poemas. Seus textos destacam-se pelo humor e pela linguagem mais informal, cotidiana. Além de poeta, foi jornalista e tradutor.

LINGUAGEM DO SEU TEXTO

1. O poema "Eros e Psique", de Fernando Pessoa, apresenta ritmo e musicalidade. Que recursos o autor usou para obter esse efeito?
2. Que expressões desse poema você considera mais musicais?

Reveja seu poema observando se as palavras escolhidas dão a ideia daquilo que você deseja e se elas ajudam na construção do ritmo e da musicalidade do texto.

Avaliação e reescrita do texto

1. Leia seu poema e analise-o com base nos critérios do quadro a seguir.

ELEMENTOS DO POEMA NARRATIVO
O poema recupera os elementos essenciais da narrativa "Velha história"?
É possível identificar as personagens, as ações, o conflito e o desfecho?
O poema tem versos ou imagens expressivas que podem despertar a atenção do leitor?
Os versos têm ritmo e sonoridade?
O título ajuda o leitor a ampliar os sentidos do poema?

2. Decida as alterações a serem feitas no poema e escreva sua versão final.

Circulação

1. Os poemas farão parte de uma coletânea que ficará disponível na biblioteca da escola. Para que seu texto participe da obra, providencie uma versão digitada em uma folha de sulfite e, em outra, faça uma ilustração para ele.
2. Organizem-se em três grupos para produzir o livro, conforme indicado abaixo.
   - **Grupo 1:** produção da capa e criação do título do livro.
   - **Grupo 2:** produção do sumário e organização dos poemas na coletânea.
   - **Grupo 3:** produção do texto de apresentação do livro.
3. Doem o livro para a biblioteca. Assim ele ficará disponível para empréstimo.
4. Por meio de cartazes, convidem a comunidade a procurar o livro na biblioteca.

CAPÍTULO 2
VERSOS NO VARAL

O QUE VEM A SEGUIR

O gênero cordel conta histórias que, escritas em versos, podem ser recitadas. Os cordéis são impressos em pequenos folhetos, geralmente ilustrados com xilogravuras, e pendurados em um varal feito de barbante em feiras da Região Nordeste. Dos varais para as páginas de livros e também para a internet, o cordel passou a ser conhecido em todo o Brasil. Antes de ler o texto a seguir, dê sua opinião: Em uma briga entre um boi e um grupo de formigas, quem você acha que tem mais chance de derrotar o adversário? Por quê?

TEXTO

O boi-zebu e as formigas

em riba: em cima.
juazeiro: árvore nativa do Brasil.

Um boi-zebu certa vez
moiadinho de suó,
quer sabê o que ele fez?
Temendo o calor do só,
entendeu de demorá
e uns minutos cochilá
na sombra de um juazeiro
que havia dentro da mata.
E firmou as quatro pata
em riba de um formigueiro.

Já se sabe que a formiga
cumpre a sua obrigação.
Uma com outra não briga
vive em perfeita união,
paciente, trabaiando,
suas fôia carregando,
um grande exemplo revela
naquele seu vai e vem.
E não mexe com ninguém
se ninguém mexê com elas.

Por isto com a chegada
daquele grande animá,
todas ficaram zangadas,
começaram a se assanhá.
E foram se reunindo,
nas pernas do boi subindo,
constantemente a subir.
Mas tão devagá andava,
que no começo não dava
para ele nada sentir.

Mas porém como a formiga
em todo canto se soca,
dos casco até na barriga
começou a frivioca.
E no corpo se espaiando,
o zebu foi se zangando,
e os casco no chão batia.
Mas porém não meiorava,
quanto mais coice ele dava
mais formiga aparecia.

Com esta formigaria
tudo picando sem dó,
o lombo do boi ardia
mais do que na luz do só.
E ele, zangado às patada,
mais a força incorporada,
o valentão não aguenta.
O zebu não estava bem,
quando ele matava cem,
chegava mais de quinhenta.

Com a feição de guerreira,
uma formiga animada
gritou para as companheira:
— Vamo, minhas camarada
acabá com o capricho
deste ignorante bicho.
Com nossa força comum
defendendo o formigueiro,
nós somos muitos miêro
e este zebu é só um.

feição: aparência.

frivioca: fervilhamento, agitação.

miêro (milheiro): conjunto de mil unidades iguais; grande quantidade.

socar: espremer-se em lugar pequeno.

aperreio: aborrecimento, dificuldade, apuro.
fadiga: cansaço.
móio (molho): porção.

Tanta formiga chegô
que a terra ali ficou cheia.
Formiga de toda cô
preta, amarela e vermeia,
no boi-zebu se espaiando
cutucando e pinicando.
Aqui e ali tinha móio.
E ele com grande fadiga
porque já tinha formiga
até por dentro dos óio.

Com o lombo todo ardendo
daquele grande aperreio,
o zebu saiu correndo
fungando e berrando feio.
E as formiguinha inocente
mostraram pra toda gente
esta lição de morá:
contra a falta de respeito
cada um tem seu direito
até nas lei naturá.

As formiga a defendê
sua casa, o formigueiro,
botando o boi pra corrê
da sombra do juazeiro,
mostraram nessa lição
quanto pode a união.
Neste meu poema novo
o boi-zebu qué dizê
que é os mandão do pudê,
e estas formiga é o povo.

Patativa do Assaré e outros. *Feira de versos*: poesia de cordel.
São Paulo: Ática, 2005. p. 108-111.

Acesse o recurso digital, escute a declamação do cordel e comente o que traz musicalidade ao texto, por meio de um exemplo.

▲ Cordelista Patativa do Assaré, em 2000.

MESTRE DO CORDEL: PATATIVA DO ASSARÉ

Um dos mais importantes representantes da cultura nordestina, Antônio Gonçalves da Silva, conhecido como Patativa do Assaré, escreveu o cordel que você leu.

Nascido no município de Assaré, no Ceará, em 1909, o poeta dedicou a vida a escrever cordéis e cantar repentes. O apelido Patativa faz referência a um pássaro de canto melodioso.

Seu primeiro livro, *Inspiração nordestina*, foi publicado em 1956 e ganhou repercussão após o poema "A triste partida" ser musicado por Luiz Gonzaga (1912-1989), conhecido como o Rei do Baião. Ao longo da vida, o cordelista publicou inúmeros poemas em folhetos de cordel e em livros. Morreu em 2002, aos 93 anos, em Assaré.

TEXTO EM ESTUDO

PARA ENTENDER O TEXTO

1. Antes de ler o cordel, em quem você apostou que venceria a briga e por quê? Sua expectativa se cumpriu?

2. Junte-se a um colega. Com base no modelo a seguir, que traz a ideia da estrofe inicial, façam um quadro com a ideia principal de cada estrofe.

Estrofe	Ideia principal
1ª	O boi-zebu decide descansar sob a sombra de um juazeiro e apoia as patas sobre um formigueiro.

3. Em que espaço se passa a história contada no cordel?

4. Como se inicia o conflito entre as formigas e o boi?

5. Na segunda estrofe, as formigas são apresentadas aos leitores.
   a) Quais características desses insetos são destacadas pelo eu poético?
   b) Qual é a opinião das formigas sobre o boi? Em que estrofe ela é declarada?
   c) Como as características das formigas as ajudam a vencer o boi?

   ANOTE AÍ!

   Os cordéis, em geral, narram histórias em versos; por isso, podem ser considerados **poemas narrativos**. Neles também há **personagens**, que desenvolvem **ações** em determinados **tempo** e **espaço**, movidas por um **conflito** a ser resolvido no **desfecho**.

6. No início, "O boi-zebu e as formigas" parece só narrar uma disputa entre animais pelo espaço, mas o final do texto oferece pistas para outra interpretação.
   a) Em que versos essas pistas são indicadas?
   b) A quem o eu poético se refere ao mencionar os "mandão do pudê"?
   c) Ao equiparar o boi-zebu aos "mandão do pudê" e as formigas ao povo, quais características são atribuídas pelo eu poético a cada um desses grupos sociais?
   d) A quem essas informações se dirigem? Qual é o recado?

7. Embora o eu poético enfatize a união das formigas como a principal arma contra o boi-zebu, um fato específico marca essa união.
   a) Que fato da narrativa é esse?
   b) Em sua opinião, de que modo o povo poderia vencer os "mandão do pudê"?

Acesse o recurso digital e comente como surgiu a Literatura de Cordel no Brasil e qual curiosidade marca a diferença entre a produção nacional e o que era produzido em Portugal.

O CONTEXTO DE PRODUÇÃO

8. Diferentemente de uma notícia ou de um manual de instruções, um poema não tem finalidade prática imediata. Ainda assim, esse gênero é produzido e lido.
   a) O que leva as pessoas a se sentirem atraídas pela poesia?
   b) O que a leitura de um poema proporciona ao leitor?
   c) Na sua opinião, o que pode ser feito para que mais pessoas leiam poemas?

9. No desfecho do cordel, há um ensinamento sobre relações de poder e opressão.
   a) O que você achou desse ensinamento? Ele ainda é pertinente nos dias atuais?
   b) Ao ser revelado só no fim do texto, ele é mais convincente? Por quê?

A LINGUAGEM DO TEXTO

10. Com os colegas e o professor, analise a estrutura do poema para identificar:

a) o número de estrofes;

b) o número de versos por estrofe.

11. A seguir, releia a estrofe inicial do cordel e observe o esquema de rimas entre as palavras finais dos versos. As letras iniciais do alfabeto indicam as rimas.

Um boi-zebu certa **vez**	A
moiadinho de **suó**,	B
quer sabê o que ele **fez**?	A
Temendo o calor do **só**,	B
entendeu de **demorá**	C
e uns minutos **cochilá**	C
na sombra de um **juazeiro**	D
que havia dentro da **mata**.	E
E firmou as quatro **pata**	E
em riba de um **formigueiro**.	D

a) Copie no caderno a quinta estrofe do cordel e, como no exemplo acima, analise-a quanto às rimas, usando as letras iniciais do alfabeto (A, B, C, D, E).

b) Observe as demais estrofes do cordel lido. Qual é o esquema de rimas delas? Há quantos esquemas de rimas nesse poema de cordel?

12. Os cordéis costumam ser cantados ou recitados. Pensando nisso, com que finalidade eles são habitualmente organizados em versos regulares e rimados? No caderno, copie a alternativa que responde adequadamente a essa questão.

I. Seguir as regras de composição da poesia clássica e, assim, assegurar a qualidade do poema e também o ritmo.

II. Tornar o texto visualmente organizado para facilitar sua leitura em público.

III. Conferir ritmo e musicalidade ao texto para facilitar sua memorização.

13. A linguagem do cordel "O boi-zebu e as formigas" tem particularidades. No caderno, indique se as afirmações a seguir são **falsas (F)** ou **verdadeiras (V)**.

I. Algumas palavras não foram grafadas de acordo com as normas da ortografia da língua portuguesa, como *moiadinho*, *suó*, *demorá* e *fôia*.

II. Certas palavras e expressões, como *aperreio*, *em riba* e *frivioca*, remetem ao vocabulário próprio de quem vive em determinadas regiões do Brasil.

III. Nem sempre a concordância de número entre o substantivo e as palavras ligadas a ele segue as indicações da norma-padrão, como nos trechos "E as formiguinha inocente" e "e estas formiga é o povo".

IV. Usa-se um registro de linguagem próximo da modalidade oral da língua.

> **ANOTE AÍ!**
>
> O cordel faz parte da **literatura popular em versos**. É produzido para ser **recitado** e para ser **impresso em folhetos**. Os versos rimados e a estrutura regular contribuem para a **memorização** dos textos. Sua escrita preserva aspectos da **linguagem oral**; por exemplo, palavras são grafadas conforme a pronúncia. Nos cordéis, há expressões próprias da cultura da Região Nordeste, onde se concentra sua produção.

14. Ao explicitar que o boi representa os poderosos e que as formigas representam o povo, qual figura de linguagem é utilizada no poema? Explique.

15. Releia estes versos do poema de cordel:

> Com a feição de guerreira,
> uma formiga animada
> gritou para as companheira:
> — Vamo, minhas camarada
> acabá com o capricho
> deste ignorante bicho.
> [...]

Acesse o recurso digital, escute o cordel "A peleja do Cérebro com o Coração" e comente a figura de linguagem apresentada.

a) De que modo é caracterizada a formiga em evidência nesses versos?
b) Que forma verbal indica a ação dela nesse trecho da narrativa?
c) Na vida real, espera-se tal reação de uma formiga? Por quê?
d) Considerando o ensinamento do poema, por que a essa formiga é atribuído um comportamento humano?

ANOTE AÍ!

A **personificação** (ou **prosopopeia**) é uma figura de linguagem por meio da qual se atribuem características humanas a um animal irracional ou a um ser inanimado. Muitas vezes, esse recurso é utilizado ao se contar uma história que apresenta um ensinamento.

COMPARAÇÃO ENTRE OS TEXTOS

16. Nesta unidade, você leu um poema narrativo ("Eros e Psique") e um cordel ("O boi-zebu e as formigas"). No caderno, indique quais das características a seguir estão presentes em cada uma dessas composições poéticas.
- Organização em estrofes e em versos de número regular.
- Rimas.
- Elementos da narrativa (personagens, espaço, tempo, ação).
- Temática predominantemente existencial.
- Temática predominantemente social.
- Polissemia (múltiplos sentidos).

17. O cordel pode ser considerado um poema narrativo. Qual é seu diferencial em relação a outros poemas que contam histórias?

18. De qual dos dois poemas você gostou mais? Depois dessas leituras, você pretende conhecer outras obras de Fernando Pessoa e/ou de Patativa do Assaré?

CIDADANIA GLOBAL

UNIÃO E AÇÃO

O cordel conta uma história sobre formigas que se unem, compartilham conhecimentos e alcançam um objetivo comum. Ao final, o autor informa que "estas formiga é o povo".

1. Você conhece algum projeto no bairro ou na cidade onde vive que só foi implementado após mobilização popular?
2. O que os cidadãos podem fazer para pressionar o poder público de modo a garantir que projetos que beneficiem o povo sejam efetivamente implementados?

PARA EXPLORAR

Academia Brasileira de Literatura de Cordel

No *site* da Academia Brasileira de Literatura de Cordel, há diversos materiais: notícias, informações sobre cordelistas, vídeos, poemas, etc.

Disponível em: http://www.ablc.com.br/.
Acesso em: 11 abr. 2023.

LÍNGUA EM ESTUDO

SUJEITO INDETERMINADO E ORAÇÃO SEM SUJEITO

SUJEITO INDETERMINADO

1. Em muitos folhetos de cordel, há ilustrações produzidas por meio de uma técnica chamada xilogravura. Leia o trecho de cordel a seguir para conhecê-la.

entintar: tingir, passar tinta.

goiva: ferramenta com extremidade cortante que permite esculpir a madeira.

matriz: placa de madeira na qual se esculpe um desenho para fazer cópias, de modo semelhante a um carimbo.

perdurar: durar, permanecer.

talhar: fazer corte, esculpir.

Um cordel sobre xilogravura

Chamam de xilogravura
Esta arte muito pura
Que há milênios já perdura
A gravura na madeira
Arte séria ou brincadeira
Porém nunca falta o amor
Para o xilogravador
ter a arte verdadeira.

O artista que faz xilo
Ele vive tão tranquilo.
Na madeira o seu estilo
Num desenho faz brotar.
Com a goiva vai talhar
O desenho invertido
Mas nem tudo resolvido
A matriz falta entintar.

Cesar Obeid. *Desafios de cordel*. São Paulo: FTD, 2009. p. 19.

a) Com base na leitura do cordel, explique com suas palavras em que consiste a técnica da xilogravura.

b) Por que o xilogravador talha um "desenho invertido" na madeira?

c) Releia os dois primeiros versos do cordel. É possível identificar a quem se refere a ação expressa pela forma verbal *chamam*?

Na oração "Chamam de xilogravura esta arte muito pura", não é possível saber quem executa a ação expressa pela forma verbal *chamar*, ou seja, quem são as pessoas que chamam de xilogravura essa arte. Pela desinência verbal, é possível identificar a terceira pessoa do plural, mas isso não é suficiente para revelar, no contexto, o sujeito, pois não há uma palavra independente do verbo que desempenhe essa função. Classifica-se esse tipo de sujeito como **indeterminado**. Em geral, é usado quando não se sabe quem realizou a ação verbal ou quando não se quer revelar quem a executa.

É possível obter esse efeito também construindo a oração com verbo na terceira pessoa do singular, desde que ligado à partícula *se* e acompanhado de preposição. Observe estes exemplos:

Telefonaram para você ontem à noite.

Precisa-se de motorista para início imediato.

Estão ligando da escola desde o início da tarde.

PARA EXPLORAR

Museu Casa da Xilogravura.
Av. Eduardo Moreira da Cruz, n. 295, Campos do Jordão, SP.
Inaugurado em 1987, esse museu coleciona e preserva xilogravuras. Seu acervo reúne a obra de mais de mil artistas.
Acesse o *site* do Museu: http://www.casadaxilogravura.com.br. Acesso em: 11 abr. 2023.

ANOTE AÍ!

Uma oração tem **sujeito indeterminado** quando não há nela palavras independentes do verbo exercendo essa função nem se consegue identificar o sujeito no contexto. Em geral, a forma verbal está na terceira pessoa do plural ou, se está na terceira pessoa do singular, tem o verbo ligado à partícula *se* e é acompanhado de preposição.

ORAÇÃO SEM SUJEITO OU SUJEITO INEXISTENTE

2. Que verso do cordel da atividade 1 indica que a técnica da xilogravura é antiga? Que expressão desse verso revela a passagem do tempo? Qual é seu verbo?

Uma oração pode não ter sujeito. Isso ocorre se ela apresenta um **verbo impessoal**, ou seja, um verbo cuja ação não pode ser atribuída a nenhum ser. No cordel, isso ocorre na oração "há milênios já perdura", pois o verbo *haver*, ao indicar tempo transcorrido, não tem sujeito e é flexionado na terceira pessoa do singular. A oração é classificada, então, como **oração sem sujeito** ou de **sujeito inexistente**.

O que indica os casos de oração sem sujeito são os verbos. Observe:

- Verbos que exprimem **fenômenos da natureza** (*chover*, *trovejar*, *nevar*, *anoitecer*, etc.): *Choveu* muito ontem à noite.
- Verbo *haver* utilizado com o sentido de *existir*: *Havia* uma porção de crianças na escola naquele horário.
- Verbos *haver*, *fazer* e *ir*, quando indicam **tempo transcorrido**: Estudo nessa escola *há* dois anos. *Faz* duas horas que espero para ser atendida! *Vai* para mais de um ano que ele não me visita.
- Verbo *ser* ao indicar **tempo em geral**: *Era* bem tarde quando cheguei.

> **ANOTE AÍ!**
>
> As orações construídas em torno de **verbos impessoais** são chamadas de **orações sem sujeito** ou de **sujeito inexistente**.

No esquema abaixo, reveja as possibilidades de classificação do sujeito.

VERBOS *HAVER* E *EXISTIR*

Na norma-padrão, o verbo *haver*, quando utilizado no sentido de *existir*, não sofre flexão de número, ou seja, sempre é empregado no singular. Já o verbo *existir* é flexionado. Veja os exemplos.

- *Há* muitos tipos de animais na floresta Amazônica.
- *Existem* muitas espécies ameaçadas de extinção.

TIPOS DE SUJEITO

Simples: representado na oração por palavra independente do verbo e tem apenas um núcleo.
→ **A princesa** adormecida espera.

Composto: representado na oração por palavras independentes do verbo e tem mais de um núcleo.
→ **Eros e Psique** são personagens mitológicas.

Desinencial (oculto): não representado na oração por palavra independente do verbo, mas identificável no contexto pela desinência verbal.
→ **Pedi** um conselho ao poeta.

Indeterminado: não representado na oração por palavra independente do verbo, nem identificável pela desinência verbal.
→ **Chamam** esta arte de xilogravura.

Inexistente (oração sem sujeito): orações construídas com verbos impessoais, ou seja, com verbos cujas ações não podem ser atribuídas a nenhuma pessoa gramatical.
→ **Há** milênios a xilogravura perdura.

ATIVIDADES

Acompanhamento da aprendizagem

Retomar e compreender

1. Leia a tira.

Balões: "OH, NÃO!! FUI ASSALTADO!!" / "LEVARAM TUDO!... OS MÓVEIS, O SOM, A... A..." / "...QUE PLACA É ESSA AÍ?" / "AH, É, EU ME MUDEI DAQUI ONTEM." / Placa: "ALUGA — CHAVES C/ ZELADOR"

Laerte. *Classificados*. São Paulo: Devir, 2004. v. 3. p. 4.

a) Com base nas informações dos dois primeiros quadrinhos da tira, o que parece ter ocorrido? Como isso se expressa por meio dos elementos verbais e não verbais?

b) Por que o desfecho da tira parece absurdo e produz humor?

c) Qual é o sujeito da oração "Fui assaltado!!"? Como ele pode ser classificado?

d) Que oração esclarece por que a casa está vazia? Como se classifica o sujeito dessa oração?

e) Em que quadrinho há uma oração com sujeito indeterminado? Que oração é essa?

f) Por que, no caso da oração da resposta ao item *e*, a personagem construiu uma oração com sujeito indeterminado?

g) Compare a oração da resposta do item *e* com esta construção: "Alguém levou tudo!". Quanto à classificação do sujeito, qual é a diferença entre elas?

Aplicar

2. Leia este trecho de notícia sobre uma exposição.

> **Sábado, às 15h: cordel e ciência se unem em visita mediada no Espaço do Conhecimento**
>
> O Espaço do Conhecimento promove neste sábado, 14 de maio de 2022, a partir das 15h, visita mediada à exposição *Demasiado humano*. [...]
>
> Com o tema *Ciência em cordel*, a visita pretende despertar o interesse dos participantes para o conhecimento científico por meio dos cordéis [...].
>
> No terraço astronômico, onde ficam os telescópios, serão apresentadas, em verso e prosa típicos da literatura de cordel, as descobertas astronômicas de Galileu Galilei. Em outro momento, será discutida a contribuição de Darwin para o desenvolvimento do conhecimento humano. Ao final, haverá um bate-papo sobre a disseminação de doenças durante as colonizações e sua relação com a atualidade.

Universidade Federal de Minas Gerais (UFMG). Disponível em: https://ufmg.br/comunicacao/eventos/sabado-as-15h-visita-mediada-sobre-cordel-e-ciencia-no-espaco-do-conhecimento-ufmg. Acesso em: 11 abr. 2023.

a) Localize na notícia os nomes da exposição e da visita. Transcreva-os no caderno.

b) Qual é a relação entre o nome da visita e o da exposição?

c) No último parágrafo, há uma oração que tem sujeito classificado como inexistente. Qual é essa oração? Justifique sua resposta.

A LÍNGUA NA REAL

ORTOGRAFIA E EFEITO EXPRESSIVO

1. Releia a primeira estrofe do cordel "O boi-zebu e as formigas".

> Um boi-zebu certa vez
> moiadinho de suó,
> quer sabê o que ele fez?
> Temendo o calor do só,
> entendeu de demorá
> e uns minutos cochilá
> na sombra de um juazeiro
> que havia dentro da mata.
> E firmou as quatro pata
> em riba de um formigueiro.

a) Nessa estrofe, quais são as seis palavras que não foram escritas segundo as normas da ortografia da língua portuguesa?

b) Encontre no cordel "O boi-zebu e as formigas" pelo menos mais um exemplo de cada desvio ortográfico listado a seguir. Copie-os no caderno.
- As letras *lh* foram substituídas por *i*.
- A letra final *r* foi suprimida e a vogal anterior foi acentuada.
- A letra final *l* foi suprimida e a vogal anterior foi acentuada.
- A letra final *s* foi suprimida.
- A letra final *u* foi suprimida e a vogal anterior foi acentuada.

2. A respeito da grafia das palavras *demorá*, *cochilá*, *vamo* e *chegô*, indique a alternativa correta. Justifique sua resposta oralmente.
   I. Esse desvio ortográfico busca representar um modo específico de pronunciar essas palavras, típico de um grupo restrito de falantes.
   II. Esse desvio ortográfico busca representar o modo como a maior parte dos falantes da língua portuguesa no Brasil pronuncia essas palavras.

3. Com relação à grafia das palavras *moiadinho*, *fôia*, *espaiando* e *vermeia*, indique a alternativa correta. Justifique a resposta oralmente.
   I. O desvio ortográfico nessas palavras ajuda a caracterizar o eu poético do poema como alguém pouco familiarizado com o universo letrado e urbano.
   II. O desvio ortográfico nessas palavras permite ao leitor identificar a região onde nasceu o autor do cordel.
   III. O desvio ortográfico nessas palavras foi produzido com a intenção de revelar que o eu poético não sabe as regras da gramática normativa.

ANOTE AÍ!

Muitas vezes, em cordéis e em poemas em geral – ou mesmo em letras de música –, os desvios ortográficos em relação às convenções da língua são utilizados como recursos capazes de produzir **efeitos expressivos**. Em algumas composições, representam **características do modo de falar** dos brasileiros, aproximando o texto da oralidade; em outras, reproduzem um modo específico de pronunciar as palavras, caracterizando o eu poético como alguém **distante do universo urbano e letrado**.

ESCRITA EM PAUTA

EMPREGO DE *C*, *Ç*, *S* E *SS*

1. Os trechos a seguir foram reproduzidos da obra *Mania de explicação*, que conta a história de uma menina que gosta de inventar explicação para tudo. Leia-os.

> **Felicidade** é
> um agora que não tem
> pressa nenhuma.
>
> **Sucesso** é quando
> você faz o que sabe fazer
> só que todo mundo percebe.
>
> **Lembrança** é quando,
> mesmo sem autorização,
> o seu pensamento reapresenta
> um capítulo.
>
> **Exemplo** é quando a explicação
> não vai direto ao assunto.

Adriana Falcão. *Mania de explicação*. São Paulo: Salamandra, 2001. p. 19, 29, 39 e 42.

a) As explicações apresentadas acima para os significados das palavras *felicidade*, *sucesso*, *lembrança* e *exemplo* são diferentes daquelas que você encontraria se procurasse essas palavras no dicionário. O que as torna especiais?

b) De acordo com a explicação do eu poético, o que caracteriza o *sucesso*?

c) Como você explicaria, com suas palavras, o conceito de *felicidade*?

d) Preste atenção ao som representado pela letra *c* na palavra *felicidade*. Esse som é observado em outras palavras desse texto, porém representado por letras diferentes. Copie essas palavras no caderno e destaque as letras ou dígrafos que correspondem a esse som.

As palavras da atividade anterior exemplificam uma característica da ortografia da língua portuguesa: na escrita, um mesmo som pode ser representado por diferentes letras e dígrafos. Essa característica pode explicar a dificuldade que encontramos ao decidir como escrever determinadas palavras. Na dúvida, consulte um dicionário. Vale também refletir sobre a ortografia e identificar algumas regularidades na escrita de determinadas palavras para se apropriar das regras ortográficas. Nessa seção, vamos nos deter no uso das letras *c*, *ç*, *s* e do dígrafo *ss*.

PARA EXPLORAR

Mania de explicação, de Adriana Falcão. São Paulo: Salamandra, 2001.

Felicidade, sucesso, lembrança e *exemplo* são algumas das palavras que a protagonista de *Mania de explicação* procura definir. No livro, há explicação também para palavras muito empregadas, porém de difícil definição. Por exemplo, como explicar o significado de *muito, pouco, ainda*? Para descobrir de que modo a personagem lida com essas questões, só mesmo lendo o livro.

ANOTE AÍ!

Na ortografia da língua portuguesa, o som representado pela letra *c* na palavra *felicidade* também pode ser representado pelas letras *ç*, *s*, *x*, *z* e pelos dígrafos *sc*, *sç*, *ss* e *xc*. Exemplos: a**ç**aí, **s**ala, má**x**ima, infeli**z**, na**sc**er, na**sç**o, ru**ss**o, e**xc**elente.

USOS DE *C* E *Ç*	EXEMPLOS
Em palavras de origem árabe, tupi ou africana, emprega-se o *ç*.	a**ç**úcar (árabe), cai**ç**ara (tupi), ca**ç**ula (africana)
Em substantivos que se originam de verbos terminados em *-ter*, *-tir* e *-mir*, emprega-se a terminação *-ção*.	conten**ção** (do verbo con**ter**), curti**ção** (do verbo curt**ir**), remi**ção** (do verbo rem**ir**)
No final de alguns substantivos derivados de verbos que não são terminados em *-ter*, *-tir* e *-mir*, também emprega-se a terminação *-ção*.	composi**ção** (do verbo *compor*), descri**ção** (do verbo *descrever*)
Após ditongos como *ei*, *oi*, *ou*, usa-se *ç*. Antes de *e* e *i* (letra *c*) e antes de *a*, *o* e *u* (letra *ç*).	bei**ç**o, foi**c**e, ou**ç**o acima, **c**etim, cal**ç**a, la**ç**o, a**ç**úcar

222

USOS DE S	EXEMPLOS
Em substantivos derivados de verbos terminados em -ter, -tir, -der e -dir em que essas terminações desaparecem e o som representado pelo s vem depois de n ou r.	diversão (do verbo divertir), suspensão (do verbo suspender), expansão (do verbo expandir)
Na terminação -ense.	canadense, paraense, rio-grandense

USOS DE SS	EXEMPLOS
No final de alguns substantivos derivados de verbos terminados em -der, -dir, -ter, -tir e -mir em que essas terminações desaparecem.	cessão (do verbo ceder), agressão (do verbo agredir), intromissão (do verbo intrometer), repercussão (do verbo repercutir), compressão (do verbo comprimir)
Entre vogais (e nunca depois de consoantes).	passar, necessidade

2. Justifique o uso de ç, ss ou s na escrita de cada uma das palavras a seguir, de acordo com as explicações anteriores.

   a) assunto
   b) autorização
   c) expansão
   d) complicação

3. No caderno, copie e complete as palavras a seguir adequadamente.

   a) absor ★ ão
   b) aten ★ ão
   c) agre ★ ão
   d) inver ★ ão
   e) inven ★ ão
   f) aver ★ ão
   g) inten ★ ão
   h) a ★ento

ETC. E TAL

A gente muda, a língua também

Nossa língua é repleta de expressões idiomáticas – um conjunto de palavras com significado próprio, que não pode ser reduzido à soma do significado individual de cada palavra. As situações de comunicação vivenciadas pelos falantes na sociedade vão mudando ao longo do tempo e algumas dessas expressões caem em desuso, seja porque o fenômeno que elas nomeavam deixou de existir, seja porque a sociedade já não o vê da mesma maneira. Um exemplo é a expressão *passar a limpo*. Veja o que o escritor Alberto Villas conta a esse respeito.

> Passei a vida inteira passando minha vida a limpo. Desde os primeiros anos do curso primário, quando dona Maria Augusta Toscano escrevia as lições no quadro-negro. Eu copiava tudo rapidamente nos cadernos e quando chegava em casa começava a passar a limpo, lição por lição.
> [...]
> Depois veio a máquina de escrever e todos os contos, as poesias, os diários, tudo era passado a limpo. Era incapaz de escrever alguma coisa em definitivo. [...] Às vezes estava na última linha e errava alguma coisa. Uma letra trocada, uma tabulação não feita, um acento a mais. O papel saía da máquina, era embolado e jogado no lixo. E começava tudo de novo.
> Depois veio o computador e as coisas melhoraram um pouco. O *delete* foi a maior invenção do mundo. Poder ir e voltar no texto, acrescentar, eliminar, melhorar, sem precisar embolar e jogar no lixo. [...]
>
> Alberto Villas. *Admirável mundo velho!* São Paulo: Globo, 2009. p. 387-388.

AGORA É COM VOCÊ!

ESCRITA E DECLAMAÇÃO DE CORDEL

AS ORIGENS DO CORDEL

Conheça um pouco mais sobre a história dessa literatura popular e suas características. Inspire-se para declamar e gravar um cordel.

A CHEGADA AO BRASIL

A literatura de cordel chegou ao Brasil com os portugueses. Foi produzida e lida em várias partes do país, mas prosperou, em especial, na Região Nordeste. Inicialmente na forma oral, com poemas declamados, difundiu-se em praças e feiras. Os poetas versavam sobre o cotidiano e fatos históricos e inventados.

OS FOLHETOS DE CORDEL

A história do cordel liga-se à tradição medieval, em que artistas de origem popular recitavam ao público com acompanhamento musical. Com a invenção da imprensa, os poemas, em Portugal, começaram a ser impressos em folhetos e vendidos em feiras pendurados em cordões. Por isso, o nome *cordel*.

Meu caro estudante,
Vou logo lhe falar,
Como um cordelista faz
Para um poema declamar.
Não saia daqui sem saber
Como fazer o público se entreter.

Encha de ar o peito
Olhe o público pra ganhar respeito.
E para chamar a atenção,
Use o gesto e a expressão.
Agora deixo com você,
Pois já sabe como proceder.

A CIRCULAÇÃO DOS VERSOS

No século XIX, o poeta paraibano Leandro Gomes de Barros foi o primeiro a imprimir e vender folhetos de cordel. Hoje, os poemas de cordel podem ser encontrados em feiras populares, em livros e em HQs, e ainda ganharam novos leitores com o alcance da internet.

Ilustrações: Laerte Silvino ID/BR

OS TEMAS DOS CORDÉIS

Os cordéis podem tratar de diversos temas, que, de modo geral, podem ser organizados em dois grupos: **histórias para informar** – poemas que narram histórias sobre o cotidiano, como uma grande seca no sertão ou um evento específico da política local; e **histórias para divertir e encantar** – poemas que narram histórias de amor ou aventuras típicas da tradição nordestina.

No cordel também há a **peleja**, na qual é narrada uma batalha poética ou um desafio poético entre duas personagens.

Fontes de pesquisa: Fundação Casa de Rui Barbosa. Disponível em: http://antigo.casaruibarbosa.gov.br/interna.php?ID_S=99. Acesso em: 31 jan. 2023; Luís da Câmara Cascudo. *Dicionário do folclore brasileiro*. São Paulo: Global, 2012; Mark Curran. *História do Brasil em cordel*. São Paulo: Edusp, 2001; TV Escola. Literatura de cordel e escola. *Salto para o futuro*, ano XX, boletim 16, out. 2010.

Proposta

Vocês vão formar grupos para escolher um tema e compor um cordel. Depois, cada grupo vai gravar a declamação de seu cordel. Então, será composto um audiolivro com os cordéis de toda a turma.

GÊNERO	PÚBLICO	OBJETIVO	CIRCULAÇÃO
Cordel	Pessoas que gostam de cordel e/ou de audiolivros	Escrever um cordel e gravar sua declamação	Casa e escola

Planejamento e elaboração de texto

1. Formem grupos de até seis estudantes e busquem por um tema para ser contado no cordel. Notícias recentes sobre a comunidade local e o país ou histórias do cotidiano podem servir de inspiração.

2. Leiam outros cordéis para observar o tema e como eles são desenvolvidos.

3. Planejem a estrutura do cordel do grupo. Para isso, copiem no caderno o quadro a seguir e preencham-no com os elementos da narrativa de vocês.

ELEMENTOS DA NARRATIVA	
Quem é a personagem principal?	
Quais são as características da personagem principal?	
Quem é o antagonista?	
Quais são as características do antagonista?	
Onde a história se passa?	
Em que época a história se passa?	

4. Para definir o enredo, copiem no caderno o quadro a seguir e completem-no, especificando cada momento da narrativa contada por vocês no cordel.

ETAPAS DA NARRATIVA	DESCRIÇÃO
Apresentação da situação inicial e das personagens	
Situação de estabilidade da trama	
Apresentação do conflito	
Clímax (ponto de maior tensão)	
Desfecho	

LINGUAGEM DO SEU TEXTO

1. Qual é o esquema de rimas presentes nos versos de cada estrofe do cordel lido?
2. Cada uma dessas estrofes apresenta um momento específico da narrativa? Justifique sua resposta.

Ao escrever um cordel, é preciso planejar a organização do texto e distribuir os momentos da narrativa pelas estrofes. Em geral, cada estrofe apresenta unidade temática, pois desenvolve um momento específico da narrativa. Organizem o cordel de vocês garantindo a distribuição dos momentos da narrativa pelas estrofes.

PARA EXPLORAR

41 folhetos de cordel

No *site* da Fundação Joaquim Nabuco, você encontra um acervo digitalizado de folhetos de cordel que estão em domínio público, entre eles, textos de importantes cordelistas.

Disponível em: http://digitalizacao.fundaj.gov.br/fundaj2/modules/busca/listar_projeto.php?cod=12&from=0. Acesso em: 11 abr. 2023.

PARA EXPLORAR

Cordel: literatura popular em verso
A Fundação Casa de Rui Barbosa, localizada na cidade do Rio de Janeiro, tem o maior acervo de literatura de cordel da América Latina. Parte desse acervo está disponível para consulta *on-line* na base de dados da biblioteca.

Disponível em: http://acervos.casaruibarbosa.gov.br/. Acesso em: 11 abr. 2023.

5. Caso considerem melhor, vocês podem escrever a história primeiro em prosa para, depois, adaptá-la à estrutura do cordel. Esse é um modo de garantir a estrutura narrativa para só então dar atenção à musicalidade do poema.

6. Distribuam os momentos da narrativa pelas estrofes. Lembrem-se de que todas as estrofes devem ter a mesma estrutura de versos e de que os versos devem ser todos do mesmo tamanho.

7. Releiam a narrativa para observar o tom da história que criaram, percebendo se ela é mais triste, mais alegre, se tem momentos de suspense, etc., pois vocês poderão, no poema, valorizar esse tom narrativo ao criar o ritmo dos versos, ao escolher os momentos de pausa ou os trechos que vão receber, na declamação, uma entonação mais marcante.

8. Chegou o momento de construir a musicalidade, o ritmo do cordel. Para isso, procurem estar atentos ao ritmo e à rima ao selecionar as palavras para compor os versos das estrofes, considerando o momento da narrativa que cada estrofe deve apresentar. Ao criar o poema, procurem alternar a escrita com a leitura do texto em voz alta para perceber a sonoridade. Lembrem-se de utilizar o esquema de rimas de acordo com o modelo adotado no poema "O boi-zebu e as formigas".

9. Rimar nem sempre é fácil. Na internet, há dicionários de rimas que podem ajudar a encontrar as palavras adequadas. Os dicionários de sinônimos também ajudam a selecionar palavras que, tendo sentidos parecidos, caibam melhor no texto. Lembrem-se de que, para criar a musicalidade do poema, é possível inverter a ordem de determinadas palavras nos versos, verificando, evidentemente, se isso não prejudica a compreensão do texto.

10. Para tornar o texto mais atraente, vocês podem incorporar elementos da fala próprios do local onde a história se passa. Também podem levar em consideração o modo de falar próprio das personagens, além dos tipos de palavras e de expressões usados habitualmente por pessoas que agem ou pensam de modo semelhante. Isso vai tornar as personagens mais verídicas.

11. Leiam em voz alta o poema de vocês para verificar se a sonoridade está agradável, se há uma relação harmônica entre a narrativa e sua distribuição pelas estrofes. Aproveitem esse momento para perceber quais são os ajustes necessários para obter o efeito desejado.

12. Criem um título para o poema de cordel de vocês. Se julgarem necessário, retomem os elementos e as etapas da narrativa para se inspirar.

MÚLTIPLAS LINGUAGENS

Busquem na internet uma gravação de um cordel declamado. Ouçam-na e avaliem a forma como a pessoa que declama o cordel usa a voz. Utilizem as perguntas a seguir como apoio para essa análise.

1. Quem declama o cordel faz a voz das diferentes personagens ou narra tudo como se não houvesse variação?
2. Ao dizer as palavras que compõem as rimas, a pessoa muda o tom de voz?
3. Durante a declamação do cordel, são feitas pausas entre os versos e entre as estrofes?

Ao ensaiarem a declamação de seu cordel, considerem a análise da declamação ouvida para encontrar o ritmo da narrativa de vocês, respeitando a estrutura das estrofes e dos versos, assim como as rimas.

Avaliação e reescrita do texto

1 Para avaliar o cordel, releiam-no em voz alta mais uma vez e, no caderno, respondam às questões do quadro a seguir.

ELEMENTOS DO CORDEL
É possível identificar, no cordel do grupo, os elementos próprios de uma narrativa? Eles estão de acordo com o planejamento?
O cordel apresenta de maneira clara as etapas da narrativa planejadas pelo grupo?
As personagens da narrativa estão bem caracterizadas, fornecendo elementos que enriquecem a visualização mental da história para quem a ouve?
A linguagem do texto tem elementos da fala típica do local em que é ambientado?
O texto está organizado em estrofes e versos que seguem um padrão de rima?
O texto apresenta um bom ritmo ao ser lido em voz alta?
O cordel é agradável e interessante de ser ouvido pelo público?

2 Ao responder às questões acima, identifiquem os aspectos que podem ser melhorados no cordel de vocês, conversem sobre eles e façam os ajustes considerados necessários pelo grupo.

Circulação

Para fazer o cordel circular e cativar o público, sigam os passos abaixo:

1 Chegou o momento de gravar a declamação do cordel. Reúnam o grupo e distribuam as atribuições entre os integrantes. Estudem o cordel e avaliem o número necessário de declamadores, a fim de definir quem vai declamar cada parte do texto. Os demais integrantes vão se organizar nas seguintes tarefas: direção artística dos locutores; efeitos sonoros; operação dos equipamentos de gravação e edição do áudio.

2 O responsável pelos efeitos sonoros deve determinar os momentos da declamação em que poderá introduzir sons (como o de barulho de chuva ou de trovões, por exemplo) para criar a ambientação.

3 O responsável pela operação dos equipamentos deve buscar informações sobre os instrumentos necessários à gravação e os programas disponíveis para edição de áudio, certificando-se do funcionamento de tudo na data combinada.

4 Os declamadores devem ler o cordel diversas vezes. Quanto mais familiarizados estiverem com o texto, mais fluente será a declamação. Eles podem experimentar diversos ritmos antes de escolher aquele que, em conjunto, for considerado o mais significativo para a leitura e a compreensão da narrativa.

5 Ensaiem as declamações. Nessa etapa, com a ajuda do diretor artístico, vocês poderão gravar as falas e os efeitos sonoros no celular, a fim de ouvir e avaliar o que precisa ser melhorado.

6 Na data combinada, gravem o cordel todo. Façam duas ou três gravações completas e depois editem o trabalho escolhendo as melhores partes. Reúnam os áudios em um único arquivo digital do audiolivro, que poderá ser distribuído em CD ou em DVD.

7 Organizem um evento de lançamento do audiolivro para amigos, familiares e a comunidade escolar. Nesse evento, apresentem uma pequena audição com um trecho das gravações feitas pela turma.

> **ENSAIAR A VOZ**
>
> Para ensaiar a declamação do cordel, leia as dicas a seguir: experimente diferentes formas de recitar, avaliando a velocidade mais adequada e garantindo clareza na articulação das palavras; treine a entonação, escolhendo palavras ou versos para pronunciar com mais ênfase; atente para a organização dos versos, das estrofes e das rimas que conferem ritmo ao cordel.

ATIVIDADES INTEGRADAS

A seguir, você vai ler mais um poema narrativo. Desta vez, o poema é uma criação do escritor moçambicano Mia Couto (1955-).

padecer:
ter, sofrer.

pesar:
tristeza.

pudor:
vergonha, recato.

resignado:
conformado.

serenar:
acalmar.

Doença

O médico serenou Juca Poeira.
Que ele já não padecia da doença
que ali o trouxera em tempos.

E o doutor disse o nome
da falecida enfermidade:
"Arritmia paroxística supraventricular"

Juca escutou, em silêncio,
com pesar de quem recebe condenação.

As mãos cruzadas no colo
diziam da resignada aceitação.

Por fim, venceu o pudor
e pediu ao médico
que lhe devolvesse a doença.

Que ele jamais tivera
nada tão belo em toda a sua vida.

Mia Couto. *Poemas escolhidos*. São Paulo: Companhia das Letras, 2016. p. 46.

Analisar e verificar

1. Releia o poema para verificar de que maneira as personagens do texto de Mia Couto são caracterizadas.
    a) Qual dessas personagens é designada por sua profissão e qual delas é apresentada pelo nome?
    b) Que palavras são usadas para designar o profissional?
    c) Quais pistas o nome da outra personagem fornece sobre ela?
    d) Esse modo de caracterizar as personagens do poema cria um contraste entre elas. Explique essa afirmação.

2. Por meio da leitura da estrofe inicial do poema, é possível ter a impressão de que o problema principal da personagem Juca Poeira já teria sido solucionado.
    a) Que problema seria esse?
    b) Geralmente, de que maneira as pessoas costumam reagir quando descobrem que estão curadas?
    c) É possível dizer que, no poema de Mia Couto, a notícia do médico gera um novo conflito para a personagem Juca? Explique.

3. Releia as duas primeiras estrofes do poema.
    a) Copie no caderno o verso inicial de cada uma delas.
    b) Qual é o sujeito das orações desses versos iniciais?
    c) Como eles são classificados?

4. Na segunda estrofe, o tema é a doença de Juca Poeira.
    a) Por meio de que palavra, nessa estrofe, é atribuída uma característica humana à doença de Juca Poeira?
    b) Que efeito essa caracterização da doença produz no poema?
    c) Preste atenção aos recursos gráficos utilizados nessa estrofe. Quais são eles? E o que destacam?
    d) Considerando sua resposta ao item *c*, você acha que esse destaque gráfico já dá uma ideia dos sentimentos de Juca revelados no fim do poema? Explique.

Acompanhamento da aprendizagem

5. Em que estrofes são descritas as reações de Juca Poeira diante da notícia dada por seu médico?

6. A atitude de aceitação resignada da personagem Juca revela-se por meio de sua expressão corporal, descrita em uma das estrofes.

   a) Copie os versos dessa estrofe. Observe que eles formam uma oração.

   b) Identifique o sujeito dessa oração, classificando-o.

7. Em que estrofes são relatadas as falas de Juca ao médico?

8. Na quinta estrofe do poema, o nome de Juca não é citado nenhuma vez.

   a) Como é possível perceber que as formas verbais *venceu* e *pediu* não se referem aos termos *o médico*, *o doutor* ou *as mãos*, e sim a Juca?

   b) Como é classificado o sujeito associado a esses verbos?

9. Em vez de ficar aliviado por estar curado, Juca Poeira fica triste.

   a) Que pedido ele faz ao médico?

   b) Qual é a explicação apresentada por Juca para esse pedido inusitado?

   c) Em sua opinião, que aspecto torna a doença bela aos olhos de Juca?

   d) Que elementos do texto poderiam justificar sua resposta ao item anterior?

Criar

10. Você recomendaria a leitura desse poema a um colega? No caderno, produza um quadro relacionando os aspectos positivos e os aspectos negativos a respeito do texto. Depois, justifique sua avaliação.

11. Se você fosse o médico de Juca Poeira, que conselho daria a ele para solucionar o conflito produzido pela cura da doença?

12. No caderno, produza mais uma estrofe para o poema apresentando seu conselho à personagem. Ao elaborar essa estrofe, leve em consideração seus conhecimentos sobre os recursos expressivos próprios dos poemas narrativos estudados nesta unidade e a musicalidade do poema de Mia Couto.

13. Inspirado pela história original de Mia Couto e pela estrofe criada por você para complementá-la, elabore no caderno um novo desenho para o poema.

14. O médico utiliza termos científicos distantes da realidade do paciente ao mencionar o nome da doença da qual Juca fora curado. Busque na internet informações sobre o significado da expressão *arritmia paroxística supraventricular* e, com base nelas, escreva uma explicação compreensível a Juca. Em sua opinião, o modo pelo qual o médico se dirigiu ao paciente é correto? Justifique.

CIDADANIA GLOBAL
UNIDADE 6

17 PARCERIAS E MEIOS DE IMPLEMENTAÇÃO

Retomando o tema

Nesta unidade, você e os colegas refletiram sobre a importância da união e da força das pessoas para estabelecer parcerias com os poderes público e privado e, assim, garantir que direitos sejam efetivamente implementados na sociedade.

Agora, vão buscar informações e refletir sobre contextos vivenciados na escola em que estudam sobre o qual não foi possível chegar a um consenso. Depois, vão selecionar coletivamente um desses contextos, organizar-se em grupos e, por fim, vão pensar em uma solução coletiva que possa envolver toda a comunidade escolar. Com base nisso, responda:

1. Recentemente, houve algum contexto vivenciado na escola sobre o qual não foi possível chegar a um consenso? Qual(is)?
2. A respeito de qual desses contextos você gostaria de refletir para propor uma solução coletiva? Discuta com os colegas.

Geração da mudança

Após decidirem o contexto que será trabalhado, você e seus colegas devem formar grupos de até cinco pessoas. Depois, siga as orientações a seguir:

- Reflitam e anotem uma proposta de como esse conflito poderia ser resolvido, levando em conta o bem comum e a possibilidade real de executar a ação.
- Compartilhem a proposta do grupo com os demais colegas da turma. Ao ouvir as propostas dos outros grupos, anotem os pontos mais interessantes.
- Exponham as ideias que tiveram enquanto ouviam os demais grupos. Ouçam com atenção e respeito o que cada colega falar. As novas ideias podem ser anotadas na lousa ou em um arquivo compartilhado.
- Discutam coletivamente, após a exposição oral de todos os grupos, e escolham um conflito e, consequentemente, as ações que podem ser realizadas para alterar esse contexto e ajudar a resolver o conflito na comunidade escolar.

Por fim, decidam qual será a estratégia da turma para colaborar para a resolução do conflito. Organizem-se e, com a cooperação de todos, coloquem em prática a estratégia definida, com prazo para execução e descrição das ações a serem feitas.

Autoavaliação

Estela Carregalo/ID/BR

CARTA DO LEITOR E CARTA DE RECLAMAÇÃO

UNIDADE 7

PRIMEIRAS IDEIAS

1. Em sua opinião, o que é um argumento e quando ele deve ser utilizado?
2. Para quem você acha que as cartas de reclamação podem ser enviadas e em quais situações?
3. Considerando que transitividade é a propriedade de certos verbos de requerer um ou mais complementos, responda: O que pode ser um verbo intransitivo?
4. Formule uma oração com o verbo *gostar*. Agora, substitua esse verbo por *amar*. Ao fazer a substituição, além dos verbos, o que foi alterado na oração?

Conhecimentos prévios

Nesta unidade, eu vou...

CAPÍTULO 1 — A voz do leitor

- Ler e interpretar a carta do leitor, identificando objetivos e construção argumentativa.
- Refletir sobre liberdade de expressão com responsabilidade.
- Ler e interpretar carta aberta, comparando-a com carta do leitor.
- Apreender o conceito de transitividade verbal, reconhecendo verbos transitivos diretos, transitivos indiretos, bitransitivos e intransitivos.
- Planejar e escrever uma carta do leitor com argumentos, posicionando-se criticamente diante de um texto jornalístico.

CAPÍTULO 2 — Atitude cidadã

- Ler e interpretar carta de reclamação, identificando os recursos e a construção argumentativa; comparar os gêneros carta do leitor e carta de reclamação.
- Refletir sobre os direitos e as responsabilidades do consumidor.
- Apreender os conceitos de objeto direto e objeto indireto, identificando e compreendendo pronomes pessoais quando exercem função de objetos.
- Diferenciar os usos de *mas* e *mais*, *há* e *a*, e *afim* e *a fim de*.
- Planejar e escrever uma carta de reclamação com argumentação.

INVESTIGAR

- Pesquisar como a comunidade escolar avalia os serviços públicos do bairro.
- Redigir e enviar uma carta aberta à prefeitura da cidade, apresentando os resultados da busca realizada.

CIDADANIA GLOBAL

- Coletar dados sobre os impactos ambientais do ciclo de vida de produtos e serviços.
- Divulgar as informações coletadas para a comunidade escolar.

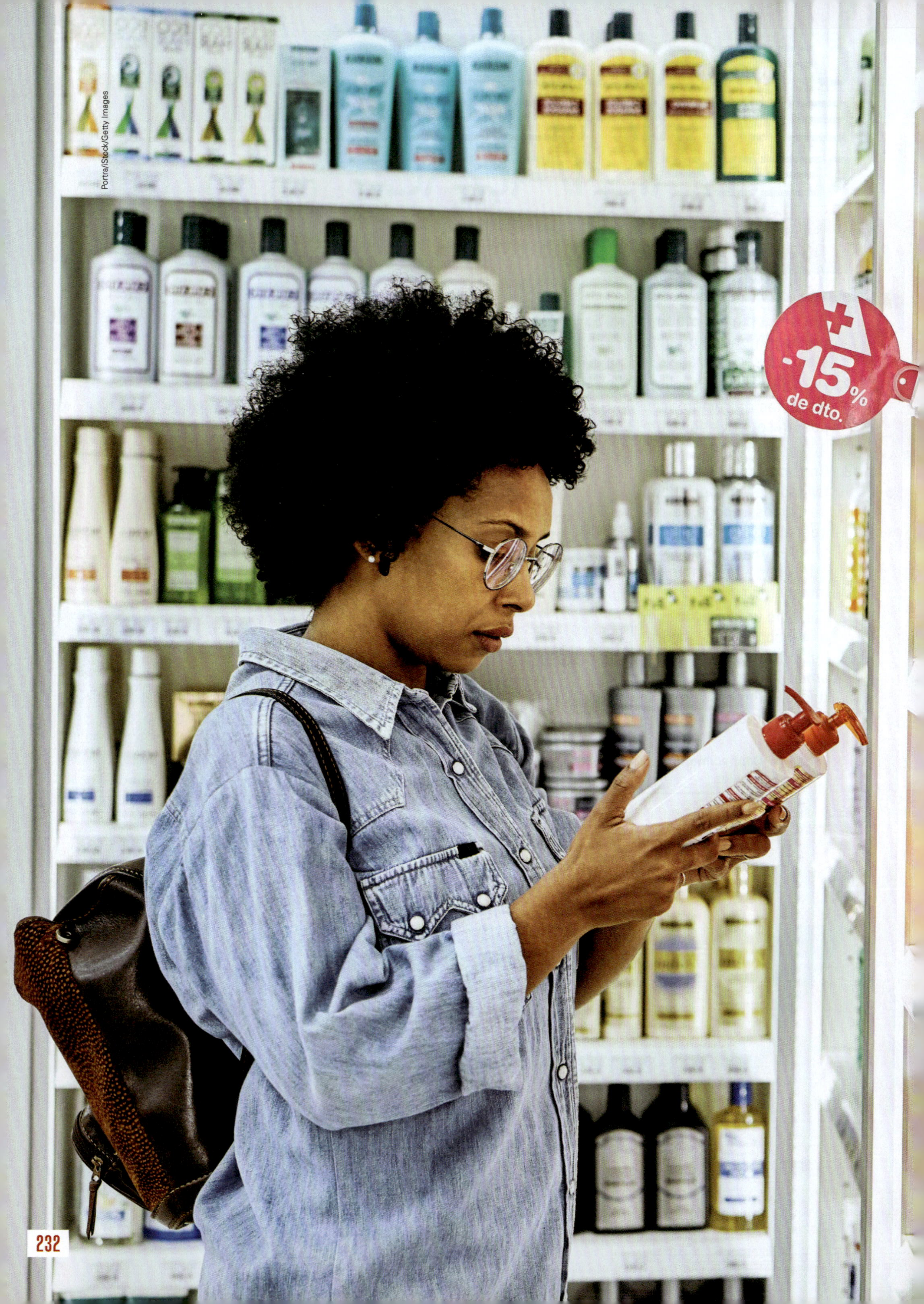

Portra/iStock/Getty Images

LEITURA DA IMAGEM

1. Na imagem, há uma consumidora observando alguns produtos. Que tipo de informação costuma haver em rótulos de produtos?

2. Em sua opinião, por que a consumidora está analisando os rótulos dos produtos?

3. Você costuma ler os rótulos dos produtos antes de fazer sua compra? Por quê?

CIDADANIA GLOBAL

12 CONSUMO E PRODUÇÃO RESPONSÁVEIS

Em 2022, os rótulos de alimentos vendidos no Brasil sofreram mudanças com o objetivo de facilitar a compreensão das informações nutricionais pelos consumidores. Eles devem apresentar, em destaque, os níveis de sódio, gordura e açúcar do alimento. Além disso, a tabela de informação nutricional deve apresentar os valores nutricionais com base em gramas e mililitros, e não mais em colheres, xícaras, etc. Considerando essa informação, responda:

■ Qual é a relação entre a compreensão das informações nos rótulos dos produtos e o consumo consciente e responsável?

Acesse o recurso digital e veja selos de autenticidade de produtos criados por entidades comprometidas com a responsabilidade socioambiental. Você costuma consumir produtos com algum(ns) desses selos?

Consumidora analisando rótulos de produtos em uma farmácia.

CAPÍTULO 1
A VOZ DO LEITOR

O QUE VEM A SEGUIR

Observe a seguir a reprodução da primeira página do artigo de opinião "Botem as mulheres no lugar. No lugar em que se tomam as decisões.", de Karin Hueck, publicado na revista *Superinteressante* em dezembro de 2015. Além dessa página, são reproduzidas cartas de leitores comentando o artigo. Converse com os colegas: Vocês acreditam que os leitores vão se posicionar de modo positivo ou negativo em relação a esse artigo? Por quê?

TEXTO

▲ Página de abertura do artigo de opinião de Karin Hueck, publicado na revista *Superinteressante* em dezembro de 2015.

O mundo ainda é dos homens porque as mulheres não conseguem chegar ao topo. E as mulheres não chegam ao topo porque o mundo ainda é dos homens. Não dá para esperar a igualdade de gênero cair do céu.

MUNDO SUPER 2/3

O ARTIGO ME SURPREENDEU, em especial ao demonstrar por que ainda não "chegamos lá", nos cargos de liderança e de tomada de decisão. Acredito sinceramente que o mundo será melhor sim quando as mulheres chegarem lá. Para a Karin, queria dizer que aproveite sua licença-maternidade. Para os demais integrantes da redação: ela não estará em casa descansando. Estará trabalhando muito mais do que vocês. E, ainda por cima, formando um novo leitor da SUPER.

Joana Viegas

SOU ENGENHEIRA-eletricista e não imaginava o quanto ainda existe essa diferença de gêneros. Sofri bastante com isso na faculdade, pois os homens não aceitam que as nossas notas sejam melhores e que os professores nos elogiem. No trabalho, pensei que as coisas seriam diferentes, mas me vi participando de entrevistas e mais entrevistas de emprego em que eu me encaixava perfeitamente para o cargo e nunca era recrutada. Como me explicam isso se não há diferenças de gênero? Só fui conseguir meu primeiro trabalho porque a pessoa que me contratou também era mulher.

Dayane Lindsey

PARABÉNS À KARIN HUECK pelo excelente artigo sobre as mulheres em postos de decisões. Com certeza o raciocínio da editora faz o maior sentido. E parabéns à SUPER por publicar uma crítica que vem de dentro de casa. Que a revista não fique só na imagem de politicamente correta para seus leitores verem. E, claro, que mais mulheres façam parte do time da redação.

Alex Bernardes

Superinteressante, São Paulo, n. 356, p. 73, jan. 2016.

TEXTO EM ESTUDO

PARA ENTENDER O TEXTO

1. Retome o questionamento feito no boxe *O que vem a seguir*. As hipóteses levantadas por você e pelos colegas acerca do posicionamento dos leitores foram confirmadas após a leitura das cartas apresentadas?

2. Releia o título e o subtítulo do artigo de opinião de Karin Hueck publicado na revista *Superinteressante*. Em seguida, responda às questões.

    a) Considerando esses dois elementos, qual é o tema do artigo de opinião?

    b) As cartas estão de acordo com esse tema? Explique.

3. Leia o trecho a seguir. Trata-se do último parágrafo do artigo de opinião "Botem as mulheres no lugar. No lugar em que se tomam as decisões.". Depois, responda às questões.

    > Trabalho aqui na SUPER há sete anos. Não escrevo apenas sobre questões femininas. Tenho milhares de interesses diferentes, na verdade: gosto de exobiologia, mistérios da medicina, evolução humana, literatura, ficção científica. Mas sou a única mulher do time de editores aqui (nunca houve mais de uma, aliás) e, se eu não defender reportagens que são importantes para o gênero todo, ninguém vai. [...] Não estou no cargo mais alto aqui, nem posso tomar decisões para igualar os gêneros em lugar nenhum, mas em janeiro saio de licença-maternidade. Vou me afastar por alguns meses e, se não entrar mulher no meu lugar, a SUPER vai ser mais um lugar onde apenas homens palpitarão. Espero que escolham uma colega — porque, se depender da "ordem natural das coisas", nossa voz não vai ser ouvida não.
    >
    > Karin Hueck. Botem as mulheres no lugar. No lugar em que se tomam as decisões. *Superinteressante*, São Paulo, n. 355, dez. 2015.

    a) Por que Karin Hueck defende a publicação de reportagens e artigos relacionados ao gênero feminino na revista?

    b) Os leitores que tiveram suas cartas publicadas na revista *Superinteressante* posicionaram-se de modo contrário à autora do artigo de opinião? Por que você acha que isso ocorreu?

    c) Se você fosse enviar uma carta à revista comentando o artigo de opinião "Botem as mulheres no lugar. No lugar em que se tomam as decisões.", como você se posicionaria? Justifique sua resposta.

4. A revista não apresentou respostas às cartas publicadas. Se o posicionamento desses leitores fosse diferente, você acredita que a autora ou o editor da revista produziria um comentário? Explique.

5. Agora, responda às seguintes perguntas sobre os autores das cartas dirigidas à revista *Superinteressante*.

    a) Os autores das cartas são personalidades públicas?

    b) É importante ser uma pessoa reconhecida socialmente para ter a carta publicada na revista? Por quê?

ANOTE AÍ!

Um dos principais motivos que levam alguém a escrever uma **carta do leitor** é a vontade de **comentar**, **elogiar** ou **criticar** determinado assunto e de apresentar o **próprio ponto de vista** acerca de um texto publicado em um jornal ou uma revista. Geralmente, a carta é dirigida ao autor do texto comentado ou ao meio de comunicação que o publicou.

6. Com que finalidade cada um dos leitores escreveu a respectiva carta? E a quem elas são destinadas? Copie o quadro no caderno para organizar as informações.

Nome do leitor	Finalidade	Para quem?

7. Nas cartas, Joana, Dayane e Alex utilizaram argumentos para defender suas opiniões. Sobre isso, responda:
   a) Qual é o ponto de vista de cada um desses leitores?
   b) Que argumentos eles utilizaram para justificar seu ponto de vista?
   c) Você concorda com esses pontos de vista e argumentos?

ANOTE AÍ!

Para convencer o interlocutor de um **ponto de vista** ou uma **opinião**, é preciso apresentar motivos capazes de justificar esse posicionamento.

Os motivos elencados em um texto com a intenção de **convencer o leitor** da consistência da opinião apresentada recebem o nome de **argumentos**.

O CONTEXTO DE PRODUÇÃO

8. Responda às questões a seguir sobre a revista *Superinteressante*, o artigo de opinião e as cartas que você leu.
   a) A revista *Superinteressante* é mais conhecida por seus artigos de opinião ou por suas reportagens?
   b) Observe a capa da edição em que o artigo de Karin Hueck foi publicado. A revista deu destaque a esse texto?
   c) Você acredita que o artigo de opinião deveria ter recebido maior destaque na capa? Por quê?

9. Em sua opinião, por que a revista escolheu destacar na capa o artigo de opinião de Karin Hueck e, na edição seguinte, publicou as cartas do leitor referentes a ele, e não à reportagem da capa?

10. Por que é importante, para a revista, receber cartas do leitor?

11. Apesar de o gênero textual se chamar carta do leitor, você acha que essas pessoas enviaram as cartas pelo correio? Justifique.

12. Você costuma ler ou publicar comentários sobre artigos ou reportagens de revistas e jornais que chamaram sua atenção? O que leva ou levaria você a tomar essa atitude?

13. Geralmente, os veículos de comunicação proíbem insultos e ofensas nos comentários. Na sua opinião, é necessário estabelecer critérios para os comentários dos leitores? Por quê?

▲ Capa da revista *Superinteressante* n. 355, de dezembro de 2015, em que foi publicado o artigo de opinião comentado pelos leitores.

ANOTE AÍ!

Atualmente, grande parte dos comentários, das sugestões e das críticas de leitores chega pela internet. Os veículos de comunicação disponibilizam **endereços eletrônicos** e páginas em **redes sociais** para que eles manifestem sua opinião sobre os conteúdos publicados.

14. **SABER SER** A carta do leitor é um gênero que permite a quem lê um texto publicado em um veículo de comunicação exercer sua cidadania. Isso porque, na Constituição brasileira, são garantidos a todo indivíduo o direito à livre manifestação de pensamento, desde que não seja feita de forma anônima, e o direito de resposta, no caso de ofensas e injúrias. Com base nessa afirmação, responda:

a) Em sua opinião, por que o anonimato, nos casos de manifestação do pensamento, é proibido?

b) Você considera importante questionar os conteúdos publicados pela imprensa? Por quê?

Acesse o recurso digital e responda: Dizer que a livre manifestação do pensamento é um direito de todo cidadão significa que podemos nos expressar como quisermos, não existindo limite para o exercício desse direito?

A LINGUAGEM DO TEXTO

15. Releia o início das cartas dos leitores.

> I. **O ARTIGO ME SURPREENDEU**, em especial ao demonstrar por que ainda não "chegamos lá" [...].
> II. **SOU ENGENHEIRA**-eletricista e não imaginava o quanto ainda existe essa diferença de gêneros.
> III. **PARABÉNS À KARIN HUECK** pelo excelente artigo sobre as mulheres em postos de decisões.

- Por que as cartas de leitores foram iniciadas com parte do texto em letra maiúscula e negrito?

16. Observe as palavras em letra minúscula e negrito destacadas nos trechos a seguir.

> I. **O ARTIGO ME SURPREENDEU**, em especial ao demonstrar por que **ainda não** "chegamos lá", nos cargos de liderança e de tomada de decisão. Acredito **sinceramente** que o mundo será melhor sim quando as mulheres chegarem **lá**.
> II. **SOU ENGENHEIRA**-eletricista e **não** imaginava o quanto **ainda** existe essa diferença de gêneros. Sofri **bastante** com isso na faculdade, pois os homens **não** aceitam que as nossas notas sejam melhores e que os professores nos elogiem. No trabalho, pensei que as coisas seriam diferentes, mas me vi participando de entrevistas e mais entrevistas de emprego em que eu me encaixava **perfeitamente** para o cargo e **nunca** era recrutada.

a) A que se refere o termo *lá* na expressão *chegar lá*?

b) Releia as palavras destacadas nos trechos e escreva a que classe gramatical elas pertencem.

c) O uso dessas palavras colabora para mostrar o ponto de vista e os argumentos apresentados em cada uma das cartas? Explique.

17. Sobre o gênero carta do leitor, copie no caderno as alternativas corretas.

I. O registro é mais informal, com emprego de linguagem descontraída.
II. Utilizam-se advérbios para mostrar o ponto de vista do leitor.
III. O registro utilizado é mais formal.
IV. É escrito em primeira pessoa.
V. É um texto longo e escrito em terceira pessoa.

PARA EXPLORAR

Direitos humanos
A Declaração Universal dos Direitos Humanos foi adotada pela Organização das Nações Unidas (ONU) em 1948, após a Segunda Guerra Mundial. O objetivo desse documento é defender a igualdade, a dignidade e a liberdade de todo ser humano, sem distinção de raça, gênero ou religião.

Disponível em: https://www.unicef.org/brazil/declaracao-universal-dos-direitos-humanos. Acesso em: 18 abr. 2023.

UMA COISA PUXA OUTRA

A carta aberta

O que você acharia se, em vez de enviar ou receber cartas de modo privado, elas fossem tornadas públicas em um grande veículo de comunicação, como um jornal, uma revista ou uma página da internet? Muitas vezes, quando o que se quer contar ou falar a alguém adquire um interesse coletivo, seja por seu conteúdo, seja por seu destinatário, podemos utilizar o gênero carta aberta – um tipo de carta pública que pode servir de forma de reivindicação, de exposição de ponto de vista ou até mesmo para prestar uma homenagem a alguém.

Leia, a seguir, uma carta aberta da jornalista esportiva Mariana Sá para a futebolista Miraildes Maciel Mota, conhecida como Formiga.

Carta aberta à Miraildes Maciel Mota, a Formiga

19-08-2016 **Muito obrigada por tudo, Formiga**

MARIANA SÁ

▲ Miraildes Maciel Mota, a Formiga.

Querida Formiga,

Escrevo isso com lágrimas nos olhos enquanto assisto [aos] seus minutos finais com a camisa da Seleção Brasileira, da nossa Seleção Brasileira.
É difícil lembrar que você não estará mais aí na próxima vez que o Brasil entrar em campo e que, pela última vez, estamos vendo você escrever essa linda história verde e amarela. Você fará falta, Miraildes.

Você inspirou uma garota que por anos acreditou que talvez o futebol não fosse mesmo para mulheres. Você inspirou alguém que ama esse esporte acima de tudo a não desistir, mesmo com tantas barreiras no nosso caminho. Você me fez acreditar que vale a pena lutar pelo futebol feminino e, tenha certeza, lutarei por elas até o último segundo.

Por cada roubada de bola decisiva, cada minuto que você não desistiu de correr, cada vez que, quando todas já não tinham mais forças, você as

> Continua

PARA EXPLORAR

Seleção brasileira feminina de futebol
Na página da Confederação Brasileira de Futebol (CBF) dedicada à seleção feminina, é possível acompanhar todas as notícias sobre a equipe, além de consultar dados sobre as partidas disputadas pela seleção.
Disponível em: https://www.cbf.com.br/selecao-brasileira/noticias/selecao-feminina. Acesso em: 19 abr. 2023.

colocou para cima, cada vitória, cada gol, cada título. Por tudo isso, eu preciso lhe dizer muito obrigada. Obrigada por colocar o futebol feminino brasileiro em um patamar que jamais poderíamos sonhar anos atrás. Obrigada por amar sua pátria acima de tudo e, sem vaidades ou necessidade de reconhecimento, lutar muito pelas cores que defende. Você nos ensinou o que é ser apaixonado pelo Brasil.

Hoje, infelizmente, o capítulo final dessa linda história de amor foi escrito. Precisamos nos despedir, ainda que com dor no coração e com a decepção pela perda da medalha de ouro, mas não gostaria de lembrar com tristeza. Não, triste seria se não tivéssemos tido o prazer de vê-la brilhar em campo. Lembrarei para sempre das conquistas, do sorriso, da cobrança, das medalhas e da superação. Porque, Formiga, você trouxe os melhores sentimentos que um torcedor poderia pedir.

Nos despedimos, por ora, de sua presença em campo. Porém, sei que o destino reserva grandes surpresas e sei que esse não será o fim de sua dura e inspiradora luta pelo futebol feminino. Por todo legado que você deixou, sei que veremos nosso amado esporte em um lugar melhor. Você merece isso, as mulheres merecem isso.

Por tudo isso, você deixará saudade. Muito obrigada por lutar pelas mulheres e pelo futebol. Do fundo do coração de uma torcedora apaixonada, meu eterno agradecimento.

Mariana Sá. Carta aberta à Miraildes Maciel Mota, a Formiga. *Vavel*, 19 ago. 2016. Disponível em: https://www.vavel.com/br/futebol/2016/08/19/selecao-brasileira/684251-carta-aberta-a-miraildes-maciel-mota-a-formiga.html. Acesso em: 19 abr. 2023.

RECORDISTA EM SÉRIE

Miraildes Maciel Mota, a Formiga, nasceu em Salvador, em 1978. Ela foi duas vezes vice-campeã olímpica e uma vez vice-campeã mundial de futebol feminino, sendo a única jogadora de futebol do mundo a ter participado de todas as edições dos jogos olímpicos desde que o futebol feminino se tornou uma modalidade do evento – foram sete edições ao todo. Formiga é a futebolista com o maior número de participações em copas do mundo (sete) e também a mais velha (37 anos) a marcar um gol nesse campeonato. Além disso, é a jogadora com o maior número de jogos pela seleção brasileira. Após os jogos olímpicos de 2016, ela anunciou sua aposentadoria da seleção; porém, reconsiderou sua decisão para disputar a Copa América, em 2018, a Copa do Mundo, em 2019, e os jogos olímpicos, em 2020. A despedida de Formiga com a camisa do Brasil aconteceu apenas em novembro de 2021, no Torneio Internacional de Futebol Feminino.

1. Depois de ler a carta aberta e o boxe *Recordista em série*, converse com os colegas sobre os itens a seguir.
   a) Qual acontecimento motivou a escrita da carta aberta de Mariana Sá para a jogadora? Como foi possível descobrir essa informação?
   b) A carta tem tom de tristeza ou de alegria? Justifique apontando trechos do texto.

2. Releia este parágrafo da carta, no qual Mariana Sá discute a importância de Formiga como sua fonte de inspiração:

   > Você inspirou uma garota que por anos acreditou que talvez o futebol não fosse mesmo para mulheres. Você inspirou alguém que ama esse esporte acima de tudo a não desistir, mesmo com tantas barreiras no nosso caminho. Você me fez acreditar que vale a pena lutar pelo futebol feminino e, tenha certeza, lutarei por elas até o último segundo.

   - Em sua opinião, Formiga pode ter inspirado outras mulheres que, assim como Mariana, também gostam de futebol? Explique.

3. Releia o parágrafo introdutório da seção e responda: Qual é o objetivo da carta aberta de Mariana para Formiga? Justifique com trechos da carta.

4. Compare a "Carta aberta à Miraildes Maciel Mota, a Formiga" e as cartas do leitor publicadas na revista *Superinteressante*, lidas anteriormente, e descreva as semelhanças e as diferenças entre elas.

LÍNGUA EM ESTUDO

TRANSITIVIDADE VERBAL

1. Releia este trecho de uma das cartas do leitor da revista *Superinteressante*:

   > Para a Karin, queria dizer que aproveite sua licença-maternidade. Para os demais integrantes da redação: ela não estará em casa descansando. Estará trabalhando muito mais do que vocês. E, ainda por cima, **formando** um novo leitor da SUPER.

   a) Observe a forma verbal *formando*, destacada no trecho.
   - Quem executa a ação do verbo *formar*?
   - O que (ou quem) essa pessoa está formando?

   b) Se retirássemos o trecho "um novo leitor da SUPER", o sentido da frase ficaria prejudicado? Explique.

   c) Agora, observe esta frase:

   > A jornalista vai **trabalhar**, e não **descansar**.

   - É necessário inserir algum termo para complementar o sentido dos verbos em destaque nessa frase? Por quê?

   Como você viu na atividade anterior, há verbos que exigem um complemento para ter sentido completo, como *formar*. Há também verbos que não precisam de complemento, como *trabalhar* e *descansar*.

   Leia as frases a seguir e observe se há complemento para os verbos.

   > Os estudantes escreveram **uma carta do leitor**.

   > O jornalista gostou **das cartas**!

   > As cartas chegaram.

   A transitividade é a propriedade dos verbos que necessitam de um ou mais complementos para que seu sentido seja inteiramente compreendido em determinado contexto. Dessa forma, os verbos que precisam de complemento são chamados de **transitivos** (por exemplo, *escrever* e *gostar*), e os verbos que não precisam de complemento são chamados de **intransitivos** (por exemplo, *chegar*).

2. Volte à atividade **1** e releia o trecho da reportagem e a frase do item *c*. Em seguida, classifique os verbos *descansar*, *trabalhar* e *formar*, analisados nessa atividade, em intransitivos ou transitivos.

   ANOTE AÍ!

   Verbos transitivos precisam de complemento para completar seu sentido.
   Verbos intransitivos não precisam de complemento para que seu sentido seja inteiramente compreendido de acordo com o contexto.

RELACIONANDO

Neste capítulo, você leu cartas do leitor e pôde observar que a extensão delas, em geral, é reduzida. Por isso, nesse gênero, são muito usados verbos intransitivos, ou sem complementos, e verbos transitivos cujo sentido pode ser percebido pelo contexto.

3. Leia a tira a seguir.

Jim Davis. Garfield. *Folha de S.Paulo*, p. E7, 27 fev. 2001.

a) Qual é o fato cômico nessa tira?
b) Quanto à transitividade, o que os verbos *chegar* e *duvidar* têm em comum?
c) Na tira, que palavras completam o sentido dos verbos *tocar* e *gostar*?

Releia duas frases da tira.

> Os garotos da vizinhança vivem tocando **nossa campainha**!

> Vamos ver se eles gostam **disso**!

Nessas frases, os verbos *tocar* e *gostar* exigem complemento. A diferença é o modo como o complemento se liga a cada um deles. O verbo *tocar* liga-se ao complemento *nossa campainha* diretamente, ou seja, não é necessária uma preposição entre eles. Já o verbo *gostar* está ligado ao complemento *disso* indiretamente, ou seja, pela preposição *de* + *isso* (*disso*), indicada entre eles.

ANOTE AÍ!

O verbo que se liga diretamente a seu complemento, ou seja, sem preposição, recebe o nome de **verbo transitivo direto**. Já o verbo que exige preposição para ligar-se a seu complemento recebe o nome de **verbo transitivo indireto**.

Alguns verbos podem exigir dois complementos. Veja o exemplo:

> Esse balde d'água vai ensinar **a eles uma lição**!

ANOTE AÍ!

Verbo transitivo direto e indireto ou **verbo bitransitivo** é aquele que necessita de dois complementos para ter sentido completo: um complemento sem preposição e outro antecedido de preposição.

VERBO TRANSITIVO

- **Verbo transitivo direto:** Liga-se diretamente ao complemento, sem preposição.
- **Verbo transitivo indireto:** Liga-se ao complemento por meio de preposição.
- **Verbo bitransitivo:** Exige dois complementos – um com preposição e outro sem.

Acesse o recurso digital e responda: Qual é a transitividade dos verbos *apertar*, *soar* e *calibrar*: são transitivos diretos ou indiretos? Explique. Em seguida, crie outras frases para cada um desses verbos.

ATIVIDADES

Acompanhamento da aprendizagem

Retomar e compreender

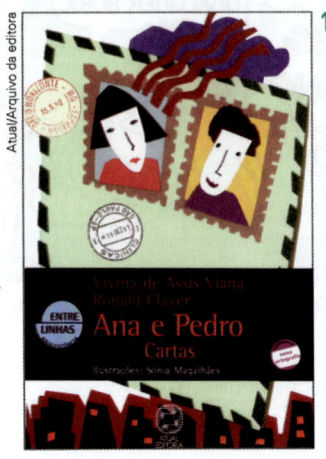

1. Leia, a seguir, uma sinopse do livro *Ana e Pedro: cartas*, de Vivina de Assis Viana e Ronald Claver.

   Capa do livro *Ana e Pedro: cartas*, de Vivina de Assis Viana e Ronald Claver. São Paulo: Atual, 2009.

   > Ana mora em São Paulo, **gosta** de ler, de ir ao cinema, de estar à beira-mar. Pedro é de Belo Horizonte, gosta de futebol, **escreve** poesias, **ama** as montanhas.
   >
   > Durante um ano eles **trocam** cartas. E também livros, poesias, ternura. A relação desses dois adolescentes vai se estreitando, e a vontade de se conhecerem pessoalmente **cresce**. Como será o encontro de Ana e Pedro?

   Coletivo Leitor. Disponível em: https://www.coletivoleitor.com.br/nossos-livros/ana-e-pedro-cartas/. Acesso em: 19 abr. 2023.

   a) Classifique no caderno os verbos destacados em transitivos ou intransitivos.
   b) Identifique os complementos de cada um dos verbos transitivos.
   c) Qual desses verbos está ligado a seu complemento por meio de preposição? Com relação à transitividade, como ele é classificado?
   d) Quais desses verbos se ligam diretamente ao complemento? Classifique-os.

2. Leia a frase a seguir.

   > Ana escreveu dez cartas e um cartão-postal a Pedro.

   a) Identifique o(s) complemento(s) do verbo *escrever*.
   b) Quanto à transitividade, qual é a classificação do verbo *escrever* na frase?

3. Indique no caderno o complemento adequado para os verbos destacados.
   a) Os dois amigos vão **assistir** ★ (um filme / a uma peça de teatro).
   b) Garfield tinha de **ensinar** uma lição ★ (as crianças / a elas).

Aplicar

4. Reescreva a fábula a seguir no caderno, completando-a com as palavras e as expressões do quadro.

   ### A formiga e o pombo

   Uma formiga desceu até a beira do riacho: queria beber ★. Uma onda cobriu ★ e ela quase se afogou. Um pombo levava ★ no bico; viu a formiga se afogando e jogou o galhinho ★, no riacho. A formiga subiu ★ e salvou-se. Tempos depois um caçador armou ★ e apanhou ★. A formiga rastejou na direção do caçador e deu uma picada no seu pé; o caçador berrou e soltou ★. O pombo bateu asas, voou e fugiu.

   Liev Tolstói. *Contos completos*. Tradução revista, apresentação e posfácio de Rubens Figueiredo. 1ª ed., vol. II. São Paulo: Companhia das Letras, 2018. p. 24.

• no galhinho	• o pombo	• uma rede	• a rede
• água	• um galhinho	• a formiga	• para ela

A LÍNGUA NA REAL

A TRANSITIVIDADE E O CONTEXTO

1. Leia a tira.

Fernando Gonsales. Papagaio filme mudo. *Folha de S.Paulo*, 2004.

a) Você reconhece a personagem com uma bengala que está representada na tela de cinema ilustrada no último quadrinho da tira?

b) Você já viu algum filme bem antigo em preto e branco? Por que será que o talento do tataravô do papagaio foi desperdiçado no filme?

c) Classifique o verbo *falar*, no primeiro quadro, em relação à transitividade.

2. Leia agora este título de notícia.

> **Imitar voz de criança para falar com bebês beneficia desenvolvimento cerebral, indica estudo**
>
> *BBC Brasil*, 13 dez. 2016. Disponível em: https://www.bbc.com/portuguese/geral-38087965#:~:text=V%C3%ADdeos-,Imitar%20voz%20de%20crian%C3%A7a%. Acesso em: 19 abr. 2023.

a) No título, qual é o complemento do verbo *falar*?

b) Classifique esse verbo quanto à sua transitividade.

c) O verbo *falar*, no título, foi classificado da mesma forma que no item *c* da atividade 1? Explique.

3. Indique no caderno: Em quais frases os verbos destacados são intransitivos?

   I. Neste verão, **choveu** muito.
   II. Ontem **choveram** elogios para todos.
   III. Será que é possível não **pensar**?
   IV. É possível **pensar** em alguma solução?
   V. Os mais abastados **vivem** uma vida de rei.
   VI. Sem condições básicas, as pessoas não **vivem**.
   VII. Ana **escreveu** ao pai na semana passada.
   VIII. Ainda hoje, muitas pessoas não aprendem a ler e **escrever** na escola.
   IX. **Entregou** a prova mesmo sem ter terminado todas as questões.

ANOTE AÍ!

O mesmo **verbo** pode ser **intransitivo** ou **transitivo**, dependendo do **contexto** em que é empregado. O sentido do verbo e sua classificação, portanto, só podem ser determinados depois da análise do contexto.

AGORA É COM VOCÊ!

ESCRITA DE CARTA DO LEITOR

Proposta

Neste capítulo, você leu três cartas do leitor. Agora, é sua vez de produzir uma. Para isso, você e os colegas vão escolher uma reportagem e, então, cada um vai escrever seu ponto de vista sobre ela. Depois, vocês vão compor um painel de cartas do leitor na sala de aula, eleger a melhor carta e enviá-la ao veículo de comunicação em que o texto jornalístico foi publicado.

GÊNERO	PÚBLICO	OBJETIVO	CIRCULAÇÃO
Carta do leitor	Editor da revista em que o texto jornalístico foi publicado e comunidade escolar	Posicionar-se na carta a respeito de um texto jornalístico	Painel do leitor

Planejamento e elaboração do texto

1 Inicialmente, façam um levantamento de revistas que costumam publicar conteúdos de interesse da turma. Vejam a seguir uma seleção de revistas classificadas, nas legendas, de acordo com os assuntos que abordam.

▲ *Rolling Stone*: música.

▲ *National Geographic*: geografia e ciência.

▲ *Mundo dos Super-heróis*: histórias em quadrinhos.

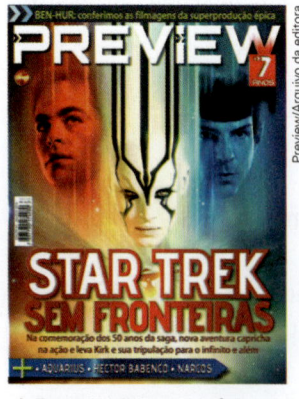

▲ *Preview*: filmes e séries.

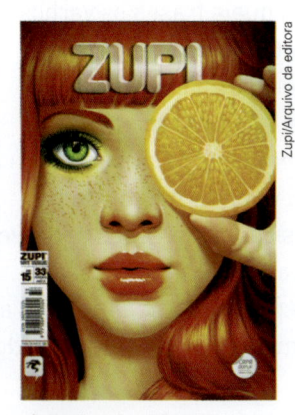

▲ *Zupi*: artes visuais.

▲ *Saúde*: saúde e bem-estar.

2 Depois de escolherem a revista de maior interesse da turma, selecionem a edição mais recente dela para eleger uma reportagem.

3. Verifiquem se a revista indica critérios para o envio de cartas do leitor.
4. Leiam a revista e escolham a reportagem que desejam comentar.
5. Selecionem apenas uma reportagem. Todos vão escrever a carta do leitor sobre o mesmo texto. Essa etapa pode ser feita de forma democrática, por meio de votação em sala de aula.
6. Após a leitura atenta da reportagem, cada estudante deve anotar suas impressões sobre o texto. Estas perguntas podem orientar vocês nessa etapa:
   - Qual é o assunto da reportagem?
   - O ponto de vista defendido no texto é bem fundamentado?
   - Você concorda com esse ponto de vista?
   - O assunto apresentado no texto é importante para seu dia a dia? Por quê?
   - Qual é seu ponto de vista sobre esse assunto?
7. Após responder às questões individualmente, reflita sobre como você vai se posicionar diante da reportagem e o que vai apresentar em sua carta do leitor: Um elogio? Uma crítica? Um complemento ou um relato sobre o que foi exposto?
8. Lembre-se de que sua carta deve ser dirigida ao editor da revista.
9. Você pode expressar um ponto de vista oposto ao da reportagem, mas faça isso sem desrespeitar as opiniões diferentes das suas.
10. Ao escrever sua carta, marque seu posicionamento a respeito do tema da reportagem e empregue argumentos para defendê-lo.
11. Utilize advérbios para mostrar seu ponto de vista.
12. Utilize um registro mais formal e a primeira pessoa do discurso ao redigir a carta.
13. Não se esqueça de citar o título da reportagem, o nome do autor ou outro elemento que deixe evidente a qual reportagem sua carta se refere.

Avaliação e reescrita do texto

1. Revise sua carta do leitor considerando as perguntas propostas no quadro a seguir. Depois, reescreva o que for necessário.

ELEMENTOS DA CARTA DO LEITOR
Você dirigiu sua carta ao editor da revista?
A carta apresenta seu ponto de vista em relação à reportagem?
Na carta há argumentos que sustentam a opinião apresentada?
Você citou o título, o autor ou outro elemento da reportagem à qual sua carta se refere?

Circulação

1. Finalizadas as produções das cartas, façam um painel do leitor para ser afixado em sala de aula.
2. Coloquem no painel uma cópia da reportagem e, ao lado, todas as cartas escritas pela turma. Dessa forma, vocês poderão verificar que a mesma reportagem pode suscitar diferentes reflexões e opiniões.
3. Após a produção do painel, façam uma votação para escolher a melhor carta do leitor, que será enviada à revista.

CAPÍTULO 2
ATITUDE CIDADÃ

O QUE VEM A SEGUIR

A carta de reclamação que você vai ler a seguir foi publicada no *site* ReclameAqui. Em cartas como essa, o reclamante apresenta a insatisfação com algum produto ou serviço. Leia o título do texto e reflita: Que situação pode ter levado o reclamante a escrever essa carta de reclamação? Converse com os colegas e formulem hipóteses sobre o conteúdo da carta.

TEXTO

Valor das penalidades de cancelamento é quase o dobro do valor da compra

Viajar

São Paulo – SP   ID: 15911246   16/12/15 às 12h49

RESOLVIDO

Conforme *e-mail* enviado à Viajar (sac@viajar.com.br) em 15/12/2015, ressalto o pedido de CANCELAMENTO de compra de três passagens aéreas com data de ida para 15 de janeiro de 2016. Portanto, com 30 dias de antecedência, uma vez que por motivos profissionais não poderei mais fazer a viagem.

Nesse *e-mail*, a atendente L. respondeu a uma ligação minha informando que as penalidades para o cancelamento da compra seriam no valor de 200 dólares + 50 dólares para a companhia aérea Aero, além de 40 dólares para a Viajar. Tudo isso por passageiro, totalizando 870 dólares (3.488,71 reais) de penalidades de cancelamento. Considerando que o valor total de compra dos três bilhetes foi de 974,66 dólares (3.908,40 reais), as penalidades para o cancelamento são de 89% do valor da compra, ou seja, um valor EXTREMAMENTE ABUSIVO. Se adicionarmos a tudo isso o fato de ter sido declarado que os bilhetes não são reembolsáveis, o meu prejuízo é quase O DOBRO DO VALOR DA COMPRA.

A Viajar não respondeu ao *e-mail*, então eu tive que ligar no telefone 4XXX-XXXX. Expus o caso à atendente M., que disse que as únicas taxas que podem ser abatidas das penalidades de cancelamento são as de 40 dólares da Viajar e a de 50 dólares da Aero, mas que continuará sendo cobrada a penalidade de 200 dólares, tudo isso por pessoa (totalizando portanto 68% do valor da compra, o que CONTINUA SENDO EXTREMAMENTE ABUSIVO). Ao final da ligação, pedi que me fosse enviada a formalização por escrito da posição final da Viajar. A atendente E. enviou um *e-mail* [com as] regras tarifárias e penalidades da Viajar com cláusulas que apresentam INFORMAÇÕES CONFLITANTES com os artigos da Agência Nacional de Aviação Civil (ANAC), além de não ter formalizado a posição irredutível da Viajar, que, ao final da ligação, DEIXOU EM ABERTO o pedido de cancelamento que eu já havia formalizado por *e-mail*, já que, segundo a empresa, eu, exercendo os meus direitos de consumidor, discordava das penalidades abusivas, ou seja, A EMPRESA SE NEGOU A EFETIVAR O

Continua

CANCELAMENTO.

Ressalto que não existem motivos para não haver reembolso conforme a legislação e os direitos do consumidor, uma vez que, com o meu aviso antecipado, a empresa pode perfeitamente colocar os meus bilhetes cancelados à disposição de outros clientes, não causando, portanto, prejuízos nem à Viajar nem à Aero. Sobre essa questão, gostaria ainda de esclarecer que, segundo a ANAC, bilhetes não utilizados devem ser reembolsados, conforme portaria transcrita abaixo:

Portaria 676/2000 – ANAC Art. 7º O passageiro que não utilizar o bilhete de passagem terá direito, dentro do respectivo prazo de validade, à restituição da quantia efetivamente paga e monetariamente atualizada, conforme os procedimentos a seguir: § 1º Se o reembolso for decorrente de uma conveniência do passageiro, sem que tenha havido qualquer modificação nas condições contratadas por parte do transportador, poderá ser descontada uma taxa de serviço correspondente a 10% (dez por cento) do saldo reembolsável ou o equivalente, em moeda corrente nacional, a US$ 25.00 (vinte e cinco dólares americanos), convertidos à taxa de câmbio vigente na data do pedido do reembolso, o que for menor. O artigo 740 do Código Civil prevê ainda uma taxa de apenas 5%: Art. 740. O passageiro tem direito a rescindir o contrato de transporte antes de iniciada a viagem, sendo-lhe devida a restituição do valor da passagem, desde que feita a comunicação ao transportador em tempo de ser renegociada. [...]

Em resumo, estou ciente e bem informado dos meus direitos e de meus deveres. A taxa de cancelamento da minha compra deve ser de 5% a 10% do valor total segundo as leis brasileiras. Além disso, no ato da compra, as penalidades precisam estar explícitas ao cliente e EM MOMENTO ALGUM as taxas da companhia foram fornecidas no ato da minha compra. Portanto, reafirmo o pedido de cancelamento e NÃO AUTORIZO A COBRANÇA em meu cartão de crédito de nenhuma das penalidades informadas, uma vez que elas são abusivas e ferem os direitos do consumidor.

Por tudo o que foi exposto, e consciente de meus direitos e deveres, eu exijo a EFETIVAÇÃO DO CANCELAMENTO da minha compra e também o REEMBOLSO dos débitos já efetuados em meu cartão de crédito.

Resposta da Empresa 17/12/15 às 15h43
Olá P.,
Recebemos sua publicação e suas dúvidas. Verificaremos o que ocorreu para dar melhores esclarecimentos e satisfazê-lo como cliente.
O seu caso está em tratativa.

Atenciosamente,
Equipe Viajar

ReclameAqui. Disponível em: https://www.reclameaqui.com.br/viajanet/valor-das-penalidades-de-cancelamento-e-quase-o-dobro-do-valor-da-compra_15911246/. Acesso em: 19 abr. 2023.

Os nomes da empresa de turismo e da companhia aérea foram substituídos por Viajar e Aero, respectivamente, ao longo da carta de reclamação, bem como informações relativas a elas, como *e-mail* e número de telefone. Os nomes das pessoas envolvidas foram preservados com o uso das iniciais P., L., M. e E.

explícito: expresso de modo claro, sem dificuldade de compreensão.

portaria: documento que contém ordens e instruções sobre aplicação de leis.

reembolsável: que se pode reembolsar, receber.

rescindir: cancelar, anular.

restituição: devolução de algo a quem realmente pertence.

taxa de câmbio: relação de preço entre a moeda nacional e uma moeda estrangeira.

tratativa: acordo entre pessoas ou entidades.

TEXTO EM ESTUDO

PARA ENTENDER O TEXTO

1. Após a leitura da carta de reclamação, retome as hipóteses formuladas no boxe *O que vem a seguir* e verifique se elas foram confirmadas ou não pelo texto.

2. Sobre a carta de reclamação que você leu, responda no caderno às questões.
   a) A quem a carta se dirige?
   b) Qual problema enfrentado por P. o levou a escrever essa carta?
   c) Qual foi o prejuízo sofrido pelo reclamante?
   d) Com que objetivo essa carta de reclamação foi escrita?

3. Releia parte da carta e, no caderno, identifique o que é solicitado a seguir.

   > Nesse *e-mail*, a atendente L. respondeu a uma ligação minha informando que as penalidades para o cancelamento da compra seriam no valor de 200 dólares + 50 dólares para a companhia aérea Aero, além de 40 dólares para a Viajar. Tudo isso por passageiro, totalizando 870 dólares (3.488,71 reais) de penalidades de cancelamento. Considerando que o valor total de compra dos três bilhetes foi de 974,66 dólares (3.908,40 reais), as penalidades para o cancelamento são de 89% do valor da compra, ou seja, um valor EXTREMAMENTE ABUSIVO. Se adicionarmos a tudo isso o fato de ter sido declarado que os bilhetes não são reembolsáveis, o meu prejuízo é quase O DOBRO DO VALOR DA COMPRA.

   a) Segundo a atendente, qual valor o reclamante precisaria pagar pelo cancelamento das passagens aéreas, incluindo os valores das empresas Viajar e Aero?
   b) Qual é a porcentagem desse valor em relação ao que foi pago pelas passagens, de acordo com o autor da carta?
   c) Qual é, portanto, o prejuízo do reclamante?

4. Releia a carta de reclamação e responda no caderno às questões.
   a) Qual porcentagem P. está disposto a pagar pelo cancelamento?
   b) Ao citar a portaria da Agência Nacional de Aviação Civil (Anac), o reclamante tornou seu argumento mais convincente? Por quê?
   c) Qual é a exigência final feita pelo reclamante?
   d) O título "Valor das penalidades de cancelamento é quase o dobro do valor da compra" resume adequadamente o conteúdo da carta toda? Justifique sua resposta.
   e) Ao ler o texto novamente, você consegue identificar de que local é o reclamante? Justifique sua resposta.
   f) Por meio da carta, você consegue saber a data e o horário em que a reclamação foi escrita? Justifique sua resposta.
   g) Qual foi a data em que o reclamante enviou o *e-mail* à Viajar?
   h) Em qual data a equipe da Viajar respondeu ao *e-mail* do reclamante?

5. Em relação ao retorno dado pela empresa Viajar, responda:
   - Em sua opinião, a empresa respondeu de modo satisfatório à reclamação feita por P.? Comente.

6. Leia um trecho do Código de Defesa do Consumidor, promulgado em 11 de setembro de 1990, que apresenta alguns direitos básicos do consumidor.

> **CAPÍTULO III**
>
> **Dos Direitos Básicos do Consumidor**
>
> Art. 6º São direitos básicos do consumidor:
>
> I – a proteção da vida, saúde e segurança contra os riscos provocados por práticas no fornecimento de produtos e serviços considerados perigosos ou nocivos;
>
> II – a educação e divulgação sobre o consumo adequado dos produtos e serviços, asseguradas a liberdade de escolha e a igualdade nas contratações;
>
> III – a informação adequada e clara sobre os diferentes produtos e serviços, com especificação correta de quantidade, características, composição, qualidade, tributos incidentes e preço, bem como sobre os riscos que apresentem; (Redação dada pela Lei no 12.741, de 2012) Vigência
>
> IV – a proteção contra a publicidade enganosa e abusiva, métodos comerciais coercitivos ou desleais, bem como contra práticas e cláusulas abusivas ou impostas no fornecimento de produtos e serviços;
>
> V – a modificação das cláusulas contratuais que estabeleçam prestações desproporcionais ou sua revisão em razão de fatos supervenientes que as tornem excessivamente onerosas;
>
> [...]

Brasil. *Lei n. 8.078, de 11 de setembro de 1990*. Legislação Federal do Brasil, Brasília, DF, 11 set. 1990. Suplemento. Disponível em: https://www.planalto.gov.br/ccivil_03/Leis/L8078.htm. Acesso em: 19 abr. 2023.

a) Com base na leitura desse trecho, que direitos do consumidor não foram garantidos ao reclamante da carta?

b) Em quais circunstâncias esses direitos devem ser aplicados e respeitados?

c) Que relação é possível estabelecer entre esse artigo do Código de Defesa do Consumidor e a publicação da carta no *site* de reclamação?

d) Diante disso, a carta que você leu apresenta uma reclamação de interesse que atende apenas seu autor ou pode ser útil a todos os que avaliam a possibilidade de adquirir os serviços da empresa? Explique sua resposta.

e) Além de no *site* do ReclameAqui, o autor da carta tentou solucionar o problema reivindicando seus direitos em outro espaço de reclamação?

O CONTEXTO DE PRODUÇÃO

7. Você acha que a carta de reclamação é um instrumento útil ao cidadão que pretende exigir o respeito a seus direitos ou ela não atinge essa finalidade? Por quê?

8. Selecione uma pessoa que você conheça que tenha reclamado formalmente de um produto ou serviço adquirido.
   a) Qual foi a reclamação? Que exigência foi feita à empresa?
   b) Que argumentos foram apresentados?
   c) Que atitude a empresa tomou? O cliente ficou satisfeito? Por quê?

ANOTE AÍ!

Um consumidor pode se manifestar sobre defeitos em produtos recém-adquiridos ou serviços insatisfatórios enviando uma **carta de reclamação** à empresa fornecedora ou a canais de reclamação e/ou órgãos governamentais.

PARA EXPLORAR

ReclameAqui

Nesse *site*, os consumidores podem fazer reclamações abertas ao público para que as empresas tomem atitudes justas em relação a produtos com defeito ou a serviços insatisfatórios. O *site* também é um meio de verificar a reputação de determinada empresa antes da aquisição de um produto ou serviço. Acesse o *site* e verifique como está a reputação de uma empresa que você conheça.

Disponível em: https://www.reclameaqui.com.br/. Acesso em: 19 abr. 2023.

A LINGUAGEM DO TEXTO

9. O emprego da letra maiúscula na carta enfatiza ou suaviza a exigência do reclamante? Explique o uso desse recurso.

10. Na carta, o reclamante adotou um registro menos ou mais formal? Explique.

11. O atendente da empresa adotou um registro predominantemente informal ou formal? Justifique.

12. Na resposta da empresa Viajar, há a seguinte frase: "O seu caso está em tratativa". Com base nessa informação, responda:
- Qual é o efeito de sentido da expressão *está em tratativa*: indicar que a resolução será mais acelerada ou mais devagar?

13. A empresa responde e assina "Equipe Viajar". Em relação a esse tipo de assinatura, responda às questões:
a) A assinatura da empresa particulariza ou generaliza o atendente?
b) Essa pode ser uma mensagem automática? Por quê?
c) Se no lugar da assinatura "Equipe Viajar" constasse o nome específico de alguém, como "R. Rodrigues – Gerente de Atendimento ao Cliente", que mudança de sentido ocorreria? Explique sua resposta.
d) A carta da empresa Viajar está escrita com os verbos flexionados na primeira pessoa do plural (*recebemos*, *verificaremos*). Se estivesse escrita com os verbos flexionados na primeira pessoa do singular (*recebi*, *verificarei*), qual mudança de sentido ocorreria? Por quê?

14. Reveja a imagem que acompanha a carta de reclamação. Depois, leia este verbete de dicionário com acepções da palavra *resolvido*.

> **resolvido**
> (re.sol.vi.do)
> a.
> 1. Que teve resolução (problema resolvido); SOLUCIONADO
> 2. Que foi combinado, acertado
> 3. Pop. Disposto a tudo; DECIDIDO; PRONTO; PREPARADO
> 4. Pop. Que não traz problemas, que é tranquilo, sensato, equilibrado: *Agora namorava um homem resolvido.*

Aulete digital. Disponível em: https://www.aulete.com.br/resolvido. Acesso em: 19 abr. 2023.

a) Dentre os quatro sentidos possíveis para essa palavra, qual é o mais adequado para compreendê-la no contexto em que foi utilizada na carta de reclamação?
b) Produza uma oração para cada uma das demais acepções apresentadas no verbete.
c) O que a expressão do *emoticon* na imagem representa?
d) Diante disso, você acha que o reclamante da carta ficou satisfeito com o desfecho? Como você imagina que o acordo ocorreu?

ANOTE AÍ!

Na carta de reclamação, o autor deve utilizar **argumentos** que justifiquem e sustentem sua queixa. Ele deve apresentar o problema ocorrido de **modo detalhado e preciso**, apontando as falhas da empresa ou instituição que forneceu o produto ou serviço. Já a empresa ou instituição deve **responder aos argumentos** do reclamante e espera-se que ela **solucione** o problema apresentado.

COMPARAÇÃO ENTRE OS TEXTOS

15. No capítulo 1 desta unidade, você leu cartas do leitor. Neste, você leu uma carta de reclamação. No caderno, anote a principal semelhança entre esses dois gêneros.

16. Considerando os dois gêneros em estudo, responda: Qual é o principal motivo que leva alguém a escrever uma carta do leitor? E o que leva alguém a escrever uma carta e enviá-la a um *site* como o ReclameAqui?

17. Copie, no caderno, o quadro a seguir e compare as cartas do leitor que se referem ao artigo de Karin Hueck com a carta de reclamação "Valor das penalidades de cancelamento é quase o dobro do valor da compra", lida neste capítulo.

	Cartas do leitor	Carta de reclamação
Qual é o objetivo de cada texto?		
Que pessoa verbal foi empregada em cada texto?		
Há indicação do lugar em que está o autor de cada texto?		
As sensações dos autores estão registradas?		
O registro traz marcas que aproximam o leitor dos textos?		
Onde os textos foram divulgados?		
Que registro foi empregado: mais formal ou mais informal?		
Quem escreveu cada carta obteve resposta do veículo em que ela foi publicada?		
Os autores das cartas são pessoas conhecidas?		

18. Considerando as leituras das cartas do leitor e da carta de reclamação feitas nesta unidade, responda no caderno:

a) Antes de explorar esta unidade, você já havia lido cartas de leitor e/ou cartas de reclamação? Comente com os colegas.

b) Com base nessas leituras, você acredita que agora vai se interessar em ler ou escrever cartas como essas? Por quê?

CIDADANIA GLOBAL

DIREITOS E RESPONSABILIDADES DO CONSUMIDOR

Como você pôde observar, a carta de reclamação permite o exercício da cidadania por meio da argumentação por parte de consumidores insatisfeitos com determinado produto ou serviço.

1. Você ou seus familiares já se sentiram insatisfeitos com um produto ou um serviço adquirido? Se sim, que atitude foi tomada?
2. Por que é importante que os cidadãos conheçam seus direitos como consumidores?
3. Ao consumir produtos e serviços, além de direitos, também temos responsabilidades. A que aspectos devemos ficar atentos ao consumir algum produto ou serviço?

Acesse o recurso digital e responda: Qual é a importância da existência e da atuação do Instituto Brasileiro de Defesa do Consumidor (Idec) no Brasil?

LÍNGUA EM ESTUDO

OBJETO DIRETO E OBJETO INDIRETO

1. A seguir, releia trechos da carta de reclamação "Valor das penalidades de cancelamento é quase o dobro do valor da compra".

> I. [...] ressalto o pedido de CANCELAMENTO [...].
> II. A Viajar não respondeu ao *e-mail* [...].
> III. Expus o caso à atendente M. [...].
> IV. [...] eu, exercendo os meus direitos de consumidor, discordava das penalidades abusivas [...].
> V. [...] reafirmo o pedido de cancelamento e NÃO AUTORIZO A COBRANÇA em meu cartão de crédito [...].

a) Identifique e copie no caderno as formas verbais dos trechos.
b) Quais são os complementos dos verbos que você identificou?
c) Classifique cada um desses verbos quanto à transitividade.

Os verbos da atividade **1** exigem complementos, que são chamados **objetos**, e a diferença entre esses complementos é o modo como se ligam a cada verbo, ou seja, se são ou não antecedidos de preposição. Leia os exemplos a seguir, que apresentam verbos transitivo direto, transitivo indireto e bitransitivo, observando os objetos que os complementam.

> O homem escreveu **a carta de reclamação**.

> A empresa discordou **do reclamante**.

> A empresa não devolveu **o dinheiro ao reclamante**.

O objeto do verbo transitivo direto *escrever* não necessita de preposição para se ligar a ele; por isso, é chamado de **objeto direto**. Já o objeto que complementa o sentido do verbo *discordar* se liga a ele por meio de preposição; assim, é chamado de **objeto indireto**. Os objetos *o dinheiro* e *ao reclamante* são denominados **objeto direto** e **objeto indireto**, respectivamente, pois complementam o verbo bitransitivo *devolver*.

2. Agora, classifique os complementos dos verbos da atividade **1** em objeto direto ou objeto indireto.

> **ANOTE AÍ!**
>
> O verbo que se liga diretamente ao complemento, isto é, **sem preposição**, recebe o nome de verbo transitivo direto. O complemento que se liga a esse verbo é chamado de **objeto direto**.
>
> O verbo que exige complemento **antecedido de preposição** é chamado de verbo transitivo indireto. O complemento que se liga a esse verbo por meio de uma preposição é chamado de **objeto indireto**.
>
> O complemento dos verbos bitransitivos – ou seja, dos verbos transitivos diretos e indiretos – é chamado de **objeto direto e indireto**.

PRONOMES PESSOAIS COMO OBJETOS

3. Leia a tira a seguir.

Charles Schulz. *Peanuts*. Acervo do autor.

a) No segundo quadrinho, a que termo se refere o pronome *eles*? Que função esse pronome desempenha na oração?

b) No terceiro quadrinho, o pronome *me* complementa o sentido de qual verbo? Que função esse pronome desempenha na oração?

> **ANOTE AÍ!**
>
> Em uma oração, os **pronomes pessoais retos** desempenham a função de sujeito, e os **pronomes pessoais oblíquos** desempenham a função de objeto.

Em uma oração, os pronomes pessoais podem desempenhar diferentes funções, entre elas a de objeto. Por exemplo, os pronomes *me*, *te*, *se*, *nos* e *vos* podem exercer a função de objeto direto ou de objeto indireto – é a transitividade do verbo que determina a função do pronome. Veja os exemplos.

Receberam-**nos** com simpatia.   Reservaram-**nos** uma boa mesa.
objeto direto   objeto indireto   objeto direto

Os pronomes *o*, *a*, *os* e *as* cumprem a função de objeto direto. Veja:

Eu vendi **meu carro**. ⟶ Eu **o** vendi.

Após verbos terminados em *r*, *s* ou *z*, a letra final do verbo é eliminada e acrescenta-se a letra *l* aos pronomes *o*, *a*, *os* e *as*. Veja os exemplos.

Quero encontrar **meu amigo**. ⟶ Quero encontrá-**lo**.
Solicitamos **os documentos**. ⟶ Solicitamo-**los**.
O estudante fez **a lição** de casa ontem. ⟶ O estudante fê-**la** ontem.

Após verbos terminados em *m*, *ão*, *õe(s)* ou *õem*, acrescenta-se a letra *n*.

Por favor, põe **a carta** no correio. ⟶ Por favor, põe-**na** no correio.
As mães buscaram **as filhas**. ⟶ As mães buscaram-**nas**.

Os pronomes *lhe* e *lhes* sempre cumprem a função de objeto indireto. Veja:

Comprou um presente **para o filho**. ⟶ Comprou-**lhe** um presente.

> **ANOTE AÍ!**
>
> Em uma oração, os **pronomes oblíquos** podem desempenhar a função de objeto. Os pronomes *o*, *a*, *os* e *as* funcionam como **objeto direto**. *Lhe* e *lhes* funcionam como **objeto indireto**. A função dos demais pronomes oblíquos só pode ser avaliada pelo contexto.

RETO OU OBLÍQUO?

Você viu que os pronomes pessoais retos desempenham a função de sujeito em uma oração. Contudo, em situações informais de uso da língua, é comum observar o uso desses pronomes como objeto, como em "Eu vendi ele.". De acordo com a norma-padrão, porém, esse uso é inadequado, pois ela prevê que, entre os pronomes pessoais, só os oblíquos devem ser empregados como complemento verbal.

ATIVIDADES
Acompanhamento da aprendizagem

Retomar e compreender

1. Leia a fábula de Esopo a seguir, observando os pronomes destacados.

A velha e o médico

Uma velha senhora doente dos olhos mandou chamar um médico. Ele foi atendê-**la** e, sempre que **lhe** aplicava um unguento, roubava alguma coisa da casa, já que ela estava de olhos fechados. Depois de tratá-**la** e de levar seus móveis, apresentou-**lhe** a conta. Como a velha não quis pagá-**la**, ele abriu-lhe um processo. No tribunal, ela declarou que tinha se comprometido com ele a pagar desde que ele **a** curasse; ora, no momento, ela estava vendo bem menos que antes da cura: "Antes", disse ela, "eu via todos os móveis de minha casa; agora não vejo mais nenhum".

Esopo. *Fábulas*. Tradução de Antônio Carlos Vianna. Porto Alegre: L&PM, 1997.

a) Pode-se dizer que a senhora se sentiu enganada pelo médico? Explique.
b) Indique a que termo se refere cada um dos pronomes destacados.
c) Indique os verbos a que se ligam os pronomes destacados e classifique-os em transitivos diretos ou transitivos indiretos.
d) Indique se os pronomes têm função de objeto direto ou de objeto indireto.

2. No caderno, classifique os pronomes destacados em objeto direto ou indireto.
   a) É preciso estudar regularmente, dizia-**me** a professora de música.
   b) Ele **me** viu na festa de fim de ano.
   c) Ninguém soube **nos** informar o horário da partida do trem.
   d) Ele **nos** amava mais do que nunca.
   e) Aquele livro **me** pertence.
   f) A colega de João emprestou-**lhe** um livro.
   g) Todos foram encontrá-**la** antes de ir ao cinema.
   h) Procuraram-**nos** durante o jogo de basquete.
   i) Todos nós fomos procurá-**la** pelo supermercado inteiro.
   j) Ele **me** surpreendeu com flores em plena segunda-feira.

Aplicar

3. Reescreva no caderno as frases a seguir, substituindo os complementos em destaque pelo pronome adequado.
   a) Ele queria dar **aos filhos** um presente inesquecível.
   b) Ele queria dar aos filhos **um presente inesquecível**.
   c) Devem consertar **a montanha-russa**.
   d) Vamos conhecer **aquele parque de diversões**?
   e) Os grupos do 7º ano A apresentaram **o seminário** a outras turmas.
   f) Os grupos do 7º ano A apresentaram o seminário **a outras turmas**.
   g) A equipe veterinária salvou **os cães de rua**.
   h) As meninas formaram **um time de futebol**.
   i) Trouxeram **o café** para a reunião.
   j) Reservaram **aos clientes** uma boa mesa.

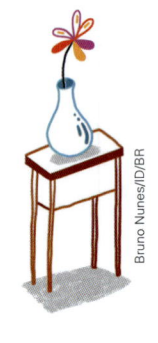

A LÍNGUA NA REAL

OS OBJETOS E O CONTEXTO

1. Leia os títulos das matérias a seguir.

> **Dicas para o seu bebê dormir o sono dos anjos!**
>
> Blog Joli Môme, 8 nov. 2016. Disponível em: https://www.jolimome.com.br/dicas-para-o-seu-bebe-dormir-o-sono-dos-anjos/. Acesso em: 19 abr. 2023.

> **Cristiano Ronaldo espera chorar lágrimas de alegria no domingo**
>
> Jornal de Notícias, Portugal, 6 jul. 2016. Disponível em: https://www.jn.pt/desporto/euro-2016/cristiano-ronaldo-eleito-pela-uefa-o-melhor-em-campo-5270125.html. Acesso em: 19 abr. 2023.

a) Identifique os objetos dos verbos *dormir* e *chorar* nos títulos.
b) Classifique esses verbos quanto à transitividade.
c) Que relação de sentido é possível perceber entre cada verbo e o núcleo do respectivo objeto direto?
d) Leia estas versões dos títulos: "Dicas para o seu bebê dormir" e "Cristiano Ronaldo espera chorar". Qual é a diferença entre elas e os títulos originais?
e) Cite outras expressões semelhantes às que aparecem nos títulos com os verbos *dormir* e *chorar*.

2. Leia agora o trecho de uma notícia sobre um furacão espacial.

> O primeiro furacão espacial é confirmado no Polo Norte. Uma equipe descobriu ★ com cerca de 1 000 quilômetros de tamanho que faz **chover** elétrons na atmosfera superior da Terra.
>
> Os cientistas confirmaram ★: uma equipe liderada pela Universidade de Shandong, na China, fez ★ depois de analisar uma massa rodopiante de plasma com cerca de 1 000 quilômetros de largura avistada centenas de quilômetros acima do Polo Norte.
>
> As observações mostram ★ em forma de ciclone com um centro de fluxo próximo de zero e um forte fluxo de plasma circular horizontal. Todos os elementos encontrados em qualquer furacão que é formado na baixa atmosfera. A única diferença é que **chove** elétrons e não água.
>
> Gianluca Riccio. Confirmado o primeiro furacão espacial no Polo Norte. *Futuroprossimo*, 2 mar. 2021. Disponível em: https://pt.futuroprossimo.it/2021/03/confermato-il-primo-uragano-spaziale-sul-polo-nord/. Acesso em: 19 abr. 2023.

a) Copie esse trecho no caderno e substitua os símbolos pelos complementos a seguir, conforme eles se mostrarem mais adequados ao contexto.
- a existência de um furacão espacial
- um grande ponto auroral
- uma massa giratória de plasma
- o anúncio

b) Observe os verbos destacados no trecho apresentado. Geralmente, esses verbos são acompanhados de objetos? Explique sua resposta.
c) Esses verbos, no trecho, são acompanhadas do objeto *elétrons*. Classifique esse objeto e explique o uso dele.

ANOTE AÍ!

É preciso analisar o **contexto** para classificar os verbos quanto à transitividade. Em certos casos, um verbo em geral usado como **intransitivo** pode ser **transitivo** e, assim, ser acompanhado de **objeto**, que acrescenta **sentido ao verbo**.

ESCRITA EM PAUTA

MAS E MAIS; HÁ E A; AFIM E A FIM DE

1. Leia a tira a seguir.

> TODOS QUE CONHEÇO ME PEDEM PARA SER MAIS NORMAL.
>
> QUE ARRANJE UM TRABALHO NORMAL, QUE ME VISTA MAIS NORMAL.
>
> QUE CORTE O CABELO DE UM JEITO NORMAL, QUE VIVA MINHA VIDA COMO UMA PESSOA NORMAL.
>
> MAS ME PARECE QUE O QUE QUEREM É QUE EU SEJA MAIS MEDIANO.

Liniers. *Macanudo*. Campinas: Zarabatana Books, 2008. p. 43.

a) Com qual objetivo a palavra *mais* foi usada na fala da personagem no primeiro, no segundo e no último quadrinho?

b) No último quadrinho, a palavra *mas* tem o mesmo sentido que o da palavra *mais*? Explique sua resposta.

c) No último quadrinho, a personagem afirma que as pessoas em geral querem que ela seja uma pessoa "mais mediana", e não "mais normal". O que você acha que a personagem quis dizer com isso?

2. Observe as palavras destacadas nas orações a seguir e responda às questões.

> I. Estou muito cansada, **mas** vou jogar neste fim de semana.

> II. O time queria ter jogado **mais** na partida de ontem.

> III. Nós treinamos muitas jogadas, **mas** não conseguimos realizá-las.

> IV. Vamos treinar **mais** para os próximos campeonatos.

a) Em quais orações o termo destacado tem sentido de oposição?
b) Por quais palavras o termo indicado no item *a* poderia ser substituído?
c) Que ideia expressa a palavra destacada nas demais orações?

ANOTE AÍ!

As palavras **mas** e **mais** têm sentidos bem diferentes, embora se pareçam na forma e no som. Usa-se **mas** para introduzir uma **oposição**, ou seja, uma contradição em relação ao que foi mencionado. Ela pode, por exemplo, ser substituída por *no entanto*, *porém*, *entretanto*. Já a palavra **mais** indica **quantidade** ou **intensidade**. Seu antônimo é *menos*.

3. Leia os títulos das notícias a seguir.

> **I. Há 1,5 mil vagas de emprego abertas em Minas, segundo Secretaria do Trabalho**
>
> Estado de Minas, 10 jan. 2017. Disponível em: http://www.em.com.br/app/noticia/economia/2017/01/10/internas_economia,838285/ha-1-5-mil-vagas-de-emprego-abertas-em-minas.shtml. Acesso em: 19 abr. 2023.

> **II. Sensação térmica no Rio está há dez dias acima dos 40 graus**
>
> Daniela de Paula. O Globo, 10 jan. 2017. Disponível em: http://oglobo.globo.com/rio/sensacao-termica-no-rio-esta-ha-dez-dias-acima-dos-40-graus-20753793#ixzz4VY3aRAK6. Acesso em: 19 abr. 2023.

> **III. Daqui a cinco anos, uma explosão vai mudar o céu, prevê astrônomo**
>
> Marta Leite Ferreira. Observador, 10 jan. 2017. Disponível em: http://observador.pt/2017/01/10/daqui-a-cinco-anos-uma-explosao-vai-mudar-o-ceu-preve-astronomo/. Acesso em: 19 abr. 2023.

- Qual palavra pode substituir, sem alterar o sentido, o termo *há* no título I? Essa mesma substituição pode ser feita no título II? Explique a diferença de sentido entre as expressões *há dez dias* e *a cinco anos* nos títulos II e III.

ANOTE AÍ!

A palavra *há* expressa um **tempo passado** e também tem o **sentido de existir**.
A palavra *a* expressa **tempo futuro** e também pode ser usada para **expressar distância**.

4. Leia este trecho de notícia:

> Pressionada por moradores, a Prefeitura de São Paulo realiza nesta quinta-feira (12), a partir das 7h, "uma ação emergencial" no rio Pinheiros [...] **a fim de** tentar controlar a proliferação de pernilongos na região. [...]
>
> Valor Econômico, 11 jan. 2017. Disponível em: http://www.valor.com.br/politica/4833130/em-sp-pinheiros-apresenta-quantidade-anormal-de-larvas-de-pernilongos. Acesso em: 19 abr. 2023.

- Qual é o sentido da expressão *a fim de* destacada no trecho?

5. Leia o título do dicionário na imagem ao lado e responda: Que palavra poderia substituir *afins*, preservando o mesmo sentido?

▼ Hermínio Sargentim. *Pequeno dicionário de ideias afins*. São Paulo: Ibep, 2011.

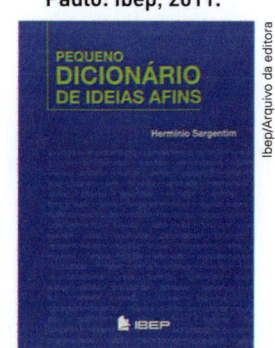

ANOTE AÍ!

A expressão *a fim de* significa **finalidade**, **objetivo**, **intenção** e pode ser substituída pela palavra *para*. Também é utilizada quando alguém está interessado em algo ou com vontade de fazer algo, por exemplo: Todos estão *a fim de* jogar vôlei.
A palavra *afim* significa **afinidade**, **parentesco** ou **semelhança**.

ETC. E TAL

Mas e *mais*: uma história antiga

Mais originou-se do termo latino *magis*. Documentos da nossa língua datados do século XIII já registravam essa palavra com a forma *mays*; com o tempo, ela passou a ser grafada tal como a conhecemos. A palavra *mas* (oposição) também veio do latim *magis*, sendo igualmente grafada como *mays* e alternando com *mais*. Isso quer dizer, portanto, que *mas* e *mais* foram originadas da mesma palavra!

AGORA É COM VOCÊ!

ESCRITA DE CARTA DE RECLAMAÇÃO

Proposta

Talvez você já tenha comprado um produto que estava com defeito ou já tenha sido mal-atendido em uma loja. É possível que tenha tentado resolver o problema por *e-mail* ou por telefone, sem, contudo, obter resposta da empresa com a intenção de resolver a situação. Esta pode ser, então, a oportunidade de escrever uma carta dirigida a um canal de reclamações para intermediar sua negociação com a empresa. Se nada disso ocorreu com você, imagine uma situação com essas características.

GÊNERO	PÚBLICO	OBJETIVO	CIRCULAÇÃO
Carta de reclamação	Setor de atendimento ao cliente de uma empresa, pessoas que pesquisam recomendações de empresas e comunidade escolar	Reclamar dos defeitos de um produto adquirido ou de um serviço insatisfatório	Canal de reclamações e painel organizado pela turma

Planejamento e elaboração do texto

1 Se você tem um problema real, defina-o objetivamente. Se for imaginar o problema, escolha o produto adquirido ou o serviço prestado. Sugestões:
- artigo eletrônico (como *videogame*, celular ou computador);
- atendimento em uma loja (de sapatos ou de vestuário).

2 Considere o problema que o produto ou o serviço escolhido apresentou ou poderia apresentar e as consequências disso. Depois, recorde a situação que você enfrentou ou imagine o que enfrentaria ao usar tal produto ou serviço e relate os fatos que serão apresentados na sua carta de reclamação.

3 Leia, a seguir, mais um trecho do Código de Defesa do Consumidor, o artigo 18 dessa lei, que define os deveres dos fornecedores de produtos em relação ao consumidor.

> Art. 18. Os fornecedores de produtos de consumo duráveis ou não duráveis respondem solidariamente pelos vícios de qualidade ou quantidade que os tornem impróprios ou inadequados ao consumo a que se destinam ou lhes diminuam o valor, assim como por aqueles decorrentes da disparidade, com as indicações constantes do recipiente, da embalagem, rotulagem ou mensagem publicitária, respeitadas as variações decorrentes de sua natureza, podendo o consumidor exigir a substituição das partes viciadas.
>
> § 1º Não sendo o vício sanado no prazo máximo de trinta dias, pode o consumidor exigir, alternativamente e à sua escolha:
> I. a substituição do produto por outro da mesma espécie, em perfeitas condições de uso;
> II. a restituição imediata da quantia paga, monetariamente atualizada, sem prejuízo de eventuais perdas e danos;
> III. o abatimento proporcional do preço.

Brasil. *Lei n. 8.078, de 11 de setembro de 1990*. Legislação Federal do Brasil, Brasília, DF, 11 set. 1990. Seção 3. Suplemento. Disponível em: https://www.planalto.gov.br/ccivil_03/leis/l8078compilado.htm. Acesso em: 4 jun. 2023.

4. Com base no trecho do Código de Defesa do Consumidor lido, responda:
   - O que você entende por "vícios de qualidade ou quantidade"? E por "vícios decorrentes da disparidade"?
   - Qual é o tempo estipulado para a solução do problema? E o que o consumidor pode fazer caso o problema não seja solucionado nesse prazo?
   - Analise a estrutura do trecho da lei. Nele, há indicação clara da hierarquia dos itens e dos subitens. Que elementos gráficos indicam essa hierarquia?

LINGUAGEM DO SEU TEXTO

1. Considerando a carta de reclamação lida neste capítulo e outras que você conheça, o registro, em geral, é formal? Justifique.
2. Nessas cartas, algum recurso gráfico sinaliza as emoções do reclamante? Justifique sua resposta.

Na primeira versão de sua carta de reclamação, procure utilizar o registro formal da linguagem, mantendo a polidez, ainda que haja algum recurso gráfico que expresse uma emoção.

5. Escreva a primeira versão de sua carta de reclamação com esta estrutura:
   - Local e data.
   - Saudação inicial e indicação do destinatário da carta.
   - Relato objetivo dos fatos e argumentação detalhada justificando a queixa.
   - Proposta de solução com base no Código de Defesa do Consumidor.
   - Saudação de encerramento da carta e assinatura.
6. Embora a carta seja motivada por insatisfação em relação a um produto ou serviço, deve-se agir com respeito e escolher um tom formal para o texto.

Avaliação e reescrita do texto

1. Avalie sua carta de reclamação de acordo com as perguntas do quadro a seguir.

ELEMENTOS DA CARTA DE RECLAMAÇÃO
A carta apresenta local e data? E saudação inicial?
A carta define o problema de modo claro?
Os argumentos fundamentam a reclamação?
Há sugestão de solução para o problema?
Há saudação de despedida?
A carta está assinada?
O registro adotado na carta é formal? O tom é de polidez?

2. Identifique os aspectos que podem ser melhorados na carta e reescreva-a.

Circulação

1. Se você escreveu sua carta com base em uma situação real de insatisfação, combine com o professor o modo de publicá-la em um canal de reclamação apropriado. Depois, fique atento, verificando, de tempos em tempos, se a empresa apresentou uma resposta.
2. Todas as cartas escritas serão expostas em um painel organizado pela turma.

PARA EXPLORAR

consumidor.gov.br
Esse *site* representa um serviço público monitorado pelo Ministério da Justiça, entre outros órgãos ligados à defesa do consumidor. Ele possibilita aos cidadãos se comunicar diretamente com as empresas que participam do programa. O consumidor pode registrar sua queixa, e a empresa se compromete a responder à reclamação em até dez dias. O *site* traz ainda outras informações sobre os direitos do consumidor.

Disponível em: https://consumidor.gov.br/pages/principal/?1673054489993. Acesso em: 19 abr. 2023.

INVESTIGAR

Serviços públicos

Para começar

A comunidade escolar (estudantes, professores e funcionários em geral) está satisfeita com os serviços públicos oferecidos no bairro em que se localiza a escola? Uma das formas de descobrir a resposta a essa questão é realizar uma pesquisa de campo. Para fazer essa pesquisa na escola em que estudam, vocês deverão interrogar diretamente as pessoas cuja opinião desejam conhecer. Portanto, você e os colegas vão seguir estas etapas: observar os serviços públicos oferecidos no bairro, elaborar um questionário, entrevistar as pessoas da comunidade escolar e organizar uma tabela com as respostas coletadas. Depois, vocês vão produzir uma carta aberta à prefeitura da cidade apresentando os resultados da pesquisa.

O PROBLEMA	A INVESTIGAÇÃO	MATERIAL
Como a comunidade escolar avalia os serviços públicos do bairro em que se localiza a escola?	**Procedimento:** pesquisa de campo **Instrumentos de coleta:** observação, questionário, entrevista e tomada de nota	• caderno • caneta • régua • papel • computador

Procedimentos

Parte I – Planejamento

1. Forme um grupo com os colegas. Cada grupo vai ficar responsável por fazer a pesquisa de campo sobre um serviço público. Escolham uma destas opções:
   - Educação
   - Transporte público
   - Saúde
   - Saneamento básico
   - Segurança
   - Lazer e cultura

Parte II – Coleta de dados

1. Reflitam a respeito do serviço público pelo qual o grupo ficou responsável. Observem, pesquisem e anotem suas características. A seguir, há exemplos de itens relacionados à educação: quantidade de escolas na comunidade ou cidade, qualidade das escolas, número de professores contratados, quantidade de vagas disponibilizadas, acesso a material didático, etc.

2. Produzam um questionário de, no máximo, cinco perguntas, com base nas características listadas por vocês. As perguntas devem ser elaboradas de modo que as opções de resposta sejam: ótimo(a), bom(boa), regular, ruim ou péssimo(a). Esse é um questionário fechado e, por isso, não há outras possibilidades de resposta.

3. No caderno ou em uma folha avulsa, anotem as perguntas e, abaixo de cada uma delas, escrevam as opções de resposta. Nesse espaço, vocês vão registrar a opinião dos entrevistados. Deixem linhas em branco entre uma pergunta e outra para que vocês possam tomar notas de alguma informação que considerarem interessante e que possa ser usada na organização da tabela de satisfação.

4. Com o questionário em mãos, façam as entrevistas com a comunidade escolar (estudantes, professores e funcionários). Vocês podem se dividir para a realização das entrevistas, de modo que o maior número possível de pessoas participe da pesquisa.

5. Ao se aproximar de uma pessoa para entrevistá-la, sejam educados, perguntem se ela pode conceder-lhes alguns minutos, expliquem os objetivos da pesquisa, façam as perguntas e, ao término do questionário, agradeçam a participação dela.

6. Durante a tomada de nota, registrem as ideias mais importantes, aquelas que ressaltem e sintetizem as opiniões expressas pelos entrevistados. Compartilhem uns com os outros as anotações para que possam debater e revisar os registros, deixando-os mais completos. A tomada de nota será útil na construção da tabela de satisfação.

Parte III – Organização da tabela de satisfação

1. Reúnam todas as opiniões coletadas pelo grupo a respeito do serviço público pelo qual vocês ficaram responsáveis.

2. Organizem uma tabela, incluindo as perguntas, as avaliações do serviço e o número de entrevistados. Preencham-na com o número de respostas dadas a cada pergunta, separando-as de acordo com as opções apresentadas no questionário.

3. Juntem todas as tabelas confeccionadas pela turma e elaborem uma tabela geral com as perguntas e as opiniões relativas a todos os serviços públicos pesquisados. A tabela geral poderá ser feita manualmente ou no computador.

Questões para discussão

1. Observem atentamente a tabela produzida pelo grupo. Como a comunidade escolar se sente a respeito do serviço público pesquisado: ela está satisfeita ou insatisfeita?
2. Agora, analisem a tabela geral produzida pela turma. A comunidade escolar considera os serviços públicos do bairro ótimos, bons, regulares, ruins ou péssimos?
3. Qual é o serviço público mais bem-avaliado? Qual é o mais mal-avaliado?
4. Expliquem, com base nas discussões feitas e respeitando a fala dos colegas, seu posicionamento em relação ao tema escolhido: É favorável ou contrário à avaliação feita pela comunidade escolar? Retome as informações pesquisadas e as anotações realizadas durante as entrevistas, para que elas possam ajudar na elaboração de argumentos que fundamentem o posicionamento defendido.

Comunicação dos resultados

Publicação de carta aberta à prefeitura

Agora, vocês vão escrever, coletivamente, uma carta aberta à prefeitura da cidade. Além da tabela de satisfação, a carta deverá apresentar:

- **Título:** nele devem constar o remetente, o assunto e o destinatário.
- **Introdução:** apresentação da pesquisa feita com objetivos e etapas.
- **Apresentação:** texto que explica a tabela de satisfação.
- **Conclusão:** momento de comentar alguns aspectos tratados pela turma na etapa *Questões para discussão*. Vocês também podem solicitar à prefeitura que tome providências para melhorar os serviços públicos. A carta pode ser publicada no *site* da escola e enviada à prefeitura.

ATIVIDADES INTEGRADAS

Você vai ler quatro cartas endereçadas a dois veículos de comunicação. A primeira foi publicada no Guia Folha, suplemento semanal do jornal *Folha de S.Paulo*, que traz a programação cultural da capital paulista. As demais foram publicadas na revista *Superinteressante* para comentar uma reportagem da edição de agosto de 2016. Após a leitura, responda às questões.

Carta 1

Telefone sem fio

Na quarta (25/5), fui ao Espaço Itaú de Cinema – Frei Caneca assistir à pré-estreia do filme "Uma Noite em Sampa". Logo após a exibição, instalaram-se à frente da plateia Ugo Giorgetti, diretor do filme, e Inácio Araujo, crítico da **Folha**. Sem mediação alguma, o debate ocorreu como um barco à deriva. Sem um microfone, perguntas dos espectadores sentados mais à frente não eram ouvidas pelos de trás. O filme é muito bom, mas, a depender desta apresentação, ele será um fracasso. Pergunto ainda: por que essas pré-estreias não poderiam continuar ocorrendo nos cinemas Itaú Augusta ou Cinearte, de mais fácil acesso?
Ana Maria de Jesus Affonso, 65, aposentada

Assessoria de imprensa do Espaço Itaú de Cinemas

Realmente houve um problema com o microfone para os espectadores, mas havia uma pessoa coordenando a ordem das perguntas. Basicamente composta por alunos de teatro, a plateia teve mais interesse em falar sobre a direção e a atuação do elenco com o diretor, sem gerar debate. Agradecemos a sua sugestão e colocamos nosso *e-mail* à disposição para futuros contatos: atendimento@itaucinemas.com.br.

Folha de S.Paulo, São Paulo, 3 a 9 jun. 2016. Guia Folha. p. 7.

Carta 2

A REPORTAGEM É MARAVILHOSA. Mas poderiam fazer uma sobre gatos e seus donos, caso não tenham feito ainda.
Luciana Verissimo

Carta 3

ATÉ QUE ENFIM estão concordando com o que todos nós já sabíamos: os cães nos entendem e se comunicam com a gente!
Jason Jesuel Moreira

Carta 4

FICA A DICA, AMIGOS. Se quiser entender a cabeça do seu cachorro, vale a pena comprar a SUPER desse mês. A reportagem de capa está muito boa e muito próxima do que acreditamos. Boa leitura.
@terapeutadecaes

▲ Capa da revista *Superinteressante* n. 364, de agosto de 2016, em que foi publicada a reportagem comentada pelos leitores.

Superinteressante, São Paulo, Abril, n. 365, p. 69, set. 2016.

Analisar e verificar

1. Sobre a carta 1, responda:
   a) Com que finalidade a autora da carta escreveu ao Guia Folha?
   b) O Guia Folha traz a programação cultural da cidade de São Paulo, com os filmes em cartaz. Por que, em sua opinião, a autora da carta escolheu se dirigir a esse meio?
   c) Quem respondeu à carta da leitora? Quais foram os argumentos usados na resposta?
   d) Em sua opinião, por que na resposta à autora da carta é fornecido um *e-mail* de contato?
   e) O verbo *assistir* é usado na carta da leitora. Classifique-o quanto à transitividade. De que modo esse verbo e seu complemento ajudam a a estruturar a abertura da carta?

2. Sobre as cartas 2, 3 e 4, responda:
   a) As cartas publicadas na revista *Superinteressante* dirigem-se a dois interlocutores distintos. Quais delas são destinadas à revista? Qual estabelece uma interlocução direta com os leitores da revista? Justifique suas respostas.
   b) Na carta 2, o verbo *fazer* ora é acompanhado de complemento, ora não. A omissão do complemento em "caso não tenham feito ainda" prejudica a compreensão do texto? Explique, indicando esse complemento.
   c) Em "os cães **nos** entendem", classifique o pronome como objeto direto ou indireto.

3. Sobre as cartas que você leu nesta seção, responda:
   a) A intenção da autora da carta 1 é a mesma que a dos leitores da *Superinteressante*? Explique.
   b) Em relação à estrutura, que semelhanças e diferenças há entre as cartas?
   c) Qual carta apresenta elementos de uma carta de reclamação? Justifique.
   d) Na carta 4, qual é o sentido da oração "Fica a dica, amigos"? Explique.

4. A carta do leitor e a carta de reclamação têm intenção comunicativa semelhante à do gesto de levantar a mão diante de um público para pedir a palavra e expor uma opinião. Além da iniciativa, o que é preciso saber ao escrever uma carta para comentar, criticar ou elogiar um texto jornalístico ou ao escrever uma carta de reclamação?

Criar

5. Leia outra carta enviada ao Guia Folha.

   ### Cinéfilo frustrado

   A Mostra Internacional de Cinema é um evento aguardado com expectativa. Porém, nesta 40ª edição, chama a atenção a quantidade de filmes ruins e médios em exibição. Há pouco talento e raros filmes que realmente valem a pena conferir. Outra falha é o fato de o guia oficial (que custa R$ 2) não conter mais a sinopse dos filmes, o que deixa o espectador no escuro. Tem que melhorar!
   Renato Khair, defensor público, 46

   Veja a programação da Mostra em folha.com.br/162931

   Folha de S.Paulo, São Paulo, 28 out. 2016. Guia Folha, p. 4.

   - Imagine que você faz parte da assessoria da Mostra Internacional de Cinema. Elabore no caderno uma resposta à carta de reclamação de Renato Khair. Apresente informações e argumentos que defendam o ponto de vista da Mostra Internacional de Cinema.

CIDADANIA GLOBAL

UNIDADE 7

12 CONSUMO E PRODUÇÃO RESPONSÁVEIS

Retomando o tema

Nesta unidade, você e os colegas refletiram sobre a importância do consumo responsável e sobre formas de se garantir que os direitos do consumidor sejam respeitados. Agora, vocês vão buscar informações sobre a ACV (Avaliação do Ciclo de Vida), técnica de avaliação e quantificação usada para verificar o impacto de produtos no meio ambiente. Com base nisso, reflita:

1. Como a ACV pode nos ajudar a rever nossos hábitos de consumo e tomar melhores decisões na hora de comprar um produto?
2. Quais são os impactos ambientais dos altos níveis de consumo do ser humano?

Em roda de conversa com a turma, exponha os resultados da discussão. Ouça atentamente as falas dos colegas e complemente suas anotações.

Geração da mudança

Coletivamente, façam uma lista com os produtos e serviços que vocês consomem. Por exemplo: *streaming*, entrega de comida, *smartphone*, computador, alimentos, roupas, calçados, maquiagem, etc.

Reúnam-se em grupos com até quatro integrantes. Cada grupo deve buscar informações sobre um dos produtos ou serviços listados e usar a técnica da ACV para verificar os impactos ambientais positivos e negativos desse produto ou serviço, desde a matéria-prima até a destinação final. Depois, elaborem um cartaz ou uma postagem para as redes sociais da escola com os resultados. Lembrem-se de incluir:

- uma explicação sintética sobre o que é a ACV;
- o nome do produto ou serviço e uma imagem que o represente;
- os impactos positivos e os negativos ao longo da vida desse produto ou serviço;
- a destinação final do produto, com possível reciclagem ou reutilização.

Exponham os cartazes em um local de destaque na escola. Se fizerem a postagem nas redes sociais da escola, divulguem-na para familiares e amigos.

Autoavaliação

ARTIGO DE OPINIÃO

UNIDADE 8

PRIMEIRAS IDEIAS

1. Para você, o que as pessoas buscam ao ler um artigo de opinião?
2. Em sua opinião, o autor de um artigo de opinião deve apresentar apenas argumentos que validem o ponto de vista dele? Por quê?
3. Leia: "As crianças estudam"; "As crianças são estudiosas". Qual dessas orações apresenta uma ação e qual apresenta uma característica do sujeito?
4. Há verbos que não expressam ações? Explique.

Conhecimentos prévios

Nesta unidade, eu vou...

CAPÍTULO 1 — Opinião de especialista

- Ler e interpretar artigo de opinião, identificando as principais características do gênero.
- Discutir a inclusão digital no contexto escolar.
- Refletir sobre a cultura das redes sociais e dos influenciadores digitais na atualidade.
- Diferenciar predicado verbal de predicado nominal.
- Elaborar artigo de opinião e expor o texto no mural da escola.

CAPÍTULO 2 — Crítica à realidade

- Ler e interpretar artigo de opinião, identificando o ponto de vista defendido e os argumentos utilizados.
- Refletir sobre atitudes negacionistas em relação às mudanças climáticas e formas de combatê-las.
- Compreender os conceitos de verbo de ligação e de predicativo do sujeito.
- Empregar adequadamente os dígrafos *sc*, *sç* e *xc* na escrita de palavras.
- Produzir artigo de opinião e publicá-lo no *blog* da turma.

CIDADANIA GLOBAL

- Refletir sobre os impactos das ações humanas na crise climática.
- Atuar no combate às mudanças climáticas por meio do ativismo digital.

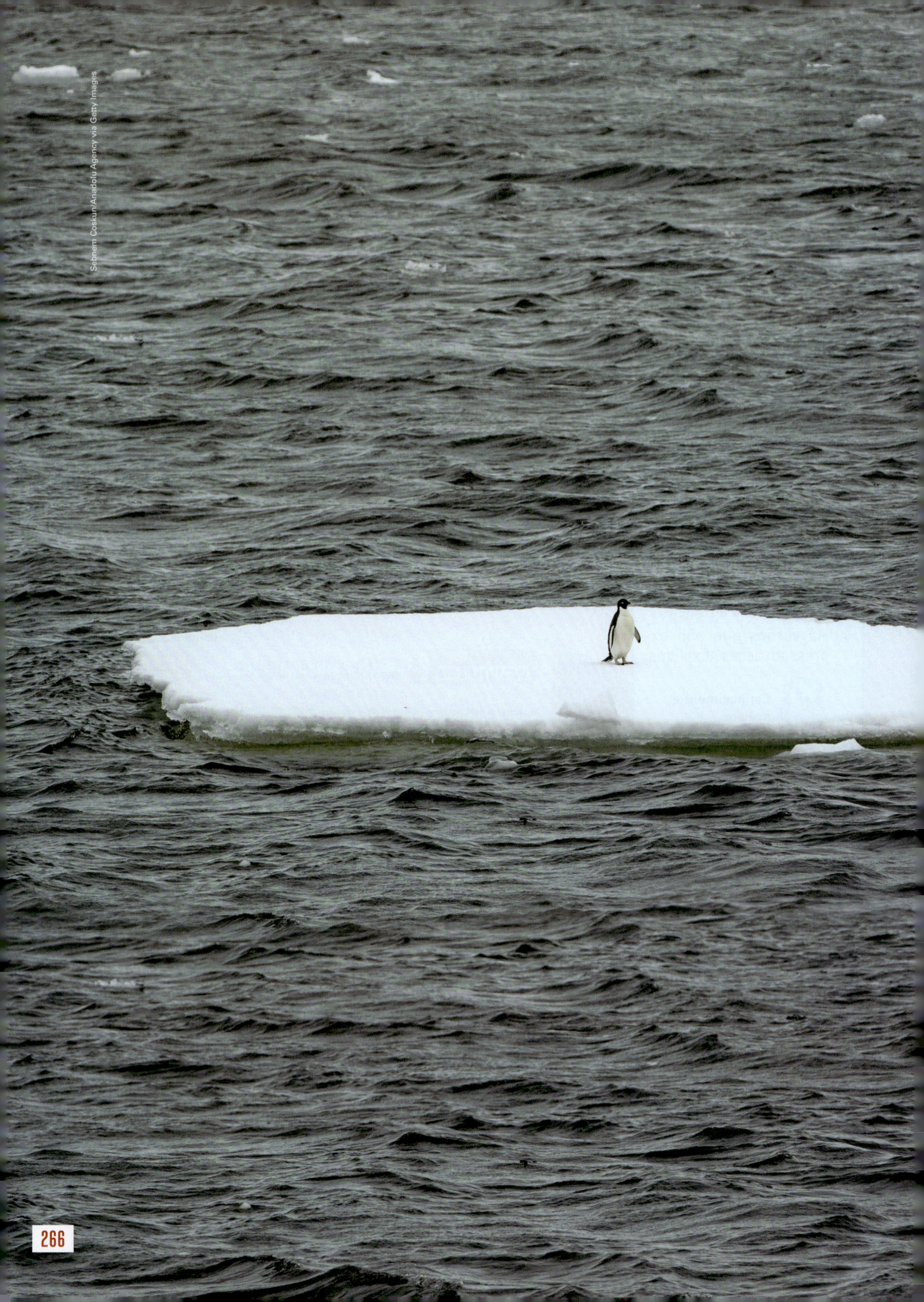
Sebnem Coskun/Anadolu Agency via Getty Images

LEITURA DA IMAGEM

1. Você já viu o animal da imagem? O que você sabe sobre o hábitat natural dele?
2. Para você, há algum problema com o hábitat do animal mostrado? Explique.
3. Quais sensações a imagem causa em você? Comente com os colegas.

CIDADANIA GLOBAL

13 AÇÃO CONTRA A MUDANÇA GLOBAL DO CLIMA

Na imagem, observamos um pinguim isolado em uma placa de gelo sobre a água. O derretimento de geleiras e do gelo marinho é uma situação cada vez mais comum por conta da crise climática. De acordo com a Organização Meteorológica Mundial (OMM), o período entre 2015 e 2022 foi um dos mais quentes já registrados no mundo, efeito do aquecimento global, que está provocando alterações no clima e perturbando o equilíbrio da natureza.

- Em sua opinião, de que modo as práticas humanas são responsáveis por essas mudanças no clima?

Acesse o recurso digital para ver alguns impactos causados pelo aquecimento global. Quais danos são mostrados? Discuta com os colegas sobre os riscos desses danos para a sobrevivência da humanidade.

Pinguim-de-adélia em placa de gelo. Estreito de Penola, Antártica. Foto de 2022.

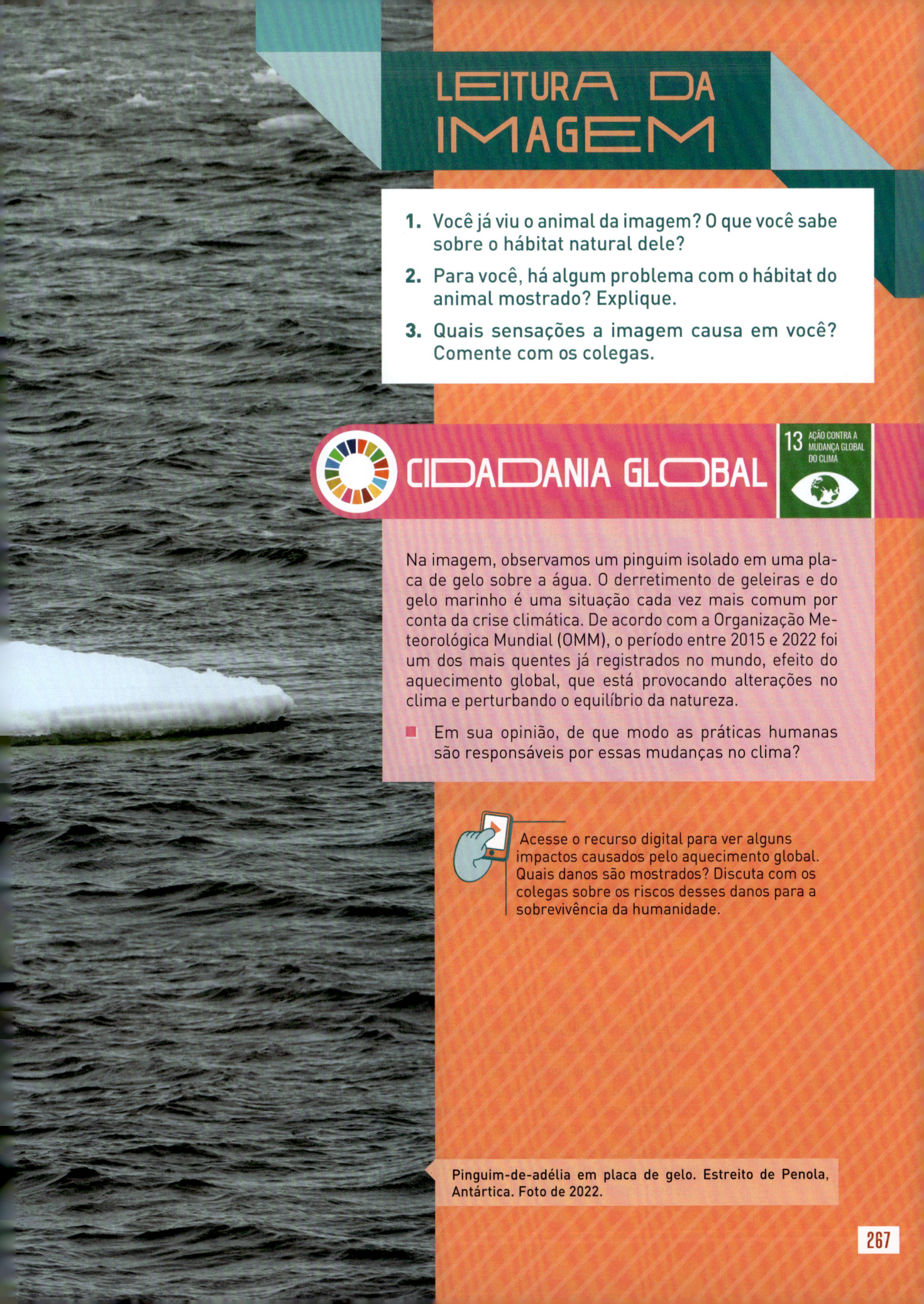

CAPÍTULO 1
OPINIÃO DE ESPECIALISTA

O QUE VEM A SEGUIR

No artigo de opinião a seguir, a autora fala da importância de se incorporar a tecnologia na escola para educar os estudantes quanto ao bom uso de aparelhos eletrônicos e de mídias sociais. Leia o título e reflita: O uso do celular na escola deve ser proibido ou apenas mediado?

TEXTO

Celular na escola: proibir ou mediar?

Se a instituição impuser restrições que eliminam essas possibilidades, não estará cumprindo o seu papel de educar

Mariana Ochs   [22/04/2020]

A presença das telas em nossas vidas é inegavelmente um caminho sem volta. No entanto, as iniciativas para educar para essa nova realidade são esparsas. Perdemos o tempo de uma geração com a desculpa de que os jovens de hoje são "nativos digitais" – ou seja, diferentemente de seus responsáveis, já teriam nascido sabendo lidar com o mundo conectado. Precisamos entender que isso não é verdade.

Na Universidade de Stanford, há um grupo que pesquisa o ensino de História, área do conhecimento hoje profundamente impactada pela multiplicação de autores e fontes na internet. Em uma era em que nos informamos via Twitter, YouTube, Facebook e WhatsApp, como podemos validar a confiabilidade das fontes? Uma pesquisa já bem famosa desse grupo provou que, embora os jovens sejam bem habilidosos como usuários de mídias sociais, demonstram pouco ou nenhum discernimento sobre o conteúdo que lá encontram.

Mesmo diante desse cenário, é comum nos depararmos com o debate sobre a proibição de *smartphones* no ambiente escolar. Os problemas referentes ao uso excessivo são reais, mas precisamos ir além da questão dos limites e começar a enfrentar o tema da qualidade do uso, desenvolvendo o letramento adequado.

A escola precisa encarar esse contexto como uma oportunidade. Formar os jovens para o uso crítico, consciente e proativo da informação e da comunicação, sobretudo nos meios digitais, é obrigatório segundo a nova Base Nacional

↳ Continua

Comum Curricular (BNCC), o que não deixa de ser um diagnóstico de que existem questões relativas ao mundo digital que precisam ser tratadas urgentemente com os jovens. Autoimagem, privacidade, exposição, função e poder da comunicação, o mundo das influências e influenciadores digitais são só algumas delas.

O ambiente escolar é um dos mais adequados para discutir tudo isso porque permite tratar desses temas coletivamente, extraindo reflexões e acordos, e também favorecendo o uso produtivo e fortalecedor da tecnologia, sem excessos e em espaços e horários combinados. Se a escola impuser proibições que eliminam essas possibilidades, não estará cumprindo o seu papel de educar.

É cada vez mais importante promover o consumo consciente da tecnologia, entendendo como ela age sobre nós, que ideologias estão implícitas em sua construção, que partes do seu *design* são problemáticas, como os algoritmos nos impactam; é também fundamental entender as enormes oportunidades que temos hoje, por meio da tecnologia, de construir e compartilhar conhecimento, acrescentar nossa voz às discussões da sociedade e participar da resolução de problemas.

Isso tudo é, sem dúvida, um grande desafio para a escola, pois é preciso deixar de tratar a tecnologia como um componente ocasional e isolado em sua caixinha. Projetos pontuais que tratam dos perigos da internet ou de questões como bullying, por exemplo, são valiosos, mas insuficientes, e não alcançam a multiplicidade de temas de que devemos tratar.

Precisamos abrir espaço no planejamento para discutir cotidianamente como pesquisar, como entender as diferentes mensagens, como as redes sociais distorcem a nossa relação com o conhecimento e impactam os nossos relacionamentos. E precisamos fazer isso não só em momentos de orientação educacional, mas também nas aulas de Física, Ciências, Geografia e demais disciplinas.

Se os celulares trazem boatos e desinformação sobre vacinas ou o coronavírus, isso é uma oportunidade para falar sobre confiabilidade e nossa responsabilidade na disseminação de desinformação, dentro de uma pauta de Ciências. Evitar o celular na escola não fará com que essa desinformação desapareça – pelo contrário, fará com que as crianças e os jovens continuem despreparados para lidar com ela.

Se as crianças fazem uso inadequado e excessivo do Tik Tok ou dos *stories* do Instagram, talvez seja interessante incluir a produção dessas mídias como parte do trabalho de Língua Portuguesa, abrindo então a brecha para explorar questões como privacidade e autoimagem.

Em um mundo em que as telas medeiam as nossas relações de comércio, relacionamentos e fluxos de informação, não faz mais sentido separar as noções de "cidadania" e "cidadania digital". Se as crianças agridem e excluem os amigos no grupo de WhatsApp, por exemplo, precisamos enfatizar que acolhimento, respeito, inclusão e a prática da comunicação não violenta são valores que devem imperar nas relações, sejam elas *on-line* ou *off-line*.

A qualidade das nossas informações afeta as nossas decisões e, portanto, a nossa experiência comum em sociedade. Hoje também faz parte da noção de cidadania entender a nossa responsabilidade na manutenção de um ambiente de comunicação saudável, identificando boatos, *fakes*, manipulação e desinformação de todos os tipos.

Formar cidadãos que saibam fazer escolhas livres e responsáveis passa necessariamente pela construção de uma relação mais consciente com a informação, sobretudo no ambiente digital. Explorar isso na escola, utilizando os dispositivos dentro do contexto do aprender a aprender, é a forma mais eficaz de combater o caos informacional em que nos encontramos hoje.

Mariana Ochs é coordenadora do programa EducaMídia, Instituto Palavra Aberta.

Mariana Ochs. Celular na escola: proibir ou mediar?, 22 abr. 2020. Disponível em: https://mariochs.medium.com/celular-na-escola-proibir-ou-mediar-e75b3114a004. Acesso em: 28 mar. 2023.

---

algoritmo: termo da informática que se refere a uma sequência de ações para alcançar um objetivo. Na internet, é usado para filtrar as informações mais relevantes para determinado usuário, baseando-se em seu histórico de navegação.

discernimento: capacidade de avaliar algo com clareza e conhecimento.

esparso: disperso, que se espalha em várias direções.

letramento: capacidade de compreender e produzir textos.

TEXTO EM ESTUDO

PARA ENTENDER O TEXTO

1. Sua opinião sobre o uso do celular na escola mudou após a leitura do artigo? Explique por quê.

2. Com base no título do artigo de opinião, responda:
   a) Qual é a questão polêmica apresentada no título?
   b) Ao elaborar o título em forma de pergunta, a autora desperta a atenção do leitor para a discussão e cria uma expectativa em relação a seu posicionamento. No texto, ela responde a esse questionamento inicial? Explique.

> **ANOTE AÍ!**
>
> A **questão polêmica**, também chamada de **questão controversa**, refere-se a assuntos de relevância social sobre os quais há diferentes pontos de vista. Assim, é comum que, em artigos de opinião, questões desse tipo sejam debatidas com o uso de argumentos.

3. Na linha fina, é possível identificar o posicionamento da autora? Explique.

4. No início do primeiro parágrafo, a autora se baseia em um fato para expressar sua opinião.
   a) Qual é o fato apresentado e qual é a opinião da autora sobre ele?
   b) Como um "nativo digital", você concorda com a opinião da autora? Comente.

> **ANOTE AÍ!**
>
> Em geral, o leitor de um artigo de opinião pretende conhecer um **ponto de vista** ou uma posição sobre determinado assunto. Nesse gênero, mais importante do que apresentar os fatos é **convencer o leitor** a concordar com a opinião defendida.

5. Releia a pergunta que consta do segundo parágrafo do texto:

   > Em uma era em que nos informamos via Twitter, YouTube, Facebook e WhatsApp, como podemos validar a confiabilidade das fontes?

   - A quem a autora dirige essa pergunta? Ela espera uma resposta? Explique.

6. Releia o sétimo e o oitavo parágrafos do texto e responda:
   a) Qual é a opinião da autora em relação ao desenvolvimento de projetos pontuais? Você concorda com ela? Comente.
   b) Segundo a autora, qual seria o grande desafio para a escola no desenvolvimento do letramento digital?
   c) Para superar esse desafio, que ações a autora propõe?
   d) Você acha que essas ações promovem a cidadania na internet? Comente.

7. No último parágrafo, a autora retoma o ponto de vista defendido sobre o uso de celular na escola. Qual é a relação estabelecida por ela entre esse uso e o combate ao caos informacional?

> **ANOTE AÍ!**
>
> Em um artigo de opinião, os **primeiros parágrafos** contextualizam o tema tratado no texto, marcando a posição do autor sobre ele. O **parágrafo de conclusão** retoma as ideias apresentadas anteriormente e/ou aponta soluções para os problemas levantados no texto.

PERGUNTA RETÓRICA

Quem faz uma pergunta retórica não pretende obter uma resposta do interlocutor. Essa pergunta visa provocar a reflexão do leitor, persuadi-lo a aceitar uma ideia, entre outras possibilidades. As perguntas retóricas costumam ser empregadas como parte da estratégia argumentativa de um texto.

TIPOS DE ARGUMENTO

8. Releia o primeiro e o segundo parágrafos do texto para responder às questões.

   a) No final do primeiro parágrafo, a autora diz: "Precisamos entender que isso não é verdade". Qual argumento ela está refutando ao fazer essa afirmação?

   b) No segundo parágrafo, a autora utiliza um argumento estratégico para comprovar sua refutação. Que argumento é esse e qual é sua importância no texto?

9. No terceiro parágrafo, a autora destaca que "precisamos ir além da questão dos limites e começar a enfrentar o tema da qualidade do uso". Qual argumento ela está rebatendo para defender seu ponto de vista?

> **ANOTE AÍ!**
>
> Em um artigo de opinião e em textos argumentativos em geral, o autor precisa refutar **argumentos contrários** aos dele para que sua opinião prevaleça. O argumento usado para combater outro é chamado de **contra-argumento**. Para elaborar contra-argumentos, o autor precisa conhecer as opiniões contrárias às defendidas por ele.

10. No quarto parágrafo, a autora reitera a necessidade de trabalhar questões relativas ao mundo digital na escola. Em que ela se baseia para isso? Qual é o efeito causado por essa forma de argumentar?

11. Releia os parágrafos 9, 10 e 11 e responda:

   a) O que eles têm em comum em relação ao uso de recursos digitais? Explique.

   b) Qual é a intenção da autora ao apresentar essas informações?

> **ANOTE AÍ!**
>
> Um tipo de argumento que pode ser empregado em artigos de opinião é o **argumento de autoridade**, quando o autor do artigo cita **especialistas**, **documentos** e/ou **instituições** reconhecidas para dar credibilidade ao ponto de vista que ele defende em sua argumentação.
>
> Outro tipo de argumento que pode ser apresentado aos leitores são os **exemplos de fatos** que comprovam que a opinião defendida não se baseia apenas em impressões pessoais.

O CONTEXTO DE PRODUÇÃO

12. Retome o artigo de opinião que você leu e responda às questões a seguir.

   a) Quem é a autora do texto e quais são suas qualificações?

   b) Ela tem qualificações adequadas para tratar do assunto do texto? Explique.

13. Em relação à publicação desse artigo de opinião, responda:

   a) Onde o texto foi publicado?

   b) No texto, há *hiperlinks*. Qual recurso visual foi utilizado para identificá-los?

   c) Para ter acesso ao conteúdo desses *hiperlinks*, o que o leitor precisa fazer? Você já teve alguma experiência com esse recurso? O que achou?

   d) O que o uso de *hiperlinks* propicia na leitura do texto?

> **ANOTE AÍ!**
>
> O **hiperlink** é um *link* utilizado em um texto veiculado na internet com a função de conectar, complementar e/ou ampliar o assunto apresentado. Ele é acessado por meio de um clique sobre o termo destacado, o que redireciona o leitor para outra página ou documento na internet.

PARA EXPLORAR

O que é cidadania digital?

A expressão **cidadania digital** está relacionada à ética e à segurança na internet. Diante de um mundo cada vez mais digital, é necessário fazer uso das tecnologias de forma consciente e responsável. Saiba mais sobre esse conceito em:

https://plenarinho.leg.br/index.php/2020/08/o-que-e-cidadania-digital/. Acesso em: 29 mar. 2023.

A LINGUAGEM DO TEXTO

14. A seguir, releia alguns trechos do artigo de opinião.

> I. A escola precisa encarar esse contexto como uma oportunidade. Formar os jovens para o uso **crítico**, **consciente** e **proativo** da informação [...].
> II. É **cada vez mais** importante promover o consumo **consciente** da tecnologia, entendendo como ela age sobre nós [...].
> III. Isso tudo é, **sem dúvida**, um **grande** desafio para a escola [...].

a) Reescreva no caderno as frases acima, excluindo as palavras destacadas.

b) A exclusão das palavras destacadas altera o sentido das frases? Comente.

15. Leia estas expressões retiradas do texto e observe as palavras em destaque.

> uso **crítico**, **consciente** e **proativo**
> consumo **consciente**   **grande** desafio

a) Identifique a classe gramatical de cada uma das palavras destacadas.

b) De que modo essas palavras refletem os valores defendidos no artigo?

16. Releia o trecho a seguir.

> Precisamos abrir espaço no planejamento para discutir cotidianamente como pesquisar, como entender as diferentes mensagens, como as redes sociais distorcem a nossa relação com o conhecimento e impactam os nossos relacionamentos. E precisamos fazer isso **não só em momentos de orientação educacional, mas também nas aulas de Física, Ciências, Geografia e demais disciplinas.**

a) Qual é o sujeito de *precisamos* nos dois períodos desse trecho?

b) Considerando a resposta dada no item *a*, a quem essa forma verbal se refere? Explique por que essa escolha de sujeito ajuda a autora a defender sua ideia.

c) O primeiro período do trecho é simples ou composto? Justifique sua resposta.

d) O trecho destacado expressa soma ou oposição de ideias? Que palavras evidenciam isso? Como essa construção ajuda na defesa da opinião da autora?

ANOTE AÍ!

Os **adjetivos** e os **advérbios** são palavras que podem **atribuir valores**, e seu uso em um artigo de opinião pode **enfatizar** a ideia que o autor pretende transmitir ao leitor.

O emprego da primeira pessoa do plural é uma estratégia que pode ser utilizada em determinados textos argumentativos para **aproximar autor e leitor**, sugerindo que eles partilham os mesmos problemas e as mesmas ideias.

17. **SABER SER** O artigo de opinião que você leu neste capítulo defende o uso do celular nos ambientes escolares, com o objetivo de formar cidadãos responsáveis, preparados para fazer bom uso das mídias digitais. No entanto, no Brasil, milhares de crianças e adolescentes ainda não têm acesso a equipamentos tecnológicos nem à internet.

a) Você acha que ter acesso à internet e a ferramentas digitais é importante para a educação nos dias de hoje? Por quê?

b) Para você, o que a população pode fazer para ampliar a inclusão digital?

UMA COISA PUXA OUTRA

Quem faz sua cabeça?

Com a popularização das redes sociais, um número cada vez maior de pessoas está recorrendo a informações, experiências e opiniões pessoais de influenciadores digitais para construir os próprios pontos de vista sobre assuntos variados.

1. Observe, ao lado, a capa de um álbum de figurinhas.
   a) Você conhece algum dos influenciadores retratados? Segue o canal ou o perfil de algum deles nas redes sociais?
   b) Na capa do álbum, está escrito: "A galera mais *top* do YouTube está aqui!". Você concorda com essa afirmação? Por quê?

2. Leia a seguir trechos de entrevistas com Christian Figueiredo e Jout Jout. Depois, discutam em grupos as questões propostas.

ISTOÉ – Por que os YouTubers fazem sucesso?
Christian Figueiredo – A gente se comunica com a galera diretamente. É natural, espontâneo. Cria-se um vínculo de amizade, porque quem me vê sabe o que eu como, aonde vou.
ISTOÉ – Você tem vontade de falar sobre política?
Christian Figueiredo – Tenho vontade de falar muita coisa, mas prefiro ser neutro. O poder de mídia é muito grande. Evito assuntos em que vou me desgastar.

"TENHO VONTADE DE FALAR MUITA COISA"

ISTOÉ – Como lida com as críticas?
Jout Jout – Não tenho muito medo de ser criticada. Minha preocupação é não falar algo que vá ofender alguém. A internet tem isso de ganhar o amor muito rápido, mas também perder muito rápido. Uma coisinha que você fala, e uma pessoa pode te odiar pro resto da vida.

"NÃO TENHO MEDO DE SER CRITICADA"

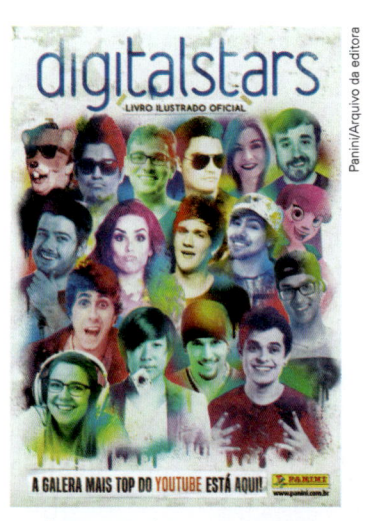

▲ Capa do álbum de figurinhas de influenciadores digitais, lançado em julho de 2016.

Camila Brandalise e Paula Rocha. Eles estão fazendo a cabeça dos jovens. *IstoÉ*, 8 jan. 2016. Disponível em: http://istoe.com.br/444256_ELES+ESTAO+FAZENDO+A+CABECA+DOS+JOVENS/. Acesso em: 29 mar. 2023.

   a) Vocês concordam com a explicação dada por Christian Figueiredo para o sucesso dos influenciadores digitais?
   b) Jout Jout fala sobre a rapidez com que se ganham e se perdem seguidores nas redes. Por que vocês acham que isso acontece? Podem citar um exemplo de influenciador que tenha deixado de ser querido após dizer ou fazer algo que desagradou seu público?
   c) Christian Figueiredo afirma que tem "vontade de falar muita coisa", mas prefere "ser neutro". Vocês consideram possível os influenciadores se comunicarem sem expressar as próprias opiniões? Por quê?

3. Em grupos e com supervisão do professor, levantem informações sobre as redes sociais de um influenciador digital que vocês conhecem. Observem o número de seguidores e o tipo de conteúdo postado em cada rede. Com base no número de visualizações, curtidas ou comentários, vocês diriam que essa pessoa é mais influente em uma rede do que em outra? Em caso afirmativo, formulem hipóteses para explicar esse fato e compartilhem suas descobertas e teorias com os colegas.

LÍNGUA EM ESTUDO

PREDICADO VERBAL E PREDICADO NOMINAL

1. Releia os trechos a seguir, retirados do artigo "Celular na escola: proibir ou mediar?".

   > I. **A presença das telas em nossas vidas é inegavelmente um caminho sem volta.** No entanto, as iniciativas para educar para essa nova realidade são esparsas. [...]
   > II. Precisamos abrir espaço no planejamento para discutir cotidianamente como pesquisar, como entender as diferentes mensagens, como **as redes sociais distorcem a nossa relação com o conhecimento** e impactam os nossos relacionamentos. [...]

   a) Observe as orações destacadas acima e identifique as formas verbais.
   b) Indique no caderno o sujeito e o predicado das orações destacadas.
   c) Qual das orações em destaque apresenta uma ação praticada pelo sujeito? E qual relaciona o sujeito a uma característica?

Em geral, em língua portuguesa, o predicado das orações apresenta informações sobre o sujeito. Essas informações podem ser uma **ação** praticada ou sofrida por esse sujeito ou podem indicar um **estado** ou uma **qualidade** dele.

Dependendo do tipo de informação, o predicado pode ser **verbal** ou **nominal**. Para identificar o tipo de predicado, é preciso observar seu **núcleo**, ou seja, a palavra que apresenta a informação essencial sobre o sujeito.

Nas orações abaixo, verifique as classes de palavras que podem exercer o papel de núcleo do predicado e qual é a classificação desses predicados.

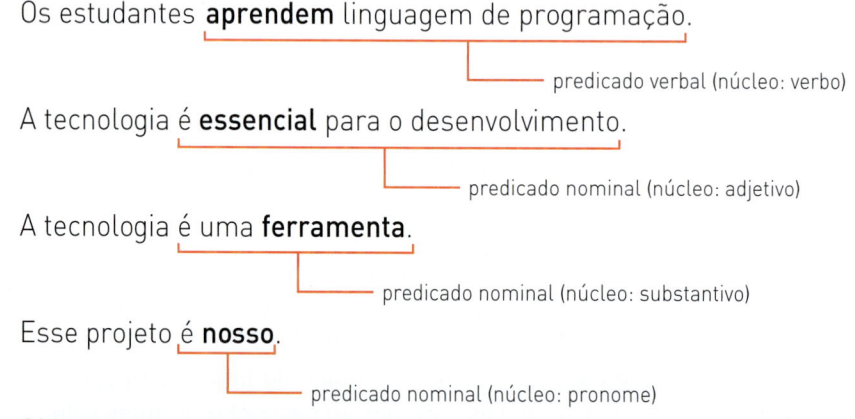

Os estudantes **aprendem** linguagem de programação.
— predicado verbal (núcleo: verbo)

A tecnologia é **essencial** para o desenvolvimento.
— predicado nominal (núcleo: adjetivo)

A tecnologia é uma **ferramenta**.
— predicado nominal (núcleo: substantivo)

Esse projeto é **nosso**.
— predicado nominal (núcleo: pronome)

Observe que todo predicado apresenta um verbo, não apenas o predicado verbal. O que diferencia os dois tipos de predicado (verbal ou nominal) é o núcleo. O predicado verbal tem como núcleo um verbo, e o predicado nominal tem como núcleo um adjetivo, um substantivo ou um pronome.

> **ANOTE AÍ!**
>
> O **predicado verbal** indica ação e tem como núcleo um **verbo**, que recebe o nome de **verbo significativo**. O **predicado nominal** indica estado ou qualidade do sujeito e tem como núcleo um **substantivo**, um **adjetivo**, um **pronome** ou uma **palavra de valor substantivo**.

ATIVIDADES
Acompanhamento da aprendizagem

Retomar e compreender

1. Leia este trecho, retirado de uma novela.

> Quando trouxeram o cachorrinho, **foi grande a discussão em casa**. Fica, não fica. Pode, não pode. Quem vai cuidar?
>
> O bicho sempre adiado estava ali. Os pais bem que tentaram ganhar tempo. Nunca um não definitivo ou o sim esperado. Desde pequenos João e Maria Luísa ouviam sempre os mesmos argumentos gastos: **a casa é pequena**, a rua é movimentada, **as empregadas não gostam**. Cresceram e parecia que agora o mais novo partira para o enfrentamento. Saíra de casa avisando:
>
> — Vou buscar o Pix.
>
> — Quem? — estranhou o pai.
>
> — O Pix, meu cachorro.
>
> Dito e feito. **O filhotinho chegou**. Lindo como qualquer um daquela idade. Agitado, brincalhão, mostrando-se desde cedo cheio de personalidade. Cheirando o ar curioso, conhecendo a casa, os cantos. **O rabinho abanando ao menor carinho**. Rosnando arrepiado quando contrariado. Bravinho. Devolver? Quem teria coragem? Acabou ficando, acabou podendo. Os meninos, felizes. Os pais, desconfiados. [...]

Ricardo Filho. Pix. Em: Rogério Ramos (org.).
Histórias brasileiras de cães. Curitiba: Positivo, 2014. p. 118.

a) Quem trouxe o cachorrinho para a casa?
b) Que expressão levou você a concluir a resposta ao item anterior? Explique.
c) Por que você acha que os pais ficaram desconfiados com a chegada do cachorrinho em casa?
d) Observe as orações em destaque e indique, no caderno, o sujeito e o predicado de cada uma delas.
e) Indique o núcleo do predicado de cada uma das orações e classifique esses predicados em verbal ou nominal.

Aplicar

2. Leia esta tira.

Bill Watterson. Calvin e Haroldo. *O Estado de S. Paulo*, São Paulo, 5 set. 2016. Caderno 2, p. 30.

a) O comentário do pai de Calvin pode ser interpretado como uma reclamação por eles estarem comendo fora tantas vezes?
b) Como pode ser interpretada a fala da mãe no último quadrinho?
c) No caderno, copie da tira um exemplo de predicado verbal.
d) Copie no caderno um exemplo de predicado nominal presente na tira.
e) Que tipo de predicado predomina nas falas das personagens?
f) Em sua opinião, por que na tira predomina esse tipo de predicado?

A LÍNGUA NA REAL

O VERBO SIGNIFICATIVO E A SEQUÊNCIA DE AÇÕES

1. Leia o capítulo inicial do romance *Dom Casmurro*, de Machado de Assis.

> Uma noite destas, vindo da cidade para o Engenho Novo, encontrei no trem da Central um rapaz aqui do bairro, que eu conheço de vista e de chapéu. Cumprimentou-me, sentou-se ao pé de mim, falou da lua e dos ministros, e acabou recitando-me versos. A viagem era curta, e os versos pode ser que não fossem inteiramente maus. Sucedeu, porém, que, como eu estava cansado, fechei os olhos três ou quatro vezes; tanto bastou para que ele interrompesse a leitura e metesse os versos no bolso.
> — Continue, disse eu acordando.
> — Já acabei, murmurou ele.
> — São muito bonitos.
> Vi-lhe fazer um gesto para tirá-los outra vez do bolso, mas não passou do gesto; estava amuado. No dia seguinte entrou a dizer de mim nomes feios, e acabou alcunhando-me Dom Casmurro. Os vizinhos, que não gostam dos meus hábitos reclusos e calados, deram curso à alcunha, que afinal pegou.
> Nem por isso me zanguei. Contei a anedota aos amigos da cidade, e eles, por graça, chamam-me assim, alguns em bilhetes: "Dom Casmurro, domingo vou jantar com você." — "Vou para Petrópolis, Dom Casmurro; a casa é a mesma da Renânia; vê se deixas essa caverna do Engenho Novo, e vai lá passar uns quinze dias comigo." — "Meu caro Dom Casmurro, não cuide que o dispenso do teatro amanhã; venha e dormirá aqui na cidade; dou-lhe camarote, dou-lhe chá, dou-lhe cama; só não lhe dou moça."
> Não consultes dicionários. Casmurro não está aqui no sentido que eles lhe dão, mas no que lhe pôs o vulgo de homem calado e metido consigo. Dom veio por ironia, para atribuir-me fumos de fidalgo. Tudo por estar cochilando! Também não achei melhor título para a minha narração — se não tiver outro daqui até ao fim do livro, vai este mesmo. O meu poeta do trem ficará sabendo que não lhe guardo rancor. E com pequeno esforço, sendo o título seu, poderá cuidar que a obra é sua. Há livros que apenas terão isso dos seus autores; alguns nem tanto.

Machado de Assis. *Dom Casmurro*. São Paulo: Lafonte, 2020. *ePub*.

a) Que motivo levou o rapaz do trem a chamar o narrador de Dom Casmurro?
b) De acordo com o trecho, por que os vizinhos do narrador também passaram a chamá-lo de Dom Casmurro?
c) Leia o trecho inicial de "Capítulo dois – Do livro", desse mesmo romance de Machado de Assis.

> Agora que expliquei o título, passo a escrever o livro. Antes disso, porém, digamos os motivos que me põem a pena na mão.

- De acordo com esse trecho, qual é a função do primeiro capítulo do romance *Dom Casmurro*? E qual é a função do segundo capítulo?

2. No primeiro trecho lido, o narrador relata a origem de seu apelido, Dom Casmurro. No caderno, copie desse trecho as informações sobre estes itens.
a) A aparência física do narrador e a do rapaz que ele encontra no trem.
b) As características do cenário onde se passa a ação.

PARA EXPLORAR

Machado de Assis na *web*
Machado de Assis (1839-1908) é um grande escritor da literatura brasileira. Você pode acessar a obra *Dom Casmurro* na íntegra e muitas outras no *site* oficial dedicado ao autor. Lá você também encontrará uma pequena biografia do escritor, além de fotos e outros tipos de documento sobre ele.
Disponível em: https://www.machadodeassis.org.br/. Acesso em: 29 mar. 2023.

3. Na cena do trem, no capítulo inicial de *Dom Casmurro*, o rapaz que o narrador encontra pode ser percebido como o sujeito em diversas orações. Observe:

SUJEITO	PREDICADOS
O rapaz	**cumprimentou** o narrador.
	sentou-se ao pé do narrador.
	falou da lua e dos ministros.
	acabou recitando versos ao narrador.
	interrompeu a leitura.
	meteu os versos no bolso.
	murmurou "Já acabei".
	fez um gesto para tirar os versos do bolso.
	não **passou** do gesto.
	estava amuado.

a) Que oração(ões) descreve(m) características ou estados do rapaz?

b) Qual(is) das orações indica(m) as ações dele?

c) Classifique os predicados de todas as orações.

d) Qual(is) dos verbos destacados no quadro é(são) significativo(s)?

4. Considerando as respostas às atividades anteriores, qual é o objetivo da cena? Copie no caderno a alternativa correta.

 I. Descrever minuciosamente as personagens, o tempo e o lugar.

 II. Narrar uma sequência de ações.

 III. Apresentar a opinião do narrador sobre o rapaz.

ANOTE AÍ!

Textos que apresentam **sequências de ações** costumam utilizar, em maior quantidade, **verbos significativos** e, consequentemente, **predicados verbais**.

5. Releia um trecho do artigo de opinião "Celular na escola: proibir ou mediar?".

> Na Universidade de Stanford, há um grupo que pesquisa o ensino de História, área do conhecimento hoje profundamente impactada pela multiplicação de autores e fontes na internet. Em uma era em que nos informamos via Twitter, YouTube, Facebook e WhatsApp, como podemos validar a confiabilidade das fontes? Uma pesquisa já bem famosa desse grupo provou que, embora os jovens sejam bem habilidosos como usuários de mídias sociais, demonstram pouco ou nenhum discernimento sobre o conteúdo que lá encontram.

a) Nesse trecho, quais formas verbais se referem aos jovens?

b) Todas as formas verbais encontradas expressam ação? Explique.

c) Entre os verbos que se referem aos jovens, quais deles são significativos?

AGORA É COM VOCÊ!

ESCRITA DE ARTIGO DE OPINIÃO

Proposta

O artigo de opinião "Celular na escola: proibir ou mediar?" defende a importância de ensinar crianças e adolescentes a utilizar a tecnologia de forma crítica, consciente e proativa. O que você acha dessa proposta? Para expressar o que pensa a respeito desse assunto, você vai escrever um artigo de opinião defendendo seu ponto de vista sobre o uso de celulares na escola. Ao final do trabalho, seu artigo será exposto no mural da escola.

> Acesse o recurso digital sobre como construir a argumentação e responda: Ao observar os tipos de argumento, que outros exemplos podem ser citados?

GÊNERO	PÚBLICO	OBJETIVO	CIRCULAÇÃO
Artigo de opinião	Estudantes de outras turmas, pais, professores e funcionários da escola	Posicionar-se a respeito do uso de celulares na escola	Publicação no mural da escola

Planejamento e elaboração do texto

1 Leia a seguir trechos do artigo "Pontos negativos da tecnologia na educação: 6 principais malefícios para ficar atento". Ele apresenta um ponto de vista diferente daquele do artigo lido no início do capítulo. As informações deste segundo artigo podem contribuir para a elaboração dos argumentos do seu texto.

> **1 – Habilidade de escrita comprometida**
> Cada vez menos as pessoas estão utilizando caneta e papel para escrever, inclusive nas escolas. É bastante comum que os alunos utilizem *tablets*, *notebooks* e até mesmo o celular para fazer as anotações das aulas e trabalhos escolares.
> [...]
> No entanto, escrever à mão é uma prática que não deve ser extinta das salas de aula. Os estudantes precisam exercitar a escrita para não ficarem dependentes de seus dispositivos tecnológicos.
>
> **2 – Problemas com a socialização**
> Ao implementar a tecnologia no processo de aprendizagem, é fundamental não deixar que os alunos se prendam em suas bolhas particulares. O legal é utilizar a tecnologia para incentivar a colaboração e o trabalho em equipe, sem deixar de lado as interações *off-line*.
> Não atentar-se para esse malefício pode enfraquecer as habilidades do aluno de construir relações interpessoais e de socializar com os colegas. Além disso, o estudante pode desenvolver problemas psicológicos, como depressão e ansiedade.
>
> **3 – Risco à segurança das informações**
> [...]
> O uso de aplicativos e de plataformas de ensino para divulgar materiais, atividades, provas e notas, por exemplo, precisa contar com uma tecnologia que garanta a integridade desses dados e o acesso apenas a pessoas autorizadas.
> [...]
>
> **4 – Atenção dispersa**
> O uso indiscriminado de tecnologia na sala pode fazer com que os alunos dispersem a atenção do conteúdo que o professor está tentando ensinar.
> [...]

Continua

> 5 – Competitividade tóxica
>
> [...] Aplicativos de gamificação, com jogos pedagógicos, por exemplo, podem incentivar os alunos a disputarem excessivamente entre si caso as dinâmicas não sejam colocadas e praticadas de maneira adequada.
>
> [...]
>
> 6 – Crise de identidade
>
> [...]
>
> No contexto das redes sociais, o usuário pode ser quem ele quiser. Ele pode mostrar para seus seguidores e amigos sociais algo que ele não é, assumindo uma identidade completamente diferente da realidade.

Blog Educador do Futuro, 9 abr. 2020. Disponível em: https://educadordofuturo.com.br/tecnologia-na-educacao/pontos-negativos-tecnologia-educacao/. Acesso em: 29 mar. 2023.

2 Planeje seu texto de acordo com os aspectos a seguir.
- Para a introdução, escolha seu posicionamento sobre o assunto: Você é a favor do uso de celulares na escola ou é contra?
- Para o desenvolvimento, selecione exemplos, dados numéricos e/ou opiniões de especialistas para defender sua ideia com argumentos convincentes.
- Reflita sobre a conclusão: Vai retomar a ideia central ou propor uma solução?

3 Escreva a primeira versão do artigo, de acordo com as seguintes orientações.
- Utilize a primeira pessoa do singular ou a primeira pessoa do plural, conforme os efeitos de sentido que pretende obter.
- Ao escolher os argumentos, considere quem serão os leitores do artigo.
- Organize o texto em introdução (um parágrafo), desenvolvimento (dois ou três parágrafos) e conclusão (um parágrafo).
- Crie um título atraente que indique indiretamente sua opinião sobre o tema.

LINGUAGEM DO SEU TEXTO

1. O sétimo parágrafo do artigo "Celular na escola: proibir ou mediar?" começa com o pronome demonstrativo *isso*. Que ideia anterior esse pronome retoma?

2. Ao longo do texto, que outros pronomes demonstrativos foram empregados para retomar ideias?

Verifique se, em seu texto, o uso de pronomes demonstrativos pode garantir a conexão entre os parágrafos e entre as ideias dentro de um mesmo parágrafo.

Avaliação e reescrita do texto

1 Avalie o artigo com base neste quadro e faça as alterações necessárias.

ELEMENTOS DO ARTIGO DE OPINIÃO
A introdução apresenta o tema discutido e seu posicionamento?
Os argumentos são convincentes e justificam o ponto de vista defendido?
A conclusão retoma a ideia central ou propõe uma solução?

Circulação

1 Digite a versão final do texto e a imprima. Afixe seu artigo no mural.

CAPÍTULO 2
CRÍTICA À REALIDADE

O QUE VEM A SEGUIR

No artigo de opinião a seguir, a autora fala sobre a responsabilidade de todos em relação às mudanças climáticas e ainda apresenta alguns impactos negativos que podem ser causados à natureza e, consequentemente, aos seres humanos. Você acredita que as atividades humanas interferem nas alterações do clima e que nossas atitudes podem auxiliar a combater esse problema? Comente com os colegas e, em seguida, leia o texto.

TEXTO

Combate às mudanças climáticas deveria ser prioridade de todos

Brasil tem papel crucial pela importância da Floresta Amazônica para a biodiversidade, para a regulação do clima e para o ciclo do carbono

▲ Homem em rua alagada durante enchentes na Bahia, em janeiro de 2022. Para a articulista, soluções para a crise climática devem considerar desigualdades sociais como parte do quadro.

KARINA LIMA 16.mar.2022 (quarta-feira) - 5h50

Nos últimos meses tivemos desastres relacionados a fortes chuvas em várias regiões do país. Para sabermos se um evento extremo específico, meteorológico ou climático aconteceu ou teve sua chance de ocorrência aumentada por causa das mudanças climáticas, é necessário fazer um estudo de atribuição. É o caso de um estudo publicado em 2021 sobre o evento de chuva extrema em janeiro de 2020 em Minas Gerais: concluiu-se que a sua probabilidade de ocorrência foi aumentada em mais de 70% pelas mudanças climáticas causadas pelo homem. [...]

ciclo do carbono: processo em que o gás carbônico liberado na atmosfera é absorvido pelos seres vivos e reciclado pelas plantas. Tem a função de manter o equilíbrio de carbono na natureza e sustentar a vida no planeta.

crucial: de extrema importância, fundamental.

Continua

A afirmação de que atividades humanas são o motor das mudanças climáticas parte de diversas bases de dados independentes e confiáveis, incluindo a própria Nasa. A agência comprova haver aumento da temperatura global, aquecimento dos oceanos, derretimento de geleiras continentais e gelo marinho, aumento do nível do mar e aumento de ocorrência de eventos extremos – como temos observado de perto. Estamos aquecendo a atmosfera, oceano e superfície terrestre, principalmente pela emissão de gases do efeito estufa.

Uma atmosfera mais quente retém mais umidade, aumentando a evaporação e piorando as secas em determinadas regiões. Ao mesmo tempo, essa umidade retida vira matéria-prima para tempestades e eventos severos relacionados à chuva em outras regiões. Os extremos ficam piores.

Com cerca de 1,1 °C de aumento na temperatura média da Terra – nosso atual cenário – já temos eventos extremos de temperatura, chuva e seca mais frequentes e mais intensos em comparação com o mundo de 1850-1900, segundo o mais recente relatório do IPCC – que é baseado em um grande número de estudos confiáveis e um documento fundamental para a criação de políticas climáticas e ambientais no mundo inteiro.

Juntando eventos extremos com vulnerabilidades locais, temos a receita para desastres. Com mais eventos extremos, temos mais gatilhos e quanto mais vulnerabilidades, pior a magnitude dos desastres. Mas o que seria possível fazer?

Localmente, é importante cobrar do poder público melhorias que visem a diminuir as vulnerabilidades. Isso deve incluir não apenas investimento em infraestrutura e em pesquisa, mas também diminuição das desigualdades sociais. Afinal, as populações mais vulneráveis são as mais afetadas pelas mudanças no clima.

Além disso, não se deve perder de vista o quadro geral: embora haja diferenças regionais, o mundo já está sentindo os efeitos das mudanças climáticas hoje. A tarefa é dificílima: limitar o aquecimento a 1,5 °C quando já temos um aumento de 1,1 °C. Mesmo que consigamos nos manter neste limite, teremos maior frequência e intensidade em eventos extremos do que hoje. [...]

Para este desafio, todos precisam fazer a parte que lhes cabe e o Brasil tem papel crucial: temos a maior parte da Floresta Amazônica, que é fundamentalmente importante para a biodiversidade, para a regulação do clima e para o ciclo do carbono. O desmatamento já nos afeta, pois grande parte do país depende da umidade proveniente da floresta, os chamados "rios voadores", para seu regime de chuvas. Se o desmatamento continuar, a Amazônia pode atingir seu ponto de não retorno, perdendo sua capacidade de regulação. As consequências seriam catastróficas. Além disso, desmatar é colocar mais gases de efeito estufa na atmosfera.

Apesar de o Brasil atualmente não figurar entre os maiores emissores mundiais, nós somos o 4º maior emissor histórico, majoritariamente em função do desmatamento. Desde a última Conferência das Partes, a COP26, o Brasil assumiu o compromisso de zerar o desmatamento ilegal até 2028. Mas o que temos visto na prática é exatamente o contrário: em janeiro de 2022 tivemos recorde de alertas de desmatamento na Amazônia Legal. Segundo o Deter/Inpe, foi o pior mês de janeiro desde 2016.

Ainda há tempo de cumprirmos a meta em que limitamos o aquecimento a 1,5 °C e asseguramos riscos menores não só para as próximas gerações, mas para a nossa também. O 1º passo é entender que as mudanças climáticas causadas pelo homem são reais, que há um consenso científico entre os especialistas da área e que não temos mais tempo para negacionismos. Tendo isso em mente, tomaremos melhores decisões e cobraremos pelas medidas que são tão urgentes e necessárias nessa batalha que é coletiva, mas que depende do empenho de cada um de nós.

Karina Lima. Combate às mudanças climáticas deveria ser prioridade de todos. *Poder 360*, 16 mar. 2022. Disponível em: https://www.poder360.com.br/opiniao/combate-as-mudancas-climaticas-deveria-ser-prioridade-de-todos/. Acesso em: 29 mar. 2023.

---

efeito estufa: fenômeno natural responsável pelo aquecimento adequado da superfície terrestre.

IPCC: sigla em inglês para Painel Intergovernamental sobre Mudança do Clima, entidade que elabora relatórios científicos sobre a mudança climática, seus efeitos atuais e riscos futuros.

majoritariamente: principalmente, predominantemente.

negacionismo: atitude de negar uma realidade comprovada cientificamente.

vulnerabilidade: situação de risco, de fragilidade.

Acesse o recurso digital e responda: O que são "rios voadores"? Qual a consequência do desmatamento da Amazônia para a formação desses "rios"?

TEXTO EM ESTUDO

PARA ENTENDER O TEXTO

1. Sua opinião sobre a relação entre as ações humanas e as mudanças climáticas foi confirmada no artigo de opinião lido? Em que aspectos?

2. O título de um artigo de opinião costuma revelar o posicionamento do autor sobre o assunto em discussão. Qual opinião é revelada no título do artigo lido?

3. Com base na leitura integral do texto, explique a afirmação da linha fina do artigo de opinião.

4. Releia o primeiro parágrafo do artigo de opinião, observando o modo como a autora contextualiza o tema e apresenta seu ponto de vista sobre ele.
    a) Que trecho desse parágrafo destaca o fato motivador da publicação do artigo de opinião? Copie o trecho no caderno.
    b) Esse primeiro parágrafo apresenta um estudo de atribuição. Sobre o que ele trata e a que conclusão chegou?
    c) Por que a apresentação desse estudo é importante para o desenvolvimento do tema do artigo de opinião?

5. Releia o segundo e o terceiro parágrafos do artigo, que apresentam informações referentes ao aquecimento da Terra. De acordo com esses trechos, responda:
    a) Qual o principal motivo desse aquecimento?
    b) Com base no texto, comente como se dá a relação de causa e consequência entre o aquecimento da Terra e os eventos extremos de seca e de chuva.

6. Ao longo do texto, são compartilhados com o leitor alguns dados numéricos relacionados às mudanças climáticas, citados por fontes de autoridades no assunto.
    a) Quais foram as fontes de dados citadas pela autora?
    b) De que forma a apresentação de dados e fontes ajudam a convencer o leitor do ponto de vista da autora?

ANOTE AÍ!

Todo artigo de opinião apresenta um **ponto de vista** sobre determinado tema, que reflete a posição do autor. Para **convencer o leitor** de seu ponto de vista, o autor utiliza várias estratégias argumentativas, como apresentar **relações de causa e consequência**, **citações de autoridades** e **dados numéricos** sobre o assunto.

O CONTEXTO DE PRODUÇÃO

7. Localize a data em que o artigo de opinião foi publicado. Os meses que antecederam a publicação foram marcados por eventos climáticos. Qual a importância de serem publicados artigos como esse no período em questão?

8. A autora Karina Lima informa que a Terra, atualmente, apresenta um aumento na temperatura de cerca de 1,1 °C, o que ocasiona eventos extremos – chuva e seca mais frequentes e com maior intensidade. Em sua opinião, essa informação é amplamente divulgada à população em geral?

9. Embora afirme que o Brasil assumiu, com a Conferência das Partes, o compromisso de zerar o desmatamento ilegal na Amazônia até 2028, a autora aponta um problema. Qual? O que esse problema revela sobre a sociedade brasileira?

A LINGUAGEM DO TEXTO

10. A seguir, releia o último parágrafo do artigo de opinião e observe os termos em destaque.

> Ainda há tempo de cumprirmos a meta em que limitamos o aquecimento a 1,5 °C e asseguramos riscos menores não só para as próximas gerações, **mas** para a nossa também. O 1º passo é entender que as mudanças climáticas causadas pelo homem são reais, que há um consenso científico entre os especialistas da área e que não temos mais tempo para negacionismos. Tendo **isso** em mente, tomaremos melhores decisões e cobraremos pelas medidas que são tão urgentes e necessárias **nessa** batalha que é coletiva, **mas** que depende do empenho de cada um de nós.

a) A que informações se referem os pronomes *isso* e *nessa*?

b) No trecho apresentado, a conjunção *mas* foi empregada duas vezes. Quais os diferentes sentidos expressos por ela?

11. Releia estes trechos do sétimo parágrafo:

> I. **Além disso**, [...] o mundo já está sentindo os efeitos das mudanças climáticas.
>
> II. A tarefa é **dificílima**: limitar o aquecimento a 1,5 °C quando já temos um aumento de 1,1 °C.

a) A expressão *além disso* estabelece relação de adição ou conclusão entre o parágrafo que inicia e o anterior? Explique.

b) A palavra *dificílima* é a forma superlativa do adjetivo *difícil*. Com qual intencionalidade essa forma foi utilizada?

ANOTE AÍ!

Ao se construir um texto, é preciso selecionar com atenção as palavras, considerando os efeitos de sentido pretendidos. Elas podem ser usadas para **enfatizar uma ideia** ou **reforçar a opinião** do autor. Também podem estabelecer **relações de sentido** entre as partes do texto, seja entre orações, seja entre parágrafos, para **conectar as ideias**.

COMPARAÇÃO ENTRE OS TEXTOS

12. Nesta unidade, você leu dois artigos de opinião sobre temas diferentes. Considerando que o título e também o primeiro parágrafo devem atrair a atenção do leitor, como cada autora inicia seu texto?

13. Na conclusão desses artigos de opinião, são apresentadas propostas de ação. O que elas têm em comum?

CIDADANIA GLOBAL

ENFRENTANDO O NEGACIONISMO CLIMÁTICO

O artigo de opinião lido afirma que não há mais tempo para negacionismos referentes às mudanças climáticas. Os negacionistas climáticos, sem base científica, contestam que o aquecimento global seja decorrente das atividades humanas.

1. Para você, o negacionismo climático pode ameaçar a sociedade? Por quê?
2. Acesse o recurso digital e responda: Em sua opinião, dados como os apresentados ajudam a combater discursos negacionistas?

LÍNGUA EM ESTUDO

VERBO DE LIGAÇÃO E PREDICATIVO DO SUJEITO

1. Releia este trecho do artigo de opinião "Combate às mudanças climáticas deveria ser prioridade de todos".

   > A afirmação de que atividades humanas são o motor das mudanças climáticas parte de diversas bases de dados independentes e confiáveis, incluindo a própria Nasa. A agência comprova haver aumento da temperatura global, aquecimento dos oceanos, derretimento de geleiras continentais e gelo marinho, aumento do nível do mar e aumento de ocorrência de eventos extremos [...]. Estamos aquecendo a atmosfera, oceano e superfície terrestre, principalmente pela emissão de gases do efeito estufa.
   > [...]
   > Juntando eventos extremos com vulnerabilidades locais, temos a receita para desastres. [...] Mas o que seria possível fazer?
   > Localmente, é importante cobrar do poder público melhorias que visem a diminuir as vulnerabilidades. Isso deve incluir não apenas investimento em infraestrutura e em pesquisa, mas também diminuição das desigualdades sociais. Afinal, as populações mais vulneráveis são as mais afetadas pelas mudanças no clima.

   a) Nesse trecho, a autora aponta diversos problemas decorrentes das mudanças climáticas causadas pelo ser humano. Quais são eles?

   b) De acordo com a autora, o que o poder público deve fazer para evitar os desastres decorrentes das mudanças no clima? Você concorda com ela? Comente.

   c) Observe, na frase a seguir, o verbo em destaque. Na sequência, leia a reescrita desse trecho com uma modificação.

   > A afirmação de que atividades humanas **são** o motor das mudanças climáticas parte de diversas bases de dados [...].

   > A afirmação de que atividades humanas **estão sendo** o motor das mudanças climáticas parte de diversas bases de dados.

   - O sentido do texto original mantém-se no trecho reescrito com o uso da locução verbal? Justifique sua resposta.

2. Observe a oração a seguir:

   > As consequências das mudanças climáticas são catastróficas.

   a) Qual é o sujeito da oração?
   b) Qual é o predicado da oração?
   c) Qual é o núcleo do predicado?
   d) Classifique o predicado em verbal ou nominal.

   ANOTE AÍ!

   No predicado nominal, a informação principal é sempre uma **característica**, um **estado** ou uma **qualidade** do sujeito. Esse tipo de predicado é construído com **verbos de ligação**, que, diferentemente dos verbos significativos, não exprimem **ação**.

VERBO DE LIGAÇÃO

Leia as orações a seguir.

> O Brasil anda melhor que antes.

> João anda dois quilômetros por dia.

Para determinar se um verbo é de ligação ou significativo, é necessário analisar o contexto em que está inserido. Na primeira oração, o verbo *andar* é **verbo de ligação**, pois sua função é apenas vincular uma característica (*melhor*) a um sujeito (*Brasil*). Na segunda oração, o verbo *andar* é classificado como **verbo significativo**, pois expressa uma ação do sujeito: o ato de caminhar.

ANOTE AÍ!

O **verbo de ligação** serve para conectar o sujeito a uma **característica**, um **estado** ou uma **qualidade**. Ao contrário dos verbos significativos, esse verbo não indica uma ação. Por isso, é chamado também de **verbo de estado**. Em geral, são usados como verbos de ligação (ou de estado): *ser, estar, permanecer, ficar, tornar-se, parecer, continuar*. A classificação dos verbos, porém, deve levar em consideração o contexto de uso.

PREDICATIVO DO SUJEITO

Leia as frases.

Crianças e adolescentes **são prioritários**.
predicado nominal
característica do sujeito: prioritários

A mortalidade infantil **ficou menor**.
predicado nominal
característica do sujeito: menor

ANOTE AÍ!

Ligada ao sujeito por um verbo de ligação, a palavra ou expressão que informa uma característica, uma qualidade ou um estado do sujeito é chamada **predicativo do sujeito**.

O predicativo do sujeito sempre concorda em número e gênero com o núcleo do sujeito. Observe os exemplos a seguir.

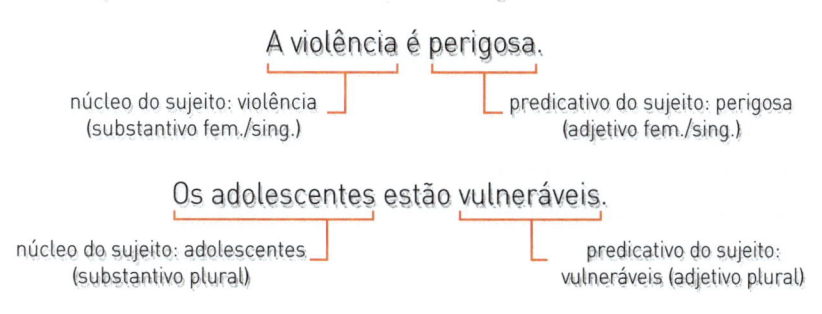

A **violência** é **perigosa**.
núcleo do sujeito: violência (substantivo fem./sing.)
predicativo do sujeito: perigosa (adjetivo fem./sing.)

Os **adolescentes** estão **vulneráveis**.
núcleo do sujeito: adolescentes (substantivo plural)
predicativo do sujeito: vulneráveis (adjetivo plural)

RELACIONANDO

O verbo de ligação pode ser um recurso argumentativo. Por exemplo, releia este trecho do artigo de opinião deste capítulo: "[...] as populações mais vulneráveis são as mais afetadas [...]". Nesse trecho, o verbo *ser* relaciona o sujeito ("as populações mais vulneráveis") a uma característica atribuída a ele pela autora: "as mais afetadas". Note que, ao escolher o verbo *ser* para isso, a autora avalia esse estado como permanente. Entretanto, se ela escrevesse, por exemplo, "[...] as populações mais vulneráveis *parecem* as mais afetadas", o sentido seria outro, pois o verbo *parecer* sinalizaria que apenas na aparência (ou circunstancialmente) as populações mais vulneráveis seriam as mais afetadas. Assim, esteja atento aos verbos de ligação empregados em um artigo de opinião, pois eles exprimem diferentes possibilidades quanto ao estado (circunstancial, permanente, transitório, etc.) da relação entre o sujeito e a característica atribuída a ele.

ATIVIDADES

Retomar e compreender

1. O escritor carioca Millôr Fernandes fez uma série de pequenos textos sobre suas memórias dos tempos de escola. São retratos fictícios de antigos colegas. Leia o retrato de Hildinha e responda às questões no caderno.

> **Hildinha – o coração de ouro**
>
> Hildinha é a flor das flores. Seu vasto coração abriga todo o colégio, pura, terna e constante. Está sempre presente para tudo que se queira, correta, colega, amiga e companheira antes, hoje possivelmente esposa, amante e mãe exemplar. De gestos precisos e bem educados, ela é íntima da bissetriz, conhece como ninguém a hipotenusa, mora na raiz quadrada. [...] Não tem namorado, pois namora a todos, numa grande amizade coletiva com muito de Garrie Davis*. [...] Sua paixão é o livro, seu objetivo a virtude, sua crença a completação do curso. Mas nem por isso deixa de ser clara, expansiva, amiga dos pulos de corda da hora do recreio. Seu único defeito: esse irmão mal-encarado que ela traz pela mão o tempo todo.
>
> * Garrie Davis foi um "cidadão do mundo", para quem todos os países eram como pátrias. Daí a aproximação com a personagem Hildinha, de quem todos os meninos eram amigos e namorados.

Maria Célia A. Paulillo (org.). *Millôr Fernandes*. São Paulo: Abril Educação, 1980. p. 12. (Coleção Literatura Comentada). © Ivan Rubino Fernandes

   a) O texto destaca as características de Hildinha ou suas ações?
   b) O que significam as frases "Hildinha é a flor das flores" e "ela é íntima da bissetriz"?
   c) Para o narrador, qual é o defeito de Hildinha? Por quê?

2. Observe os verbos do texto.
   a) Identifique o tipo de predicado predominante.
   b) Como esse tipo de predicado se relaciona à resposta ao item *a* da atividade **1**?

3. Releia o título do texto. Ele não apresenta verbos. Reformule-o no caderno de modo a criar orações com predicado nominal e com predicado verbal.

4. Identifique nas orações a seguir estes termos da oração: sujeito, predicado nominal, verbo de ligação e predicativo do sujeito. Escreva no caderno.
   a) "Hildinha é a flor das flores."
   b) Ela era íntima da bissetriz.
   c) Garrie Davis era um cidadão do mundo.
   d) Hildinha é amiga.
   e) O irmão é mal-educado.
   f) A menina permanece estudiosa.

5. Releia este trecho:

   > Sua paixão é o livro, seu objetivo a virtude, sua crença a completação do curso.

   a) Que verbo está omitido nas duas orações finais? Por que ele foi omitido?
   b) Quais são os núcleos dos sujeitos dessas três orações?
   c) Classifique os predicados dessas orações em nominal ou verbal.
   d) Qual é o núcleo do predicado de cada oração? Qual é sua classe gramatical?

6. Leia a tira.

Bill Watterson. *Tem alguma coisa babando embaixo da cama*: as aventuras de Calvin e Haroldo. 2. ed. São Paulo: Conrad, 2010. p. 126.

a) No primeiro quadrinho, o que Haroldo parece fazer no cabelo de Calvin?

b) No terceiro quadrinho, Calvin está ansioso para mostrar o cabelo à sua mãe. Ao fim da tira, é possível concluir que a mãe de Calvin gostou do resultado? Explique sua resposta.

c) Em "Bem, teu cabelo não está espetado como antes", qual é o tipo de verbo empregado?

d) Na oração, como se classifica a palavra *espetado*?

e) Copie a tabela a seguir no caderno e complete-a indicando todos os verbos significativos e de ligação presentes na tira.

VERBOS SIGNIFICATIVOS	VERBOS DE LIGAÇÃO

7. Classifique cada verbo destacado nas orações a seguir como verbo significativo ou verbo de ligação.

a) Caíque **anda** um pouco triste esses dias.

b) Pedro **anda** pela escola o dia inteiro!

c) Marcelo **virou** a mochila de cabeça para baixo, mas não encontrou a caneta.

d) Curiosamente, a pequena tartaruga cresceu e **virou** um animal assustador!

Aplicar

8. Reescreva no caderno as orações a seguir e complete cada uma delas com um destes verbos de ligação: *estar*, *ficar*, *permanecer*, *continuar*, *ser*, *virar*.

a) Depois que entrou aquela abelha na classe, a aula ★ uma bagunça.

b) Arnold ★ o campeão paulista de *tae kwon do*.

c) Infelizmente, Luísa ★ internada no hospital.

d) Augusto ★ triste pelo resultado do vestibular.

e) Laís ★ cansada da viagem.

9. Reescreva no caderno as orações a seguir e complete cada uma delas com um predicativo do sujeito adequado ao contexto.

a) Maria é ★. Sempre tem as respostas na ponta da língua!

b) O cãozinho de João é ★. Está a todo momento abanando o rabinho.

c) Até ser divulgado o resultado da premiação, todos permaneceram ★.

d) Depois da festa de aniversário, todos ficaram ★.

A LÍNGUA NA REAL

PREDICADO NOMINAL NA CONSTRUÇÃO DE DESCRIÇÕES E DEFINIÇÕES

1. Leia, a seguir, os parágrafos iniciais do conto "A sombra e o brilho", de Jack London (1876-1916). Ele narra a história de dois amigos perturbadoramente semelhantes que acabam desenvolvendo uma relação competitiva e perigosa.

> Ao **repensar** o assunto, eu **vejo** como **era** uma amizade estranha. De um lado, **havia** Lloyd Inwood, alto, magro, bem apessoado, nervoso e moreno. De outro, Paul Tchilorne, alto, magro, bem apessoado, nervoso e louro. Um **era** a cópia do outro em tudo, exceto nas cores. Os olhos de Lloyd **eram** negros, os de Paul, azuis. Quando o momento **era** de grande excitação, o sangue **tornava** as faces de Lloyd cor de azeitona, e as de Paul, cor de carmim. Mas, **tirando** essa questão de coloração, eles **eram** parecidos como duas ervilhas. Ambos **eram** irritadiços, com uma tendência para a tensão e a persistência, **estando** sempre com os nervos à flor da pele.
>
> Mas essa amizade tão peculiar **envolvia** um trio, e o terceiro elemento **era** baixo, atarracado, gordo e preguiçoso — e, **lamento dizer**, esse terceiro elemento **era** eu. Paul e Lloyd pareciam ter nascido para ser rivais, e eu, para fazer as pazes entre eles. Crescemos juntos, os três, sendo que muitas vezes sobravam para mim os socos que eles desfechavam um contra o outro. Estavam sempre competindo, lutando para conseguir ultrapassar um ao outro e, quando se metiam em alguma disputa, não havia nada que detivesse seu empenho e paixão.

Jack London. A sombra e o brilho. Em: Jack London e outros. *O outro*: três contos de sombra. Rio de Janeiro: Dantes, 2002. p. 11-12.

- O narrador desse conto participa da história ou apenas a narra? Como você identificou esse aspecto?

2. Copie no caderno o quadro a seguir e complete-o, indicando quais são, segundo o narrador, as características físicas e psicológicas das personagens.

	Características físicas	Características psicológicas
Narrador		
Lloyd		
Paul		

3. Releia as orações que apresentam essas características.
    a) Qual é o verbo que elas utilizam com mais frequência? Exemplifique.
    b) Considere o uso desse verbo. Ele deve ser classificado como verbo de ligação ou como verbo significativo?

4. O trecho do conto que você leu é predominantemente descritivo ou narrativo? Justifique sua resposta.

ANOTE AÍ!

Os trechos **descritivos** têm como objetivo apresentar ao leitor as características de um elemento específico (pessoa, lugar, objeto, etc.). Em fragmentos dessa natureza, prevalecem os **predicados nominais** e os **verbos de ligação**. Nesses predicados, a informação principal é sempre uma característica do sujeito expressa por um predicativo.

5. O texto a seguir, chamado "A cultura", é da autoria de Arnaldo Antunes. Leia-o.

> O girino é o peixinho do sapo. O silêncio é o começo do papo. O bigode é a antena do gato. O cavalo é o pasto do carrapato. O cabrito é o cordeiro da cabra. O pescoço é a barriga da cobra. O leitão é um porquinho mais novo. A galinha é um pouquinho do ovo. O desejo é o começo do corpo. Engordar é a tarefa do porco. A cegonha é a girafa do ganso. O cachorro é um lobo mais manso. O escuro é a metade da zebra. As raízes são as veias da seiva. O camelo é um cavalo sem sede. Tartaruga por dentro é parede. O potrinho é o bezerro da égua. A batalha é o começo da trégua. Papagaio é um dragão miniatura. Bactérias num meio é cultura.
>
> Arnaldo Antunes. *As coisas*. São Paulo: Iluminuras, 1993. p. 51.

- Nesse texto, predomina a descrição ou a definição? Justifique sua resposta.

CULTURA DE BACTÉRIAS
Bactérias são microrganismos formados por uma única célula. Para estudá-las, os cientistas as cultivam em uma solução contendo nutrientes adequados e em condições propícias à sua sobrevivência. A isso chamam "cultura de bactérias".

6. Releia as duas primeiras frases do texto.

> O girino é o peixinho do sapo.
> O silêncio é o começo do papo.

a) Identifique o núcleo do predicativo das duas frases.
b) Que relação de sentido há entre o sujeito e o predicativo do sujeito dessas frases? Copie no caderno a resposta mais adequada.
   I. O girino vem antes do sapo e o silêncio vem antes do papo.
   II. O girino é um peixe e, para começar um papo, é preciso fazer silêncio.
c) No caderno, copie do texto de Arnaldo Antunes outras frases que mantenham a mesma relação entre o sujeito e o predicativo do sujeito.

7. Compare estas duas definições de *papagaio*: uma produzida pelo poeta Arnaldo Antunes e a outra registrada em um dicionário.

> I. Papagaio é um dragão miniatura.

> II. **Papagaio** | designação comum a diversas aves psitaciformes da família dos psitacídeos, espécies do gênero *Amazona*, que possuem plumagem de coloração verde, com variações de cores na cabeça, fronte e bochechas, encontro e espelho alar [...].
>
> *Dicionário eletrônico Houaiss da língua portuguesa*. Rio de Janeiro: Objetiva, 2009.

a) Releia a definição de *papagaio* produzida pelo poeta. Liste no caderno as características de um papagaio e as de um dragão. Analisando-as, o que você acha que o autor quis ressaltar ao comparar um animal com o outro?
b) Essas definições têm objetivos diferentes. Quais são eles?
c) Escolha um animal não mencionado por Arnaldo Antunes e, no caderno, crie uma definição curiosa para ele. Compartilhe sua criação com os colegas.

ANOTE AÍ!

Os **verbos de ligação** e os **predicados nominais** são essenciais para a construção de **definições**, pois, ao definir um ser expresso como sujeito, é preciso atribuir a ele uma informação que o caracterize. As definições publicadas em **enciclopédias**, **artigos de divulgação científica** e **textos didáticos** precisam ser específicas. Já em **textos literários**, as definições podem brincar livremente com a imaginação do leitor.

ESCRITA EM PAUTA

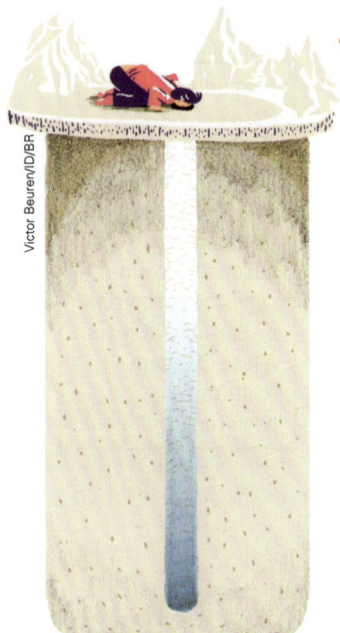

EMPREGO DE *SC*, *SÇ* E *XC*

1. Leia uma das curiosidades do texto "8 clichês científicos que na verdade são mentiras", da revista *Mundo Estranho*.

   ### Água não tem cor

   Aprendemos na escola que a água é incolor, mas não é bem assim. Na verdade, ela é azul. Um azul extremamente claro, mas azul. É possível observar isso num buraco fundo na neve ou enchendo uma piscina branca bem profunda – lá embaixo, dá pra ver o azul. Isso se dá pelas partículas minerais que compõem a água e refletem a luz. Em grandes corpos d'água, como lagos, rios e mares, a alta concentração de plantas e minerais altera a cor da água para verde, vermelho, marrom, etc.

   Tiago Jokura. *Mundo Estranho*, 22 ago. 2016. Disponível em: http://mundoestranho.abril.com.br/ciencia/8-cliches-cientificos-que-na-verdade-sao-mentiras/. Acesso em: 29 mar. 2023.

   a) De acordo com o texto "Água não tem cor", que elementos são capazes de mudar a cor da água na natureza?

   b) Em um buraco fundo na neve é possível observar que a água é azul. E em que outro lugar se pode comprovar essa cor, de acordo com o texto?

   c) O texto menciona que a alta concentração de minerais e plantas em grandes corpos de água altera sua cor de azul para diversas outras, como verde, vermelho e marrom. Você conhece algum lago, rio ou mar que tenha uma dessas cores? Conte para os colegas.

2. Na palavra *piscina*, as letras *sc* formam um dígrafo, pois representam um único som, que é igual ao som representado pela letra *s* em *samba*.

   a) Copie, no caderno, outras palavras do texto "Água não tem cor" em que são utilizadas letras para representar esse mesmo som.

   b) Em quais palavras do quadro a seguir as letras *sc* não formam dígrafo?

discípulo	escada	consciente
decresce	fresco	rascunho
casco	fascículo	inscrição

3. Observe as palavras do quadro e responda às questões.

desça	nasça	víscera	remanescente	seiscentos
descida	piscina	crescimento	rejuvenesço	desço

   a) Que letras são empregadas depois de *sc*? E depois de *sç*?

   b) Conclua a regra para uso dos dígrafos *sc* e *sç*.

4. No caderno, indique palavras em que o dígrafo *xc* representa o mesmo som de *sc* em *desce*.

   > **ANOTE AÍ!**
   >
   > O som representado pela letra *c* em *felicidade* e pela letra *s* em *samba* pode ser representado também pelos dígrafos *sc*, *sç* e *xc*.
   >
   > Exemplos: su**sc**etível, flore**sç**o, e**xc**êntrico, etc.

5. Copie as frases no caderno e complete-as com uma das palavras dadas.

   a) Os amigos podem ter muita ★ sobre os adolescentes. (acendência / asçendência / ascendência)

   b) O humor dos adolescentes ★ bastante. (ocila / osçila / oscila)

   c) Os estudantes de uma escola formam o corpo ★, enquanto os professores são o corpo docente. (dicente / disçente / discente)

   d) Laura está ★: cega pela emoção. (obcecada / obsçecada / obscecada)

   e) ★ é quem fica irado com facilidade. (Iracível / Irasçível / Irascível)

   f) A ferida tornou-se um ★. (abcesso / absçesso / abscesso)

6. Na atividade 5, que palavra usada para completar uma frase não tem dígrafo?

7. Copie no caderno estas palavras e complete-as corretamente com *sc*, *sç* ou *xc*.

   a) adole★ente
   b) na★imento
   c) decre★o
   d) de★endente
   e) di★iplina
   f) e★êntrico
   g) tran★ender
   h) convale★a
   i) e★elente
   j) rena★a
   k) e★itante
   l) mi★igenação
   m) e★esso
   n) rejuvene★a
   o) con★iência
   p) plebi★ito
   q) e★eto
   r) cre★am
   s) a★ender
   t) arbore★a
   u) e★eção
   v) fa★inante
   w) flore★er
   x) pi★iano

8. Escreva no caderno ao menos uma palavra da mesma família de cada uma das palavras da atividade anterior.

ETC. E TAL

De onde vem o nome de um lugar?

Uma das formas mais comuns de nomear lugares é por meio da descrição: se determinado povo está perto de dois rios, para não haver confusão no momento de se orientar, eles poderão ser denominados Rio Grande e Rio Pequeno (de acordo com seu tamanho) ou Rio Pardo e Rio Verde (de acordo com a cor de suas águas).

Além da descrição, os nomes podem ter origens variadas e revelar aspectos naturais da localidade ou aspectos culturais de determinada população. Por isso, é comum encontrar aqueles que façam referência a: fauna e flora, minérios, entidades religiosas, figuras públicas, palavras de outras línguas, etc.

Um mesmo local pode ser nomeado de formas diferentes ao longo da história, sendo renovado de acordo com as condições políticas ou por escolha de moradores locais. O nosso país, por exemplo, no início da colonização portuguesa, era conhecido como Ilha de Vera Cruz; no entanto, seu nome foi se modificando até chegar à palavra *Brasil*, que faz referência ao pau-brasil, árvore natural da Mata Atlântica.

Apesar de nomeadas oficialmente pela administração pública, determinadas regiões podem ser conhecidas por nomes populares, sendo comum seu uso em situações informais. No entanto, é muito importante saber os nomes oficiais para consultar mapas corretamente e orientar-se de modo adequado.

AGORA É COM VOCÊ!

ESCRITA DE ARTIGO DE OPINIÃO

Proposta

Neste capítulo você leu um artigo de opinião que defende o engajamento da sociedade como um todo no combate às mudanças climáticas. Agora é sua vez de escrever um artigo de opinião relacionado a esse tema. Ele deve focar no papel da educação no enfrentamento do aquecimento global, por meio da conscientização dos estudantes sobre o assunto. Os artigos produzidos serão publicados no *blog* da turma.

GÊNERO	PÚBLICO	OBJETIVO	CIRCULAÇÃO
Artigo de opinião	Comunidade escolar e internautas interessados no tema dos artigos	Posicionar-se sobre a importância da educação para a conscientização sobre o aquecimento global	*Blog* da turma

Planejamento e elaboração do texto

1 Com o auxílio das questões a seguir, reflita sobre o tema. Você pode anotar as respostas no caderno para que elas o ajudem a desenvolver seu texto e construir argumentos para defender sua posição.

- O aquecimento global é um assunto relevante para ser tratado na escola? Por quê?
- De que forma a escola pode contribuir para promover a conscientização sobre o aquecimento global?
- Haveria algum prejuízo na formação dos estudantes se a escola não tratasse desse assunto? Qual?
- Aprender sobre as causas e as consequências do aquecimento global ajuda a combater atitudes negacionistas sobre o tema?

2 Pesquise o tema em *sites* e revistas. Procure notícias, reportagens, dados estatísticos e artigos de opinião que possam ajudar você no desenvolvimento do texto e na construção de seus argumentos.

3 Ao planejar seu texto, considere os aspectos elencados a seguir.

- Defina o ponto de vista que você defenderá em seu artigo, respondendo à seguinte questão: A educação pode auxiliar a promover a conscientização dos estudantes sobre o problema do aquecimento global?
- Para defender seu ponto de vista, você pode falar sobre o papel da escola na formação de indivíduos críticos, pode contextualizar o tema do aquecimento global explicando o que é, de que forma é causado e quais são seus impactos para a vida das pessoas e para o planeta, entre outros. Escolha alguns tópicos para desenvolver em seu artigo de opinião.
- Você pode usar uma situação do cotidiano para iniciar seu texto.
- Utilize exemplos, dados numéricos, citações de especialistas em áreas relacionadas ao assunto e/ou comparações para deixar seus argumentos mais convincentes.
- Planeje a conclusão: nela, você vai reforçar a opinião defendida e apresentar uma sugestão para a questão discutida no texto.

4 Planeje a organização dos argumentos e a conclusão. Para isso, utilize como base o esquema a seguir.

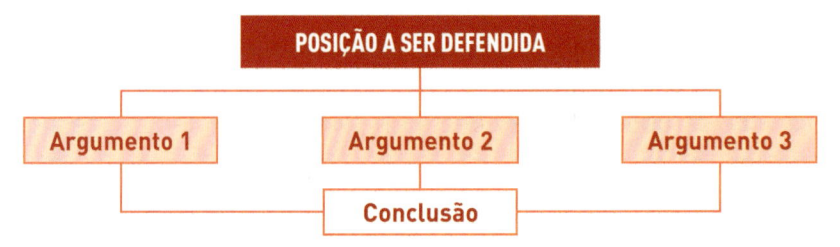

```
            POSIÇÃO A SER DEFENDIDA
    ┌───────────────┼───────────────┐
Argumento 1     Argumento 2     Argumento 3
    └───────────────┼───────────────┘
                Conclusão
```

5 Ao elaborar a primeira versão de seu artigo de opinião, observe com muita atenção as seguintes orientações.

- No primeiro parágrafo, você deve contextualizar o tema e apresentar sua opinião sobre ele de modo convidativo, para que os leitores se interessem pelo artigo.
- Você pode utilizar a primeira pessoa do singular ou a primeira pessoa do plural, conforme os efeitos de sentido pretendidos.
- Utilize o registro formal ao escrever seu artigo.
- Organize o texto com os argumentos que você enumerou ao planejar o artigo, verificando se a seleção dos argumentos aproxima o leitor do texto.
- Conclua o artigo. Para isso, retome a ideia inicial e proponha um encaminhamento para a questão apresentada.
- Crie um título que exponha de forma indireta sua opinião sobre o tema. Ele deve chamar a atenção dos leitores.

Avaliação e reescrita do texto

1 Depois de finalizado, troque seu artigo de opinião com um colega e avalie o texto dele de acordo com as perguntas do quadro a seguir.

ELEMENTOS DO ARTIGO DE OPINIÃO
O título é adequado ao tema desenvolvido no artigo?
O primeiro parágrafo contextualiza o tema e atrai o leitor?
Os argumentos são convincentes e justificam o ponto de vista defendido?
A conclusão retoma a ideia central e propõe uma solução para o problema?
O artigo foi escrito de acordo com o registro formal da língua?

2 Faça observações no texto do colega e, depois, devolva-o.

3 Receba o texto avaliado pelo colega e reescreva-o, fazendo as modificações que considerar pertinentes e necessárias.

Circulação

1 Você e os colegas devem publicar os artigos no *blog* da turma; para isso, é importante seguir estes passos.

- No *blog*, criem um espaço específico para a publicação dos artigos de opinião.
- Os artigos devem ser publicados em postagens separadas.
- Incluam imagens que enriqueçam os textos e que reforcem a argumentação. Escrevam legendas para cada uma delas, indicando local e data.
- Divulguem o endereço do *blog* na comunidade escolar e nas redes sociais para ampliar o público leitor.

ATIVIDADES INTEGRADAS

Você vai ler agora um artigo de opinião sobre a importância da atuação dos jovens diante da crise climática. Fique atento às características do gênero artigo de opinião que você estudou ao longo desta unidade. Após a leitura, responda às questões propostas.

Jovens na crise climática

Rhenan Cauê, 27/03/2022

Houve uma época em que o clima era previsível. Os mais velhos sabiam qual mês era o mais chuvoso, ou o mais quente. Sabiam até as melhores datas de plantar. Hoje em dia as coisas mudaram. E isso, e vários outros acontecimentos, são uma consequência da chamada crise climática. Essa é uma expressão que tem sido usada para demonstrar a situação ambiental do planeta relativa às mudanças no clima. Essas transformações são variações na temperatura em escala global que podem causar efeitos catastróficos.

Extinção de várias espécies, insegurança alimentar, derretimento das geleiras junto com o aumento do nível do mar e das inundações são apenas algumas das consequências dessa crise, que afeta diretamente todos os seres humanos. E aqui cabe outra pergunta: onde ficam os jovens em toda essa conversa?

No ano passado aconteceu a COP26, que é a Conferência das Nações Unidas sobre as mudanças do clima. O evento é anual. Por lá, nós tivemos a participação da ativista Greta Thunberg, que causou um grande impacto na tomada de decisão de líderes mundiais, como, por exemplo, o caso de alguns países assinarem acordos depois de seu discurso.

Assim conseguimos mostrar o quanto é importante se preocupar com a crise climática para não ser pego desprevenido – é preciso sempre pensar nas devidas precauções para não sofrer as consequências.

O papel dos jovens é lembrar aos líderes governamentais, às gerações passadas, que as mudanças climáticas estão aí, que temos que cuidar do nosso planeta. Que se não agirmos agora não teremos um planeta para as gerações futuras.

O cidadão do amanhã. Essa frase é comumente usada para se referir aos jovens, porém mostra-se totalmente o contrário da realidade. As juventudes não são os cidadãos do amanhã, mas sim os cidadãos do hoje e do agora. Ninguém além de nós é capaz de usar todo o poder das redes sociais, por exemplo.

É inegável que elas são importantes para facilitar a nossa comunicação. Além disso, elas ainda servem para que fiquemos atualizados. Porém, a relação entre os jovens e as redes sociais vai além: as redes também nos possibilitam nos relacionarmos com marcas e empresas, consumir jogos e compartilhar momentos particulares. Muitos jovens seguem os exemplos de pessoas engajadas em ter uma vida sustentável, e isso contribui bastante para o meio ambiente, pois mobiliza ainda mais gente a fazer o mesmo.

Nas redes sociais, nós conseguimos alcançar quantidades incríveis de pessoas que acompanham a nossa trajetória e também sensibilizamos cada seguidor com o nosso conteúdo. Ninguém faz nada sozinho. O grande e único poder é a união. E nós, jovens, somos muito bons em sensibilizar a família, amigos e escola em prol de uma causa. E é disso que precisamos mais do que nunca. Precisamos agir agora e todos juntos.

Então para você que não leva uma vida sustentável, que não está por dentro dos problemas pelos quais o mundo está passando, deixo uma reflexão para que repense seus atos e atitudes. O planeta pode morrer se não der a atenção necessária, se não tomar os devidos cuidados. Ele é responsabilidade de todos nós.

Rhenan Cauê. Jovens na crise climática. *Uol*, 27 mar. 2022. Disponível em: https://www.uol.com.br/ecoa/colunas/opiniao/2022/03/27/jovens-na-crise-climatica.htm. Acesso em: 31 mar. 2023.

Acompanhamento da aprendizagem

Analisar e verificar

1. Após a leitura do texto, faça o que se pede.

   a) No primeiro parágrafo, para contextualizar o leitor sobre o tema relacionado à crise climática, Rhenan Cauê define essa expressão. Copie no caderno a definição dada.

   b) No segundo parágrafo, qual estratégia o autor utiliza para inserir os jovens em sua discussão? Você acha que essa é uma boa estratégia de argumentação? Comente com os colegas.

   c) Agora, releia o terceiro parágrafo.

   > No ano passado aconteceu a COP26, que é a Conferência das Nações Unidas sobre as mudanças do clima. O evento é anual. Por lá, nós tivemos a participação da ativista Greta Thunberg, que causou um grande impacto na tomada de decisão de líderes mundiais, como, por exemplo, o caso de alguns países assinarem acordos depois de seu discurso.

   - Tendo em vista a forma como o autor finaliza o segundo parágrafo, qual opinião ele defende no parágrafo reproduzido acima e quem ele cita para exemplificá-la?

2. Releia o penúltimo parágrafo do artigo e explique de que forma ele retoma o que foi dito no segundo parágrafo.

3. Dos itens a seguir, quais indicam os tipos de argumento utilizados no artigo de opinião lido? Identifique-os no texto e registre no caderno trechos em que é possível observar esses argumentos.

   I. Uso de primeira pessoa do plural para se aproximar do leitor.
   II. Apresentação de dados estatísticos.
   III. Uso de contra-argumentos.
   IV. Apresentação de exemplos.
   V. Apresentação de gráficos que comprovem o ponto de vista defendido.
   VI. Uso de imagens para fortalecer o ponto de vista do autor.

4. No texto, há orações com predicado verbal e orações com predicado nominal. Identifique uma oração de cada tipo. Depois, analise sintaticamente as orações escolhidas.

Criar

5. Imagine que você vá publicar um comentário sobre o artigo de opinião estudado nesta seção. Escreva seu comentário, expressando nele, de forma breve, sua opinião sobre o tema da participação dos jovens no contexto da crise climática. Inclua uma justificativa a fim de dar credibilidade à sua opinião.

6. **SABER SER** Ao longo da unidade, você foi convidado a refletir sobre a crise climática, seus impactos na sociedade global e sua relação com as atividades humanas. Diante da urgência da situação, é importante cooperar com a causa, compreendendo que nossas ações individuais afetam o planeta como um todo. Em sua opinião, o que você poderia fazer para alertar as pessoas sobre essa situação e promover maior compreensão sobre a questão climática e suas implicações?

CIDADANIA GLOBAL

UNIDADE 8

13 AÇÃO CONTRA A MUDANÇA GLOBAL DO CLIMA

Retomando o tema

Nesta unidade, você e seus colegas refletiram sobre os impactos globais das alterações do clima. Agora, vocês vão avaliar possibilidades de atuação dos jovens no enfrentamento da crise climática.

1. Você conhece algum jovem da sua cidade que atua na causa ambiental?
2. Você já pensou de que forma poderia atuar para amenizar os impactos das mudanças climáticas? Esse tema é discutido em sua casa ou na escola?
3. Já ouviu falar de jovens ativistas ambientais que se tornaram inspiradores para a geração atual?

Geração da mudança

Ativismo digital ou ciberativismo são termos que se referem às práticas de engajamento social no ambiente virtual, como compartilhar informações, assinar petições, participar de abaixo-assinados e usar *hashtags* em defesa de uma causa.

Cada vez mais, essa forma de ação social tem sido utilizada para engajar pessoas do mundo todo na luta por uma sociedade melhor.

Você já imaginou usar essa forma de atuação para combater a crise climática? Para a realização desta atividade, siga as orientações abaixo:

- Com o auxílio do professor, forme um grupo com os colegas para escolher e colocar em prática uma das formas de ativismo digital apresentadas:
  - compartilhar informações de *sites* confiáveis sobre a crise climática e utilizar *hashtags* em uma postagem de rede social;
  - produzir um vídeo alertando as pessoas sobre a questão climática e divulgá-lo nas redes sociais;
  - assinar uma petição *on-line* em defesa da causa;
  - participar ou fazer um abaixo-assinado *on-line* de combate às alterações do clima.
- Consultem *sites* institucionais ou especializados com informações confiáveis.
- Para finalizar, compartilhem a experiência do grupo com os demais colegas.

Autoavaliação

INTERAÇÃO

CLUBE DE LEITURA

Participar de um clube de leitura é uma boa oportunidade para conhecer melhor seu gosto literário e o de outras pessoas, ampliar seu repertório de leitura e descobrir novos sentidos para os livros. Nesta seção, você e os colegas vão organizar um clube de leitura e criar um espaço para compartilhar experiências. Ao final do projeto, vocês criarão resenhas em vídeo, em um canal na internet, para falar sobre o livro de que mais gostaram.

Ler, em geral, é uma atividade solitária, mas isso não significa que não podemos compartilhar impressões sobre o que lemos. Os clubes de leitura, por exemplo, dão aos leitores a oportunidade de escolher, juntos, o que querem ler e de construir um espaço de discussão sobre as obras lidas. Trata-se de encontros informais, em que cada um pode relatar sua experiência – do que gostou, do que não gostou, como entendeu o texto, o que gostaria de compreender melhor – e, ao ouvir as experiências dos demais participantes, descobrir sentidos que não tinham sido percebidos na leitura individual. Para compartilhar as experiências de leitura, é possível também produzir vídeos para um canal na internet, a fim de divulgar informações, impressões e opiniões sobre as obras lidas e contribuir para a disseminação do gosto pela leitura.

Objetivos

- Criar um clube de leitura para formar um espaço de troca de experiências de leitura literária.
- Organizar as normas de funcionamento do clube de leitura.
- Familiarizar-se com o acervo da escola e identificar obras de seu interesse.
- Contribuir com informações relevantes para a escolha das obras a serem lidas e participar de conversas sobre elas, posicionando-se criticamente.
- Conhecer diferentes obras, autores e gêneros literários.
- Produzir vídeos para um canal na internet com o objetivo de compartilhar opiniões sobre o livro que você e os colegas mais gostaram de ler durante o projeto.

Cada grupo vai ler um dos livros selecionados.

- Na quarta parte, cada estudante realizará a leitura da obra, fazendo um resumo e outras anotações para que possam utilizar essas informações no momento de discussão sobre o livro.
- Na quinta parte, cada grupo deverá se reunir para conversar sobre os livros.
- Na sexta parte, vocês vão assistir a resenhas críticas em vídeos disponíveis na internet e analisá-las.
- Na sétima parte, vocês produzirão vídeos para um canal com o objetivo de compartilhar críticas sobre a obra que mais gostaram de ler no decorrer do projeto.

Planejamento

Organização da turma

- Na primeira parte da atividade, a turma toda deve combinar certos procedimentos essenciais para o bom funcionamento do clube de leitura.
- Na segunda parte, vão visitar a biblioteca ou a sala de leitura da escola e cada um vai escolher dois livros de seu interesse.
- Na terceira parte, em sala de aula, vão verificar quais foram os livros mais escolhidos e se organizar em grupos para dar prosseguimento às atividades do clube.

Procedimentos

Parte I – Procedimentos para o bom funcionamento do clube de leitura

1. Ao criar um clube de leitura, é importante a turma toda, com a ajuda do professor, estipular combinados sobre seu funcionamento para que todos possam segui-los. Esses combinados devem ser respeitados pelo grupo a fim de que a atividade aconteça da melhor forma possível. No momento acordado com o professor, façam suas observações, que serão discutidas e registradas na lousa.

Ouçam as sugestões dos colegas com respeito e atenção. Se não concordarem com algumas delas, expressem seus argumentos de maneira educada, respeitando os pontos de vista diferentes.

2 Ao final da conversa, os acordos serão lidos e, se necessário, reescritos. Um voluntário deve anotar os combinados. Escrevam a versão final desses combinados em um cartaz a ser afixado na sala de aula para consulta em caso de dúvida.

Parte II – Reconhecimento do acervo escolar e pesquisa dos livros

1 Em data e horário previamente acordados, vocês farão uma visita à biblioteca ou à sala de leitura para conhecer o acervo de livros disponível na escola. Observem atentamente os itens que compõem um livro, como capa, lombada, folha de rosto, sumário; leiam a minibiografia do autor nas orelhas e a sinopse na quarta capa; folheiem as páginas lendo pequenos trechos e observando as imagens, quando houver.

2 Cada um deve selecionar dois livros que tenham despertado seu interesse e anotar as seguintes informações: título, autor, número de páginas, sinopse. A sinopse é, em geral, publicada em uma das orelhas ou na quarta capa, dando uma ideia do enredo ao leitor. Não há problema se mais de um estudante escolher o mesmo livro. Cada um deve anotar os motivos pelos quais as obras chamaram sua atenção. Guardem essas informações para, posteriormente, consultá-las ao sugerir aos colegas a leitura das obras escolhidas.

Parte III – Escolha dos livros e organização dos grupos

1 Em sala, cada estudante apresentará à turma os dois títulos selecionados, citando as informações observadas e expondo os motivos de sua escolha. Se outro colega mencionar o mesmo livro, ele também deverá falar sobre as características da obra que despertaram o interesse dele. Assim, todos terão mais informações disponíveis no momento de decidir o que desejam ler.

2 Um voluntário deve anotar o título dos livros escolhidos e registrar quantos estudantes os escolheram. Ao final, identifiquem os três ou os quatro títulos mais citados. Se nenhum dos livros que você sugeriu tiver sido escolhido, guarde suas sugestões para a próxima escolha.

3 Organizem a turma em três ou quatro grupos de acordo com as obras escolhidas, para que os grupos tenham um número equilibrado de participantes.

4 Determinem uma data para conversar em grupo sobre a obra selecionada, prevendo um intervalo de cerca de um mês para que façam a leitura dela.

Parte IV – Leitura da obra

1 Durante a leitura, mantenha-se atento aos sentimentos e às sensações que a obra provoca em você. A seguir, listamos algumas perguntas que podem direcionar suas reflexões.

- O livro deixa você feliz, triste ou emocionado de algum modo?
- A história narrada faz você se lembrar de alguma outra?
- Você tem vontade de continuar a ler o livro ou de interromper a leitura?
- Deseja chegar logo ao final do livro ou procura ler sem pressa, para a história durar mais um pouco?
- Sente vontade de pular páginas ou gosta de reler trechos?

2 Faça um resumo da obra, contando com suas palavras o enredo. Você também pode montar esquemas ou utilizar outros recursos gráficos que o ajudem a sintetizar os aspectos mais relevantes. Esse resumo será útil para apoiar sua fala no encontro que ocorrerá posteriormente para discutir a obra. Documente também sua experiência de leitura e as emoções e reflexões que o livro despertou em você. Isso ajudará na troca com os colegas sobre as impressões tidas durante a leitura. Se uma passagem do livro o impressionar ou se você tiver dificuldade de entendê-la, anote o número da página para recuperar a informação durante o encontro. Lembre-se de não escrever, rasurar ou danificar o livro.

Parte V – Encontro para conversar sobre a obra lida

1 Com antecedência, você e seu grupo devem procurar um espaço na escola onde possam se acomodar. Vocês vão ocupá-lo por aproximadamente uma hora. Se possível, escolham um lugar tranquilo e agradável.

2 Conversem com os outros grupos para não haver coincidência do local marcado. Com a ajuda do professor, confirmem se o espaço estará disponível no momento previsto.

3 Decidam também a data e o horário para o encontro do grupo. No dia e hora marcados, reúnam-se para debater a obra escolhida. Levem os livros, os resumos e as anotações feitas no decorrer da leitura.

4 Um dos colegas pode iniciar a conversa fazendo uma pequena apresentação do enredo do livro, das personagens e dos principais acontecimentos. Em seguida, os demais comentarão a obra. Sugestões de tópicos para a discussão:

- Quais foram suas impressões sobre a obra? Ela se mostrou interessante?
- Do que gostaram e do que não gostaram nessa leitura? Expliquem.
- Quais sentimentos ou emoções o livro despertou? Que elementos da história contribuíram para isso?
- A leitura provocou reflexões sobre a própria vida ou a sociedade em que vivemos? Em caso positivo, quais?

5 No decorrer da conversa, aqueles que desejarem falar ou comentar a fala dos colegas devem levantar a mão e aguardar o momento adequado. Todos terão a palavra, na ordem do pedido. Para que o encontro seja enriquecedor, é essencial ouvir o que todos têm a dizer. Talvez haja interpretações diferentes, complementares – e igualmente válidas – para determinada passagem do livro, ou pode ser que alguém precise de ajuda para entender detalhes da história.

6 Após o encontro, os grupos devem trocar os livros entre si. Dessa forma, todos farão a leitura dos três ou dos quatro livros escolhidos pela turma.

7 Depois de todos os grupos terem lido os livros selecionados, retomem os procedimentos para escolher as próximas obras a serem lidas. Isso fará com que o projeto sempre tenha continuidade.

8 Na etapa seguinte, vocês vão criar um canal de vídeos da turma na internet, em que compartilharão resenhas críticas em vídeo sobre os livros que mais gostaram de ler.

Parte VI – Análise de resenhas críticas em vídeo

1 Antes de iniciar a produção, vocês vão assistir a alguns vídeos para analisá-los com o professor. Assim, conhecerão algumas características do gênero e se prepararão para produzir o vídeo. Veja, a seguir, algumas sugestões de canais que veiculam vídeos sobre livros:

- Literature-se: criado pela *vlogger* Mel Ferraz. No *link* a seguir, ela faz uma resenha crítica de um dos livros da série Desventuras em Série, de Daniel Handler. Disponível em: https://www.youtube.com/watch?v=v6y6qx5SAWE. Acesso em: 17 jan. 2023.
- Cabine literária: criado por Danilo Leonardi. No *link* a seguir, Lúcia Robertti, uma das *vloggers* do canal, faz uma análise do livro *Persépolis*, de Marjane Satrapi. Disponível em: https://www.youtube.com/watch?v=1x4yNGGGg2w. Acesso em: 17 jan. 2023.

2 Enquanto assistem ao vídeo, observem alguns itens importantes:

- De que modo o/a *vlogger* inicia o vídeo?
- Qual é o objetivo do vídeo?
- O/A *vlogger* fala sobre quais aspectos do livro comentado?
- O/A *vlogger* parece conhecer bem o livro que apresenta?
- Qual pode ser o público-alvo desse canal de vídeo?
- Como é a entonação de voz do(a) *vlogger*? Ele(a) usa o mesmo tom durante todo o vídeo ou muda em alguns momentos?
- Ao longo do vídeo, o/a *vlogger* anda ou permanece imóvel?

- O/A *vlogger* gesticula durante o vídeo?
- Como é a linguagem usada pelo(a) *vlogger*? Formal ou informal?
- O vídeo é descontraído ou mais sério?
- O/A *vlogger* parece ler o que diz ou fala como se conversasse?
- Ao assistir ao vídeo, você teve vontade de ler o livro apresentado?

3. Depois de assistir aos vídeos, conversem sobre os itens citados. Assim, poderão ter ideias para produzir os vídeos da turma.

Parte VII – Produção dos vídeos da turma

1. Após fazer a leitura e a análise dos livros e assistir aos vídeos, cada grupo se reunirá para produzir uma resenha em vídeo em que compartilhará opiniões, impressões e críticas sobre o livro que os integrantes do grupo mais gostaram de ler durante o projeto.

2. Cada grupo deve escolher, por meio de votação, entre os livros lidos no semestre, a obra que será apresentada no vídeo.

3. Todos os integrantes do grupo poderão participar da gravação do vídeo, mas é importante que as falas sejam organizadas. Assim, enquanto um estudante estiver fazendo seu comentário, é preciso que os demais fiquem em silêncio, prestando atenção ao que o colega fala. Caso alguém deseje acrescentar algo ao comentário do colega, precisa aguardar o momento adequado.

4. Aqueles que não desejarem aparecer no vídeo podem auxiliar na gravação, organizando o espaço ou criando o cenário de fundo, por exemplo. As gravações demandam trabalho. Portanto, a contribuição de todos será fundamental no processo de produção do vídeo.

5. Para fazer uma crítica do livro, é preciso mostrar que vocês o conhecem bem. Por isso, antes da gravação, conversem novamente sobre a obra e retomem as anotações feitas.

6. Definam o que será apresentado no vídeo sobre o livro. Sugestões:
   - Informações sobre o autor.
   - Análise da capa do livro, mostrando a imagem dela no vídeo.
   - Análise das ilustrações presentes no livro. Caso ele tenha ilustrações, vocês podem mostrar algumas no vídeo e falar sobre elas.
   - Resumo da história narrada.
   - Características da história: personagens, narrador, tempo em que se desenvolve a narrativa, espaços.
   - O conflito da história e o tom dela: dramático, divertido, emocionante, etc.
   - Pontos positivos ou negativos da obra.
   - O que mais chamou a atenção de vocês na história.
   - Por que gostaram do livro.

7. Lembrem-se de que a crítica do livro não precisa ser somente positiva. Vocês também podem ressaltar pontos negativos, se desejarem. É interessante que haja diversidade de opiniões. Portanto, cada integrante do grupo poderá fazer sua crítica sobre o livro durante o vídeo.

8. Para gravar, utilizem equipamentos que gravem imagem e som, como a câmera de vídeo do celular. Verifiquem o uso adequado do equipamento para que seja possível ver e ouvir bem o vídeo.

9. Escolham um local silencioso e bem iluminado para gravar. Caso tenham criado um fundo para o local de gravação, cada estudante que falar deve se posicionar em frente à câmera e, depois, ceder o espaço para o próximo.

10. Durante a gravação, lembrem-se das características observadas no vídeo que vocês viram. Não façam gestos muito amplos e falem de forma clara, olhando de frente para a câmera. O vídeo deve ser atraente. Por isso, falem como se estivessem conversando sobre o livro com um colega.
11. Caso haja erros durante a gravação, como longos períodos em silêncio ou pessoas falando ao mesmo tempo, eles poderão ser excluídos depois, na etapa de edição do vídeo.
12. Criem um nome para o canal.
13. Lembrem-se de que, no início do vídeo, é preciso fazer uma introdução, dizendo o nome do canal, quem são os *vloggers* e sobre o que vão falar.
14. Pensem em uma despedida interessante para o final da apresentação, agradecendo às pessoas que assistiram ao vídeo.
15. Após a gravação, com o apoio do professor, vocês vão editar o vídeo. Para isso, combinem um dia para ir à sala de informática e utilizar programas de edição de vídeo. Há diversas opções de programas gratuitos. Caso haja dúvidas nessa etapa, procurem abas de "ajuda" disponibilizadas dentro do programa ou, ainda, consultem o professor de informática, caso haja um.

Compartilhamento

1. Antes de compartilhar os vídeos no canal, façam uma sessão para que a turma assista aos vídeos de todos os grupos.
2. Com a ajuda do professor, criem um canal em um serviço de hospedagem e divulgação de vídeos para publicar as produções. Vocês podem inserir também outras críticas de livros ou outras produções. Além do canal, os vídeos poderão ser disponibilizados no *blog* ou no *site* da escola.

Avaliação

Agora, conversem sobre a participação de vocês no clube de leitura e, também, na criação das resenhas em vídeo.

1. Vocês localizaram, no acervo da escola, obras literárias que lhes interessaram?
2. Ao apresentar as obras selecionadas, todos foram ouvidos com respeito?
3. Vocês conseguiram ler o livro no tempo estipulado? Estiveram atentos à sua experiência de leitura?
4. Vocês fizeram um resumo das obras lidas? Isso ajudou, no momento do encontro, a falar sobre elas?
5. Foi importante respeitar os combinados criados pela turma para que os encontros acontecessem de forma proveitosa?
6. O que poderia ser melhorado no processo de escolha das próximas obras? E durante a leitura delas?
7. Os espaços em que ocorreram os encontros foram adequados? Se não foram, quais outros poderiam ser utilizados?
8. Vocês gostaram de ler as obras? E de compartilhar com os colegas suas experiências de leitura?
9. Gostariam de convidar outras turmas da escola para o clube de leitura? Em caso positivo, como isso poderia ser feito?
10. Vocês gostaram de criar o vídeo? O que poderia ser melhorado futuramente?
11. A imagem do vídeo ficou nítida e o som estava audível?
12. Os *vloggers* expressaram suas opiniões de forma clara?

INTERAÇÃO

JORNAL COMUNITÁRIO *ON-LINE*

O jornal comunitário é um meio de divulgar os fatos que ocorrem no local onde vivemos. Nessa seção, vocês vão elaborar um jornal comunitário *on-line*. Desse modo, vão poder informar a comunidade sobre acontecimentos de interesse dela e publicar os textos jornalísticos escritos e orais produzidos pela turma.

O jornal é um dos principais meios de comunicação da sociedade contemporânea. Nele, encontramos inúmeras informações sobre a cidade, o estado e o país onde moramos e sobre os diversos países do mundo. Por cobrirem uma área tão extensa, os grandes jornais não conseguem noticiar tudo o que acontece, sobretudo quando se trata da realidade local. É por isso que os jornais comunitários existem: para divulgar os principais acontecimentos de determinada comunidade.

Objetivos

- Produzir, de modo colaborativo, um jornal comunitário *on-line* que divulgue fatos da realidade local em textos jornalísticos criados pela turma.
- Compreender como as informações são organizadas em um jornal *on-line*.
- Conhecer as etapas de produção de um jornal comunitário *on-line*.
- Produzir notícias de interesse local para serem publicadas nesse jornal.
- Produzir uma entrevista em vídeo sobre um tema de interesse da comunidade e publicá-la no jornal comunitário.
- Lançar o jornal *on-line* para o público.

Planejamento

Organização da turma

- Na primeira parte da atividade, vocês vão visitar a redação de um jornal para saber como os materiais jornalísticos são produzidos.
- Na segunda parte, vocês vão definir a estrutura do jornal *on-line* que será criado.
- Na terceira parte, sob a orientação do professor, serão formados quatro grupos: o primeiro será responsável por organizar os textos jornalísticos produzidos pela turma; o segundo produzirá notícias; o terceiro fará uma entrevista; e o último ficará responsável pelo *layout* e pela funcionalidade do jornal.
- Ao final, a turma voltará a formar um único grupo para organizar o lançamento do jornal *on-line* para a comunidade.

Procedimentos

Parte I – Visita a uma redação de jornal

1 Que tal fazer uma visita à redação de um jornal para conhecer seu funcionamento? Pode ser a redação de um jornal comunitário, de um jornal local ou de um jornal com maior circulação na cidade em que vocês moram. Entrem em contato com a empresa ou a associação responsável pelo jornal e marquem uma visita.

2 Para fazer a visita, é necessário se preparar. Que informações vocês desejam saber que poderão auxiliá-los na criação do jornal *on-line*? Elaborem um roteiro de perguntas e registrem-nas para fazer no dia da visitação. Vejam algumas sugestões a seguir:

- Que tipo de conteúdos jornalísticos o jornal publica?
- Quais profissionais trabalham no jornal? Qual é a função de cada um?
- O que faz um fato virar notícia?
- Quais são as etapas necessárias para a produção de um jornal?
- Como é feita a divulgação do jornal?

3 No dia da visita, façam outras perguntas que surgirem durante a explicação da pessoa responsável por mostrar o jornal e anotem as informações fornecidas por ela. Ao final, agradeçam a atenção dispensada e a gentileza de recebê-los.

4 De volta à escola, promovam uma roda de conversa para trocar ideias e impressões e discutir de que forma as informações obtidas durante a visita podem ajudá-los na produção do jornal. Com base no conhecimento adquirido, façam, se necessário, adaptações nas etapas propostas a seguir.

Parte II – Definição da estrutura do jornal

1 Nessa parte, vocês vão fazer uma análise documental. Para isso, pesquisem pelo menos três jornais *on-line* e observem como as informações são organizadas na primeira página de cada um. Alguns exemplos de jornal *on-line* são:
- *Estadão*. Disponível em: https://www.estadao.com.br/. Acesso em: 17 jan. 2023.
- *Jornal do Brasil*. Disponível em: https://www.jb.com.br/. Acesso em: 17 jan. 2023.
- Jornal comunitário *O cidadão*, criado por pessoas de uma comunidade da cidade do Rio de Janeiro. Disponível em: http://jornalocidadao.net/. Acesso em: 17 jan. 2023.

2 Durante a análise documental, anotem o que os jornais têm em comum e o que julgarem mais interessante. Alguns elementos importantes a serem observados são:

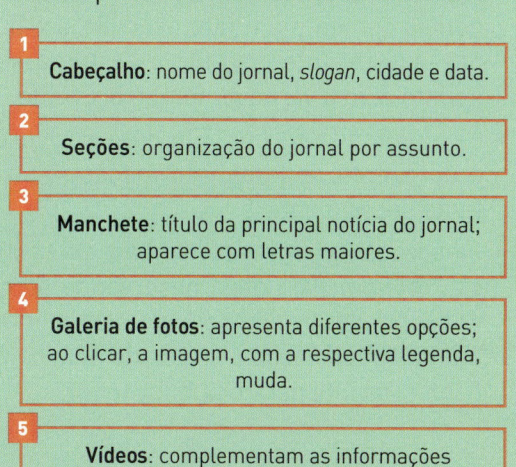

1 **Cabeçalho**: nome do jornal, *slogan*, cidade e data.

2 **Seções**: organização do jornal por assunto.

3 **Manchete**: título da principal notícia do jornal; aparece com letras maiores.

4 **Galeria de fotos**: apresenta diferentes opções; ao clicar, a imagem, com a respectiva legenda, muda.

5 **Vídeos**: complementam as informações apresentadas no jornal.

3 Observem como os textos, os vídeos e as imagens são organizados na página e pensem nas seguintes questões:
- As páginas são organizadas de forma atraente para o leitor?
- Os jornais *on-line* são iguais aos jornais impressos? Se existem diferenças, quais são elas?

4 Após visitar os *sites* de jornais, definam as seções que vocês gostariam de incluir no seu jornal *on-line*. Elas devem ser divididas por assuntos. Por exemplo: opinião, educação, cidadania, saúde, segurança, cultura, entretenimento e outros.

5 Um voluntário deve anotar as seções escolhidas pela turma, para serem retomadas no momento da organização do jornal.

6 Com a ajuda do professor, iniciem a busca por plataformas digitais gratuitas que possam ser utilizadas para criar o jornal. Analisem as possibilidades encontradas observando se elas são fáceis de manusear e se contemplam as necessidades de vocês. Após realizar a escolha da plataforma, caso necessário, adaptem o projeto inicial.

7 Definam o nome do jornal. Vocês podem fazer sugestões e, em seguida, escolher, por meio de votação, o que considerarem mais adequado.

8 Decidam qual será a periodicidade do jornal comunitário: diária, semanal ou mensal. Lembrem-se de que o jornal comunitário *on-line* precisará ser atualizado com novos conteúdos de acordo com a periodicidade definida.

Parte III – Produção do jornal

1 Organizem-se em quatro grupos, de acordo com os interesses de vocês, sob a orientação do professor. É importante que a distribuição dos estudantes nos grupos seja equilibrada, para que o trabalho se desenvolva de forma satisfatória. Lembrem-se de que a soma dos trabalhos de todos os grupos é que permitirá a criação do jornal *on-line*.

◀ Primeira página de um grande jornal *on-line* e alguns de seus elementos mais importantes.

Grupo 1: Será responsável por organizar os textos jornalísticos produzidos pela turma. Para isso, sigam estes passos:

- Reúnam os textos jornalísticos orais e escritos produzidos por vocês ao longo do ano e aqueles que serão produzidos durante este projeto.
- Os textos escritos devem ser digitados para a publicação no jornal *on-line*. Os textos orais, que podem ser em áudio ou vídeo, também serão disponibilizados no jornal *on-line*, no local que vocês considerarem adequado.
- Depois de digitados, releiam os textos observando a necessidade de fazer correções, cortes ou complementações para aprimorá-los.
- Separem os textos escritos e os orais por temas, agrupando-os em seções.
- Para cada um dos textos, orais ou escritos, elaborem um título que sirva de chamada de capa e dê acesso ao conteúdo na íntegra. Para definir a manchete (título principal), vocês podem promover uma votação para escolher, dentre as sugestões, a mais adequada.

Grupo 2: Será responsável por produzir notícias de interesse da comunidade para serem divulgadas no jornal *on-line*. Para isso, adotem os passos a seguir.

- Busquem algumas notícias na internet ou em jornais impressos e analisem como elas são escritas. Observem o título dessas notícias, a linha fina (ou seja, o subtítulo), que informações apresentam e outros elementos que vocês considerarem mais importantes.
- Troquem ideias, conversem com os colegas e selecionem um fato sobre um assunto que diga respeito à escola, ao bairro da escola ou à cidade. Vocês vão escrever uma notícia sobre esse fato.
- Lembrem-se: um assunto se torna notícia quando há informações relevantes sobre ele que possam interessar aos leitores.
- Após definirem o fato a ser noticiado, planejem como a notícia será escrita. Lembrem-se de que ela deve conter algumas informações básicas: o que aconteceu, com quem aconteceu, quando aconteceu, onde, por que e como aconteceu. Assim, o leitor poderá compreender o fato.
- Depois de escrita a notícia, criem um título para ela, lembrando-se de que ele deve chamar a atenção do leitor. Mesmo que a notícia comente um fato ocorrido em um passado recente, seu título costuma ser escrito com o verbo no tempo presente.
- Criem uma linha fina. Ela deve ser curta e apresentar alguma informação importante sobre a notícia.
- Finalizada a primeira versão da notícia, releiam-na juntos, observando se há necessidade de retirar ou acrescentar alguma informação e se o texto está claro e interessante para o público leitor.

- Se possível, insiram uma fotografia para ilustrar a notícia criada. Abaixo da imagem é preciso elaborar uma legenda que explique a cena retratada.
- Finalizada essa primeira notícia, vocês podem escolher outros assuntos, selecionar alguns fatos e escrever novos textos seguindo os passos descritos anteriormente. Lembrem-se de que um jornal costuma apresentar informações sobre temas variados.
- As notícias poderão ser digitadas ou escritas à mão e entregues ao grupo 1 para serem organizadas com os demais textos jornalísticos da turma.

Grupo 3: Será responsável por produzir uma entrevista em forma de vídeo a ser publicada no jornal *on-line*. Para isso, observem os passos a seguir.

- Com a ajuda do professor, busquem uma entrevista audiovisual e assistam a ela, observando como é desenvolvida.
- Escolham o foco da entrevista: um assunto de interesse da comunidade ou uma pessoa que tenha se destacado e que desperte a curiosidade do público leitor.
- Se a entrevista tiver como foco determinado assunto, convidem um entrevistado que conheça bem o tema. Por exemplo, se for a história da escola, é interessante entrevistar um funcionário antigo, a direção ou a coordenação da escola. Se o foco da entrevista for uma pessoa conhecida na região, busquem informações sobre ela e o motivo que a tornou conhecida.
- Convidem a pessoa que desejam entrevistar, explicando que a entrevista será filmada e publicada no jornal *on-line*. Combinem dia, local e horário da entrevista.
- Com a ajuda do professor, escolham o local em que gravarão a entrevista. Ele precisa ser silencioso e com boa iluminação.
- Elaborem as perguntas que serão feitas durante a entrevista. Pensem em quais perguntas o público gostaria de fazer ao entrevistado sobre o fato que o colocou em evidência ou sobre o assunto de interesse geral. Elaborem um roteiro com essas perguntas para a entrevista.
- Com a ajuda do professor, releiam o roteiro da entrevista, observando se está adequado. Se necessário, reformulem as perguntas, retirem algumas ou produzam outras.
- Entreguem uma cópia das perguntas ao entrevistado antes do dia da entrevista, a fim de que ele possa se preparar para a gravação.
- Utilizem equipamentos de áudio e vídeo para gravar a entrevista. O vídeo precisa ter boa qualidade para que seja divulgado.
- Um ou mais estudantes podem fazer as perguntas ao entrevistado, mas é preciso organizar as falas para que a entrevista fique compreensível.
- Iniciem a entrevista apresentando o tema e o entrevistado e agradeçam a ele a participação. Utilizem o roteiro de perguntas durante a entrevista, mas sintam-se à vontade para fazer outras perguntas ou comentários sobre o que o entrevistado disser.
- Caso aconteçam erros durante a gravação, eles poderão ser cortados depois, no momento de editar o vídeo.
- Ao final da entrevista, agradeçam novamente ao entrevistado a participação e façam uma fala final de despedida.
- Com a gravação da entrevista em mãos, utilizem um programa de edição de vídeo, na sala de informática da escola, para editar a entrevista gravada. O professor vai ajudá-los nesse momento.
- O vídeo da entrevista deverá ser disponibilizado ao grupo 1, para ser armazenado com os demais textos jornalísticos da turma.

Grupo 4: Será responsável pela estruturação do jornal comunitário *on-line*, utilizando a plataforma escolhida. Para desempenhar essa tarefa, na sala de informática da escola e com a ajuda do professor, o grupo deverá observar os aspectos indicados a seguir.

- Sigam a estrutura de seções definidas na *Parte II* e fiquem atentos à organização das informações, ao *layout* do *site* e à funcionalidade das páginas.
- Confiram a qualidade dos vídeos e imagens selecionados pelo grupo 1 para serem publicados no jornal *on-line*.

- Caso tenham dúvidas durante a produção do jornal *on-line* ou queiram ideias para aprimorá-lo, vocês podem buscar informações na internet.
- Antes de divulgar efetivamente o jornal comunitário *on-line*, avaliem-no como se fossem leitores. Verifiquem se tudo está funcionando como programado e, se preciso, façam as alterações necessárias.

> **LAYOUT E FUNCIONALIDADE DAS PÁGINAS**
>
> O *layout* está ligado à organização visual do *site*. Os *layouts* mais simples, sem excesso de imagens e de informação escrita, são mais adequados para a leitura. Além do aspecto visual, é preciso preocupar-se com a funcionalidade dos itens apresentados na página, ou seja, não se deve apresentar *links* ou imagens que não sejam adequados ao jornal. Tudo precisa estar organizado, funcionando e ter objetivos bem-definidos.

Compartilhamento

1. Organizem o lançamento do jornal comunitário *on-line*. Reservem um espaço na escola e procurem marcar o lançamento em data e horário que permitam o comparecimento de diversas pessoas da comunidade.
2. Elaborem um convite para ser enviado ao pessoal da escola, às famílias e às pessoas da comunidade. Além das informações sobre o evento, o convite deve apresentar uma frase ou um pequeno texto que ressalte a importância do jornal comunitário. O convite também pode ser divulgado no *site* ou *blog* da escola.
3. Se possível, compartilhem com os amigos e familiares o lançamento do jornal como um evento fechado nas redes sociais.
4. Organizem o lançamento do jornal para apresentá-lo ao público. Por exemplo, preparem-se para, no dia combinado:
   - falar de forma breve como foi o processo de produção e explicar a importância dos veículos de informação;
   - exibir a página do jornal em tamanho grande, por meio de um projetor, para que todos os convidados possam vê-la;
   - apresentar as seções do jornal e alguns dos textos que podem ser lidos na edição de lançamento.
5. Agradeçam aos convidados a presença e incentivem-nos a contribuir para a publicação com comentários e sugestões de pauta para reportagens e notícias.
6. Façam a divulgação periódica do jornal por meio de redes sociais e *e-mail*.

Avaliação

Após a criação do jornal comunitário *on-line*, avaliem a experiência.

1. Como se desenvolveu o trabalho em grupo? Todos adotaram uma postura colaborativa e comprometida?
2. Quais foram as dificuldades para desenvolver o trabalho compartilhado com a turma toda? Que soluções vocês encontraram para lidar com os problemas?
3. A visita à redação do jornal foi instrutiva e ajudou no desenvolvimento do projeto?
4. As pesquisas em jornais *on-line* ajudaram a identificar as principais características desses veículos? Vocês utilizaram outros materiais de pesquisa?
5. Houve dificuldades para pesquisar e escolher a plataforma gratuita mais adequada às necessidades da turma? Em caso afirmativo, descreva-as e explique como foram contornadas.
6. Os grupos cumpriram as atividades pelas quais se responsabilizaram?
7. Houve dificuldade ao planejar e realizar o lançamento do jornal para a comunidade? Se sim, como foram superadas?
8. Que parte do projeto vocês consideraram mais interessante? Por quê?
9. Vocês mudariam algo no projeto? O que poderia ser melhorado?
10. Vocês acham importante que o jornal continue ativo? Em caso positivo, o que podem fazer para que isso aconteça?

PREPARE-SE!

PARTE 1

Questão 1

O bilhete premiado

Ivan Dmítritch, homem remediado que vivia com a família na base de uns 1 200 rublos por ano, muito satisfeito com seu destino, certa noite, depois do jantar, sentou-se no sofá e começou a ler o jornal.

— Esqueci de dar uma olhada no jornal de hoje — disse sua mulher tirando a mesa. — Dê uma espiada para ver se saiu o resultado do sorteio.

— Saiu — respondeu Ivan Dmítritch —, mas você não penhorou o bilhete?

— Não. Paguei os juros na terça.

— Qual é o número?

— A série é 9 499, bilhete 26.

Anton Tchekhov. O bilhete premiado. Em: *Contos universais*. São Paulo: Ática, 2008. p. 38 (Coleção Para Gostar de Ler).

O narrador é a voz criada pelo autor para contar uma história. Nesse conto, o narrador

a) toma a voz das personagens, transformando suas ações em diálogo.

b) dá voz às personagens, apresentando suas falas de forma direta.

c) revela os pensamentos das personagens por meio do diálogo.

d) participa da história, mesclando sua voz às das personagens.

e) interfere no diálogo das personagens, apresentando opiniões.

Questão 2

Texto I

Iluminados

Estavam sentados no sofá, marido e mulher, cada um com seu prato na mão, quando ocorreu o blecaute. Um grito ecoou pela vizinhança, sinal de que não fora problema só deles, um fusível queimado. A todos de uma só vez a escuridão engoliu. Em seguida, a quietude dos grandes sobressaltos.

[...]

João Anzanello Carrascoza. *O volume do silêncio*. São Paulo: Cosac Naify, 2012. p. 37.

Texto II

Alexandre

Naquele dia, às quatro horas, como todos os dias, Alexandre conduziu até à porta da pequena residência do casal Maramballe a cadeira de rodas, com a qual levava a passear, por ordem médica, sua velha e imponente patroa.

Guy de Maupassant. Alexandre. Em: *Contos universais*. São Paulo: Ática, 2008. p. 20 (Coleção Para Gostar de Ler).

Esses trechos apresentam os parágrafos de abertura dos contos "Iluminados", de João Carrascoza, e "Alexandre", de Guy de Maupassant. Embora curtos, tais parágrafos permitem identificar uma característica de ambos os contos, a

a) narração distanciada dos acontecimentos.

b) visão subjetiva do narrador em relação aos fatos.

c) descrição de ações cotidianas isentas de tensão.

d) exposição dos pensamentos das personagens.

e) análise parcial dos conflitos narrados.

Questão 3

O retrato oval

[...] E então executou-se o retoque necessário e deu-se a pincelada final e, por um momento, o pintor caiu em transe, extasiado com a obra que criara. Porém, no momento seguinte, ainda a contemplar o retrato, estremeceu, ficou lívido e, tomado por espanto, exclamou com um grito: "Mas isto é a própria *Vida!*" E quando afinal virou-se para olhar a própria amada... estava morta!

Edgar Allan Poe. O retrato oval. Em: *Contos universais*. São Paulo: Ática, 2008. p. 53 (Coleção Para Gostar de Ler).

Para produzir o efeito de surpresa no texto, algumas palavras foram fundamentais, como
a) *pincelada*, *ainda* e *lívido*.
b) *extasiado*, *retrato* e *amada*.
c) *momento*, *exclamou* e *olhar*.
d) *porém*, *estremeceu* e *espanto*.
e) *executou-se*, *obra* e *contemplar*.

Questão 4

[Charge: Dois pescadores. O da esquerda diz: "ERA UM PEIXÃO COM UMA BOCARRA ASSIM! E COMEU UM HOMENZARRÃO E UM RAPAGÃO!" O da direita responde: "VOCÊ AUMENTA TUDO, COMPADRE!"]

Disponível em: http://fabiosgroi.blogspot.com.br/2015/10/aumentativo.html. Acesso em: 18 maio 2023.

O grau aumentativo é um recurso linguístico que, além de acrescentar a noção de *grande* ou de *muito* a um substantivo ou adjetivo, pode criar efeitos de sentido diversos. Na charge, o uso do aumentativo pelo pescador da esquerda nos substantivos *peixão*, *bocarra*, *homenzarrão* e *rapagão* provoca, no pescador da direita, um sentimento de
a) medo.
b) espanto.
c) surpresa.
d) admiração.
e) desconfiança.

Questão 5

Texto I

O meu olhar é nítido como um girassol

O meu olhar é nítido como um girassol.
Tenho o costume de andar pelas estradas
Olhando para a direita e para a esquerda,
E de vez em quando olhando para trás...
E o que vejo a cada momento
É aquilo que nunca antes eu tinha visto,
E eu sei dar por isso muito bem...
Sei ter o pasmo essencial
Que tem uma criança se, ao nascer,
Reparasse que nascera deveras...
Sinto-me nascido a cada momento
Para a eterna novidade do Mundo... [...]

Fernando Pessoa. *Poemas de Alberto Caeiro*. 10. ed. Lisboa: Ática, 1993.

Texto II

Mudança

Na planície avermelhada os juazeiros alargavam duas manchas verdes. Os infelizes tinham caminhado o dia inteiro, estavam cansados e famintos. Ordinariamente andavam pouco, mas como haviam repousado bastante na areia do rio seco, a viagem progredira bem três léguas.

Graciliano Ramos. *Vidas secas*. Rio de Janeiro: Record, 1985. p. 9.

Dá-se o nome de substantivação ao processo de utilização de palavras de diferentes classes gramaticais como substantivos. Nos textos, os autores recorreram a esse recurso em

a) *momento* e *caminhado*.
b) *costume* e *progredira*.
c) *nascido* e *inteiro*.
d) *visto* e *verdes*.
e) *olhar* e *infelizes*.

Questão 6

Eu sozinha

Espero a irremediável vez do alto-falante. Passageira, entre tantos, sou parte de um rebanho, e não posso desobedecer às ordens.

No arrastão de parentes e amigos que acompanham para as despedidas, não encontro os meus. Ninguém pede que eu não vá. Os casacos pendentes dos braços prenunciam o frio de outros países. A porta estreita se abre para a amplidão da pista; diante dela, o aperto, o entrechocar-se de maletas. Os beijos já não têm a mesma identidade.

Marina Colasanti. *Eu sozinha*. 2. ed. São Paulo: Global, 2018. p. 86.

No trecho lido, há duas ocorrências da preposição *para*. Sobre o sentido dessa preposição no contexto acima, é correto afirmar que

a) na primeira ocorrência a preposição indica orientação e na segunda, finalidade.
b) na primeira ocorrência a preposição indica finalidade e na segunda, direção.
c) nas duas ocorrências a preposição indica destinatário.
d) nas duas ocorrências a preposição indica finalidade.
e) nas duas ocorrências a preposição indica direção.

Questão 7

Cena V

[...]

Mercedes – Que fizeste do teu carro?

Lola – Pois não te disse já que o meu cocheiro, o Lourenço, amanheceu hoje com uma pontinha de dor de cabeça?

Blanchette (*Maliciosa.*) – Poupas muito o teu cocheiro.

Lola – Coitado! É tão bom rapaz! (*Vendo Rodrigues que se tem aproximado aos poucos.*) Olá, como vai você?

Rodrigues (*Disfarçando.*) – Vou indo, vou indo... Mas que bonito ramilhete franco-espanhol! A Dolores... a Mercedes... a Blanchette... Viva la gracia!

Lola (*Às outras.*) – Uma ideia, uma fantasia: vamos levar este tipo para jantar conosco? [...]

Rodrigues – Ora adeus! Vamos! (*Olhando para a esquerda.*) Ali está um carro. O próprio cocheiro levará depois um recado à minha santa esposa... disfarcemos... Vou alugar o carro. (*Sai.*)

Todas – Vamos! (*Acompanham-no.*)

Pessoas do Povo – Lá vem afinal um bonde! Tomemo-lo! Avança! (*Correm todos. Música na orquestra até o fim do ato. Mutação.*)

Quadro IV

(*A passagem de um bonde elétrico sobre os arcos. Vão dentro do bonde entre outros passageiros, Eusébio, Gouveia, D. Fortunata, Quinota e Juquinha. Ao passar o bonde em frente ao público, Eusébio levanta-se entusiasmado pela beleza do panorama.*)

Eusébio – Oh! A Capitá Federá! A Capitá Federá!...

PANO

Artur Azevedo. *A capital federal*. Disponível em: http://objdigital.bn.br/Acervo_Digital/Livros_eletronicos/A%20Capital%20Federal.pdf. Acesso em: 18 maio 2023.

Sobre esse texto dramático, é possível afirmar que
a) a rubrica está indicada entre parênteses.
b) as cenas e os quadros não são numerados.
c) o fenótipo dos atores está indicado nas rubricas.
d) o narrador descreve as ações das personagens.
e) as falas das personagens obedecem ao registro formal da linguagem.

Questão 8

Prometeu

[...]

Os deuses criaram a terra a partir dos corpos dos adversários mortos. Com os ossos dos titãs fizeram os rochedos e as montanhas. Com o sangue fizeram o mar, os lagos e os rios. Fizeram as estrelas com seus olhos, o capim e as árvores com seus cabelos.

Como Prometeu e seu irmão tomaram o partido dos deuses, foram recompensados com a tarefa de povoar o mundo com seres vivos. Pela terra já rastejavam criaturas pálidas e disformes. Zeus, o rei dos deuses, entregou a Epimeteu uma grande quantidade de dons, encarregando-o de distribuí-los entre aquelas criaturas. Prometeu deveria inspecionar o trabalho do irmão, garantindo que cada ser recebesse de fato uma dádiva.

Mitos gregos. Recontados por Eric A. Kimmel. 3. ed. São Paulo: WMF Martins Fontes, 2013. p. 1.

Uma das características das narrativas míticas são os epítetos, expressões utilizadas para caracterizar um ser, funcionando como um apelido. Nesse trecho, há um epíteto que faz referência a
a) Epimeteu
b) Prometeu
c) Terra
d) Zeus
e) titãs

Questão 9

[...] os indígenas das várias partes do mundo [...] são portadores de uma sabedoria ancestral, que está faltando a quase toda a humanidade, sabedoria necessária para iluminar os graves problemas que coletivamente enfrentamos. Problemas relativos à convivência pacífica entre os povos, à combinação adequada entre trabalho e lazer, à veneração e ao respeito para com a natureza [...]. Enfim, problemas relativos ao casamento entre o céu e a terra, que confere uma experiência do ser humano com a totalidade das coisas e com a fonte originária de todo o universo. [...]

Leonardo Boff. *O casamento entre o céu e a terra*: contos dos povos indígenas do Brasil. Rio de Janeiro: Salamandra, 2001. p. 9.

De acordo com o texto, a sabedoria ancestral indígena poderia ajudar na resolução de problemas da humanidade, por cultivar valores de

a) luta e resistência.
b) equilíbrio e força.
c) combate e memória.
d) tolerância e harmonia.
e) conquista e preservação.

Questão 10

A origem dos homens

Foram os dois companheiros, Kawewé e Karupshi, que nos receberam na terra, que saíram pelo mundo à procura dos homens e acabaram por nos encontrar. Nesse tempo não havia mato, nem gente, nem fogo, nem água, só eles dois.

Kawewé e Karupshi eram sozinhos no mundo. Não havia mais ninguém. Foram nos buscar de lá de onde saímos, de debaixo da pedra, onde era escuro, onde não havia sol, onde sofríamos sem a luz do dia. [...]

Betty Mindlin. *Mitos indígenas*. São Paulo: Ática, 2006. p. 37 (Coleção Para Gostar de Ler).

No trecho que você leu, temos uma lenda indígena, caracterizada por tempo

a) determinado, referente à origem do Universo.
b) futuro, prevendo a criação da espécie humana.
c) incerto, anterior ao nascimento do Universo.
d) indeterminado, anterior à existência humana.
e) preciso, referente à origem da humanidade.

Questão 11

Jim Davis. *O melhor de Garfield*: que preguiça!. São Paulo: *On-line* Editora, 2005. p. 32.

A ambiguidade pode representar tanto um problema na construção de um texto como um recurso usado pelo autor para a produção de determinado efeito de sentido. Na tira de Garfield, a ambiguidade causada pelo uso da palavra *posição* ajuda a

a) afirmar um posicionamento crítico.
b) marcar uma opinião.
c) concluir uma ação.
d) produzir humor.
e) gerar dúvida.

Questão 12

> A DONA ARANHA SUBIU PELA PAREDE...
>
> ...VEIO A CHUVA FORTE E A DERRUBOU...
>
> PROFESSORA... COM LICENÇA... PRECISO FAZER UMA PERGUNTA.
>
> QUEM A CHUVA FORTE DERRUBOU? A DONA ARANHA OU A PAREDE?

Disponível em: http://www.willtirando.com.br/. Acesso em: 18 maio 2023.

Cartunistas frequentemente recorrem a recursos linguísticos para produzir humor. Na tira acima, a dúvida do aluno no quarto quadrinho se deve à ambiguidade gerada pelo uso do(a)

a) verbo *derrubar*.
b) preposição *pela*.
c) pronome oblíquo *a*.
d) substantivo *chuva*.
e) pronome de tratamento *dona*.

Questão 13

Ossos do ofício

Se o mundo fosse justo, o trocadilho teria seu lugar no panteão das criações humanas. Ficaria abaixo dos sonetos e das sinfonias, sem dúvida, mas acima dos provérbios e das palavras cruzadas. Infelizmente, tido como artifício banal, peixe abundante no vasto lago do pensamento – espécie de lambari do intelecto –, o trocadilho é tratado com desprezo. Desdenhado pela maioria dos poetas e escritores, sobrevive apenas à sombra das máquinas de café, na firma, no papo dos donos de churrascaria e – mistério dos mistérios – nas fachadas de *pet shops*.

Por alguma razão, seres humanos que vendem produtos para animais de estimação têm uma compulsão por jogos de palavras nos nomes de seus estabelecimentos: AUqueMIA, AmiCÃO, CÃOgelados, SimpatiCÃO, Oh my dog!, CÃOboy, Pet&gatô, por aí vai.

[...]

Antonio Prata. *Meio intelectual, meio de esquerda*. São Paulo: Ed. 34, 2010. p. 24.

O gênero crônica apresenta um ponto de vista do cronista sobre fatos cotidianos e, muitas vezes, banais. No trecho lido, pode-se observar esse aspecto do gênero por meio

a) da objetividade do cronista.
b) do vocabulário complexo.
c) da linguagem elevada.
d) da escolha do tema.
e) do tom filosófico.

Questão 14

Experimentando o modo de Denin

Hoje, finalmente, volto a trabalhar. Acabo de sair de meu quarto. Na cozinha, antes de telefonar para Dora, faço uma refeição leve. Estou ansioso para saber de Denin e sua experiência. Dora atende. Ah, o Denin, ela me diz, desalenta. Meu filho viajou para Espanha. Não chegou a ficar três dias em seu quarto. Antes de ir, me disse que, se o mundo é mesmo uma droga, ele queria aproveitar essa droga de mundo.

José Castello. Experimentando o modo de Denin. Em: *Prosas urbanas*. São Paulo: Global, 2006. p. 90.

Nesse trecho, o advérbio *finalmente* utilizado pelo narrador-personagem
a) explica a finalidade de uma ação.
b) acrescenta uma nova informação.
c) indica um sentimento de alívio.
d) revela o fim de uma sequência de ações.
e) introduz uma conclusão.

Questão 15

Texto I

Histórias de solidão e abandono de idosos deixados por parentes

Muitos idosos tentam justificar a ausência dos filhos e, assim, buscar uma sensação de conforto

Disponível em: https://www.correiobraziliense.com.br/app/noticia/cidades/2019/03/10/interna_cidadesdf,741971/historias-de-solidao-e-abandono-de-idosos-deixados-por-parentes.shtml. Acesso em: 10 fev. 2023.

Texto II

Pesquisa: solidão aumenta em 14% o risco de morte prematura em idosos

Idosos que se mantêm afastados das relações sociais apresentam mais problemas de pressão, memória e complicações cardiovasculares, indica estudo americano

Disponível em: https://www.correiobraziliense.com.br/app/noticia/ciencia-e-saude/2014/02/24/interna_ciencia_saude,414284/pesquisa-solidao-aumenta-em-14-o-risco-de-morte-prematura-em-idosos.shtml. Acesso em: 10 fev. 2023.

Os textos acima reproduzidos tratam da solidão entre os idosos e foram publicados pelo jornal *Correio Braziliense*. O texto I faz parte de uma série de reportagens e o texto II é uma notícia. A diferença entre esses dois gêneros se torna evidente no título e na linha fina de cada um pelo caráter
a) menos imparcial do texto I e mais subjetivo do texto II.
b) menos subjetivo do texto I e mais imparcial do texto II.
c) mais subjetivo do texto I e mais objetivo do texto II.
d) mais objetivo do texto I e mais imparcial do texto II.
e) mais direto do texto I e mais claro do texto II.

Questão 16

O menino de 11 anos que já programou mais de 100 videogames

Antonio García Vicente desenvolve tarefas dadas por seus professores e desafios do Clube de Jovens Programadores de uma universidade espanhola

Quando Antonio García Vicente (Valladolid, 2007) tinha apenas seis anos, ingressou no Clube de Jovens Programadores da Universidade de Valladolid (200 quilômetros a noroeste de Madri). Aos oito, apresentou sua primeira palestra Ted, intitulada *Programa para aprender sem limites*. Agora, aos 11, afirma sem sombra de dúvida que "programar é um superpoder que lhe permite fazer o que você quiser". [...]

Isabel Rubio. *El país*, 7 fev. 2019. Disponível em: https://brasil.elpais.com/brasil/2019/02/05/tecnologia/1549363085_597990.html. Acesso em: 10 fev. 2023.

Sobre o trecho da reportagem acima, é possível afirmar que
a) a linha fina aguça a curiosidade do leitor para o texto.
b) o título amplia o tema principal da reportagem.
c) o depoimento do entrevistado diminui a credibilidade da reportagem.
d) a jornalista que escreveu a reportagem revela sua opinião sobre o fato.
e) o parágrafo inicial é mais objetivo que o título e a linha fina.

Questão 17

As condições dos imigrantes no Norte

A região Norte registrava 70% dos 162.503 imigrantes venezuelanos com registros ativos no Brasil até março de 2020. São pessoas que, segundo o relatório "Integração de refugiados e migrantes venezuelanos no Brasil", divulgado em maio de 2021 pelo Banco Mundial em parceria com o Acnur, órgão das Nações Unidas para os refugiados, viviam a seguinte realidade:
- Adultos venezuelanos tinham 64% menos chances de trabalhar em empregos formais
- Crianças venezuelanas tinham 53% menos chances de frequentar uma escola pública

"Mesmo após três anos vivendo no Brasil, meu marido não conseguiu emprego formal. Para ajudar nos custos, ele vende pá e panos de chão no sinal com a ajuda dos filhos. Eu ajudo também nas ruas, pedindo dinheiro aos motoristas", disse ao Nexo Silvana del Valle, uma venezuelana com um filho de três meses dentro de uma bolsa canguru ergonômica para bebê.

Jéssica Camila Nascimento Silva e Gabriel Alves Nascimento. Faces da imigração: a infância de indígenas venezuelanos no Brasil. *Jornal Nexo*, 30 jan. 2022. Disponível em: https://www.nexojornal.com.br/reportagem/2022/01/30/Faces-da-imigra%C3%A7%C3%A3o-a-inf%C3%A2ncia-de-ind%C3%ADgenas-venezuelanos-no-Brasil. Acesso em: 10 fev. 2023.

O trecho dessa reportagem apresenta alguns elementos característicos do gênero, dentre eles
a) a descrição da condição de vida dos imigrantes.
b) a apresentação e a análise detalhada de dados.
c) a análise objetiva de fatos e o depoimento de especialista.
d) a apresentação de dados e de depoimento sobre o assunto.
e) a manifestação da parcialidade e da subjetividade dos jornalistas.

Questão 18

Tite diz que jogadores que saíram 'não querem saber o que é melhor pro time'

Com a iminente saída de Malcom para o Bordeaux, da França, chegará a seis o número de jogadores que terminaram 2015 como titulares a deixar a equipe.

Perguntado sobre a situação na entrevista coletiva depois da vitória por 1 a 0 contra o XV de Piracicaba, neste domingo (31), na Arena Corinthians, o técnico Tite foi pouco diplomático.

"Eles não querem saber o que é bom para o Corinthians, querem saber o que é bom para si", esbravejou o treinador.

Adriano Maneo. *Folha de S.Paulo*, 31 jan. 2016. Disponível em: https://www1.folha.uol.com.br/esporte/2016/01/1735660-tite-diz-que-jogadores-que-sairam-nao-querem-saber-o-que-e-melhor-pro-time.shtml. Acesso em: 10 fev. 2023.

Na matéria acima, o verbo *esbravejar* revela
a) a decepção de Tite com o resultado do jogo.
b) o descontentamento de Tite com a pergunta.
c) o incômodo de Tite com a entrevista coletiva.
d) a insatisfação de Tite com o time Bordeaux.
e) a irritação de Tite com o egoísmo dos jogadores.

Questão 19

ler ímpetos

uma flor efêmera
nasce de um cacto

apenas um dia
entre seu aparecimento
e desaparecimento

presenciar a flor era
se apresentar e se despedir

a flor não dizia bom dia
nem boa tarde
nem adeus
[...]

André Gravatá. *O jogo de ler o mundo*. São Paulo: SM, 2020. p. 31.

Nesse poema, para destacar a efemeridade da flor, o poeta utiliza palavras derivadas formadas pelo prefixo *des-*, como *desaparecimento*. Esse prefixo é usado, com sentido equivalente ao dessa palavra, em
a) desmudar
b) desenhar
c) descrever
d) desossar
e) desfazer

Questão 20

[...] a morte de Josefina foi como uma estranha festa. Não tinha pai nem mãe. (Só podia ter sido sem pai nem mãe.) E havia umas velhinhas que choravam de vez em quando, sempre que olhavam para o seu claro rosto imóvel entre os bandós do cabelo negro, sob a coroa de prata. E quem entrava também chorava um pouquinho, como se fosse formalidade. E aspergiam-na com um raminho de alecrim molhado num copo d'água, e rezavam de mãos postas, e desapareciam na sombra. E ela, em prata e cetim, brilhava como um espelho.

Cecília Meireles. *Giroflê, Gitoflá*. 5. ed. São Paulo: Global, 2015. p. 22-23.

No trecho lido, as palavras *velhinhas*, *pouquinho* e *raminho* são formadas pelo acréscimo dos sufixos *-inhas* e *-inho*. Sobre o processo de formação dessas palavras, é correto afirmar que esses sufixos indicam valor
a) afetivo nas três palavras.
b) pejorativo nas três palavras.
c) diminutivo nas três palavras.
d) afetivo em *velhinhas* e diminutivo em *pouquinho* e em *raminho*.
e) afetivo em *raminho*, pejorativo em *velhinhas* e diminutivo em *pouquinho*.

PARTE 2

Questão 1

A Terra tem aproximadamente 4,6 bilhões de anos. Os primeiros seres vivos surgiram nas águas dos oceanos. A partir de mutações genéticas e de seleção natural, originaram-se os peixes, os anfíbios, os répteis, os insetos e os mamíferos. Estes apareceram há cerca de 225 milhões de anos. Os antepassados dos grandes primatas, que são os gorilas, os chimpanzés, os orangotangos e os hominídeos, surgiram por volta de 60 milhões de anos atrás.

Ser Protagonista Box: História. Parte I. São Paulo: SM, 2014. p. 32.

Textos expositivos explicam um tema ou assunto, um objeto ou um acontecimento, trazendo mais informações e esclarecimentos sobre ele. Para isso, o autor de um texto expositivo pode fazer uso de algumas estratégias de coesão textual. No trecho acima, foi utilizada como estratégia a

a) estrutura de perguntas e respostas.
b) abundância de verbos no presente.
c) organização cronológica do tópico.
d) registro complexo e formal.
e) caracterização por adjetivos.

Questão 2

Michelangelo nasceu no povoado de Caprese – na região da Toscana, centro da Itália –, que hoje se chama Caprese Michelangelo em homenagem ao filho ilustre. O artista cresceu em Settignano, região ao norte de Florença, criado por uma família de marmoristas (talhadores de mármore). Foi na oficina anexa à casa que o futuro escultor se apaixonou pelo trabalho com o mármore, que o acompanharia durante toda a vida.
[...]

Angela Carneiro. Nos traços de Michelangelo. São Paulo: Ática, 2007. p. 34.

Para promover a coesão textual sem que houvesse a repetição do substantivo próprio *Michelangelo*, foram utilizados no trecho

a) pronomes demonstrativos.
b) predicativos do sujeito.
c) substantivos comuns.
d) adjetivos pátrios.
e) advérbios.

Texto para as questões **3** e **4**.

A criação

Segundo o mito egípcio da criação, no princípio nada havia a não ser a escuridão infinita do oceano de Nun. Todos os elementos da vida estavam no oceano, inertes e insensíveis. Então o senhor sem limites surgiu e se denominou Rá. Ele estava só. Com um sopro, criou Shu, o ar, e com a saliva criou Tefnut, a umidade, e os lançou na água. Com isso, fez as águas de Nun retroceder e teve uma ilha onde pisar. Depois olhou dentro de seu coração e viu como as coisas deviam ser, e de Nun criou todas as plantas, pássaros e animais. [...]

Neil Philip. Mitos e lendas em detalhes. Tradução de Eliana Rocha. São Paulo: Publifolha, 2010. p. 12.

Questão 3

O texto expositivo é organizado em torno de um assunto central. No texto *A criação*, o assunto central é(são)

a) os hábitos alimentares do povo egípcio.
b) as previsões climáticas no Egito.
c) os lençóis freáticos egípcios.
d) a fauna e a flora egípcia.
e) o mito egípcio da criação do mundo.

Questão 4

Textos expositivos são estruturados de modo a explicar um assunto com clareza. Nesse trecho, o principal recurso de coesão é(são)

a) as perguntas e respostas.
b) as relações causa-efeito.
c) a ordem cronológica.
d) a ordem em tópicos.
e) as frases nominais.

Questão 5

O pensamento

O ar. A folha. A fuga.
No lago, um círculo vago.
No rosto, uma ruga.

Guilherme de Almeida. O pensamento.
Em: Rodolfo Witzig Guttilla (Org.). *Boa companhia*: haicai.
São Paulo: Companhia das Letras, 2009. p. 85.

Frases nominais são aquelas em que não há verbos. Nesse poema, o uso desse recurso linguístico amplifica a

a) objetividade, pois representa com clareza o pensamento do eu poético.

b) coerência, pois facilita o estabelecimento de relações de sentido.

c) coesão textual, pois relaciona as frases umas às outras.

d) subjetividade, pois enfatiza o aspecto sugestivo das palavras.

e) poeticidade, pois evidencia o trabalho com as rimas.

Questão 6

O casamento do bode com a raposa

Eu ouço os velhos dizerem
que os bichos da antiguidade
falavam como falamos
e tinham civilidade
nesse tempo até os bichos
casavam por amizade

Nesse tempo o mestre burro
lia, escrevia e contava
o cavalo era escrivão
o cachorro advogava
o carneiro era copeiro
e o jaboti desenhava.
[...]

Firmino Teixeira do Amaral. *O casamento do bode com a raposa*:
história completa. Juazeiro: Filhos José Bernardo da Silva, s. d. p. 1.

O cordel é um gênero literário popular impresso em folhetos e feito para ser declamado. Analisando o texto, percebem-se versos regulares e rimados, os quais

a) tornam o texto mais organizado visualmente, auxiliando o cordelista no momento de imprimi-lo.

b) seguem as regras básicas de composição da poesia, assegurando a qualidade do poema.

c) organizam o cordel de um modo lógico, ajudando no encadeamento da história.

d) ordenam os tópicos a serem declamados, possibilitando a interação com o público.

e) conferem ritmo e musicalidade ao texto, facilitando sua memorização.

Questão 7

[Tirinha da Mafalda]

Quino. *Toda Mafalda*. 6. ed. São Paulo: Martins Fontes, 2003.

Ao responder a Mafalda que o sujeito da frase "Esse lixo enfeia a rua" é "o prefeito", Miguelito
a) baseia-se na ideia de que sujeito é o responsável pela limpeza da rua.
b) dá um palpite que não tem relação com o contexto da frase.
c) mostra que dessa vez entendeu a definição de sujeito.
d) diz um absurdo, como revela o silêncio de Mafalda.
e) brinca ao fazer uma rima com a palavra "sujeito".

Questão 8

[Tirinha]

Fernando Gonsales. *Níquel Náusea*: a vaca foi pro brejo atrás do carro na frente dos bois. São Paulo: Devir, 2010. p. 38.

No segundo balão, o pronome *eles*
a) classifica-se como sujeito simples, que é diferente do tipo de sujeito das orações dos outros dois balões da tira.
b) refere-se a mais de uma pessoa, podendo ser classificado como sujeito composto.
c) indetermina o sujeito, impossibilitando a identificação de quem praticou a ação.
d) refere-se a *vizinhos*, caracterizando-se, portanto, como sujeito oculto.
e) retoma o substantivo *gatinhos*, determinando o sujeito oculto.

Questão 9

Eleições

Alguns políticos são parecidos com os ursos que hibernam durante certo período. Ficam escondidos durante quatro anos, ninguém sabe o seu paradeiro.

O que fazem nesse tempo é uma incógnita. Num passe de mágica aparecem aos montes. Aí chovem promessas, muitos se reelegem, outros que estão começando entram na "panela" e a vida boa continua para eles.

Claudir José Mandelli. *Folha de S.Paulo*, 22 ago. 2010. Disponível em: https://www1.folha.uol.com.br/fsp/opiniao/fz2208201009.htm. Acesso em: 10 fev. 2023.

Nessa carta do leitor, foram usadas as expressões "aí chovem promessas" e "entram na panela", que caracterizam um registro de linguagem

a) formal.
b) técnico.
c) regional.
d) informal.
e) acadêmico.

Questão 10

Transgênicos

Interessante a entrevista com a dra. Leila Oda. Ela é a única mulher latino-americana que se destacou por sua constante luta para convencer as autoridades do governo de seu país da importância do desenvolvimento da biotecnologia e da biossegurança do meio ambiente. Oxalá pudéssemos ter muitas Leilas Oda em nosso país para aproveitar os benefícios que representam a biotecnologia para a saúde e o bem-estar de nossos povos e para proteger o meio ambiente.

Dr. Lionel Gil (ex-diretor do Programa de Biologia Celular e Molecular da Faculdade de Medicina da Universidade do Chile e professor emérito – Santiago, Chile). *IstoÉ*, 24 mar. 2004. Disponível em: https://istoe.com.br/27943_CARTAS/. Acesso em: 10 fev. 2023.

Uma carta como a do dr. Lionel Gil ajuda a revista em que ela foi publicada a

a) vender mais exemplares nas bancas.
b) divulgar suas reportagens pelo país.
c) impressionar os médicos do Brasil.
d) passar credibilidade aos leitores.
e) justificar as fontes utilizadas.

Questão 11

Professor de medicina elogia coluna sobre problema da "pílula do câncer"

Gostaria de parabenizar Marcelo Leite pela maneira como resumiu aquilo que todo médico ou pesquisador da área da saúde gostaria de dizer. Sua síntese do problema da fosfoetanolamina [medicamento] foi brilhante ("Vossa Excelência é ignorante"). Espero que muitos leiam (principalmente os representantes no Legislativo) e reflitam sobre o dano que estão causando à sociedade e aos pacientes com câncer com a insistência em um composto experimental.

Heraldo Possolo de Souza (professor associado da Faculdade de Medicina da USP e diretor da Federação das Sociedades de Biologia Experimental). *Folha de S.Paulo*, 30 mar. 2016. Disponível em: http://www1.folha.uol.com.br/paineldoleitor/2016/03/1755379-professor-de-medicina-elogia-coluna-sobre-problema-da-pilula-do-cancer.shtml. Acesso em:10 fev. 2023.

A relação entre a variedade linguística empregada pelo autor e o gênero carta do leitor é

a) incompatível.
b) artificial.
c) inovadora.
d) adequada.
e) inusitada.

Questão 12

Brasil. Ministério da Saúde. Secretaria de Vigilância em Saúde.

Esse cartaz apresenta uma mensagem a respeito do combate à dengue. O texto escrito nele presente é composto por

a) dois verbos transitivos indiretos, *cobrir* e *guardar*.
b) dois verbos bitransitivos, *cobrir* e *guardar*.
c) um verbo transitivo direto, *dar*.
d) um verbo transitivo indireto, *dar*.
e) um verbo bitransitivo, *dar*.

Questão 13

Escada-PE, 30 de junho de 2022

À empresa iFood,

Eu, Tassya Mariane, faço parte dos empreendedores que utilizam a plataforma iFood *on-line* como loja de compras de meus produtos.

Infelizmente, minha loja aparece fechada no aplicativo e no gestor de pedidos mostra que estou com pendências financeiras, ou seja, não consigo abrir a loja, portanto estou sem vender. O financeiro entrou em contato e o mesmo disse que eu não possuía pendências financeiras, ou seja, deve ser algum erro do sistema. Já tentei entrar em contato com a empresa pelo portal disponibilizado, abri vários chamados e não obtive resposta, falei pelo *chat* e não obtive resposta.

Essa situação está me prejudicando, pois como trabalho com comércio, preciso dos lucros para dar continuidade com meu negócio e o iFood não abre minha loja e o mesmo me enviou um *e-mail* dizendo que minha loja estava bloqueada definitivamente e meus repasses bloqueados! E ainda me cobra pendências que não existem!

Portanto, envio essa carta formalizando a reclamação e solicitando um posicionamento da empresa quanto ao meu problema. Caso não seja tomada nenhuma atitude, tentarei resolvê-lo por vias legais e jurídicas.

Atenciosamente,
Tassya Mariane

Disponível em: https://www.reclameaqui.com.br/ifood/carta-de-reclamacao_4VNPDofMnH9V1PyE/. Acesso em: 10 fev. 2023.

A carta de reclamação publicada em *site* especializado geralmente é utilizada para apresentar uma insatisfação em relação a um produto, serviço ou empresa e exigir uma reparação. No caso da carta lida, o motivo que levou a reclamante a redigir e publicar sua carta é

a) a identificação de um erro no sistema da plataforma da empresa.
b) o impedimento de comprar mercadorias na plataforma citada.
c) a falta de iniciativa da empresa em negociar suas pendências financeiras.
d) a impossibilidade de acesso à plataforma por meio dos dispositivos eletrônicos.
e) o bloqueio de sua conta na plataforma e a impossibilidade de diálogo com a empresa.

Questão 14

Galinha cega

Religiosamente, pela manhãzinha, ele dava milho na mão para a galinha cega. As bicadas tontas, de violentas, faziam doer a palma da mão calosa. E ele sorria. Depois a conduzia ao poço, onde ela bebia com os pés dentro da água. A sensação direta da água nos pés lhe anunciava que era hora de matar a sede; curvava o pescoço rapidamente, mas nem sempre apenas o bico atingia a água: muita vez, no furor da sede longamente guardada, toda a cabeça mergulhava no líquido, e ela a sacudia, assim molhada, no ar. Gotas inúmeras se espargiam nas mãos e no rosto do carroceiro agachado junto ao poço. [...]

João Alphonsus. Galinha cega. Em: Luiz Ruffato (Org.). *Leituras de escritor*. 3. ed. São Paulo: SM, 2015.

Em uma oração, os pronomes pessoais oblíquos desempenham a função de objeto. Em "ela a sacudia", o pronome oblíquo *a*

a) refere-se à água e desempenha a função de objeto indireto.

b) refere-se à galinha e desempenha a função de objeto direto.

c) refere-se à cabeça e desempenha a função de objeto direto.

d) refere-se à sede e desempenha a função de objeto indireto.

e) refere-se à sensação e desempenha a função de objeto direto.

Questão 15

Celular em sala de aula: uma proibição necessária

Atualmente, um assunto que vem despertando a atenção não só da comunidade acadêmica, mas da sociedade como um todo é a proibição do uso de celulares na sala de aula.

A proibição do seu uso em sala de aula é uma medida que se harmoniza com o ambiente em que o estudante está. A sala de aula é um local de aprendizagem, onde o discente deve se esforçar ao máximo para extrair do professor os conhecimentos da matéria. Nesse contexto, o celular é um aparelho que só vem dificultar a relação ensino-aprendizagem, visto que atrapalha não só quem atende, mas todos os que estão ao seu redor.

Um estudo divulgado no mês passado pela London School of Economics mostrou que alunos de escolas da Inglaterra que baniram os *smartphones* melhoraram em até 14% suas notas em exames de avaliação nacional.

Segundo os autores do estudo, as distrações atingem todo mundo, mas são piores em alunos com celulares. E ainda piores naqueles com notas mais baixas.

O impacto da proibição, diz especialista, é o equivalente a uma hora a mais de aula por semana. O estudo "Tecnologia, distração e desempenho de estudantes" foi feito com 130 mil alunos desde 2001, em 91 escolas de quatro cidades.

[...]

Orlando Morando. Celular em sala de aula: uma proibição necessária. Assembleia Legislativa do estado de São Paulo, 22 jun. 2015. Disponível em: http://www.al.sp.gov.br/noticia/?id=365340. Acesso em: 10 fev. 2023.

No texto, o principal argumento utilizado pelo autor para defender a proibição do uso de celular em sala de aula baseia-se na ideia de que ele

a) dificulta a relação ensino-aprendizagem.

b) aumenta a carga horária semanal das aulas.

c) compromete a profundidade dos conteúdos.

d) prejudica o relacionamento entre os alunos.

e) atrapalha o desempenho do professor.

Questão 16

Redes sociais, o monstro digital que é preciso domar

Com papel central nas sociedades, gigantes da internet disputam atenção dos usuários. Medo e ódio geram lucros, mas também polarização. É preciso regulamentação, opina Matthias von Hein no Dia da Internet Segura. Quem nunca passou pela seguinte situação? Ia só dar uma olhada nas redes sociais, aí, quando por fim tira os olhos, agora avermelhados, do monitor, passou-se de novo uma hora, ou mais.

Plataformas de internet são devoradoras de tempo, e intencionalmente: graças ao nosso tempo e atenção, os conglomerados de Silicon Valley entraram para a liga das companhias mais valiosas do mundo, nossos dados "pescados" em massa por elas não passam de um acessório indispensável.

Na "economia da atenção", a competição é dura. Como dano colateral, restam nossas sociedades cada vez mais divididas: iradas, polarizadas, deprimidas, desinformadas – e à disposição de "flautistas de Hamelin" de todas as tendências ideológicas possíveis.

Isso porque, diante da questão de o que oferecer ao usuário, as inteligências artificiais dos supercomputadores só atentam para uma coisa: o que prende a atenção? O que promove engajamento? O que faz se envolver com a plataforma? A resposta: o que fala mais às emoções. E que sentimentos são mais fáceis de provocar? Medos. E, intimamente relacionada a eles, a raiva.

Opinião: Redes sociais, o monstro digital que é preciso domar. *Istoé*, 9 fev. 2021. Disponível em: https://istoe.com.br/opiniao-redes-sociais-o-monstro-digital-que-e-preciso-domar/. Acesso em: 10 fev. 2023.

Segundo o texto, a inteligência artificial dos supercomputadores

a) protege os usuários dos danos causados pelo uso excessivo das redes sociais.

b) traz aos usuários das redes sociais consequências positivas e negativas.

c) influencia o modo como os usuários das redes veem o mundo.

d) reduz a concorrência e o lucro das empresas.

e) combate a desinformação e a alienação.

Questão 17

Redução da maioridade penal, grande falácia

Se aceitarmos punir os adolescentes da mesma forma como fazemos com os adultos, estamos admitindo que eles devem pagar pela ineficácia do Estado, que não cumpriu a lei e não lhes deu a proteção constitucional que é seu direito. A prisão é hipócrita, afirmando que retira o indivíduo infrator da sociedade com a intenção de ressocializá-lo, segregando-o, para depois reintegrá-lo. Com a redução da menoridade penal, o nosso sistema penitenciário entrará em colapso.

85% dos menores em conflito com a lei praticam delitos contra o patrimônio ou por atuarem no tráfico de drogas, e somente 15% estão internados por atentarem contra a vida. Afirmar que os adolescentes não são punidos ou responsabilizados é permitir que a mentira, tantas vezes dita, transforme-se em verdade, pois não é o ECA [Estatuto da Criança e do Adolescente] que provoca a impunidade, mas a falta de ação do Estado. Ao contrário do que muitos pensam, hoje em dia os adolescentes infratores são punidos com muito mais rigor do que os adultos.

Dalio Zippin Filho. Redução da maioridade penal, grande falácia. *Gazeta do povo*, 10 jun. 2013. Disponível em: https://www.gazetadopovo.com.br/opiniao/artigos/reducao-da-maioridade-penal-grande-falacia-ems1jrgy501486ya77d8wzb66/. Acesso em: 10 fev. 2023.

O contra-argumento é um dos recursos mais comuns em artigos de opinião. No excerto acima, a passagem que apresenta um contra-argumento é:

a) "Se aceitarmos punir os adolescentes da mesma forma como fazemos com os adultos, estamos admitindo que eles devem pagar pela ineficácia do Estado [...]."

b) "A prisão é hipócrita, afirmando que retira o indivíduo infrator da sociedade com a intenção de ressocializá-lo [...]."

c) "Com a redução da menoridade penal, o nosso sistema penitenciário entrará em colapso."

d) "85% dos menores em conflito com a lei praticam delitos contra o patrimônio ou por atuarem no tráfico de drogas [...]."

e) "Ao contrário do que muitos pensam, hoje em dia os adolescentes infratores são punidos com muito mais rigor do que os adultos."

Questão 18

Robinson Crusoé

Ao meio-dia o mar aumentou muito, e nosso navio teve o castelo de proa varrido por várias ondas, e uma ou duas vezes pensamos que nossa âncora se tinha soltado, ao que o Contramestre ordenou que soltássemos a âncora de arrasto; de maneira que ficamos com duas âncoras, e íamos soltando aos poucos as amarras.

A essa altura rebentou uma tormenta realmente terrível, e então comecei a ver pavor e espanto mesmo nos rostos dos marujos. O Contramestre, embora aplicado aos cuidados do navio, ainda assim, toda vez que entrava ou saía da cabine passando por mim, murmurava o tempo todo consigo mesmo, "O Senhor tenha piedade de nós; estamos perdidos, estamos todos acabados", e coisas parecidas. [...]

Daniel Defoe. *Robinson Crusoé*. São Paulo: Companhia das Letrinhas, 2012. p. 54.

A grande quantidade de verbos significativos no trecho auxilia na construção da(o)
a) sequência de ações durante a agitação do mar.
b) decepção diante da falha do Contramestre.
c) calma dos tripulantes durante a situação.
d) assombro do narrador diante da cena.
e) espanto diante da agitação do mar.

Questão 19

Amor é um fogo que arde sem se ver
é ferida que dói e não se sente
é um contentamento descontente
é dor que desatina sem doer
[...]

Luís de Camões. *Sonetos*. São Paulo: Martin Claret, 2003. p. 19.

Nessa estrofe de um soneto de Luís de Camões, a repetição do verbo *ser* auxilia a
a) expressar as várias contradições da existência.
b) compor diversas definições sobre o amor.
c) enumerar uma sequência de ações.
d) fixar uma mesma ideia de amor.
e) marcar a rima dos versos.

Questão 20

O sonho do tomate

O sonho
Do tomate
É ser
Papai Noel

Sérgio Capparelli. *111 poemas para crianças*. Porto Alegre: L&PM, 2006. p. 18.

No poema de Sérgio Capparelli, a forma verbal *é*
a) associa o sonho do tomate à sua característica.
b) expressa o gosto do Papai Noel por tomate.
c) define o tomate como um Papai Noel.
d) julga o sonho do Papai Noel.
e) realiza o sonho do tomate.

BIBLIOGRAFIA COMENTADA

ABREU, A. S. *Curso de redação*. São Paulo: Ática, 2004.

A obra oferece amplo material direcionado para o aprimoramento da escrita. Com base em textos literários e jornalísticos, apresentam-se conceitos linguísticos e discursivos acompanhados de atividades.

ABREU, A. S. *Gramática mínima*: para o domínio da língua padrão. 2. ed. Cotia: Ateliê, 2006.

Nessa gramática, são abordados aspectos que influenciam a escrita. Segue-se o modelo funcionalista-cognitivista e tomam-se como referência escritores modernos e a mídia de prestígio do país.

ARAÚJO, J. C. (org.). *Internet & ensino*: novos gêneros, outros desafios. Rio de Janeiro: Lucerna, 2007.

O tema dessa coletânea de textos é o impacto da internet no ensino e na aprendizagem. Há capítulos sobre "gêneros digitais" de texto, como o *chat*, o uso de *emoticons* e os efeitos do uso de tecnologias digitais na ortografia. A obra destaca estratégias de ensino e aprendizagem que dialogam com possibilidades e desafios característicos da internet.

BAGNO, M. *Nada na língua é por acaso*: por uma pedagogia da variação linguística. São Paulo: Parábola, 2007.

A obra aborda a noção de "erro" nos estudos da língua. O autor contextualiza historicamente o tema e, depois, insere-o na educação escolar, refletindo sobre a norma-padrão e os usos linguísticos.

BAKHTIN, M. *Os gêneros do discurso*. Organização, tradução, posfácio e notas: Paulo Bezerra. Notas da edição russa: Serguei Botcharov. São Paulo: Editora 34, 2016.

O livro reúne dois textos escritos por Bakhtin entre 1950 e 1960, em que são abordados conceitos como gêneros do discurso, enunciado, texto e cadeia comunicativa. Além desses, há outros textos inéditos do teórico que tratam do aspecto dialógico da língua.

BARBOSA, M. (org.). *Pós-verdade e fake news*: reflexões sobre a guerra de narrativas. Rio de Janeiro: Cobogó, 2019.

Os textos que compõem o livro discorrem sobre as mudanças ocasionadas pela internet nas formas como se produz e se consome informação. Além disso, abordam recursos que surgiram com essa tecnologia e os efeitos deles sobre a democracia.

BAZERMAN, C. *Escrita, gênero e interação social*. Organização: Judith Chambliss Hoffnagel e Angela Paiva Dionisio. São Paulo: Cortez, 2007.

A obra favorece a reflexão sobre a linguagem como elemento de mediação entre interlocutores, apontando a necessidade de estudar o contexto em que um autor está inserido para que sua produção seja efetivamente compreendida.

BECHARA, E. *Moderna gramática portuguesa*. 37. ed. Rio de Janeiro: Nova Fronteira, 2009.

Essa é uma obra de referência na gramaticografia, em que o autor acrescenta reflexões sobre questões linguísticas e discursivas à abordagem normativa que faz da língua.

BENVENISTE, E. *Problemas de linguística geral I*. 5. ed. Tradução: Maria da Glória Novak e Maria Luisa Salum. Campinas: Pontes, 2005.

A partir da publicação dessa obra, ganham força a teoria da enunciação e, com isso, as formas de expressão de subjetividade no texto, os dêiticos e outros conceitos que se solidificaram no século XX. O autor estabelece uma visão objetiva das relações entre língua e sociedade, linguagem e história, forma e sentido.

BRANDÃO, H. N. (coord.). *Gêneros do discurso na escola*: mito, conto, cordel, discurso político, divulgação científica. 4. ed. São Paulo: Cortez, 2003 (Coleção Aprender e Ensinar com Textos, v. 5).

O livro apresenta exemplos de trabalho com o texto em sala de aula. Os gêneros selecionados foram explorados à luz da teoria dialógica interacionista, como divulgação de instrumental para esse trabalho.

BRASIL. Ministério da Educação. Secretaria de Educação Básica. *Base Nacional Comum Curricular*: educação é a base. Brasília: MEC/SEB, 2018. Disponível em: http://basenacionalcomum.mec.gov.br/images/BNCC_EI_EF_110518_versaofinal_site.pdf. Acesso em: 11 abr. 2023.

Documento oficial e de caráter normativo no qual são definidas as aprendizagens essenciais nas diferentes etapas de ensino da Educação Básica. Tem como principal objetivo balizar a qualidade da educação no Brasil, guiando os currículos e as propostas pedagógicas das escolas públicas e privadas.

BRONCKART, J. P. *Atividades de linguagem, textos e discursos*: por um interacionismo sociodiscursivo. 2. ed. Tradução: Anna Rachel Machado e Péricles Cunha. São Paulo: Educ, 2008.

O livro apresenta aspectos teóricos e práticos do ensino da linguagem. É uma referência para professores e estudantes, pois explicita diferentes etapas da produção textual em contextos diversos.

CITELLI, A. *O texto argumentativo*. São Paulo: Ática, 1994 (Série Ponto de Apoio).

Na obra, aborda-se a argumentação considerando aspectos como formação e expressão de ponto de vista e mecanismos argumentativos, além de questões ligadas à coesão e à coerência.

CITELLI, A. *Outras linguagens na escola*: publicidade, cinema e TV, rádio, jogos, informática. 4. ed. São Paulo: Cortez, 2004 (Coleção Aprender e Ensinar com Textos, v. 6).

Livro de caráter prático que apresenta atividades para o ensino de produção de textos em diferentes linguagens e suportes.

COSTA, S. R. *Dicionário de gêneros textuais*. 3. ed. Belo Horizonte: Autêntica, 2008.

Além de definir conceitos relacionados à classificação dos gêneros textuais, o dicionário apresenta cerca de quatrocentos verbetes sobre gêneros escritos e orais de várias esferas.

CUNHA, C.; CINTRA, L. *Nova gramática do português contemporâneo*. Rio de Janeiro: Lexikon, 2009.

A descrição do sistema linguístico é exemplificada com o uso de textos de autores brasileiros, portugueses e africanos, oferecendo uma compreensão morfossintática de fenômenos linguísticos.

GEBARA, A. E. L. *A poesia na escola*: leitura e análise de poesia para crianças. São Paulo: Cortez, 2002 (Coleção Aprender e Ensinar com Textos, v. 10).

O livro faz uma reflexão sobre o ensino de poesia do ponto de vista acadêmico e do planejamento de atividades.

ILARI, R. (org.) *Gramática do português falado*: níveis de análise linguística. 4. ed. Campinas: Editora da Unicamp, 2002.

A coletânea é decorrente dos Seminários Plenos do Projeto de Gramática do Português Falado, que ocorreram entre 1980 e 1990. Esse volume inclui textos de especialistas em fonética, fonologia, sintaxe, morfologia e análise textual.

CRÉDITOS OBRIGATÓRIOS

ILARI, R.; BASSO, R. *O português da gente*: a língua que estudamos, a língua que falamos. São Paulo: Contexto, 2006.

Os autores iniciam o estudo a partir da origem latina da nossa língua, passando pela consolidação dela na Europa e pela sua especificidade em nosso continente.

KOCH, I. G. V. *A coesão textual*. São Paulo: Contexto, 2007.

O livro aborda a coesão e seus mecanismos, trabalhando a produção e a compreensão de sentidos por meio de enunciados reais.

KOCH, I. G. V.; BENTES, A. C.; CAVALCANTE, M. M. *Intertextualidade*: diálogos possíveis. São Paulo: Cortez, 2007.

O livro discorre sobre o conceito de intertextualidade, isto é, a ideia de que o sentido de um texto é modelado por outros textos. As autoras exploram os diferentes níveis de intertextualidade e sua relação com os conceitos de transtextualidade e polifonia.

KOCH, I. G. V.; TRAVAGLIA, L. C. *A coerência textual*. São Paulo: Contexto, 2006.

A obra, além de abordar a coerência e sua aplicação, discute as relações entre esse conceito e o ensino.

LEITE, L. C. M. *O foco narrativo*. São Paulo: Ática, 2007 (Coleção Princípios).

A obra apresenta a narração na ficção e na historiografia. Expõe e exemplifica os tipos de narrador segundo Friedman e detalha a onisciência seletiva, o monólogo interior e o fluxo de consciência.

MARCUSCHI, L. A. *Da fala para a escrita*: atividades de retextualização. São Paulo: Cortez, 2010.

O livro discorre sobre as relações entre fala e escrita, apontando diferenças e continuidades entre essas modalidades. Assim, problematiza tradicionais dicotomias e propõe atividades de análise de tipos e gêneros textuais, além de exercícios de retextualização que exploram a passagem de uma modalidade para outra.

NEVES, M. H. M. N. *Que gramática estudar na escola?* Norma e uso na língua portuguesa. São Paulo: Contexto, 2003.

A obra propõe um tratamento científico e contextualizado do ensino de gramática, apresenta a importância da taxonomia de formas e funções, e valoriza o uso da língua materna e o convívio entre variantes linguísticas.

SAUSSURE, F. de. *Curso de linguística geral*. 28. ed. São Paulo: Cultrix, 2012.

Livro fundamental para a edificação da linguística moderna, lançado postumamente (1916) por estudantes de Saussure com base em três cursos ministrados por ele na Universidade de Genebra. Na obra, estão presentes os pressupostos teórico-metodológicos relacionados ao estruturalismo.

VIEIRA, F. E.; FARACO, C. A. *Gramática do período e da coordenação*. São Paulo: Parábola, 2020 (Coleção Escrever na Universidade, v. 3).

O livro promove o desenvolvimento de uma consciência sintática que pode ser aplicada à escrita. Embora o título da coleção sugira a produção textual na universidade, o conteúdo é passível de ser aplicado no Ensino Fundamental, e a descrição gramatical é voltada às práticas de leitura e escrita.

p. 17 A orelha de Van Gogh. In: *Histórias para (quase) todos os gostos*, de Moacyr Scliar, L&PM, Porto Alegre, RS. © by herdeiros de Moacyr Scliar.

p. 24 Esperança. In: *Antologia Poética*, de Mario Quintana, Alfaguara, Rio de Janeiro. © by Elena Quintana.

p. 42 A Moratória. In: *A Moratória*, de Jorge Andrade, Editora Agir, Rio de Janeiro. © by herdeiros de Jorge Andrade.

p. 49 Bilhete com foguetão. In: *Os da minha rua*, de Ondjaki, Língua Geral, Rio de Janeiro. © by Ondjaki.

p. 63 Ela. In: *O Nariz e Outras Crônicas*, de Luis Fernando Verissimo, Editora Ática, São Paulo. © by Luis Fernando Verissimo.

p. 95 Montanha, de Raquel de Queiroz. *O Cruzeiro*, 25 fev. 1956.

p. 101 Mexeriqueira em flor, de Antonio Prata, publicado na Folha de São Paulo, em 29 de novembro de 2015. © by Antonio Prata.

p. 102 Carta a Beatriz, de Antonio Prata, publicado na Folha de São Paulo, em 13 de março de 2016. © by Antonio Prata.

p. 128 Correspondência, de Millôr Fernandes. In: o Pif-Paf/ *O Cruzeiro*, 1948. © by Ivan Rubino Fernandes.

p. 151 Você pode dar o nome que quiser para o seu filho? Taíssa Stivanin / Abril Comunicações S.A. *Superinteressante*, 220. p. 42.

p. 186 O Disfarce. In: *Caderno H*, de Mário Quintana, Alfaguara, Rio de Janeiro. © by Elena Quintana.

p. 207 *Folha de S.Paulo*. Disponível em: https://www1.folha.uol.com.br/ilustrada/2016/11/1831705-julian-fuks-e-arnaldo-antunes-vencem-o-premio-jabuti-2016.shtml.

p. 209 Se achante. In: *Meu quintal é maior do que o mundo*, de Manoel de Barros, Alfaguara, Rio de Janeiro. © by herdeiros de Manoel de Barros.

p. 210 Velha história. In: *Canções seguido de Sapato Florido e A Rua dos Cataventos*, de Mário Quintana, Alfaguara, Rio de Janeiro. © by Elena Quintana.

p. 286 Hildinha - o coração de ouro. In: *Literatura Comentada*, de Millôr Fernandes, Editora Abril, São Paulo. © by Ivan Rubino Fernandes.

p. 312 "O Guardador de Rebanhos". In: *Poemas de Alberto Caeiro*. Fernando Pessoa. (Nota explicativa e notas de João Gaspar Simões e Luiz de Montalvor.) Lisboa: Ática, 1946 (10ª ed. 1993). p. 24.

p. 325 Redes sociais, o mostro digital que é preciso domar. Matthias von Hein. *Deutsche Welle*. Disponível em: https://www.dw.com/pt-br/opini%C3%A3o-redes-sociais-o-monstro-digital-que-%C3%A9-preciso-domar/a-56513632.